Pedro Lemebel,
belleza indómita

Luciano Martínez
Editor

Serie *ACP*
INSTITUTO INTERNACIONAL DE LITERATURA IBEROAMERICANA

Pedro Lemebel, belleza indómita
Editor: Luciano Martínez
Serie ACP (en homenaje a Antonio Cornejo Polar), volumen 10

© IILI, 2022
INSTITUTO INTERNACIONAL DE
LITERATURA IBEROAMERICANA
University of Pittsburgh
1312 Cathedral of Learning
Pittsburgh, PA 15260 - USA
www.iilionline.org

ISBN: 1-930744-95-1

Director de publicaciones: Jerome Branche
Diseño de colección: Erika Arredondo
Diagramación y composición: Erika Arredondo

Fotografía de cubierta: cortesía de Isabel Cristina González

Primera edición: febrero de 2022

Ninguna parte de esta publicación,
incluido el diseño de la cubierta,
puede ser reproducida, almacenada o
transmitida en manera alguna ni por
ningún medio, ya sea eléctrico, químico,
mecánico, óptico, de grabación o de
fotocopia, sin permiso previo de la
Editorial.

Pedro Lemebel, belleza indómita

Agradecimientos 9

Pedro Lemebel, esa deshilachada forma de sentir
Luciano Martínez 11

I. En primera persona

"Por esa insaciable sed metafórica": entrevista a Pedro Lemebel
Héctor Domínguez-Ruvalcaba 35

Te espero en el Empire, pero no puedo caminar, estoy inválida
Carmen Berenguer 47

Pedro Lemebel y Néstor Perlongher: chorreo de madres
Alejandro Modarelli 63

II. En contexto

Pespuntes biográficos. Cronología de la vida y obra de Pedro Lemebel
Luciano Martínez 75

Pedro Lemebel y su *Cancionero*: programa radial para un público femenino popular
Bernardita Llanos 155

Lemebel en 18/O. Todos somos estallido: utopía, temporalidad y revolución
Fernando A. Blanco 175

III. Archivo, performance y audiovisualidad

El archivo como engaño y promesa
Fernanda Carvajal 201

Ojo de loca no se equivoca
Rita Ferrer 217

En busca de las melodías salvajes: Pedro Lemebel y las audio-visualidades *queer* contemporáneas en Chile
Arturo Márquez-Gómez 231

IV. Cartografías

La poética de Pedro Lemebel: hacer sensible lo pensable y pensable lo sensible
Juan Poblete 253

Crónica y poesía en la escritura de Pedro Lemebel. Tensiones y discontinuidades de un género en *devenir*
Clelia Moure 275

Crónicas lemebelianas: cuerpo dime, carpe diem
Eduardo Espina 293

V. Crónicas

Poética de la lengua: cuerpo, sida y clase en *Loco afán*
Juan Pablo Sutherland 323

Un mapa del cine y un mapa de las estrellas: Lemebel y la escritura cinematográfica
Macarena Urzúa Opazo 333

La intempestividad de Lemebel: la batalla por la memoria cultural chilena en *Adiós mariquita linda* y *Serenata cafiola*
Ignacio López-Vicuña 349

El despertar insurgente y polifónico de los recuerdos en *Háblame de amores*
Tamara Figueroa Díaz 367

VI. Itinerarios narrativos

Mardones (clandestino, incontable)
Cristián Opazo 387

La economía emocional de *Tengo miedo torero*
Judith Sierra-Rivera 407

Amor y política: el resplandor de la lengua en *Tengo miedo torero*
Raquel Olea 425

Sobre las autoras y los autores 441

Agradecimientos

Muchas personas hicieron posible que esta aventura lemebeliana se convirtiera en una realidad. En primer lugar, agradezco al Instituto Internacional de Literatura Iberoamericana que luego de la buena recepción que tuviera el número especial de *Revista Iberoamericana* que edité (*Los estudios lésbico-gays y queer latinoamericanos*, núm. 225, 2008), Juan Duchesne Winter, en aquel entonces director de publicaciones del Instituto, dio acogida a este proyecto para la Serie ACP. Jerome Branche, el actual director, continuó creyendo en este proyecto. Erika Arredondo, gerente editorial y administrativa del Instituto, puso toda su energía y experiencia en diseño editorial para diagramar y maquetar el libro, siguiendo el bello diseño que ella misma creó para la Serie ACP.

Este libro debe mucho a Fernando A. Blanco por su generoso asesoramiento crítico y también por tender puentes hacia Chile y ponerme en contacto con varias colaboradoras y colaboradores. Desde Santiago, Soledad Bianchi también facilitó encuentros electrónicos y apoyó con entusiasmo este proyecto, y su lectura fundacional está muy presente en este libro. Sebastián Massa, desde la Patagonia argentina, me dio fuerzas y empuje. Estoy en deuda con Jovana Skármeta –agente editorial de Pedro Lemebel entre 2001 y 2009– quien, con inmensa generosidad, compartió datos valiosos y escuchó mis hipótesis, aportando comentarios, sugerencias y mucho aliento. También agradezco a Cristián Opazo, quien me ayudó a constatar fuentes y verificar datos bibliográficos en archivos y bibliotecas en Santiago.

☙ Agradecimentos ❧

Agradezco a Swarthmore College por haberme otorgado la beca "Flack Faculty Fellowship" que me permitió tener el tiempo ncesario para terminar este proyecto. El apoyo de mis colegas del Departamento de Español ha sido invaluable. En la Biblioteca McCabe, Roberto Vargas y Kerry Kristine McElrone rastrearon y consiguieron un sinnúmero de materiales de difícil consulta y acceso.

Mi reconocimiento también a la Biblioteca Nacional de Chile, cuya plataforma web Biblioteca Nacional Digital (BNd) fue de inestimable valor para mi investigación. El Archivo Yeguas del Apocalipsis, coordinado por Alejandro de la Fuente y Fernanda Carvajal, también fue un instrumento clave para la búsqueda documental. Paula Barría, de la librería Metales Pesados en Santiago, con mucha celeridad y eficiencia me ayudó a conseguir libros y ediciones particulares.

Como diría Neruda, doy las gracias, muchas veces, a las autoras y los autores por sumarse a este proyecto, trabajando –contra viento y marea– y sorteando muchas dificultades y obstáculos en el contexto de la pandemia de covid-19. De igual manera, agradezco a todas las artistas y los artistas que permitieron la reproducción de las fotografías de sus obras y, especialmente, al Colectivo Musa (Isabel Cristina González y Gonzalo San Martín) por la reproducción del célebre mural en homenaje a Lemebel que ilustra la portada.

Dedico este libro a la memoria de mi tía, Beatriz Amitrano, quien fue una persona incondicional y esencial en mi vida, y que falleció en Argentina mientras este libro se iba gestando, luego de una valerosa lucha contra el cáncer.

Luciano Martínez
Swarthmore, 3 de enero de 2022

Pedro Lemebel, esa deshilachada forma de sentir

Luciano Martínez

> Describir a Pedro Lemebel es como tratar de encasillar a un relámpago, un sabor o un paisaje: siempre queda algo afuera, y al final puede flotar una versión inerte de una experiencia única y compleja.
>
> Milan Boyarski [1]

> Debemos fomentar nuevas formas de subjetividad mediante el rechazo del tipo de individualidad que se nos ha impuesto durante varios siglos.
>
> Michel Foucault [2]

*E*NTONCES ERA UN CHICO SOLITARIO, FRAGILIZADO POR LA MELANCOLÍA *marucha de aislarme en el alféizar del segundo piso de la sala, para dibujar el paisaje de techos.*[3] Imágenes del recuerdo que Pedro Lemebel evoca mientras la ciudad nublada por "el vaho invernal" se refleja en la ventana del microbús que lo lleva de vuelta a su escuela secundaria, el insigne Liceo Barros Borgoño donde cursó un único año. Ese liceo de varones donde sus compañeros no le daban tregua –*mariconeándome hasta el cansancio*, dirá–.

---

[1] "Introducción", *Ella entró por la ventana del baño*, p. 7.
[2] "El sujeto y el poder", p. 11.
[3] "De regreso al colegio", *Háblame de amores*, p. 269. Agradezco a Gabriela Muniz por haberme alentado a pensar este texto en clave emocional, a partir de una imagen que también le hablara a mis afectos y a mis recuerdos. Jovana Skármeta también escuchó mis ideas y alentó el desarrollo de estas líneas. Mi reconocimiento también a Alejandro Modarelli por sus sugerencias.

Género y clase social se entrelazan: Pedro Mardones es la *mariquilla de la pobla, un colijunto temeroso que no se atrevía a realizar las hazañas de los niños machos*.[4] Era el adolescente recién llegado al que nadie veía.

Antes había asistido al Liceo Industrial de Hombres de La Legua, donde se enseñaba forja de metal y mueblería, porque en su población nadie iba a la universidad; los pobres debían aprender un "oficio" –la exaltación del trabajo manual– para tener (tácitamente) un futuro laboral en una sociedad estratificada y con mínimas posibilidades de movilidad social ascendente. En "Las manitos arañadas", Lemebel rememora estos años donde odiaba entrar a los talleres de carpintería porque se machacaba las manos, o al taller de mecánica, porque se quemaba los dedos con los fierros al rojo vivo de la fragua.[5]

Como muchas infancias *queer*, el Pedro aprende sobre su diferencia a partir del encuentro con el insulto. Diferencia que indefectiblemente se traduce como deficiencia. El profesor de biología, recuerda, "no tenía compasión, no tenía piedad imitando mi amujerado hablar nervioso cuando me gritaba que hablara como hombre, que me parara como hombre, que ese colegio industrial era sólo para hombres". La violencia verbal era la antesala del acoso físico: el perverso profesor hacía que "todo el curso de pequeños hombrecitos" le tocaran "el traste para su beneplácito" (262). Inerme y desamparado ante la violencia de ese "laboratorio de la homofobia", la única salida de Pedro es hacer la cimarra, dejar de asistir a clase. Cuando su madre descubre que no ha ido a la escuela por varios meses, lo reta mucho, pero Pedro le muestra las manos arañadas "por las herramientas de esa brutal institución", y algo se enternece en el mirar de su madre y decide cambiarlo de colegio (263).

Como niño raro, nunca lo pasé mejor en la enseñanza media (269).[6] A pesar de sus clases progresistas, la discriminación continúa persiguiendo al Pedro adolescente que se aparta de la norma y resiste el imperativo social de adecuarse a lo masculino. Como señalara

---

[4] Cito la crónica "Camilo Escalona (Sólo sé que al final olvidaste el percal)" [*De perlas y cicatrices*, p. 54], donde Lemebel analiza el ascenso político y social de Escalona, quien, según su relato, estudió en el Barros Borgoño en esta misma época. El escritor reflexiona también sobre el machismo, la homofobia y su propia invisibilidad en este colegio.
[5] "Las manitos arañadas", *Háblame de amores*, pp. 261-263.
[6] "De vuelta al colegio", *Háblame de amores*, pp. 269-271.

Didier Eribon, el insulto funciona como un veredicto: produce la toma de conciencia de uno mismo como un otro abyecto que los demás transforman en objeto de su propio discurso (30). Se instaura así una asimetría fundamental en el acto de lenguaje porque la injuria instituye una separación entre los normales y los estigmatizados. Pedro descubre que es una persona de la que se puede decir esto o aquello, a la que se le puede decir tal o cual cosa. Desde la madurez, al observar a los chicos y chicas rumbo a clase, Lemebel se ve a sí mismo en "su descolorido ayer, como un mocoso flacucho y afectado" que camina con temor rumbo al colegio porque sabe que la posibilidad de ser objeto de agresiones verbales o físicas está omnipresente, a la vuelta de la esquina (261).

El insulto estampa una herida en la conciencia: "esta conciencia herida y avergonzada de sí misma se convierte en un elemento constitutivo de mi personalidad" (Eribon 31). Esconderse es una respuesta natural a la discriminación y el Pedro se refugia en el segundo piso del liceo para dibujar el paisaje de techos.[7] *Háblame de amores* incluye uno de esos dibujos que Lemebel hizo en 1971, cuando tenía diecinueve años, y antecede a la crónica "De regreso al colegio". Deshojando con la mirada ese dibujo del liceo, vemos un "paisaje de techos" típico en el lenguaje urbano del centro de Santiago. No aparecen personas. En la esquina inferior, vemos la palabra "escape",

---

[7] En entrevistas Lemebel nunca aludió en profundidad a estas experiencias personales de discriminación y hostigamiento. En el 2012, luego de la publicación de *Háblame de amores*, sostuvo que las adversidades era mejor escribirlas: "Esa parte biográfica de mostrar cicatrices y arañazos de la vida, prefiero que lo lean en el libro, la literatura es más digna en su teatralidad narrativa. Aquí aparecería como testimonio piadoso del maricón fatal que al periodismo le encanta exaltar" (Rojas 194). Las entrevistas, leídas en su diacronía, muestran cambios en el pensamiento del escritor; así, en 1998, observaba que "la biografía de un hombre pobre, sudaca y 'airdiado' siempre pasa por un gesto de confesión", evitaba el testimonio real porque le desagradaban los confesionarios (Schaffer 43). A partir de *Zanjón de la Aguada* (2003) se produce un giro autobiográfico. Nótese el cambio de enfoque en las tres crónicas que vengo citando: en la crónica sobre Camilo Escalona (*De perlas y cicatrices*, 1998) su experiencia autobiográfica sirve para testificar lo relatado, mientras que en las dos crónicas de *Háblame de amores* (2012) prima la autobiografía y darle sentido al pasado dejando constancia de una experiencia de vida. No obstante, Lemebel entendió que su historia de vida poco se asemejaba a las autobiografías homosexuales clásicas que narran la salida del clóset; es decir, la historia de un deseo reprimido, una experiencia denegada, y el *outing* (la salida) como el dejar de ocultarse y asumir públicamente la propia identidad. En su caso, nunca hubo una clandestinidad vergonzante, ni tampoco una salida del "ropero" como Lemebel decía con humor para indicar que su identidad homosexual siempre fue visible y para marcar su distancia del modelo anglosajón.

escrita en letras de imprenta mayúsculas y subrayada. ¿Acaso el chico solitario y fragilizado por la melancolía marucha anhela escapar por los techos? Pedro mira el afuera, pero desde su atalaya también observa a los otros:

> Era un chico afectado que miraba desde aquel lugar cómo mis compañeros trepaban las rejas para marchar por Vietnam en la Alameda. En esas marchas *yo casi siempre iba al final, casi camuflado*, apoyando con el susto marica las demandas del pueblo escolar. (*Háblame de amores* 269; énfasis mío)

El último de la marcha. Una imagen poderosa. Me cuesta reconciliar esta imagen del asustado, y así y todo solidario, Pedro – aún Mardones– con las fotografías de Pedro –ahora Lemebel– como el primero de la fila en las marchas por los derechos de las minorías sexuales, acompañando el reclamo de justicia de los familiares de detenidos desaparecidos, apoyando las manifestaciones estudiantiles y tantas otras protestas.[8] Miro la fotografía de la primera marcha por el orgullo gay, en el año 2000. Miro a Lemebel sonriente y feliz tomado del brazo de Gladys Marín. Observo también los registros fotográficos del Día Internacional de la Mujer, en 1987 y en plena dictadura, donde Lemebel aparece maquillado, con un vestido strapless, un tocado artesanal con alas de paloma, y una bandera del Partido Comunista, acompañado por Carmen Berenguer y Bárbara Délano.[9] En mi imaginación veo también a Lemebel durante las protestas de octubre de 2019 y marzo de 2020, descapuchado y en la Primera Línea.[10]

---

[8] En 2012, en una entrevista con la *Revista Ñ*, Lemebel se refiere a su participación en las protestas estudiantiles: "Lo viví participando en las marchas callejeras, sudando y cantando con ellos (en ese momento, tenía voz, no me habían operado). Era muy hermoso volver a experimentar el sobresalto de la barricada ardiendo, la protesta, reconozco que en mí también se encendía una chispa de éxtasis y placer" (Rojas 192).

[9] Fotografías de estos dos eventos, realizadas por Pedro Marinello y Luis Navarro respectivamente, aparecen en *Arder/Burn*, catálogo en español e inglés de la muestra homónima, con la curaduría de Pedro Montes y Sergio Parra. Otras fotos de la marcha del orgullo gay se incluyen en *Mi amiga Gladys*, donde Lemebel y Marín aparecen acompañados por el escritor Juan Pablo Sutherland. En *Zanjón de la Aguada* se incluye la fotografía del Día Internacional de la Mujer con Berenguer y Délano.

[10] *Primera Línea* es un movimiento autoconvocado chileno en que participan diversos grupos. Su objetivo es ubicarse en la primera línea de las marchas para proteger a los manifestantes de los aparatos estatales represivos. A continuación, ver el ensayo de Fernando A. Blanco sobre la presencia de la imagen iconográfica de Lemebel durante el estallido social del 18/O.

El casi invisible Pedro Mardones y el fulgurante y estridente Pedro Lemebel. Dos imágenes. Dos momentos de una vida, que marcan el tránsito del flacucho asustado en su devenir en persona valiente, indómita y orgullosa que irrumpe en la historia chilena y la literatura latinoamericana. Pienso en ese recorrido biográfico y pienso en las reflexiones de Joan Scott –a partir de su lectura de la autobiografía de Samuel R. Delany, *The Motion of Light in Water* (1988)–, cuando advierte que no son los individuos los que tienen experiencias sino esas experiencias las que los constituyen en sujetos (779). Acaso se me acusará de biografismo, pero no es posible desligar la vida de Lemebel de sus textos y de su producción artística en general.[11] Se trata de la historia de un *yo* autobiográfico que está entretejida inextricablemente con la historia de Chile; como Lemebel explicara muchas veces, en sus crónicas "conviven incestuosamente la biografía y lo contingente" (Rojas 193), pero también el procesamiento afectivo de momentos muy personales como este que marcaron su vida.[12]

No trato de construir aquí una narrativa teleológica y emancipadora. El *devenir* Lemebel tiene que ver con prácticas sostenidas de resistencia, autonomía y autodeterminación. El flacucho asustado que observa y aprehende anticipa al escritor de *La esquina es mi corazón* (1995), cuyo trabajo con el ojo y la visualidad, en palabras de Soledad Bianchi, construye un "álbum fotográfico urbano" de Santiago, "todo contemplado por ojos homosexuales y

---

[11] No desconozco las teorías sobre la autobiografía (Philippe Lejeune, Paul de Man, Karl Weintraub, etc.) y entiendo también la distancia que media entre el autor y su articulación como sujeto textual. Sería anacrónico hacer aquí disquisiciones sobre el estatus ontológico del *yo* autobiográfico, o poner en entredicho el pacto referencial de estas crónicas que se "tambalean" –como diría Lemebel– hacía lo autobiográfico. En todo caso, creo que el enfoque de Joan Scott es mucho más productivo para pensar cómo Lemebel escribe estas crónicas para darle sentido a experiencias de su pasado.

[12] Lemebel regresa a su antiguo liceo invitado por los estudiantes que están en protesta; exigen "un cambio radical en esta educación clasista" y quieren el apoyo del ahora famoso exalumno. El escritor relata su emoción ante la bienvenida afectuosa de los estudiantes que no transan por sus demandas : "Ya no odiaba más ese lugar, y un cariño inmenso me hizo levantar la vista y mirar aquella ventana del segundo piso, donde un adolescente de risa triste dibujando el mundo me decía adiós" (*Háblame* 271). Bajo estas coordenadas espacio-temporales, ese pasado doloroso se vuelve inteligible y significativo. El evento, bajo el tamiz de la belleza de su escritura, produce una sutura afectiva en Lemebel y, posiblemente, en muchos de sus lectores cuando surge un sentimiento de evidencia al leer una crónica que restituye también sus propias experiencias de exclusión y discriminación en una misma sexualidad estigmatizada.

travestis que se hacen escritura, que erotizan, se deslizan, recorren, rescatan y revelan ángulos –topográficos y humanos– secretos, ocultos y ocultados" (46).[13] Durante la dictadura, creo que otra pieza que va jalonando este lento proceso de autoconstrucción es su participación en las acciones callejeras de arte político del Coordinador Cultural (1983-1985), "con el culo a dos manos y un suspiro lacre electrizado por la emoción" (*Háblame* 129; Reposi). Su incorporación a los talleres literarios que dirigía Pía Barros le brindará el grupo de referencia y las redes de interconocimiento que no pudo tener cuando estaba en el liceo. Como es sabido, en 1982, aún como Pedro Mardones, participa de un concurso literario de la Caja de Compensación Javiera Carrera con un cuento (cargado de alusiones religiosas) titulado "Porque el tiempo está cerca" sobre un joven de diecisiete años; el despertar de su deseo homosexual y sus inicios en la prostitución callejera. Son los primeros pasos de un escritor en ciernes, pero, en clave foucaultiana, puede ser leído como la articulación de un discurso de réplica: una refutación del discurso homófobo y una búsqueda temprana de acceso a la esfera pública, que el joven Mardones vehiculiza a través de su pluma.

El liceo, el coordinador cultural, la entrada en un concurso literario, las acciones de arte de las Yeguas del Apocalipsis; una constelación de experiencias –entre otras– que parecieran converger en una misma dirección: la construcción de una epistemología desclosetada que le permitirá desarrollar un proyecto artístico que se convertirá en una forma de praxis e intervención social.[14] Es un proceso de autoinvención, autodescubrimiento y resignificación donde Lemebel *da vuelta* el insulto y lo convierte en bandera de lucha, como le explica –en 1994– a Víctor Hugo Robles en una entrevista antológica en Radio Tierra:

---

[13] "Pedro Lemebel, pupila *equis* de la transición" fue leído por Bianchi durante la presentación de *La esquina es mi corazón* en 1995, y está incluido en su libro *Lemebel*, donde se recopilan ocho ensayos que registran su lectura minuciosa, sagaz y fundacional de la obra de Lemebel.

[14] Como sugiere María Moreno, si pensamos en el Lemebel oral, tanto en sus entrevistas periodísticas como académicas, la epistemología desclosetada deviene también pedagogía: Lemebel enseña, educa. Asimismo, pienso que el tránsito Mardones/Lemebel está conectado a un proyecto de inviduación, de autoconstrucción personal, y no únicamente con el pasaje de cuentista a cronista.

> A mí me gustan las palabras fuertes, las palabras que nos estigmatizan, las palabras que nos ofenden porque cuando yo las uso las doy vuelta, las descargo de su agresividad y homofobia, ocupo mucho el maricón, el coliza, el tereso me encanta, porque hay una raíz popular que construye ese personaje y al usarlo yo, que soy homosexual, lo descargo de agresividad. (Robles 23)

Lemebel pareciera seguir el axioma sartreano; parafraseando, lo importante no es lo que han hecho de nosotros, sino lo que hacemos con lo que han hecho de nosotros.[15] Experiencias que para ser comprendidas adecuadamente tienen que ser reinscritas en sus enclaves históricos. Si se piensa en la historia chilena de la segunda mitad del siglo veinte, una historia vertiginosa que no tuvo un instante de sosiego, resulta sorprendente (casi milagrosa) la aparición de Lemebel, que sortea todo un sistema de impedimentos (culturales, socioeconómicos, políticos, raciales y sexuales) no sólo para afirmar su propia autonomía y dignidad sino para integrar su persona y su producción artística dentro de un proyecto político socialmente colectivo, abarcador e inclusivo, a sabiendas, de que para hacerlo deba ir más allá de las reivindicaciones habituales que se le permiten al sujeto *queer* en la esfera pública en el espacio limitado que se le asigna: "mientras los maricas poeticemos la maricada está todo bien, en el rincón que le asigna la democracia oficial. Pero cuando se opina sobre etnias, aborto, derechos reproductivos, libertad de culto o políticas económicas, la licencia freak queda cancelada" (Costa 146).[16] De igual forma, la epistemología lemebeliana no romantiza los márgenes de la normatividad sexual como espacio privilegiado de la radicalidad y la subversión, como agudamente explicó muchas veces: "Nunca fui tan ingenuo ni tan iluso para jactarme de que la elección erótica me convertía en la condesa de la resistencia, siempre supe que existía la homosexualidad fascista y burguesa ahorcada en la corbata de su auto-represión" (*Ibíd.*).

---

[15] Levemente modificada en mi parafraseo castellano, la cita original de Jean-Paul Sartre ("L'important n'est pas ce qu'on fait de nous, mais ce que nous faisons nous-mêmes de ce qu'on a fait de nous") proviene de *Saint Genet, comédien et martyr* (1952), p. 85.
[16] Coincido con Jorge Ruffinelli cuando afirma: "No debemos dejar a Lemebel limitado a la órbita de la literatura y del activismo 'gay'. Los trasciende" (63). Lemebel articula su lugar de enunciación desde múltiples identidades sociales, pero es válido afirmar que su diferencia sexual y genérica es constitutiva para su subjetividad y para su práctica artística, cuyos efectos sociales trascienden el arte y la militancia por las minorías sexo-genéricas. Categóricamente Lemebel afirma: "Antes del artista incluso está el homosexual" (Reposi).

Escribir desde el futuro

> Cuando te imputan lo marginal, es una forma de anularte. Te dicen "tú eres marginal", te quedas en el margen y desde allí hablas.
>
> Pedro Lemebel[17]

Un simple repaso por la bibliografía académica sobre la obra de Pedro Lemebel demuestra que sus textos nunca pasaron por momentos de inercia crítica.[18] Hoy Lemebel está más vigente que nunca: se multiplican los artículos, los libros, las tesis, las exposiciones y los simposios dedicados a su obra, también los documentales y las adaptaciones teatrales y cinematográficas. La gravitación de la figura de Lemebel en el ámbito chileno e internacional es innegable, pero a este presente celebratorio (y consagratorio) lo antecede un tiempo pretérito en el que Lemebel, sin capital cultural alguno dentro de la escena literaria chilena, se forjó un lugar "desde la ruptura, con frecuencia radical, con los lenguajes y convenciones dominantes en la escritura nacional" (Poblete 17). Lemebel escribió a contrapelo de los cánones políticos –tanto literarios como mediáticos– de la transición chilena y, como advierte Juan Poblete, envistió de potencialidad crítica y creativa a su marginalidad social (*Ibíd.*).

De manera innegable, hoy Lemebel ocupa un lugar de preeminencia en el canon literario y cultural chileno y latinoamericano (Echevarría 22), pero su obra trasciende el canon literario al condensar distintas tradiciones y formas de producción artística, y se vuelve en una zona de gravitación e influencia para sus muchos epígonos.[19] Entre

---

[17] *No tengo amigos, tengo amores*, p. 33.

[18] En la cronología que aparece más adelante en este libro se hace un repaso por algunos de los momentos críticos más relevantes. Se consignan también los documentales y las adaptaciones teatrales y fílmicas que se han realizado hasta el momento.

[19] Ignacio Echevarría advierte que dentro del canon de la narrativa latinoamericana contemporánea hoy figuran Daniel Sada, Juan Villoro, Horacio Castellanos Moya, Rodrigo Rey Rosa, Ricardo Piglia, César Aira, Alan Pauls, Rodrigo Fresán y Pedro Lemebel, entre otros, todos ellos reivindicados por Roberto Bolaño en distintos momentos (Echevarría, "Bolaño internacional" 22). No estoy pensando en una canonicidad "a lo Harold Bloom", ni tampoco en sacralizar la figura del escritor o ubicarlo en un contracanon. Hago una torsión crítica para pensar lo canónico en Lemebel a partir de la consolidación de su lugar en el imaginario cultural chileno, y también en el imaginario *queer* del continente. Sobre este tema, ver la postura de Victoria García en "Contra la canonización: notas para una elegía de Pedro Lemebel".

estos, en el ámbito chileno, Alejandro Modarelli reconoce la poesía mapuche de David Aniñir Guilitraro y Daniela Catrileo, a los grupos universitarios de disidencias artísticas y sexuales, las performances de Anastasia Benavente, la literatura de Juan Pablo Sutherland y Claudia Rodríguez, y la prosa híbrida de Gonzalo Asalazar.[20] Si acordamos que el canon lo construyen los-as artistas ya que es su experiencia la que ilumina y valora los textos precedentes, resulta significativa la valoración de la obra de Lemebel que hace Daniela Catrileo para el desarrollo de su propia poética:

> Mi educación sentimental y política partió con el punk, la poesía y Lemebel. Después entendí varias cuestiones –no se trataba solo de sexualidad, que era un tema urgente de tratar desde otra perspectiva– sino que mis libros están construidos en la arquitectura de los suyos. En poesía y narrativa por fin hay cuerpos que escriben. (Catrileo cit. por Modarelli)

Lejos de la apatía, el legado artístico y político de Lemebel es una huella indeleble. Sus ocho libros de crónicas y su ficción narrativa, en especial *Tengo miedo torero*, se han transformado en clásicos, "como si en sus páginas todo fuera deliberado, fatal, profundo como el cosmos y capaz de interpretaciones sin término" (Borges 160). Lemebel es canónico por una sencilla razón: es inevitable y ineludible para pensar a Chile, su literatura y su historia, pero también es cita obligada para la literatura y el pensamiento *queer* latinoamericanos.

Es una obviedad, aunque no del todo redundante, señalar que la escritura lemebeliana debe ser pensada como un conjunto de operadores de una práctica significante y, por eso, demanda ser estudiada en todas sus vertientes: ficción literaria, crónica, entrevistas, audiovisualidad y performance. En todos estos planos fue un artista del futuro; por su heterogeneidad y diversidad resulta casi imposible aprehender la poética de Lemebel de manera integral, lo que nos obliga a trabajar sobre ciertos recortes genéricos (crónica, cuentos, novela,

---

[20] El legado de Lemebel y el de las Yeguas del Apocalipsis tiene sus epígonos en el movimiento estudiantil chileno y las expresiones *queer* y feministas de Las putas babilónicas, el primer colectivo de estudiantes homosexuales de Chile, creado por alumnos del Liceo Victorino Lastarria en 2012, o el Colectivo Lemebel que nace en 2013 en el Barros Borgoño (Lillo Muñoz). Como se verá en el ensayo de Arturo Márquez-Gómez, incluido en este libro, también pueden reconocerse epígonos dentro de la música chilena actual, como Álex Anwandter. Del otro lado de los Andes, en esta estela lemebeliana, me animo a incluir libros como *Travesti, una teoría lo suficientemente buena* de Marlene Wayar, las columnas de Lohana Berkins (1965-2016) y *Rosa prepucio* del mismo Modarelli.

performance, fotografía, etc.). El arte de Lemebel es una totalidad diversa, heterogénea y zigzagueante que, por momentos, nos resulta esquiva y dar una visión totalizante para explicar su singularidad pareciera, de antemano, una empresa destinada al fracaso. ¿Cómo dar cuenta acabada de un proyecto literario, artístico, ético y político multifacético que se despliega en una diversidad de géneros, soportes, medios y épocas, que desplazó los límites de lo representable, de lo decible, de lo visibilizable? Para Alejandro Zambra, "Lemebel supo ir más allá de las expectativas de la prensa y de los paralizantes marcos teóricos"; tal vez, más que desafiarlos, me parece que la poética de Lemebel desbordó (y sigue desbordando) los marcos de referencia que intentan aprehender los sentidos divergentes de su escritura.

Analizar la obra de Lemebel requiere ir más allá del análisis del texto y pensar en su circulación y consumo cultural; provoca un deslizamiento hacia los estudios culturales y la crítica cultural, los estudios de género, el feminismo y la teoría *queer*, las políticas de la memoria, las artes visuales y los estudios de performance, y los estudios sobre la esfera pública.[21] Su producción artística se resiste a la fosilización textual que instaura la universidad y el periodismo cultural: el sentido se escapa hacia adelante y nos instala en la inseguridad de la lectura crítica y de los mecanismos de interpretación. Es por esto que, a pesar de la distancia temporal en relación a sus primeros libros o sus primeras performances, los momentos de interlocución crítica siguen siendo tan fecundos.

---

[21] Así lo demuestran la permeabilidad teórica y la productividad crítica que han tenido los trabajos señeros de Soledad Bianchi, Nelly Richard, Jean Franco, Fernando A. Blanco, Juan Poblete, Ángeles Mateo del Pino, María José Contreras Lorenzini, Bernardita Llanos, Héctor Domínguez-Ruvalcaba, Dieter Ingenschay y Luis E. Cárcamo-Huechante, todos ellos ampliamente citados a lo largo de este libro. Son de consulta ineludible los volúmenes colectivos: *Reinas de otro cielo* (2004), editado por Blanco; *Desdén al infortunio* (2010), compilado por Blanco y Poblete; y el más reciente *La vida imitada* (2020), editado por Blanco. Además del libro de Bianchi ya mencionado, ver también los libros de Poblete (2018) y Tamara Figueroa Díaz (2019), la tesis publicada de Clelia Moure (2014) y los dossiers sobre Lemebel de *Revista Casa de las Américas* (N° 246, 2007), *Nuevo Texto Crítico* (vol. 22, N° 43-44, 2009) y *Latin American Literature Today* (vol. 1, N° 2, 2017). Son insoslayables los prólogos de Ignacio Echavarría y Carmen Berenguer a los libros *Poco hombre* (2013) y *Pedro Lemebel: Obra escogida* (2019), respectivamente. Sobre la obra visual de Lemebel, ver *Arder/Burn* (2017), catálogo fotográfico con la curaduría de Pedro Montes y Sergio Parra.

Nuevas aproximaciones a una belleza indómita

> Y ocurrió en un sencillo país colgado de la cordillera con vista al ancho mar. Un país dibujado como una hilacha en el mapa; una alargada culebra de sal...
>
> Pedro Lemebel[22]

Los ensayos reunidos a continuación pertenecen a autoras y autores de tradiciones culturales y contextos creativos y académicos heterogéneos. Como puede verse en las distintas maneras de escribir sobre y a partir de Lemebel, o *estando* en Lemebel, como diría Carmen Berenguer, me interesó alentar una diversidad de miradas para crear un espacio dialógico que impida la anexión Lemebel a cualquier "pedagogía dominante" que pudiera generar una imagen excéntrica o exotizante de su figura.[23]

El libro tiene un claro anclaje en Chile, tanto en términos de práctica de lectura –la imperiosa necesidad de leer a Lemebel dentro de los contextos sociales, culturales y políticos dentro de los cuales desarrolló su obra–, como también en relación a la procedencia de muchas y muchos colaboradores. A su vez, la participación de reconocidos escritores y poetas –Carmen Berenguer, Eduardo Espina, Juan Pablo Sutherland y Alejandro Modarelli– le otorga a este libro una naturaleza plural que le quita el esencialismo y la monotonía del libro académico, dejándose hibridar por un registro propio de la creación literaria que hace que estos textos, de algún modo, se nutran del "neobarroco" lemebeliano, como diría Soledad Bianchi, o del "barroco popular de Lemebel", según Juan Poblete.

La primera sección, "En primera persona", se abre con una entrevista académica a Pedro Lemebel –hasta ahora inédita– que Héctor Domínguez-Ruvalcaba realizó en 2001 y tituló "Por esa insaciable sed metafórica". Es interesante observar cómo Lemebel

---

[22] "Las joyas del golpe", *De perlas y cicatrices*, p. 17.
[23] En su célebre crónica "Loco afán", Lemebel alertaba sobre los efectos precolonizadores de las agrupaciones gay anglosajonas y europeas que, durante la lucha contra el sida en los noventa, invitaban a sus "hermanos menores" latinoamericanos a sus congresos en inglés, donde "nos pagan pasaje y estadía, nos muestran su mundo civilizado, *nos anexan a su pedagogía dominante*, y cuando nos vamos, barren nuestras huellas embarradas de sus alfombras sintéticas" (*Loco afán* 166; énfasis mío).

reevalúa su obra publicada hasta ese momento, la importancia fundacional de su manifiesto "Hablo por mi diferencia", al tiempo que establece conexiones con el pensamiento *queer* de Néstor Perlongher y revaloriza la escritura de mujeres. Como señala María Moreno, en su reseña del libro *Lemebel oral* (2018), las entrevistas que Lemebel brindó a lo largo de su vida van construyendo "la autobiografía de una voz" y, como sugerí antes, una pedagogía *queer*. Creo, al mismo tiempo, que Lemebel usa las entrevistas para afirmar su intencionalidad autoral, dando claves de lectura para descifrar sus "crónicas maruchas", explicando la hibridación oralidad/escritura, la tensión historia/ficción, explicitando sus filiaciones neobarrocas, su interés por los devenires deleuzianos, y su renuencia a ser leído desde un paradigma gay.[24]

En el cautivante ensayo "Te espero en el Empire, pero no puedo caminar, estoy inválida", Carmen Berenguer reingresa al "estar en Lemebel" para compartir la historia de una amistad hecha de caminatas, marchas y persecuciones, lecturas cómplices y apuestas estéticas compartidas, acciones callejeras y performances hechas en conjunto. Son los momentos claves de la historia cultural chilena de la dictadura y la posdictadura de la que ambos fueron protagonistas principales. Berenguer repasa también el legado de las Yeguas del Apocalipsis y detiene su mirada en *La esquina es mi corazón* (1995) porque "iluminó el farol de la cuadra y del país" que salía de una cultura de muerte y "que esperaba restituir lo perdido con *Justicia y Verdad*. Y la pregunta política y social: ¿*Dónde están?*, cubría el horizonte de expectativas" (50). Hacia el final de este texto lírico y esplendente, emerge la voz de Lemebel en un emotivo contrapunto de correos electrónicos entre ambos amigos.

En el 2003, en una entrevista para *El Mercurio*, le preguntan a Lemebel cuál es el libro que más ha releído, a lo que responde

---

[24] El "Lemebel oral" (como diría Gonzalo León) se ha convertido en parte integral del canon lemebeliano. Las entrevistas son verdaderos índices de lectura para interpretar sus crónicas, ficciones y performances, como se observa en numerosos artículos publicados recientemente. Quizás cabría alertar sobre la necesidad de leer estas entrevistas en su diacronía; es decir, leerlas cronológicamente para comprender la evolución de una escritura y de un pensamiento, con sus persistencias, pero también con sus cambios y matices. La índole reiterativa de muchas entrevistas (en especial, las periodísticas) permitió que Lemebel se explayara, una y otra vez, sobre ciertas cuestiones: el valor de la crónica, la distinción gay/homosexual/travesti, la figura de la loca, la memoria y sus amigas como interlocutoras intelectuales.

"*Alambres* y *Prosa plebeya* de Néstor Perlongher" ("Subrayo los libros con rouge"). En "Pedro Lemebel y Néstor Perlongher: chorreo de madres", el escritor y cronista argentino Alejandro Modarelli investiga el enamoramiento de Lemebel por aquella "voz transplantina y portuaria" y crea un sugestivo diálogo trasandino a partir de la evocación literaria que ambos escritores hacen de sus madres, analizando los puntos de coincidencia y disención entre sus poéticas literarias y sus políticas del deseo.

"En contexto" es la segunda sección del libro y comienza con "Pespuntes biográficos", una cronología sobre la vida y obra de Lemebel, la cual (debo confesar) me insumió un arduo trabajo de archivo, cotejo de fuentes documentales y entrevistas para tratar de establecer una datación lo más certera posible sobre algunos de los momentos más importantes en la vida de Lemebel. Partí de una dificultad inicial: a pesar de la abundante bibliografía sobre Lemebel, los datos biográficos que se manejan ofrecen un sinnúmero de errores frecuentes e inexactitudes. Tal vez, sea el momento oportuno para vocalizar mi propio *mea culpa*: a pesar del trabajo cuasi-detectivesco realizado, no presumo la ausencia de erratas o falencias.[25] Como el objetivo fue hacer visible una experiencia, un recorrido biográfico en su enclave histórico, espero que la información histórica glosada sea de utilidad y que esta cronología sea un aporte inicial que complemente futuras biografías de Lemebel.

A continuación, en su artículo "Pedro Lemebel y su *Cancionero*: programa radial para un público femenino popular", Bernardita Llanos estudia la relevancia que tuvo la experiencia radial de Lemebel en Radio Tierra, emisora creada por la organización feminista La Morada, y explica cómo Lemebel construye un espacio de diálogo e intercambio especialmente para las mujeres de los sectores populares. Este ensayo es una herramienta esencial para dimensionar la génesis del libro *De perlas y cicatrices* (1998) en el contexto de un proyecto feminista contracultural durante la posdictadura chilena. Por su parte, en "Lemebel en el 18/O, todos somos estallido: utopía, temporalidad y revolución", Fernando A. Blanco reflexiona sobre la resurrección

---

[25] Por ejemplo, confieso una carencia: me hubiera interesado consignar con exactitud los años en que Lemebel trabajó en cada medio periodístico, pero sin acceso directo a hemerotecas, preferí no incluir esos datos.

colectiva que la protesta social del 18/O articula en torno a la imagen espectral de Pedro Lemebel. La pregunta que recorre el artículo tiene que ver con el significado de esta presencia y cuál es la razón para que después de su muerte vuelva a materializarse en lucha disidente. Para esto, Blanco analiza una serie de obras artísticas emplazadas en la ciudad de Santiago que despliegan imágenes paradigmáticas del escritor: el mural del Colectivo Musa, el busto Frida-Pedro de Verónica González y *Lemebel de la Resistencia* y *Lemebel-Piñera-Conchetumadre* de Rosita Beas.[26]

La tercera sección se titula "Archivo, audiovisualidad y performance" y comienza con un trabajo de Fernanda Carvajal –"El archivo como engaño y promesa"– donde narra el proceso que desarrolló con Alejandro de la Fuente para construir el archivo de las Yeguas del Apocalipsis (AYA), colectivo de arte que Lemebel formó junto a Francisco Casas entre 1987 y 1993, con el objetivo de explorar la relación entre violencia política y cuerpo.[27] Carvajal explica la complejidad de construir un archivo que intenta registrar y datar lo efímero, su estatuto legal, su accesibilidad y las dinámicas del mundo cultural entre lo público y lo privado.

"Ojo de loca no se equivoca" era el título de la columna dominical de Lemebel que aparecía en el diario *La Nación*, y es también el título de la colaboración de Rita Ferrer, centrado en la primacía de lo visual en la obra visionaria de Lemebel. La lectura de Ferrer es sugerente e innovadora porque no se limita a una textualidad en particular, sino que recorre crónicas, acciones de arte, foto-performances y video-performances para construir una interpretación holística y transversal de la poética visual lemebeliana.[28] Esta sección se cierra con el ensayo de Arturo Márquez-Gómez ("En busca de las melodías salvajes: Lemebel y las audiovisualidades *queer* contemporáneas en

---

[26] El mural en homenaje a Pedro Lemebel realizado por el Colectivo Musa decora la portada de este libro.

[27] En efecto, como advierte Jesús Martín-Barbero, los estudios de performance son un lugar estratégico, desde el punto de vista teórico-metodológico, para pensar la multiplicidad de conflictos que atraviesan al cuerpo latinoamericano pensado en un sentido amplio (Taylor). De allí, la importancia de desarrollar un archivo de las Yeguas –tanto en formato físico como digital– depositado en instituciones públicas y una selección del mismo disponible en la página web <yeguasdelapocalipsis.cl>.

[28] Acaso este ensayo sirva de modelo a seguir para futuras intervenciones que busquen desarrollar lecturas transdisciplinarias.

Chile") sobre vínculos, transformaciones y desvíos entre música, crónica, performance y videos musicales. Su artículo se organiza en dos partes: primero, estudia cómo escuchó Lemebel, es decir, qué lugar tiene su conceptualización de la música, cómo se conecta con la Nueva Canción chilena, cómo incidió en su proyecto de disidencia sexual y cómo la música emerge en sus crónicas. Finalmente, se centra en la música y los videos musicales de Álex Anwandter (1983-) y su conexión con la obra de Lemebel.

"Cartografías" es la cuarta sección del libro y el objetivo que aglutina los ensayos de Juan Poblete, Clelia Moure y Eduardo Espina es ofrecer mapas de lectura que permitan acercarse a la escritura cronística de Lemebel desde diferentes ángulos. Así, en "La poética de Pedro Lemebel: hacer sensible lo pensable y pensable lo sensible", Poblete retoma sus ideas sobre cómo leer y cómo periodizar la obra literaria de Lemebel, reconociendo tres etapas cuyo principio rector es el paso de una voz autoral anclada en la figura de la loca hacia otra basada en la figura del autor literario exitoso y renombrado. Leyendo algunas crónicas de los libros *Zanjón de la Aguada* (2003), *Adiós mariquita linda* (2004) y *Serenata cafiola* (2008), con agudeza, Poblete analiza el lenguaje de la crónica y su relación con una poética de la visibilización, la cambiante intensidad del barroco-popular, y también estudia cómo Lemebel desarrolla formas de legitimidad autoral en el afuera de la institución literaria, manteniendo su apego a la cultura popular, pero intentando captar la atención de públicos diferenciados. Por su parte, Clelia Moure se ocupa del registro poético en "Crónica y poesía en la escritura de Pedro Lemebel: Tensiones y discontinuidades de un género en devenir", y realiza una lectura detenida de algunas crónicas de *De perlas y cicatrices* para mostrar que la poesía *está ahí*, operando en un género híbrido, a través de una escritura que se escribe en la estética de los flujos descodificados. En "Crónicas lemebelianas: carpe diem, cuerpo diem", el poeta y ensayista uruguayo Eduardo Espina narra la antesala de un encuentro con Lemebel en un simposio en la ciudad de Córdoba (Argentina), donde los dos escritores –ambos ganadores de la beca Guggenheim[29]– participarían de un panel de lectura de obra creativa. Sin embargo, el panel debe ser cambiado de fecha porque la llegada de Lemebel

---

[29] Es interesante señalar que Carmen Berenguer, en 1997, y Raquel Olea, en el 2000, también fueron distinguidas con la beca Guggenheim.

comienza a demorarse. El tiempo de la espera, no es el de los adioses onettianos. En la pluma neobarroca del autor de *El cutis patrio* (2006), la anécdota sirve como pretexto para iniciar una modalidad de lectura singular y sorprendente de la obra de Lemebel desde la perspectiva de una temporalidad en disolución. Es una reflexión cargada de lirismo sobre la perduración de la obra lemebeliana a partir del poder estético de su escritura.

La quinta sección, dedicada a los libros de crónicas, se abre con un texto escrito por encargo expreso de Lemebel, se trata de "Poética de la lengua: cuerpo, sida y clase en *Loco afán*", que el escritor Juan Pablo Sutherland leyó durante la presentación de la reedición de *Loco afán* en Seix Barral en la Feria del Libro de Santiago en 2013. Para Sutherland, en tiempos de la gran peste de los ochenta, emerge un nuevo tipo de militancia homosexual y *Loco afán* puede ser visto como el ACT UP chileno sonando la alarma sobre un país precarizado y ahogado por la homofobia, por el neoliberalistmo salvaje y por el sida. Luego, Macarena Urzúa Opazo presenta "Un mapa del cine y un mapa de las estrellas: Lemebel y la escritura cinematográfica" donde construye una cartografía cinematográfica, analogable a la "insistente presencia del registro escopofílico" en su poética (Blanco 14). Las crónicas relevadas se relacionan con las estrellas del *golden age* de Hollywood y, al igual que en Manuel Puig, revelan un archivo afectivo de sus pasiones. "La intempestividad de Lemebel: la batalla por la memoria cultural chilena en *Adiós mariquita linda* y *Serenata cafiola*" es el ensayo de Ignacio López-Vicuña, que explora las convergencias y tensiones entre lo afectivo y lo político en estos dos libros que reactivan afectos rebeldes y diseñan un mapa de la memoria nacional heterogéneo. El siguiente artículo, "El despertar insurgente y polifónico de los recuerdos en *Háblame de amores*" de Tamara Figueroa Díaz, analiza la representación de la acción de *funar* (similar al "escrache" argentino) en una serie de crónicas. En su lectura, funar no es solo la denuncia pública por delitos que han quedo impunes y que son visibilizados en la opinión pública, sino que también pueden ser pensados como una resignificación del espacio público a partir de actos colectivos de subversión callejera que mantienen viva la memoria y el reclamo de justicia.

La ficción de Lemebel es el eje de la sexta y última sección del libro, "Itinerarios narrativos". En "Mardones (clandestino, incontable)",

Cristián Opazo hace un arduo trabajo de archivo que reconstruye con precisión la génesis y la azarosa publicación clandestina y posterior distribución de *Incontables* (1986), colección de siete cuentos breves impresos en pliegos de papel kraft con ilustraciones dentro de un sobre que hace de cubierta y firmados, a secas, por "Mardones, Santiago, 86".[30] En una valiosa entrevista con Ángeles Mateo del Pino, Lemebel hace una valoración de sus cuentos de juventud y afirma: "De los cuentos que escribí entonces rescato algunos donde ya estaba potenciado el tornasol sexuado de mi crónica" (Mateo del Pino). En este sentido, Opazo identifica huellas estilísticas que luego Lemebel patentará en sus crónicas, sin dejar de lado cómo la materialidad cartonera *avant la lettre* de la primera autoedición de *Incontables* puede ser leída también en las superposiciones temáticas de los cuentos. Los dos ensayos finales están dedicados a *Tengo miedo torero* (2001), la única novela del escritor. En primer lugar, en "La economía emocional de *Tengo miedo torero*", Judith Sierra-Rivera examina de manera magistral cómo se construye dicha economía dentro de la novela y la concibe como una materialidad que enlaza objeto y cuerpo; es decir, el mantel y la Loca del Frente que lo está bordando. Por su parte, "Amor y política: el resplandor de la lengua en *Tengo miedo torero*", de Raquel Olea, muestra cómo "la lengua loca", barroca, mestiza y feminizada devela una verdad acallada. En un segundo momento, Olea hace un fascinante análisis comparativo entre la Loca del Frente y la Manuela, la protagonista de *El lugar sin límites* (1966) de José Donoso, para visibilizar la novedad lemebeliana: la construcción de un sujeto homosexual público que hasta ese momento no había sido representado en la literatura chilena.

Para concluir, pienso que un lazo común une a estos diecinueve ensayos: son textos teóricamente decantados, cuidadosamente escritos y sugerentes que generan una lectura amena y sostenida por la singularidad de sus enfoques. Leer a Lemebel es entender que los textos nunca son éticamente neutros; todo texto evalúa el mundo e incita un modo de intervención en esa contingencia (Ferro 30). Abrí estas líneas con el sugestivo epígrafe de Milan Boyarski cuando sostenía que describir a Lemebel es como "tratar de encasillar a un relámpago, un sabor o un paisaje: siempre queda algo afuera" (7).

---

[30] *Incontables* fue reeditado póstumamente por Seix Barral en 2018.

En efecto, cuando leemos y releemos a Lemebel, siempre queda algo inconcluso, un resto; significaciones que se nos escapan ante "la inminencia de una revelación que no se produce". Sentidos elusivos e indómitos ante nuestras pobres herramientas teóricas, pero algo queda en esa negación. Queda la resonancia de lo estético y del deseo en esa palabra negada. Deseamos leer lo que Lemebel nos niega y, como dijera Nicolás Rosa, el deseo necesita, exige, una lectura transferencial y acaso podamos llamar *pasión* a esa lectura.

Bibliografía

Asalazar, Gonzalo. *El deseo invisible: Santiago cola antes del golpe*. Santiago de Chile: Cuarto Propio, 2017.

Bianchi, Soledad. *Lemebel*. Santiago de Chile: Montacerdos, 2018.

Berenguer, Carmen. "El cronista Pedro Lemebel". *Pedro Lemebel. Obra escogida*, editado por Carmen Berenguer. Talca: Editorial Universitaria de Talca, 2019. pp. 11-22.

Blanco, Fernando A. "A modo de prólogo". *La vida imitada. Narrativa, performance y visualidad en la obra de Pedro Lemebel*, editado por Fernando A. Blanco. Madrid: Iberoamericana / Vervuert, 2020. pp. 13-25.

Blanco, Fernando A., editor. *Reinas de otro cielo. Modernidad y autoritarismo en la obra de Pedro Lemebel*. Santiago de Chile: LOM, 2004.

Blanco, Fernando A. y Juan G. Gelpí. "El desliz que desafía otros recorridos. Entrevista con Pedro Lemebel". 1997. *Reinas de otro cielo. Modernidad y autoritarismo en la obra de Pedro Lemebel*, editado por Fernando A. Blanco. Santiago de Chile: LOM, 2004. pp. 151-159.

Blanco, Fernando A. y Juan Poblete. *Desdén al infortunio: Sujeto, comunicación y público en la narrativa de Pedro Lemebel*, editado por Santiago de Chile: Cuarto Propio, 2010.

Borges, Jorge Luis. "Sobre los clásicos". [*Otras inquisiciones*, 1952] *Obras completas*, vol. 2. Buenos Aires: Emecé, 2005. pp. 151-161.

Boyarski, Milan. "Introducción". *Ella entró por la ventana del baño*, de Pedro Lemebel, adaptación de Milan Boyarski e ilustraciones de Ricardo Molina. Santiago de Chile: LOM, 2019. pp. 7-8.

Costa, Flavia: "Una náusea educada", Entrevista a Pedro Lemebel. [*Revista Ñ*, 14 de agosto de 2004]. *Lemebel oral: veinte años de entrevistas (1994-2014)*, editado por Gonzalo León. Buenos Aires: Mansalva, 2018. pp. 142-147.

Domínguez-Ruvalcaba, Héctor. "La Yegua de Troya. Pedro Lemebel, los medios y la *performance*". *Reinas de otro cielo: modernidad y autoritarismo en la obra de Pedro Lemebel*, editado por Fernando A. Blanco. Santiago de Chile: LOM, 2004. pp. 117-149.

_____ *Translating the Queer. Body Politics and Transnational Conversations*. Londres: Zed Books, 2016.

Echeverría, Ignacio. "Bolaño internacional. Algunas reflexiones en torno al éxito internacional de Roberto Bolaño". *Estudios Públicos*, N° 130, otoño de 2013, pp. 175-202.

_____ "Prólogo". *Poco hombre: Crónicas escogidas*, de Pedro Lemebel. Santiago de Chile: Ediciones Universidad Diego Portales, 2013. pp. 11-31.

Eribon, Didier. *Reflexiones sobre la cuestión gay*. Traducido por Jaime Zulaika. Barcelona: Anagrama, 2001.

Ferro, Roberto. "La verdad, la corrección, lo 'correcto' del testimonio". *Boletín de la Unidad de Estudios Biográficos*, N° 3, 1998, pp. 27-39.

Figueroa Díaz, Tamara *La resistencia de la loca barroca de Pedro Lemebel: anomia y militancia corpórea en América Latina*. Barcelona: Egales, 2019.

Fischer, Carl. *Queering the Chilean Way: Cultures of Exceptionalism and Sexual Dissidence, 1965-2015*. Nueva York: Palgrave Macmillan, 2016.

Foucault, Michel. "El sujeto y el poder". *Revista Mexicana de Sociología*, vol. 50, N° 3, 1988, pp. 3-20.

_____ *Historia de la sexualidad. 1. La voluntad del saber*. 1976. Buenos Aires: Siglo Veintiuno, 2003.

García, Victoria. "Contra la canonización. Notas para una elegía de Pedro Lemebel". *Puentes de crítica literaria y cultural*, N° 6, octubre de 2016. pp. 28-39.

Lejeune, Philippe, et al. *La autobiografía y sus problemas teóricos: estudios e investigación documental*. Barcelona: Anthropos, 1991.

Lemebel, Pedro. *De perlas y cicatrices*. 1998. Santiago de Chile: Seix Barral, 2010.

_____ *Háblame de amores*. 2012. Buenos Aires: Seix Barral, 2013.

_____ *Incontables*. 1986. Santiago de Chile: Seix Barral, 2018.

_____ *Loco afán. Crónicas de sidario*. 1996. Santiago de Chile: Seix Barral, 2009.

_____ *No tengo amigos, tengo amores: Extractos de entrevistas*. Editado por Macarena García y Guido Arroyo. Santiago de Chile: Alquimia, 2018

_____ *Obra escogida*. Editado por Carmen Berenguer. Talca: Editorial Universitaria de Talca, 2019.

_____ *Poco hombre. Crónicas escogidas*. Editado por Ignacio Echevarría. Santiago de Chile: Ediciones Universidad Diego Portales, 2013.

León, Gonzalo, editor. *Lemebel oral: veinte años de entrevistas (1994-2014)*. Buenos Aires: Mansalva, 2018.

Lillo Muñoz, Daniela. "Política, cuerpo y escuela: expresiones feministas en el marco del Movimiento Estudiantil Secundario 2011-2016 en Chile". *Debate Feminista* 59, año 30, vol. 59, enero-junio de 2020, pp. 72-93.

Mateo del Pino, Ángeles. "Cronista y malabarista. Entrevista a Pedro Lemebel". *Cyber Humanitatis*, N° 20, primavera 2001, <uchile.cl/vignette/cyberhumanitatis/>

Modarelli, Alejandro. "Contigo me voy mi santo". *Revista Anfibia*, 2 de julio de 2019, <revistaanfibia.com/contigo-me-voy-mi-santo>.

_____ *Rosa prepucio. Crónicas de sodomía, amor y bigudí*. Buenos Aires: Mansalva, 2011.

Monsiváis, Carlos. "Pedro Lemebel: del barroco desclosetado". *Revista de la Universidad de México*, agosto de 2007, pp. 5-12.

Montes, Pedro y Sergio Parra, curadores. *Arder/Burn*, de Pedro Lemebel. Santiago de Chile: Metales Pesados Visual / D21 Editores, 2017.

Moure, Clelia Inés. *La voz de los cuerpos que callan. Las crónicas de Pedro Lemebel: entre la literatura y la historia*. Tesis de posgrado. La Plata

[Argentina]: Universidad Nacional de La Plata, 2014. <memoria.fahce.unlp.edu.ar/tesis/te.1001/te.1001.pdf>.

Moreno, María. "La loca voz". *Página/12*, Suplemento Radar Libros, 22 de noviembre de 2018, <pagina12.com.ar/156095-la-loca-voz>.

Poblete, Juan. *La escritura de Pedro Lemebel como proyecto cultural y político: crónica, ciudadanía y literatura bajo el neoliberalismo*. Santiago de Chile: Cuarto Propio, 2018.

Qüense, Verónica, directora. *Pedro Lemebel, corazón en fuga*. Largometraje documental / 53 minutos. Santiago de Chile: Producciones La Perra, 2008.

Richard, Nelly. *Abismos temporales: Feminismo, estéticas travestis y teoría queer*. Santiago de Chile: Metales Pesados, 2018. (E-book)

_____ "Bordar de pájaros las banderas de la patria libre". *Arder/Burn*, de Pedro Lemebel; curaduría de Pedro Montes y Sergio Parra. Santiago de Chile: Metales Pesados Visual, D21 Editores, 2017. pp. 11-16.

Reposi Garibaldi, Joanna, directora. *Lemebel*. Largometraje documental / 96 minutos. Santiago de Chile: BancoEstado; Compañía de Cine; Solita Producciones, 2019.

Robles, Víctor Hugo. "Triángulo abierto". Entrevista radial a Pedro Lemebel. [Radio Tierra, noviembre de 1994]. *Lemebel oral: veinte años de entrevistas (1994-2014)*, editado por Gonzalo León. Buenos Aires: Mansalva, 2018. pp. 20-27.

Rojas, Carolina. "Parece que fue ayer". Entrevista con Pedro Lemebel. [*Revista Ñ*, 17 de diciembre 2012]. *Lemebel oral: veinte años de entrevistas (1994-2014)*, editado por Gonzalo León. Buenos Aires: Mansalva, 2018. pp. 191-196.

Rosa, Nicolás. *Los fulgores del simulacro*. [Santa Fe, Argentina]: Universidad Nacional del Litoral, Departamento de Extensión Universitaria, 1987.

Ruffinelli, Jorge. "Lemebel después de Lemebel". *Nuevo Texto Crítico*, vol. 22, N° 42, 2009, p. 63-71.

Sartre, Jean-Paul. *Saint Genet, comédien et martyr*. 1952. Paris: Gallimard, 2010.

Schaffer, Maureen. "Chile, en su modorra exitista". Entrevista con Pedro Lemebel. [Revista *Hoy*, febrero de 1998]. *Lemebel oral: veinte años de entrevistas* (1994-2014), editado por Gonzalo León. Buenos Aires: Mansalva, 2018. pp. 41-44.

Scott, Joan W. "The Evidence of Experience." *Critical Inquiry*, vol. 17, N° 4, The University of Chicago Press, 1991, pp. 773-797.

Sedgwick, Eve Kosofsky. *Epistemology of the Closet*. Berkeley: University of California Press, 1990.

"Subrayo los libros con rouge". Entrevista a Pedro Lemebel. *El Mercurio*, 6 de diciembre de 2003, p. 10, <bibliotecanacionaldigital.gob.cl/visor/BND:249190>.

Sutherland, Juan Pablo. *Nación marica: prácticas culturales y crítica activista*. Santiago de Chile: Ripio, 2009.

Taylor, Diana. "¿Qué son los estudios de performance?" Entrevista a Jesús Martín-Barbero. *Hemispheric Institute*, 2002, <scalar.usc.edu/nehvectors/wips/jesus-martin-barbero-spanish>.

Wayar, Marlene. *Travesti: una teoría lo suficientemente buena*. Buenos Aires: Muchas Nueces, 2019.

Zambra, Alejandro. "Un premio colectivo. Pedro Lemebel candidato al Premio Nacional de Literatura 2014". [Revista *Qué Pasa*, jueves 31 de julio de 2014]. Proyecto Patrimonio, <letras.mysite.com/plem050814.html>.

I. En primera persona

"Por esa insaciable sed metafórica": entrevista a Pedro Lemebel

Héctor Domínguez-Ruvalcaba

PEDRO LEMEBEL OCUPA UN ESPACIO CRUCIAL EN LA LITERATURA CHILENA reciente. No obstante, su trabajo como creador empieza en el colectivo de performance las Yeguas del Apocalipsis. Según cuenta en esta entrevista que nos concedió en el año 2001, su acercamiento a la literatura, empieza con el manifiesto "Hablo por mi diferencia" que fue leído en Santiago durante un acto de la izquierda en 1986 (Contardo 322). A partir de ahí, Lemebel empieza a escribir las crónicas que inicialmente aparecieron en publicaciones como *Revista Página Abierta*, *Punto Final*, *La Nación Domingo* y espacios radiales como Radio Tierra y que se han reunido en los libros *La esquina es mi corazón: crónica urbana* (1995), *Loco afán: crónicas de sidario* (1996) y *De perlas y cicatrices* (1998). En el año 2001 apareció su primera novela, *Tengo miedo torero*. Tales son los volúmenes publicados hasta el momento de esta entrevista.

Entre las preocupaciones de Lemebel, resalta la de hacer visible la cultura marginada homosexual. Este proyecto enfatiza las subjetividades homoeróticas que ocupan un ámbito clandestino. El sujeto homosexual marginado confronta una situación de riesgo que lo orilla continuamente al peligro de morir. Las crónicas de Lemebel describen un mundo subterráneo que forma parte de la cotidianidad, pero que poco había sido considerado en la literatura chilena. Se trata de una especie de historia paralela en la que se transparentan las contradicciones de una sociedad formada en los moldes de un patriarcalismo rígido. Frente a esta masculinidad hegemónica, Lemebel narra las vicisitudes y fantasías que sostienen el imaginario de la travesti prostituida e improvisada. Al apropiarse del vestido femenino, estos personajes viven un artificio que, en su apariencia frívola, servirá como instrumento de desafío al orden binario heterosexual.

La muerte por violencia homofóbica, la muerte por sida, la reclusión por transgredir los marcos de conducta heterosexuales nutren las páginas de sus crónicas que, así como se deleitan en la descripción de los adornos y afeites, ironizan dolorosamente ante los cadáveres de estas vidas efímeras, la hipocresía de la sociedad chilena y los abusos de la dictadura. Lemebel trata de intervenir en la vida política más allá de los grupos e ideologías que dominan las luchas partidarias en Chile; la suya era una política del deseo, es decir, una política articulada desde los cuerpos.

Esta entrevista fue realizada en 2001, en el contexto de una visita a Chile con el fin de conversar con escritores y escritoras cuyos trabajos hubieran abordado algún tema relacionado con la diversidad sexual. La nómina era amplia: incluía a autores como Juan Pablo Sutherland, Pablo Simonetti, Carmen Berenguer, Damaris Calderón, Gloria Thiers, Carlos Iturra, Héctor Hernández, Antonio Silva y, al que yo consideraba la figura central, Pedro Lemebel. A la distancia, la revisión de estas entrevistas nos brinda el retrato de un momento de la conversación literaria en torno a las poblaciones no heterosexules en Chile. Temas como la lucha contra el VIH, el papel de las mujeres y los grupos LGBT en la resistencia contra la dictadura, la diversidad sexual de la periferia, la sociedad conservadora, la doble moral y el clóset animaban los debates públicos, en que Lemebel era, sin duda, una de las voces más escuchadas.

Me invitó a su casa en Bellavista una tarde de julio. Tras un recibimienro cálido, aderezado con sus comentarios ingeniosos, empezamos a grabar.

HD: Pedro, sé que tu trabajo ha sido muy amplio, pero necesitamos introducirnos de alguna forma. Háblame de tu trayectoria. ¿Qué ha sido lo más sobresaliente de tu trabajo desde que hacías performace, quizá?

PL: Pero esto, a modo de contextualizar, a modo de retratar el personaje de dar antecedentes de quién soy... Más que de lo que a mí me haya gustado...

HD: Tú te has hecho de un personaje, pero ese personaje implica presencia política, una propuesta en el sentido artítico, una serie de estilos que has atravesado.

PL: Mira, yo creo que lo fundamental en mi quehacer literario, arte plástico, en artes visuales, más bien ha sido la publicación de *Loco afán*. *Loco afán* es un libro que un poco junta, un poco roza, estas propuestas mías de visualidad, performance, de militancia, de alguna manera. Y también pone en el tapete de mi escritura el tema de la crónica como un arma literaria que yo voy a desarrollar después en otros libros. Creo que ese libro es fundamental; ese libro [es] para mí señero. No es el más importante para mí, como escritura, quizá. Es como uno de esos hijos tontos a quienes uno les tiene cariño.

HD: Bueno, y la gente que te ha leído, creo que te conoce más por ese libro.

PL: Porque es un libro pastiche de discursos, ¿no? Desde la canción... es el libro donde yo, de alguna manera, junto retazos, metáforas, dolores también. Pero también materiales sueltos, materiales bastardos que después voy a usar en la crónica. Creo que es un gran ensayo, y un trágico ensayo también por el tema, que es el sida; es un gran ensayo de lo que va a ser mi escritura después... Me gusta imaginarme los textos como ensayos siempre, más que como producciones finales o terminales (¡huy!).

HD: Cuando concebiste *Loco afán*, indudablemente has puesto juntos varios temas. Pero, si hablamos de alguna unidad, para ti, ¿cómo articularías esta unidad?

PL: ¿En el *Loco afán*? Metafóricamente. Absolutamente yo creo que ahí hay una metáfora que hace posible que estos textos se zurzan, ¿no?, se vayan cosiendo a la trama de este libro que ocurre también en diferentes tiempos de la historia política de Chile. También hay un ejercicio de hacer política, el asunto de la biografía homosexual, del testimonio homosexual, a través del manifiesto. Yo te cito este libro también porque a partir de ese manifiesto que aparece ahí, que es casi una proclama un poco anticuada ahora, a partir de ese texto yo me decidí a escribir crónica. Ese texto lo leí en un acto de la izquierda y gustó y lo publicaron y después a partir de ese texto me pidieron otro, pero que tuviera esas características, que no fuera tan literario, tan ficcionado, sino que tuviera esa carga de emotividad política. Y a partir de eso me fui dedicando al género crónica.

HD: Y eso entonces hace intervenir una mirada marginada, la mirada homosexual, dentro del diálogo político que se tiene en Chile, creo que desde las Yeguas del Apocalipsis has estado puesto al frente en ese diálogo que...

PL: Un poco de perfil también... nunca tan de frente...

HD: Bien. Quiero decir cómo ha dialogado esta mirada marginal homosexual con las otras ideologías. Me estás citando a la izquierda socialista que se ha expresado con homofobia en ciertos momentos...

PL: Y bastantes clisés sobre eso también, o sea... claro... porque hay una especie de deuda de la izquierda con la homosexualidad, en ese sentido. Hay otros sistemas que han sido más drásticos con la homosexualidad. También no hay que olvidarse –si yo tengo que hablar de Chile– de que cierta homosexualidad siempre fue reaccionaria, en cuanto a adherirse a proyectos sociales. Entonces, también se producía ese choque de individualidad rosa, por decirte algo, con los proyectos sociales de la izquierda en los años setenta, etc., se producía una confrontación. Pero acá la izquierda no tenía esa mano criminal contra la homosexualidad. Apenas cierto escozor, alergia, sí, alergia machista, por supuesto.

HD: Bueno, hemos visto que en la historia literaria chilena la presencia del homosexual está presente en gran medida como construcción de clóset. Tu trabajo es explícito. Tu trabajo habla abiertamente, y parece que lo usa como una de sus principales armas, habla abiertamente de esta homosexualidad asumida, ¿tú cómo contrastas tu trabajo con esta tradición, digamos, de d'Halmar, Gabriela Mistral, Donoso, etc.?

PL: Mira, en realidad, yo creo que cuando citaba antes el *Manifiesto* lo citaba como el comienzo de esta escritura, de esta escritura que yo practico ahora, como una puerta abierta de algún clóset en el que yo habré estado también. Ese texto fue como la llave de esta propuesta. Ahora, ¿cómo ese descaro de mostrarme así sin sutilezas en lo que escribo, cómo ha dialogado con otros textos de la historia literaria chilena? Creo que poco, ha dialogado muy poco, más bien –y para eso tengo que citar algún tipo de crítica– se me relaciona más, por ejemplo, con cronistas o con autores extranjeros. Para no citar a estos nombres que tú has dado, chilenos. También hay un cierto temor de armar una cierta bitácora de escrituras homosexuales en Chile. Por eso, mis textos dialogan poco con estos otros imaginarios ya reducidos antes.

HD: Entonces, ¿con qué textos dialogas?

PL: Yo creo que dialogan con, sobre todo, con textos más fragmentarios.

HD: ¿Hablando de la crónica de Novo o Monsiváis?

PL: Por ejemplo Monsiváis, quizá aquí en Chile como propuesta, mi primer libro pudo tener alguna relación con un tipo de escritura de Diamela Eltit o de Carmen Berenguer, por ejemplo. Pudo tener ese sesgo. Escrituras de mujeres más bien. Con Perlongher, quizá en *La esquina es mi corazón*, por el tipo de escritura. Y que sí, por qué no, que me siento orgulloso de tener esas primas.

HD: Bueno. Hablas de Berenguer, de Eltit, ¿hay un imaginario femenino, tú consideras, en tu trabajo?

PL: Yo considero que más bien hay una construcción de un imaginario, quizá, que pasa por el femenino pero no es un femenino del tipo fundamentalista. Es más bien un femenino construido al modo de un Frankenstein, con toda la carga un poco artesanal que tiene cierta escritura homosexual de configurar un femenino del cual se siente huérfano. Entonces yo no puedo hablar de un cuerpo sino de un imaginario corporal más bien.

HD: ¿Cómo te parece de válido relacionar, por ejemplo, la Manuela de Donoso con esos personajes travestis que hay en tu trabajo?

PL: ¿La Manuela de Donoso? Claro, hay algo ahí, hay mucho. La Manuela, el cuplé, la travesti decadente. Un poco ese desecho social que es la Manuela. Sí, yo creo que en mis travestis hay algo de la Manuela, siempre. Hay un deseo proscrito... Más en la novela...

HD: Y se trataría de hacer una especie de antropología de este homosexual popular, quizá rural.

PL: Quizá no rural en mi caso. Quizá en el caso de la Manuela. Pero la Manuela no era tan rural tampoco. Era más bien el contexto el rural. Pero el imaginario de la Manuela no era rural. Más bien urbano.

HD: Quizá no fue muy atinado lo que dije. Se trata más bien de personajes inmigrantes los tuyos.

PL: Más bien... Nómades.

HD: Exacto. Y cómo emigrar implica travestirse en dos sentidos.

PL: Yo creo que lo que asegura el disfraz es la confrontación con la violencia de la ciudad, de estos personajes. Porque no son personajes de *show* a puertas cerradas. Son personajes que viven en la calle de esa manera. Que efectúan su teatro travesti, su mascarada travesti en una territorialidad adversa, y esa es de alguna manera la tensión del disfraz, en ese sentido. Si tú mides un metro ochenta y te pones tacón, vas a medir dos metros, más la peluca, le sumamos dos metros diez y no existen mujeres así en Chile. Entonces, por un lado, es muy lindo eso de querer pasar por una mujer que no existe. Entonces, jugar con esa especie de ingenuidad de creer que si pasas por mujer y que te prostituyes... lo que en el fondo se ve de lejos es un hombre disfrazado de mujer, es la mentira, el oropel, el engaño al ojo. Eso es lo que me fascina del travestimo urbano, callejero, prostibular, maraco, lumpen también.

HD: Lo que vemos mucho es que politizas a este travesti, cuando está frente, por ejemplo, a los "pacos" y aquí hay una especie de estrategia política, podría leerse, ¿te parece?

PL: Sí, pero más bien como un lugar minoritario que pelea su derecho a ocupar una territorialidad urbana. Se juega ese derecho. A veces lo pierde, a veces lo gana, pero en ese riesgo se viven todas las emociones más lacerantes y más extremas de su vida. Encuentro que eso es fascinante, es fascinante. El travestismo, donde la vida no es una taza de leche, donde es una sopa venérea, por ejemplo, venenosa o dulce, etcétera. Ese no saber qué hay a la vuelta de la esquina, eso me sigue apasionando con respecto al tema del travestismo y la ciudad.

HD: La novela *Tengo miedo torero* establece una especie de paralelismo entre la figura del dictador y esta figura de la loca, ¿cómo lo lees tú? ¿Cuál es tu interpretación?

PL: Es complejo. Porque también no sé si la idea de hacer este parelelismo de estas dos parejas: del dicatador y su mujer, de la loca y el guerrillero, fue una manera de tratar de lograr más que cierto equilibrio, fue como tratar de poner en un espejo la situación, en el espejo contrario, pero que también a veces se producen ciertas similitudes, quizá en cierta estupidez, por ejemplo, cierta estupidez de la mujer del dictador y cierta inocencia estúpida, estratégica, de la loca que se hace la que no sabe, a la que no le han dicho nada. Pero también le conviene que no le digan nada, de esa manera también hay una confrontación de clases ahí. Hay situaciones que son similares, pero son de diferente raigambre o son de diferentes tipos de estrategias para existir en este proyecto histórico en el que está viviendo esta gente y también para lograr ciertos éxtasis amatorios, aventureros, en el caso de la loca, y en el caso de la mujer del dictador, éxtasis cosmético frívolo, glamoroso. Que es en ese lugar donde se juntan siempre el fascismo y la homosexualidad. Se dan la mano.

HD: Hay por ahí una lectura de la homosexualidad durante la dictadura, pero también otra de la homosexualdiad después de la dictadura, ¿cómo analizas a grandes rasgos esta transformación, que tendría que ver mucho con la transformación política?

PL: Tiene que ver con la transformacion política, pero ya había un ejercicio de abrir el tema, ya existían referentes, digamos, en este proyecto de sociedad que resulta después de la dictadura. Ya había existido el grupo Ayuquelen que era un grupo de lesbianas públicas, políticas, una agrupación. Eso fue lo primero que vi en las calles de Santiago, en el año 82 más o menos, vi rayados políticos de estas lesbianas. "Lesbianas por la democracia", por ejemplo, lo encuentro maravilloso. Yo creo que si ellas no hubieran existido, no habrían existido las Yeguas del Apocalipsis y tampoco hubiera existido, a lo mejor, el movimiento homosexual tal como es ahora en Chile; el mismo movimento que logró la despenalización del artículo 365 que proscribía la sodomía. Yo creo que eso es la consecuencia de mucha gente también, que se atrevía a dar la cara en momentos difíciles. No es lo mismo lo que ocurría con la militancia de los noventa, después que asume Patricio Aylwin, después de Pinochet, a lo que ocurría antes de Pinochet. Antes de Pinochet, la homosexualidad era un fetiche frívolo de cierta televisión, discotecas abiertas en pleno toque de queda, era casi un adorno floral de la dictadura. Pinochet nunca reprimió la homosexualidad de manera tan directa. Hubo casos, sí, hubo casos, pero son casos aislados, nunca hubo un escuadrón de la muerte aquí, como en la Argentina o Brasil. Y yo creo que de alguna manera a la dictadura le convenía que hubiera este destape homosexual en los paseos públicos de Santiago porque invisibilizaba los crímenes que se estaban cometiendo contra otra gente, contra la izquierda, por ejemplo. De esta manera, cierta homosexualidad chilena, la homosexualidad con poder, jugó un papel bastante impune, también, de todo lo que ocurría acá.

HD: Hay en tus crónicas muchos de estos personajes que son travestis que se crean una utopía del amor que no existe, están desolados. Hay un desamor realmente. No obstante en la novela parece que el amor por fin se da... aquí brincamos de la crónica a la ficción. ¿Cómo analizas esta diferencia? Yo lo veo como una diferencia entre tus crónicas y esta novela.

PL: ¿En términos de qué?

HD: En términos de que en esta novela sí hay una retribucion amorosa...

PL: Sí, pero como una retribucion de postales, una retribución de gestos platónicos. A lo más, por ahí, algun abrazo un poco más apretado, qué sé yo, una felatio inconsciente, pero el amor es casi una canción más en la novela. Yo no creo que se realice de la manera en la que se podría haber realizado ese encuentro. O sea, haberle dado sentido a ese encuentro. Lo único que le habría dado es el amor, no solamente el atentado a la comititva de Pinochet, porque te fijas eso fracasa y fracasa lo otro, fracasa una cosa y fracasa la otra como por...

HD: ¿Se podría arraigar esta novela en Puig?

PL: Por ejemplo, las citas cinematográficas que hay en la novela; por ejemplo, las formas de los diálogos, esa teatralidad en los diálogos, ese juego hacia el homosexual con Carlos, ese juego amoroso romántico, pero que eran frases clisé, frases frívolas, era un diálogo casi de mal gusto también. ¿no? O sea, en términos de Corín Tellado. O sea, no digo mal gusto, sino Corín Tellado. Eso yo creo que tiene que ver con ciertos doblajes, por ejemplo, del cine antiguo que se hacían en México. Ciertos doblajes del Hollywood antiguo que se hacían en México, y tenían toda esta cadencia amatoria y estas voces con que nos acostumbramos cuando pasan por televisión los doblajes de películas. Esa memoria cinematográfica está en los homosexuales, pero como teatralización del amor; ahí hay una teatralidad, ¿no? Es como el último velo de ese travestismo y que permite que se produzca una relación, que el chico se encante con esta forma mentirosa, falsesca, de comunicarse. "Mi princesa", "mi príncipe", no sé qué, "te traje esto", no sé cuánto, "condesa". Eso permite el juego; yo creo que hay una propuesta de juego teatral a través de esta forma de comunicación. Eso permite el juego y permite el desarollo de un afecto muy grande que no sé si es amor, en el caso de Carlos, no sé si es el amor. Y eso hace una equivalencia con Manuel Puig, en *El beso de la mujer araña*, con las narraciones cinematográficas de Molina, que era hacerlo entrar en esa narrativa, en esa oralidad.

HD: Tu trabajo está muy atento al melodrama, a las canciones, al cine... ¿Qué lugar ocupa el melodrama como arma política, de propuesta estética dentro de tu trabajo?

PL: Yo creo que se maneja en un borde, una especie de cosa entre lo cultural y lo popular, por ejemplo. Se mueve en este destello, entonces produce, por ejemplo, cierto rechazo en ciertos gustos académicos, cierta alergia, y también cierta descalificación en términos de que es lo único que se nos ocurre a las locas: hacer melodrama. Somos melodramáticas, somos histéricos, somos exagerados, ¿no?, exagerados. Si no es tanto... somos exagerados. Entonces me encanta producir esa especie de incertidumbre, que uno puede producir con algo melodrámatico que de repente puede doblarse la visagra y pasar al drama, claro, total. O también puede escapar de la ironía de ese mismo drama. Esto es lo que me produce el melodrama como herramienta para distensar las corporalidades entre lo frívolo y lo grave.

HD: ¿Cómo ha sido la recepcion crítica?

PL: En Chile pobre, bueno es que acá no hay buena crítica tampoco. La crítica oficial ha tenido que tragarme, ha tenido que tomarme en cuenta con mucho recelo, pero en realidad no me preocupa mucho esa parte. Pero, por otro lado, hay figuras mujeres, fíjate, generalmente, que han escrito más de mí con más seriedad y con más densidad. Más que decir "¡oh! qué buen libro.. y qué aporta el Lemebel tanto en crónica como género, no sé cuánto, y en la homosexualidad como género no sé qué". Más que eso hay mujeres como Raquel Olea que han escrito, o Soledad Bianchi, son mujeres a quienes yo respeto mucho, ¿verdad? O, no sé... Jean Franco también. Entonces, con eso me basta. O no sé si me basta, pero... es lo que se ha hecho.

HD: ¿Y en qué términos, en qué línea, se ha hecho esta crítica?

PL: Yo creo que, bueno, distintas, porque cada crítica ha trabajado sobre distintos ejes. Soledad lo trabajó sobre el barroco, tomando *La esquina es mi corazón, Loco afán*. Sobre el barroco... ella le pone barroso, o barrocho... por el Mapocho. Entonces también hace una aproximación al texto perlonguiano, por ese encabalgamiento, por esa insaciable sed metafórica. Dicen que yo no permito, que yo no dejo espacio, no dejo hueco, todo lo lleno, todo lo lleno. Hay otras líneas que se arman desde la posmordenidad, o la neocrónica, por ejemplo.

HD: Tú has intervendio prácticamente en todos los medios, de tu trabajo se han hecho adaptaciones teatrales, estás regularmente en la radio y en la televisión...

PL: No, no tanto en la televisión, no tanto, a la televisión no voy mucho, cuando voy es porque tengo algo que decir.

HD: Entonces estamos hablando de la otra recepción; recepción, vamos, que no es académica...

PL: A ver, esta recepción no académica ha sido para mí mucho más potenciable de mis mismos textos. En términos de que yo expongo mis memorias, expongo mis planteamientos sobre la historia reciente de este país y los auditores de la radio me van completando partes. O los lectores de las crónicas en diarios o revistas masivas populares también van anexando sus vidas a este prontuario homosexual, digamos. Entonces, para mí es más importante que un ensayo o una simple crítica académica. Respetando mucho de lo que se ha escrito de mí. Porque tiene el sentido de proyectar como máquina este intento escritural, como máquina política, como máquina desarmable y rearmable en quien la recibe; por ejemplo, la emotividad del que la recibe, o la necesidad justiciera de quien la recibe, etcétera. Entonces, se puede armar, quizás, es muy posible que se vaya armando y desarmando al mismo tiempo, este proyecto maquínico a lo Deleuze, como proyecto social de re-verse en una sociedad y en un mundo globalizado, neoliberal, etcétera. Yo creo que, en ese sentido, me interesa mucho más que mis textos tengan ese destinatario, tengan esa llegada porque, en el fondo, mis textos siguen siendo un manifiesto en espera de cambios.

HD: Dirías entonces que en tus proyectos actuales atiendes más a este diálogo con ese gran público... ¿En qué sentido?

PL: En el sentido de que cuando cierta catedral académica, más que académica, literatosa chilena, machista, la catedral de los Parra, los Neruda, de todos los machos fálicos de la literatura chilena, esta otra adhesión con mis textos se produce en el medio rural iletrado, también. Entonces entra en comunión con mis textos que tienen también esa dosis de cosas más que iletradas, de cierto saber popular, ¿no? Hay una conexión ahí que a mí me interesa mucho. Mucho es lo que se produce de ellos. Y que un homosexual haga de puente, por ejemplo, entre lo popular y lo más académico. Yo creo que es importante el puente que yo logro entre esa masa que lee o que escucha mis textos y, por otro lado, los estudios que se hacen en otros lugares del saber, más universitarios. Me interesa ese puente, mucho.

HD: ¿Podrías de decir que en tu caso la homosexualidad ya no es margen?

PL: ¿En mi caso?

HD: Ya eres una voz central, una voz que..

PL: No. Aún tengo... aún hay aristas. Yo no me podría sentir como cooptado, digamos, por un lugar mísero, por un lugar un poco peleado y ganado a la fuerza que me han dado los medios, que me lo merezco. No me han hecho ningún favor. Yo les he hecho un favor a ellos.

Referencias

Contardo, Óscar. *Raro. Una historia gay de Chile.* Santiago de Chile: Planeta, 2011.

Lemebel, Pedro. *De perlas y cicatrices. Crónicas radiales.* Santiago de Chile: LOM, 1998.

_____ *La esquina es mi corazón. Crónica urbana.* Santiago de Chile: Cuarto Propio, 1995.

_____ *Loco afán. Crónicas de sidario.* Santiago de Chile: LOM, 1996.

Te espero en el Empire, pero no puedo caminar, estoy inválida

Carmen Berenguer

En el plenilunio de un verano cargado de sol poniéndose al poniente, siempre donde está el mar, y un oriente de un muro gris, pura roca, de cumbres de acero seco con bordes blanco de nieve en las cumbres santiaguinas (un dibujo que hacen los niños en las escuelas), una tarde caminábamos sin rumbo fijo, perdidos en el tiempo, como muchas tardes, de aquel tiempo, en un estar de ocio callejero que amábamos. Nos habíamos fumado un cuete, güiro, caño, yerba. Y al llegar a Bellavista, de pronto un lapsus, desconozco el lugar, se me pierde totalmente en ese vórtice esquina Pío Nono, nombre del papa, y el tráfico en su pico. A esa hora nos paramos y dudamos de dar un paso, nos reímos y quedamos enjutos, no deseando que nadie se moviera. No vimos sus luces, ni su retumbar de motores, ni medio sonido. Solo el río fluía y nos perturbó el pasado y el presente sin futuro. La dictadura era un paraguas negro gigante, que nos cubría en ese atardecer.

De pronto, si podíamos hacerlo, volvíamos a releer ese párrafo acerca de las minorías. Hay que ingresar a la U. a como dé lugar. Seguimos paralizados en esa esquina. ¿Pero es arte? ¿Y desde cuando hemos pensado en el arte? Siempre que lo hemos hecho nunca ha estado fuera sino... ¡Qué! ¿Es que hemos pensado en robar un banco acaso? ¿Y por qué crees que es arte? No lo sé, imagino que nadie ha hecho esto, si vamos a entrar enyeguadas contigo al apa. Para que te lo preguntes tú: ¿por qué Duchamp puso un urinario en el museo del Louvre? ¿Pa' qué iba a ser sino pa' miar e invitar de buena onda a miar a los otros? ¿Eso crees? Bueno en tu imaginario se habría inundado el

Louvre. Pero eso no es arte. Es difícil ver qué lo es. Solo el contexto lo hace arte, porque apela al arte, como lo hacemos nosotros, poner las yeguas con cabezas entrando en la escuela de arte vacía en... pero, es una chance de decir algo al tirano, a eso le falta el contexto. ¿Los estudiantes en paro y, aún falta el escenario, la dictadura en Chile? ¿Se armaría el contexto?

Vamos a la vanguardia de Duchamp o la transvanguardia nuestra, Pedro. Yo venía llegando del exilio y sin saber qué hacer y cómo hacerlo; escribía, me gustaba hacerlo en imágenes y palabras que llegaban y saltaban hacia la página. Un día vi a un muchacho delgado que me miraba mientras leía *"Concholepas concholepas. / Me sacaron de mi residencia acuosa. / Lo hicieron con violencia, a tirones, / brutalmente. / Concholepas concholepas. / Estaban armados con cuchillos"*,[1] y luego se acercó y me dijo que le había impactado este poema del "Loco chileno".

Salimos a tomar aire y me interrogaba, cosa que me hizo gracia por el interés que le suscitaba este y "Santiago punk". Yo no sabía cómo explicarle estas letras urgentes (es lo que observo) y aproveché para inquirir detalles sobre su persona. Me había fijado en Pedro L. por su forma de vestir en las noches de encuentros. ¡Extravagante! Con polvos blancos y labios coloreados con capa negra un Nosferatu a la chilenopije, le dije. Y no dejamos de preguntarnos.

Yo soy cuentista –responde–, ¿y qué cuento? Me pasó unas hojas tremendistas. Podríamos hacer una ópera rock juntos, ¿si? Me dio una mirada cómplice al ingresar al bar "El Castillo Francés". Unos copetes y comenzaron a yeguesear los futuros escritores. Aristóteles España, el que escribió *Dawson*. Estuvo pal' golpe, tenía 17 años.[2] ¿Viste la película *Tarde de perros*?

---

[1] Es un fragmento de su poema "Molusco" publicado, al igual que "Santiago punk", en su libro *Huellas de siglo* (1986). *[Nota del editor.]*

[2] Aristóteles España (1955-2011) fue un escritor chileno y uno de los prisioneros políticos más jóvenes de la dictadura. Con sólo 17 años, fue llevado a la Isla Dawson, en el estrecho de Magallanes. En ese momento, España cursaba la secundaria y presidía la Federación de Estudiantes Secundarios de Magallanes. Los poemas publicados en su libro *Dawson* (1985) fueron escritos durante su encarcelamiento, entre el 11 de septiembre de 1973 y septiembre de 1974. *[Nota del editor.]*

Y no paramos de con-*versar*. Desde ese día, inauguramos un cuarto para el no arte, de diálogos, discusiones y activismos. Mañana a las 12 en la SECH (Sociedad de Escritores de Chile), marchas, calle y bar. Al otro día, con el libro *Diálogos*, de G. Deleuze, muy entusiasmada; un resumen de "Arte y resistencia política en las sociedades de control". Como anillo al dedo, para que repensemos formas de resistencia en los espacios ocupados de la dictadura. Escribir y escoger de su jardín de palabras lo que considero primordial, es reingresar al *estar de Lemebel*.

Le escribo, y es que el tiempo gravita en medio de las palabras. Su palabra, que al releerla necesariamente pasa por mi revisitación que, al resituar un pasado reciente, rehace –en conjunto con sus letras– momentos cercanos y sucesos memorables durante la dictadura.

El tiempo de las performances. La entrada a la U. de Chile y posterior aparición en democracia, a principios de los noventa, con un texto, reportaje de la urbe, su crónica "Los New Kids del bloque".[3] Hago una lectura rápida, fugaz, sagaz de un flash. Foto portada de chicos pálidos, provenientes de N.Y. Que a Lemebel se le representan imágenes de su juventud, de vida e intimidad de "sus bloques" y, sin duda, esa imagen repasa toda la historia de los bloques en la U.P. y su propia experiencia.

Ese texto de los bloques apareció en uno de los últimos bastiones de prensa autónoma, de formato diario, *Página Abierta*, para los lectores izquierdistas, los culturales de los noventa. Allí, en ese momento la escritura de Pedro L. –esplendente y esperada– produjo un porvenir literario urbano, homoerótico y político.

Y en adelante escribió e hizo suya esa página, sin dejar indiferentes a muchos nuevos lectores, viendo que venía dibujándose el perfil de un autor sin precedentes. En ese perfil trazó sus líneas literarias y, como Foucault aseverara, todo es sexual: la política, la cultura pop a la chilena, la literatura, lo social, el poder y el sexo.

Y sujeto a un tiempo reciente, aún en los noventa, los resabios de la dictadura (con un presidente del ala derecha de la DC, que fue el artífice del enclave militar-civil de la época) situaron a Pedro L., junto

---

[3] La crónica "La esquina es mi corazón (*o los New Kids del bloque*)" fue recogida en su primer libro de crónicas, *La esquina es mi corazón* (Cuarto Propio, 1995). [*Nota del editor.*]

a un amplio sector, en un espacio alternativo de los acontecimientos de la historia chilena, que no fueron los esperados.

De tal modo que la convivencia ha sido compleja. Por ello, la instalación del tema homosexual en ese Chile fue sorprendente. Tal vez un haz de luz removió raíces profundas en él, que tuvo que rehacer un cotidiano, en el que no sería posible espejearse sin remover nada. *La esquina es mi corazón* iluminó el farol de la cuadra y del país. Pedro L. tuvo conciencia que sus crónicas se convirtieron en el espacio anhelado y transversal culturalmente.

De tal modo que inauguró un estilo único para *su estar literario*. Su tono se cubrió de matices personales entre la denuncia, la rabia y afectos, que supo recubrir con espátula de muchos pliegues de lengua popular y chinesca, de honda sabiduría. Supo manejar el humor y la sátira. Rápidamente se convirtió en una letra corrosiva y entrañable que caricaturizaría la política de la solapa del cuello duro, de la sotana, precisamente en ese estilo rififí volátil, voluptuoso y con confites rococó. Al interior de un país que venía saliendo de la cultura de la muerte en el estilo vaticano, y que esperaba restituir lo perdido con *Justicia y Verdad*. Y la pregunta política y social: *¿Dónde están?*, cubría el horizonte de expectativas.

Entonces, el tiempo de negociaciones dejó al descubierto que nunca se sabría ni la Justicia ni la Verdad. Por ello, a esas representaciones republicanas con corbatas anchas y eventos culturales con intenciones democráticas (o que reificaba "La Concertación", como reinaugurar símbolos desde los balcones de La Moneda en los años noventa), Lemebel ponía la *Marcha Radetzky* de Johann Strauss y su escritura le hacía una mueca subversiva a la careta republicana.

La esquina es mi corazón es el libro más importante de Pedro Lemebel, donde instala su "loca" razón, diría Gabriela Mistral. Pero la "loca" lemebiana fue (en el centro de esta fricción en la lengua oral decolonizadora) la que reinventó *una loca otra*, transgresora a la ley patriarcal en la literatura nacional. La loca evocada en La Manuela de J. Donoso, en la mujer araña en Puig. En ese femenino se aliaba con "locas mujeres" de la poeta Gabriela Mistral y todas aquellas con las que P. Lemebel conversó, copando el imaginario afectivo y literario.

Así fue... Ideamos con Pedro escribir un libro que incorporara lo delirantes que éramos; vivíamos en trance, pensando en qué hacer. Se nos pasó el tiempo y no lo hicimos...

Haciendo memoria, yo participé activamente en cinco de las performances, corporalmente en tres y dos con textos que se usan con el nombre de mi autoría. El comienzo fue por los años 84 y 85 en el Centro Cultural Mapocho en la Alameda, en el que había escrito "Cuatro tomas para un cuerpo azul" y pintaba a Pedro desnudo de azul. Todo dentro de una actividad cultural junto al grupo de rock *Pequeño Vicio* y los *Pinochet Boys*, con el poeta Felipe Moya. (Nunca supe si hay registros de esta Acción Poética.)

Luego vinieron varias acciones callejeras clandestinas con Pedro L. Hacíamos intervenciones distractoras, para hacer venir a las fuerzas especiales en las que poníamos paquetes, medias, cajas y cajitas colgando en los arbustos del Parque Bustamante, mientras se desarrollaba otra acción frente al Municipal, y a sacar y amarrar las cadenas en el marco de las protestas estudiantiles en la Universidad de Chile por el nombramiento de un neoliberal como interventor en la universidad.[4] En el que se habían exonerado a varios académicos, entre otros, a un connotado científico. Y en todo este movimiento de artistas y escritores, participamos activamente. En ese contexto del Teatro Municipal es baleada una estudiante. (Durante una marcha que comenzó en el Campus Andrés Bello, continuó por Alameda y, al desviarse al Teatro Municipal, un carabinero de tránsito disparó a la cabeza de la joven estudiante y pianista, María Paz Santibáñez del Departamento de Música y Sonología.)[5]

---

[4] La autora hace alusión a José Luis Federici, designado por Pinochet, en 1987, como rector de la Universidad de Chile. Federici ya había ocupado varios cargos en la administración pública durante la dictadura pinochetista. Como rector, Federici quería implementar un "Plan de Desarrollo y Racionalización Universitaria", que consistía en nuevos y mayores recortes económicos, incluyendo despidos de personal, vender activos y cerrar carreras, so pretexto neoliberal de mejorar la eficiencia educativa y promover el autofinanciamiento. A sólo cinco días de su asunción, se organizó un movimiento universitario (conformado por estudiantes, académicos y personal universitario) que se conoce como "el paro de Federici" y que, luego de dos meses de protesta, logró la destitución del rector e impidió la implementación de los recortes. La dictadura sufrió una derrota política decisiva que cambió el estado de ánimo de la oposición en la antesala del plebiscito de 1988. [*Nota del editor.*]

[5] La escritora se refiere al disparo que María Paz Santibañez Viani recibió en la cabeza el 24 de septiembre de 1987. Santibañez, una joven de 19 años y estudiante de la Facultad de

En medio de estas balaceras y acciones, comenzamos a pensar otras actividades conjuntas y analizar las puestas en la escena nacional, como las performances que habían realizado los artistas Leppe, CADA (Colectivo Acciones de Arte), Copello. Discutir sus políticas y estéticas nos llevaba horas, en las que, sin duda, nos distanciábamos –por un necesario análisis– de observar nuestras escrituras, en la idea burguesa de autor, pues nos hacíamos a manos los libros y analizábamos ese lugar activo y decisivo (W. Benjamin). Pedro era un artista plástico, había estudiado artes plásticas.

En el año 1987, después del primer Congreso de Literatura de Literatura Femenina, me invitó el filósofo Luis Amigo (Q.E.P.D.) a ser parte de una carrera nueva en el ARCIS, para repensar América Latina. En ese espacio conocí a Francisco Casas, estudiaba literatura y hacía teatro. Una obra de Vodanovic, junto a su madre y su amor trágico, y presentó su puesta en escena. Una obra de Vodanovic y, en ella, la primera actriz era su madre. Pancho Casas vivía en Pudahuel y, de inmediato, surge la complicidad en el juego de lenguajes y decires. Armamos algo sin precisarlo, sabíamos que estaríamos en ese vórtice en alguna cuadra de la urbe, que iba creciendo hacia todos lados en desniveles cuáticos y Sanhattan pa' arriba.

Hacía poco tiempo un amigo me había regalado el libro *Diálogos* y, como un urbano trazado, pensamos los márgenes y lindes, un tropo cartográfico como modo de visualizar sus descentros. Viviendo y pasando el día en el centro, Pedro L.

Las Yeguas del Apocalipsis

A mí no me atrae ese título (*Refundación de la Universidad de Chile*) no fuimos nosotros quienes reconstituimos la Universidad de

---

Arte de la Universidad de Chile, participaba en "el paro de Federici", una manifestación pacífica. Fue baleada por el carabinero Orlando Tomás Sotomayor Zúñiga, frente al Teatro Municipal de Santiago. Paradójicamente, la víctima fue detenida y acusada de ser la atacante. Sin embargo, el episodio fue registrado por cámaras de televisión, lo que revirtió la situación y Santibañez fue liberada, pero se vio obligada a abandonar el país. Hoy es una pianista reconocida internacionalmente. [*Nota del editor.*]

Chile, sino sus estudiantes y sus luchas, como siempre.[6] Esa tarde (no recuerdo si era fría o húmeda o con nubes o una puesta de sol) se veía venir a lo lejos a una silueta con dos cabezas montando una yegua percherona. Los límites entre la yegua y los cuerpos se perdían como un horizonte entre la tierra y el desierto.

Se acercaban al poblado sitiado como un cuadro del renacimiento. Aquí, en la calzada sur de la melancolía del charqui colonial, como si fuese del siglo XVII, en Canterbury o Santiago de Chile Las Ladys Godiva entran desnudas al centro del saber académico junto a artistas, escritoras, feministas, con el fin de politizarla, porque la Escuela de Arte estaba cerrada por culpa del dictador. Estas Centauras o Walquirias querían (y con justa razón) entrar al templo del saber y así ahuyentar la invasión del tirano. Entonces dieron una vuelta y se dirigieron al pueblo ya de noche, y las puertas se iban cerrando paulatinamente al ruido de los cascos en el pavimento. Nadie osó mirarlas. Iban tapadas, no con la melena original de la historia, sino cuerpo a cuerpo famélico de la indiada pobre del barrio mediocre de la urbe. Rabo a rabo, corazón a corazón.

Las tendencias estéticas se hacían en los bares, en mesas de tevinil. Los vangard pisaban el bar del remilgao Mulato Gil, los new wave eran los ñuyorican, los neo pop se reunían en el Jaque Mate, y los trans vangard en los bares de Bellavista. En el Jaque Mate se desmenuzaba toda acción y se esperaba cierta aprobación por la crítica del bar. Se aplicaban conocimientos estéticos, históricos, literarios, pero el soporte era la calle. Se citaba a Pedro, Juan y Diego. En síntesis, a nuestros maestros. Luego terminábamos jugando a la verdad, juego que hizo temblar a muchos en ese cuadrilátero del arte y de la vida.

Caminando hacia la protesta número indescifrable como inefable, nos fuimos acostumbrando a saludar a los amigos cómplices. Solo la calle, los pacos y la iglesia nos unían. La calle Ahumada, los Tribunales, la Plaza de Armas, antes de la restauración blanqueadora. Porque todas las limpiezas son sospechosas para desmantelar los

---

[6] Al respecto, véase el registro fotográfico y los materiales documentales de *Refundación de la Universidad de Chile* (1988) que aparecen en el Archivo Yeguas del Apocalipsis, proyecto coordinado por Fernanda Carvajal y Alejandro de la Fuente, <yeguasdelapocalipsis.cl/1988-refundacion-de-la-universidad-de-chile>. [Nota del editor.]

rituales de la muerte. Esta plaza modernizada, por el alcalde de turno, le lavó la historia. Y la iluminó para corretear a los cesantes de hoy y los jubilados que miran las palomas y el porvenir sin ajustarse al tiempo.

Dos amigas entrañables, una del lado del corral, la casa de campo, el mate y la lectura de historias de convento. Chica traviesa y vibrante que, cuando de niña la mandaban a la fiesta social, de tanto brincar y desear se desguañingaba el vestido mostrando la hilacha. La otra amiga trágica con el resentimiento en su pluma actual, hippie, artesana, gótica, comunista, reina en la noche tortuosa y fatal. Ambas hicieron su travesía en el campo laboral del arte a fines de los ochenta. Hoy inolvidables ex Yeguas del Apocalipsis, profesionales de la lira y la flecha.

Viajaba a San Miguel, una comuna de trabajadores muchos de ellos cesantes y optando al PEM y POJH, dos siglas que graficaron muy bien la desigualdad en esos años, construida en forma artificiosa para hacer bajar los índices de desempleo.[7] De tal modo que una canción denuncia, precisamente en San Miguel, esa desnuda realidad en la canción de los ochenta: *Únanse al baile de los que sobran, / nadie nos va a echar de más, / nadie nos quiso ayudar de verdad.*[8] Una canción de una generación que llegaba con su fuerza y descifraba la historia epocal. Desde ese entonces, Plaza Italia marca el territorio entre los de abajo y los de arriba, ¡los cuicos y los new rich!

Desde ese día, inauguramos un cuarto pensando en aquellas madrigueras miserables de mediagua, "fonola" o callampas.[9] Era una forma de pensar el arte pobre sin techo, recordando siempre la

---

[7] El Plan de Empleo Mínimo (PEM) y el Programa Ocupacional para Jefes de Hogar (POJH) [1974-1988] tuvieron como objetivo absorber el desempleo generado por las políticas económicas de *schock* que desarrolló la dictadura militar. Fueron trabajos precarios, mal remunerados y sin protecciones sociales. Bajo una lógica neoliberal perversa, a las personas inscriptas en estos programas no se los llamó "trabajadores" sino "beneficiarios" para así evitar el pago de contribuciones sociales y previsionales. [*Nota del editor.*]

[8] Canción "El baile de los que sobran" de la banda Los Prisioneros (*Pateando piedras*, 1986). [*Nota del editor.*]

[9] *Callampas* fueron originalmente asentamientos informales que se generaban por la toma de terrenos baldíos en la periferia de Santiago. A su vez, callampa es sinónimo de hongo y refleja la rapidez con que estos asentamientos se multiplican. Son similares a las favelas brasileñas, los cantegriles uruguayos o las villas miserias argentinas. La palabra hoy hace referencia a barrios humildes. [*Nota del editor.*]

vida que llevamos cuando niños. Eso nos unió siempre, nos marcó profundamente, y fueron nuestros temas, a los que volvíamos continuamente. Él al "San Juan de la Aguada" y yo a las piezas de mi niñez, pues su huella de antaño dio lumbre, para el día a día en este fulgor, de crear vida. Al mismo tiempo cuestionando con rabia, pues sentíamos el peso de lo que arrastrábamos: la represión y sus muertes, la música popular y el canto nuevo. La Violeta Parra era nuestra compañera, nos llenaba de diálogos, discusiones, activismos.

A las doce, en la Sociedad de Escritores de Chile; marchas, calle, el bar. Al otro día, con el libro *Diálogos* de G. Deleuze, muy entusiasmada, un resumen de "Arte y resistencia política en las sociedades de control". Como anillo al dedo, para que repensemos formas de resistencia en los espacios ocupados por la dictadura.

¿Y quién era este sujeto? Pedro Mardones Lemebel vivía en San Miguel. Un día me invitó a su casa. Conocí los bloques de sus primeras aventuras amorosas, su patota del barrio, a la que según me comentaba admiraba y le temía. Escribió un cuento ("Ella entró por la ventana del baño") y hace poco me tocó presentar un video cartoon que ilustraba aquella travesía de la patota del barrio.[10]

Uno de esos días ambiguos, de no saber qué hacer, me invita a almorzar a su casa. Fue interesante para mí ver su intimidad; su dormitorio, toda una sorpresa que revelaba un gusto refinado, su hermosa cama, colcha roja, velo blanco, ¿hay mucho zancudo por aquí? Bromeando. Su escritorio antiguo.

Sus trabajos manuales los vendía en la calle y en un local en el "Pueblito", lugar de artesanía muy refinada. Unos colgadores pop, foto en blanco y negro de actores o la Marilyn. Me regaló unos ángeles, muy bellos de adorno. Pedro tenía gusto y compraba lentes antiguos y los revendía. Momentos que amábamos. Ese racconto. Todavía guardo unos lentes blancos muy hollywoodenses, de estrellas de los años cincuenta, sesenta. Su madre vendía en una feria en el centro. Él matuteaba desde Buenos Aires, traía *matute*, es decir un tráfico entre nuestros países vecinos: compra y vende colonias, cuero, cachemira,

---

[10] La escritora se refiere al libro *Ella entró por la ventana del baño* (2019), adaptación gráfica del cuento homónimo de Lemebel, realizada por Milan Boyarski y con ilustraciones de Ricardo Molina. Fue publicado por LOM e incluye un prólogo de Berenguer. [Nota del editor.]

lana merina, pañuelos. Esto ocurría entremedio de los gobiernos de Videla y Pinochet. Era una forma de sobrevivencia económica en momentos de crisis. Es decir, Pedro Lemebel, profesor de Artes Plásticas, se encontraba cesante y de esta forma las fronteras paliaban la falta.

Con el tiempo, nuestra relación se hizo fuerte. Yo le contaba cuando mi madre puso un quiosco en la Alameda; en diciembre, el dicho en jerga popular, nos habíamos hecho una pascua. En ese recodo o esquina de vida, teníamos vivencias comunes, coincidencias cotidianas de vida, que nos hizo compartir tiempos duros.

La escritura fue el espacio más importante de nuestra relación, nuestras lecturas. En uno de mis viajes a Buenos Aires, febrilmente arrasé la editorial Último Reino. Era el año 1986. Gentilmente, su director me regaló muchos libros, en uno de ellos venía "Alambres" de Perlongher y me encantó, luego lo llevé a la "callampa" y se los leí a ambos, a Lemebel y Casas, y quedaron locos con sus poemas. Eso afianzaba *nuestro estar* de muchos años; en esta amistad que se fue ahondando en el tiempo de vivir el arte de una forma activa, en viajes literarios, caminatas por el barrio y, en cada uno de ellos, se revelaban muchos Pedros, delicados y sutiles, en el conocimiento de nuestra cultura.

Fue así que, cuando viajamos a la mina de carbón en Lota, fue tan intenso pues en el país y sus recovecos se nos presentaban los cambios que ocurrían en regiones y, desde el centro, no sabíamos que los mineros cesantes, esos hombres duros, fueron obligados a estudiar peluquería para no morirse de hambre. Fue una realidad que nos llevó de inmediato a los libros de las minas que habíamos leído en el colegio (*Sub terra* y *Sub sole*). Y quedamos impresionados, sobre todo cuando fuimos al jardín más bello de la ciudad de Lota: una mansión majestuosa y elegante convertida en museo, la casa de los dueños de la mina más miserable de la historia de principios del siglo pasado. Cuando fuimos al norte, a Calama, donde se encuentra el gran tajo de las minas del cobre, observé su inquietud por las culturas precolombinas, sentía una curiosidad por ese saber profundo, por ese tema. En Bolivia notamos que sentíamos un profundo amor y respeto por las culturas quechuas, aymaras y tawantinsuyu. Fue locura de saber sobre la gran cultura indígena de nuestra América como lo revelara en su carta del niño boliviano y el mar. Es bellísima y delicada.[11]

Pienso lo conmovedor de la muerte de Néstor Perlongher para Lemebel, pensando en su ruta al internarse en el Amazonas y su relación con la yerba santa. El Ayahuasca, soga de los espíritus en quechua, que permite que el cuerpo salga sin que muera, como búsqueda de sanación. Pedro Lemebel, con su amigo Jaime Lepe, hizo esos viajes clandestinos, en esas rutas insondables, hacia sanaciones del alma, y todo lo quería compartir conmigo y yo arrugué. Los lunes se juntaba con otro grupo de sanación del alma, y rezaban horas. Son mantras. Yo indagaba en el Tao y le leía el Tai Chi. Fue una época de sondear muchos caminos del espíritu y mantras necesarios en esas durezas del tiempo. Las drogas ayudaban a salir del sí mismo poético y recorrer caminos no transitados.

AQUELLA LARGA CAMINATA...

Quiero regresar al arte. En esa interrupción de esa caminata minoritaria, al realizar una fuga al control de disciplinamientos del cuerpo, un devenir arte de resistencia, en esa línea, desterritorializamos el lugar ocupado y policial de la dictadura en el que dejamos de hacer arte puro. Por el contrario, se produjo un caos en la secuencia territorial y, en esa caminata de resistencia, politizamos el arte.

Estoy recordando algunos momentos, en esta nota. Aquella larga caminata, cercana a cuatro décadas de amistad, que me da la impresión, que después de todo lo que le he escrito y lo que él me escribió, alcanzaría para novelar las vidas en una etapa intensa y violenta. Un paraje de muchas imágenes de amigos por el que transitábamos todas las tardes de nuestro tiempo. Vestido de negro. De fondo, un telón representaba casas de pueblo antiguo, muy al estilo minimalista, casas pintadas y retocadas, diciendo "estamos bien aún, no me destruyan" al sistema mobiliario que, en Santiago, arrasa un barrio viejo donde ve la oportunidad.

---
[11] Cuando Lemebel visitó La Paz en 2012, leyó una carta dirigida "a un niño boliviano que nunca vio el mar" en el Museo de Etnografía y Folklore (MUSEF). El texto aparece en *Adiós mariquita linda* (2004). [Nota del editor.]

Sobresalían dos cosas que hablaban del tiempo: a través del pantalón se dibujaba una pierna gruesa de hombre, en contraste a un tacón dorado y, a través de la blusa negra, una barriguilla esbozaba los años. Y el libro color rosa con una foto de la fotógrafa Paz Errázuriz, se presentaba en un auditórium lleno y Lemebel comienza diciendo palabras sueltas. Esto ocurre en la Feria del Libro de Santiago.

Es una escenificación de crónicas que salían de sus letras en la radio, y luego al teatro, como performance, al público que ríe de las imaginativas poses sobre sí mismo. Con música de fondo para dar lugar al Cancionero Cafiola, se escucha: "La ciudad sin ti" de los años sesenta, interpretado por Mina. Una ciudad antigua y vacía es proyectada detrás del autor. Una crónica bella a su madre en este día de los muertos. A Violeta Lemebel.[12]

La música, en este libro, fue nuestro sentido más profundo –culturalmente hablando– de un saber popular, trasmitido por nuestras madres, y reseña un lugar que da cuenta de dónde veníamos, una marca de identidad generacional. Nos señalaban años de diferencia con Pedro. Sin embargo, la música de todo tipo, traspasaba ese sino de generaciones. Eso ocurrió en la dictadura. Y el baile fue parte de esas noches, de tal manera que se configuró en otro más de nuestra acústica como decorado. Su cancionero en la Radio Tierra, que comienza con la señal del programa, "Paquita la del barrio", me la trajo de regalo una amiga, y se constituyó en lema de la noche. Luchita Reyes, la voz de oro del Perú, Bola de Nieve, la cumbia, todo el cancionero de Lemebel fue nuestra fulguración de un arte mayor. La crónica, la poesía, la novela nos acompañaban toda la noche larga junto a Pedro.

"Te espero arriba en el Empire, pero no puedo caminar, estoy inválida"[13]

Este lenguaje de películas de cine, era usual en nosotros. Le narraba películas clásicas, muchas del cine europeo, suecas, francesas,

---

[12] La escritora se refiere a la crónica "Para mi tristeza violeta azul" que cierra el libro *Serenata cafiola* (2008). [Nota del editor.]

[13] Alude a la película estadounidense *An Affair to Remember* (1957) que, en Latinoamérica, se conoció bajo el título *Algo para recordar*, y en España como *Tú y yo*. Fue dirigida por Leo McCarey, y protagonizada por Cary Grant y Deborah Kerr. [Nota del editor.]

del neorrealismo italiano. Cómo Pedro, si no vienes *Domani è tropo tardi; No, no quiero verte; Nunca en domingo; Orfeo Negro; María bonita*; o títulos de libro, nos juntamos a *La hora del patriarca*.

(sin asunto)

Pedro Lemebel <lemebel@hotmail.com>
1 de agosto de 2013, 16:56
Para: carmen berenguer

que onda tu nodulo renal, esta seco? o activo...igual estamos llenos de nodulos niña esto es como la payaya en una de esas sale premiado...como mi nodulo pulmonar esta ahi, pero hay que tenerlo vigilao...el doc no me quiere hacer un tac me dice que cada 6 meses imaginate. pero estas bien y sana por el momento Hurra!!!!!..y el animo como esta????
creo que ahora no alcanzo a ir a verte porque los jueves tengo un compromiso irreenunciable...me espera Cary Grant en la misma esquina lluviosa...
El lenguaje también incorporó la enfermedad del cáncer que llegó ambos la tuvimos al mismo tiempo. Estos correos relatan ese momento.
Cariños
Pet

Date: Thu, 1 Aug 2013 16:42:50 -0400
Subject: Re:
From: emperatrizberenguer@gmail.com
To: lemebel@hotmail.com

AYER ESTUBE TODO EL DIA EN CLINICA Y HACIENDOME EL TAG, SCANNER Y DEMASES PIESES KINESIOLOGIA Y SABADO ME TOCA LA MAMA QUEDA Y EXAMES DE SANGRE Y LA GLUCOSA BASTA! BASTA! ESTOY HARTA. BUENA NEWS EL SCANNER SALIO IMPECABLE TODA MI INFORMATICA ESTA BIEN Y MIS SIGNOS VITALES EIEN MIS HERMOSOS RIÑONES TIENE UN NODULO QUE ESTA IGUAL DE TAMAÑO ESE NODULO PRODUCE LOCURA. BIEN ESTOY ! SIGAMOS ADELANTE. SI QUIERES VENIR AHORA FELIZ!
CARMEN

El 1 de agosto de 2013 11.11,
Pedro Lemebel <lemebel@hotmail.com> escribió:

niña como va todo aye estuve a punto de ir a verte, pero tu también te puedes mover...dime si quieres que te vaya a ver oye..
p

--
Emperatriz Carmen Berenguer
Escritora
Chile

carygrant.jpg
49K Ver Descargar
(sin asunto)

Pedro Lemebel <lemebel@hotmail.com>
17 de julio de 2014, 13:24
Para: carmen berenguer <emperatrizberenguer@gmail.com>

Bueno fue una salida de madre, en ese momento, esto no ha sido nada de tranquilo, en fin gracias mil y que estes bien...deja las lagrimas para mañana que aun hay sol. Ademas estas mejor que nunca...
cariños
pet

Date: Thu, 17 Jul 2014 12:50:49 -0400
Subject:
From: emperatrizberenguer@gmail.com
To: lemebel@hotmail.com

te escribiré no se qué, pero intentaré hacerlo y creo que es buena idea de las notas. Esta tarde te lanzan no al premio, pues que te vaya bien, pero no me insultes pet, porque estoy muy sesible y lloro por todo. Carmen
--
Emperatriz Carmen Berenguer
Escritora
Chile

Adiós, Pedro Lemebel

 Al entrar a su cuarto de hospital escuché las notas de la Internacional provenientes de una cajita de música en las manos de Pedro. Al lado izquierdo, colgaba de la pared la bandera del partido comunista. Deja la caja pequeñita de lado y mueve las manos hacia un estante al lado de su cama. Trata de sacar un sobre grande y, con una mirada cómplice, me pasa el sobre beige. Leo las palabras doradas de la Presidenta de Chile, Michelle Bachelet.

Pidió con golpes de mano que cerraran la puerta y nos quedamos mirándonos en silencio. Luego me hace gestos para que le cuente lo que pasa afuera. Me pregunta por la familia. Le resumo, y me dice poniéndose el dedo en la garganta: ¿Por qué no viniste con el tapado que te regalé? ¡Tan lindo ese tapado! Pedro, ese tapado no me queda ya. (Risas). Entonces dáselo a Carolita. Entró una enfermera y Pedro le dijo con gestos que se fuera, que cerrara la puerta. Esas horas han sido las más intensas de toda nuestra relación. Todas las imágenes de nuestra caminata, quedaron suspendidas allí.

De nuevo ingresa la enfermera. Intento salir. ¡No te vayas! Al rato, continuamos como siempre. Pedro estaba pensando en su homenaje póstumo. Me pidió que leyera un texto. ¿Te la podís con La Leva? Son diez páginas. ¡Por supuesto, las leo así! (con un chasquido con los dedos). No te preocupes, con comas y puntos. (Y nos reímos). Hacía mucho tiempo que no lo veía sonreír. Luego me puso caras tristes, mirando hacia todos lados. ¡Estás regia!, comentó. Ando con mi iPad, le digo. Pedro comienza a hacer poses. No sé si las fotos queden bien. Apreté el clic varias veces. Estira su mano, pidiéndome mis lentes para el sol. Se los puso y allí, con diversos gestos posó para mi cámara. En ese minuto me conmovió y se me vino el siglo encima.

Las Cruces, 23 de noviembre de 2020

Pedro Lemebel y Néstor Perlongher: chorreo de madres

Alejandro Modarelli

> Antes de entrar en la crónica tuve mucha relación con la poesía, con los poetas. Uno de los detonantes afectivos, emotivos más importantes para mí fue Néstor Perlonger. Con él encontré complejidades políticas, un lenguaje completo y complejo pero rico en fisuras. Creo que tuve un enamoramiento con él.
>
> Pedro Lemebel[1]

SUS CUERPOS SE ENCONTRARON UNA SOLA VEZ, EN EL CINZANO DE Valparaíso.[2] A comienzo de los años noventa. Imagino con ustedes una foto del morisco sabbat de poetas –aletearían también en el ornamento del encuentro Carmen Berenguer, que los presentó, y Pancho Casas (la yegua del apocalipsis superviviente, que vive en Lima)– cuando Néstor Perlongher, con esa voz gangosa en evasión a la barca de Caronte, resumido por el sida, lee uno de los extraños poemas mayores escritos en castellano en el siglo XX: su *Cadáveres*. El argentino lo había ido expulsando mediante incisiones canábicas sobre un cuaderno, durante un viaje en ómnibus, entre Buenos Aires y San Pablo.

---

[1] Extracto de la entrevista realizada por Andrea Jeftanovic, publicada originalmente en la revista *Lucero* (2000) y reproducida en *Lemebel oral* (Jeftanovic 77).
[2] "[A Perlongher] Lo conocí en Valparaíso el año en que se murió, y ya estaba muy mal. Esa noche le regalamos un guante de novia y seguimos de fiesta por la ciudad, pero él ya no pudo. El SIDA era un tema que no estaba presente en ese entonces en Chile" (Lojo 184).

Entre 1983 y 1984, durante una larga estancia en Buenos Aires, Pedro había tomado contacto con la poesía de Perlongher. El amigo en común, Jaime Lepé, le había dado a leer *Austria-Hungría*. Un diálogo de trinchera política entre dos maricas (Austria y Hungría) en medio de una guerra contra el fascismo. O sea que fue durante aquel transcurso argentino, y antes de que a su regreso a Chile hiciera yunta con Casas y conformaran el colectivo de arte político las Yeguas del Apocalipsis, encendiendo así el ambiente santiaguino de la dictadura. Lo que viene a confirmar que Pinochet era más astuto que Videla: echaba soplos de permisividad (discotecas para gays y esas cuestiones) porque su mayor (quizás único objetivo) era levantar el laboratorio más perfecto del neoliberalismo en el mundo.[3]

Pedro Lemebel quedó, pues, preñado de aquella voz transplatina y portuaria de Perlongher en Valparaíso, hechizado por su lengüetazo en portuñol; era una escritura tránsfuga, esplendente. Una epifanía que se oculta (así como las Yeguas del Apocalipsis, en sus irrupciones urbanas, transmutaban miméticamente las retinas del espectador). Cuando llega la hora del obsequio, un guante blanco de novia, sin su par, para la Rosa L. de Grossman, nombre de casada de Rosa Luxemburgo, uno de los seudónimos femeninos con los que firmaba Perlongher.

Hubo agradecimiento y comunión con ese lenguaje completo con el que el argentino jugaba a fondo, en la misma superficie, las complejidades políticas de su país: he ahí la manera de hacerlas aparecer como espectro. Cantar antes que contar. A través del significante *Cadáveres*, repetido como en un ritual, el poeta denunciaba las condiciones sociales bajo las cuales había sido posible la dictadura en la Argentina. La hipocresía y la complicidad de quienes la antecedieron y la continuaron. Restos de destrucción masiva, cadáveres hallados entre las matas, bajo los puentes, pero también en los peines curvos que enloquecen a una tía "que calla contra todo silencio", en "la novia que no se casa porque...", en esos chistes de mataputos, en los ovarios destrozados por agujas mientras la enfermera hace SHHHH, o en

---

[3] En "La esquina argentina", posfacio al libro *Lemebel oral*, Alejandro Modarelli analiza la relación de Lemebel con Argentina y con la ciudad de Buenos Aires en particular. *[Nota del editor.]*

la que salió de noche sin el debido saquito, ¡y zás! Una letra que hurgaba tanto en la cotidianidad aterrorizada como en los anales violados de la literatura canónica argentina. Toda una cría política emergida, sobre todo, de los puntos suspensivos del poema.

Así como la letra de Pedro Lemebel contenía el alegato y el manifiesto, la toma de posición por lo descartado, que la sociedad en dictadura –pero también en "demosgracias"–[4] se negaba a registrar: lo que Pedro tenía en claro es que su objeto era "hacer política a través del imaginario", pero no en la ficción ni en la poesía tradicional (aunque ya sabemos de memoria aquel halago de Roberto Bolaño: "Lemebel es el mejor poeta de nuestra generación", con el que, de paso, bajaba el precio de quienes, salvo su admirado Nicanor Parra, habían construido en Chile una fortaleza prostática y solemne alrededor de la poesía). Al modo de Walter Benjamin, Pedro eligió recorrer los pasajes populares de Santiago, "iluminar las ruinas; esa ciudad que va desapareciendo por sobre las torres de espejos" (Risco 32). En una capital donde aún se buscaba sobreseer los crímenes de la dictadura, contra toda evidencia, él encontraba, como Perlongher, cadáveres. Incluso en el tren de la izquierda a la que, como el argentino, exigía treparse, pero los dos se quedaban como viudas en el andén viéndolo seguir de largo, oxidado. Por eso, más tarde, la complicidad amorosa con Gladys Marín, la exsecretaria general del Partido Comunista Chileno, fue todo un desafío contra el estalinismo de pelo en pecho. La muerte de Gladys fue otra muerte de madre.

Un lenguaje, entonces, poético estrepitoso entre la trinchera cultural anti-pinochetista, anti-burguesa, y el zizagueo de un neobarroco trasandino, encharcado y a mitad de camino entre la perla y la mostaza, es decir un neobarroso. Término que inventó, y sobre el que teorizó, Perlongher, para heredarse. Se me ocurre que Pedro celebró en esa lengua fronteriza la huella de la maquinaria deleuziana a la que se había asomado no hacía tanto. Teorías que lo embriagaban en épocas de formación. Algo de ese ágape filosófico,

---

[4] Juego de significantes entre democracia y "demos gracias", mediante el que Pedro Lemebel denunciaba la complicidad de la posdictadura con el auge de la economía instituida por los neoliberales de la Escuela de Chicago, la emergencia de la cultura consumista del *mall*, a la vez que revelaba la inamovible desigualdad económica y social, el arribismo y la banalización de todo gesto revulsivo.

que el cuerpo en bolas, abandonándose contra el logos patrón, expulsa como escritura (Una "ortofonía abyecta", dice Nicolás Rosa). Creo que mucho de ese trance vagabundo emerge, también, en el documental *Lemebel*, de Joanna Reposi Garibaldi. Noctívagas peregrinaciones por la noche santiaguina con Carmen Berenguer, en la que se tomaba nota de la teoría de la desterritorialización y el sujeto descentrado, el cuerpo sin órganos, mientras regurgitaban el último trago y en la esquina aguardaba el sexo coyote, *at your own risk*, como señalarían las guías de yiro homosexual. Así, con el ano en flor (rosa de goce, aroma de sepelio), se traduce la teoría.

Del mismo modo que en la filósofa argentina Esther Díaz, la teoría se encaramaba, se encamaba y quemaba en él, el placer a punto de producirle averías pero sin quebrarlo nunca, a tal punto que pudo dejar una obra visual y una literaria –de alguna manera intercambiables en el esfínter de la retina crítica– y, a diferencia de Perlongher, sobrevolar los fantasmas del sida hasta vencerlos, aunque la muerte por cáncer de laringe le había puesto a Pedro fecha de vencimiento a los sesenta y dos "por culpa del sexo oral; por eso me llaman La Lamebien", me dijo la noche en que lo conocí. Un alias que podría haber formado parte de los Mil nombres de María Camaleón. Tan diferente, eso sí, de las evocaciones nominales de Néstor, indiscernibles de la ingesta intelectual.

"Huyo de la madre de Lezama Lima? La hago pedazos?"

Cuando se enamoró de Perlongher, Lemebel había abandonado su apellido paterno, Mardones, y usaba como homenaje el que compartían la madre Violeta y la abuelita Olga, que se lo había inventado para fugarse de un presente doméstico insoportable. Ella y él, criaturas del estigma y de la huida. Un cedazo matrilineal en la textura de un apellido que terminó siendo sinónimo de la loca fuerte chilena. Loca por convicción política, para entablar un cuerpo a cuerpo anticolonialista con el modelo gay sajón. El mismo afán contra el asimilacionismo que heredó de Perlongher.

El extravío del apellido Mardones y la unción gozosa que recibe del apellido Lemebel marca una diferencia fundamental con el discurso perlongheriano, profundamente antifamiliarista y feminista por antipatriarcal, pero dentro de este, desapegado de la tibieza materna, a punto tal que, cuenta un antiguo compañero suyo del Frente de Liberación Homosexual de Argentina (FLH) que el poeta y antropólogo aterraba a las maricas recién llegadas sometiéndolas a la máxima de que "toda madre es un monstruo", sobre todo la propia (el FLH combatía, era lógico, la celebración del Día de la Madre). Sabemos que Perlongher ha releído el poema de Lezama Lima, "Llamado del deseoso", pero trastocando con humor el famoso verso para preguntarse: "huyo de la madre de Lezama Lima? la hago pedazos?"[5] O sea, madre es el vehículo insaciable de la castración.

Aquí, pues, por este marchoso desvío Pedro Lemebel no podría seguir ya a Néstor Perlongher en la llamada del deseo, que precisa huir de la madre incendiaria de naves, la que –como las otras madres de La Eneida– busca inmovilizar el derrotero del hijo.

Perlongher marcha fuera de la sombra de la madre y de la patria, a San Pablo, donde acredita sus intereses académicos (de Michel Foucault a Michel Maffesoli) y forma su obra político-poética, un solo universo en dos registros escriturales[6], en el que el disfraz del neobarroso, la iridiscencia en la superficie que sangra, sirve para develar la ausencia de "una verdad", tal como nos quiere ser iluminada por sus dueños de siempre. *La prostitución masculina* puede leerse como comentario de su obra poética, una prosaica poesía, una minuciosa antropología poética, y su poesía como deshechos de la teoría, aquello intraducible en otro lenguaje que no sea poético: "en la / 'sistémica' / en la escritura / 'bajo cada escritura subyace una teoría'" (Perlongher, "Riga" 180).[7]

---

[5] El poema "Llamado del deseoso" aparece en el libro *Aventuras sigilosas* de José Lezama Lima (1910-1976), publicado por la Editorial Orígenes en 1945. Néstor Perlongher (1949-1992) retoma este texto del escritor cubano en su poema "Herida pierna", incluído en su primer libro *Austria-Hungría* (1980). *[Nota del editor.]*
[6] En su revisión del archivo epistolar de Perlongher, Cecilia Palmeiro advierte: "No hemos logrado encontrar cartas a su madre en la correspondencia… […] Es notable que la muerte de la madre no aparece en ninguna carta" (Perlongher, nota 3, 54).
[7] Jorge Panesi, en su ensayo "Detritus" escribe que "pudiéndose leer como una tesis de antropología urbana, con sus protocolos académicos y su explícita metodología, *O negócio do miché*, también se lee como el comentario narrativo a la obra poética de Néstor Perlongher" (Panessi, nota 11, 57). De hecho, el trabajo está encabezado por un poema y lo que funcionaría como "testimonio" es la crónica poética escrita por un prostituto.

Si sabemos por su biografía que Lezama Lima (leído por Perlongher como isla desprendida del Caribe y hundida en el fango rioplatense) no fue *deseoso*, sino que quedó atrapado en el aroma del cafecito de la mañana, del cabello sobre la mejilla, podríamos decir que Pedro tampoco siguió la llamada de otro deseo fatal que no fuera el de la escritura. Se escribe siempre, y sobre el cuerpo de la madre. El llamado de Violeta Lemebel, la zona más rebelde de Violeta (¿devenir Violeta?) convertida en ira reivindicativa de las criaturas minoritarias, aminoradas. La escritura ya no como entrada al universo discursivo, sino "un lugar materno que siempre me está esperando, al que quiero llegar. Quizás mi escritura es el camino para volver a la tibieza del vientre" (Reposi Garibaldi).

En "Mamá pistola" (*Serenata cafiola*), Violeta se enfrenta armada con revólver a un malandra, en la esquina de su casa de pobla, para proteger al marido. Cuando mucho después ella muere, Pedro –que pensaba hasta en el suicidio a causa de la pérdida– encuentra el arma en un mueble, metida en una cartuchera de mujer. Luego escribirá, en "Para mi tristeza violeta azul" (*Ibíd.*), la razón por la que decidió enterrarla en el Cementerio Central, en una tumba cercana a los de unos gitanos (Violeta amaba el canto de los gitanos): la madre era el origen y el fundamento de su alianza con lo femenino y lo popular. Y en su tumba hace tatuar "Aquí me quedaré por siempre atado a tus despojos, mamá" (236). La madre persiste, la madre no está ni fría ni cumplida.

Sobre la madre de Perlongher, en cambio, apenas yace momificada una carta en registro poético, escrita sin fecha, y jamás enviada, donde narra los primeros síntomas del sida que habían emergido en su cuerpo extranjero: "Escribo esto para impresionarte, para que tus verrugas apergaminadas se ericen del pegoteo de unas níveas que ni veas lo que quieren decir" ("Carta a mamá" 237). La otra madre es la del poema "Mme. S.", la madre incestuosa, que "en el espejo se insinúa" al hijo antes de que la asesine, "ofreciendo las galas de una noche de esmirna y bacarat" (91).

LAS *BOCAS* ABYECTAS

Lemebel atesoraba, de la bulla urbana, las narraciones orales. De los zanjones, la propia experiencia. Atesoraba esquinas y épicas seminales de parado, mientras que Perlongher hacía sus trabajos de campo sobre la prostitución masculina auxiliado, al principio, por la cámara fotográfica de su amiga Sara Torres. Entablaba con ellos diálogos en el microcentro de Buenos Aires. Sara Torres, íntima amiga y activista del FLH como Néstor, hacía instántaneas rápidas y secretas. Los efectos de la deriva callejera, de la calle Lavalle a las *bocas* del metro paulista, se plasmaron en Perlongher en una tesis académica; en Pedro en lo que él llamaba la *neocrónica*.

Se ha hablado de influencia y el chileno Jorge Cid de "vasos comunicantes" y hasta "intertexto" entre "Matan a una marica" (Perlongher) y "Las amapolas también tienen espinas" (Lemebel). Campea en los dos textos el microfascismo que eclosiona en los cruces urbanos entre el chongo y la loca, en los que el crimen es el reflejo de un miedo al trastorno identitario, un no-sabe-quién-soy-ya en la inminencia del goce que traslada el deseo al estanque, donde la loca quedará flotando porque le ha abierto la puerta al monstruo que mora en la esquina ¿Qué otra cosa puede despanzurrarse sino el cuerpo de la homosexualidad cuando la mano es guiada por la catequesis del exterminio social? ¿Cuántas manos invisibles, como las del mercado de capitales, harán el cortejo del puñal?

La "loca" es reivindicada por los dos escritores como la verdadera desestabilizadora del orden heterosexual. Es la que amujera la escena bacana del bacanal, donde a cada uno del despiole le debiera corresponder un casillero, como en una góndola de identidades, incluso con permiso de intercambios igualitaristas y horizontales, que es a lo que aspira el modelo de alcoba lgtbi en su travesía colonizadora de las sexualidades populares latinoamericanas. Por eso Pedro Lemebel en su célebre performance en Nueva York, con la cabeza metida en un círculo de agujas llenas de una falsa sangre, llevaba un cartel mal escrito en inglés (otra rebeldía no calculada) que decía algo así como "acá les devuelvo el Sida". El cuerpo maltrecho de la colonia, que no podía enfrentar aún los costos de los tratamientos clínicos, le regresa vía aérea su pócima al cuerpo del Imperio.

Si hay una mirada común entre argentino y chileno sobre el modelo gay sajón victorioso, entre el neoclacisimo musculoso y el neoliberalismo individualista, en desmedro del gozoso choque callejero de las diferencias, propio de las homosexualidades sudacas, el común afán por el neobarroco se manifiesta en Pedro y Néstor de manera bien distinta. Como la evocación de las madres. En el claroscuro del barroco, digo, Perlongher elegía siempre la oscuridad como método: "Nunca seremos africanos, mas nuestras simpatías son raciales. Radicales, diríase. Optamos siempre por lo oscuro..." ("Chorreo" 319) En Pedro, en cambio, había una alegría propia del mercado de abasto, incluso en la manera en que se resuelve la narración en la probable escena del crimen. Por ejemplo, en "Noche coyote", él finalmente se salva de los puntazos del chongo y todo concluye en una charla banal en una redacción.

Esa distancia entre claro y oscuro de dos maneras de hacerse letra del neobarroco, al final de las vidas de cada uno, se acorta a través de la ingesta de la ayahuasca. Una fe amazónica en la sanación de alma y cuerpo, que comparten, por obra de sucesivos "trabajos" a los que se agencian cuando la sexualidad ha perdido el encanto del pasado y uno va en busca del éxtasis curador y el otro de una medicina que detenga el curso del cáncer. Entre la muerte de Perlongher y la de Lemebel pasa casi un cuarto de siglo en el que la figura del amigo en común, Jaime Lepé, maestro ayahuasquero, poeta, cantante y performista los reúne espectralmente en torno a la planta sagrada, como cuando le prestó a Pedro el libro *Austria-Hungría* en 1984.

Una política escritural deseosa y liberacionista. Dos locas que a través de su diálogo trasandino diacrónico nutrieron a un continente, heredándose en otros textos maricas. Néstor Perlongher inauguró un lenguaje originalísimo en el que Pedro Lemebel entró en un principio *de coté* y que, junto con otros, fue parte fundamental en su *autopoiesis* literaria. Es que, como toda pasión, se forjó en la mímesis y la autonomía, como el que ingiere una obra ajena y expulsa otra propia. Era de esperar. Lemebel llevó en su sangre, como Perlongher, a los deshuesados del cuerpo social, sin robarles la voz, por amor, o porque él mismo era garganta (a lo último con laringectomía) donde las voces de la pobla –cada vez más inaudibles en la atronadora "cueca democrática" chilena– se poblaban de alhajas quiltras sobre el *skatós*. Por concluir con Osvaldo Lamborghini, a quien los dos leyeron con admiración, hay que decir que a ninguno de ellos culo y paciencia les faltaron.

Bibliografía

Cid, Jorge. "Vasos comunicantes del neobarroco: sobre las escenas y sentidos compartidos entre las obras de Néstor Perlongher y Pedro Lemebel". *Acta Literaria*, N° 55, segundo semestre 2017, pp.51-67.

Jeftanovic, Andrea. "Un lenguaje completo y complejo pero rico en fisuras". Entrevista a Pedro Lemebel. [Revista *Lucero*, Universidad de California, Berkeley, 2000]. *Lemebel oral: veinte años de entrevistas (1994-2014)*, editado por Gonzalo León. Buenos Aires: Mansalva, 2018. pp. 76-83.

Lemebel, Pedro. "Las amapolas también tienen espinas". *Poco hombre. Crónicas escogidas*. Santiago de Chile: Ediciones Universidad Diego Portales, 2013. pp. 184-187.

_____ "Mamá pistola". *Serenata cafiola*. Santiago de Chile: Seix Barral, 2008. pp. 25-31.

_____ "Noche coyote". *Adiós mariquita linda*. 2004. Santiago de Chile: Seix Barral, 2014. pp. 171-174.

_____ "Para mi tristeza violeta azul". *Serenata cafiola*. Santiago de Chile: Seix Barral, 2008. pp. 235-237.

León, Gonzalo, editor. *Lemebel oral: veinte años de entrevistas (1994-2014)*. Buenos Aires: Mansalva, 2018.

Lojo, Martín. "Menos a nosotros". Entrevista a Pedro Lemebel. [Suplemento ADN, *La Nación*, 13 de marzo de 2010]. *Lemebel oral: veinte años de entrevistas (1994-2014)*, editado por Gonzalo León. Buenos Aires: Mansalva, 2018. pp. 181-184.

Perlongher, Néstor. "Carta a mamá". *Correspondencia*, editado por Cecilia Palmiero. Buenos Aires: Mansalva, 2016. pp. 237-238.

_____ "Chorreo de las iluminaciones en el combate multicolor". [*Chorreo de las iluminaciones*, 1993]. *Poemas completos (1980-1992)*. Buenos Aires: Seix Barral, 2003. pp. 47-48. pp. 316-324

_____ *Correspondencia*, editado por Cecilia Palmiero. Buenos Aires: Mansalva, 2016.

_____ "Herida pierna" [*Austria-Hungría*, 1980]. *Poemas completos (1980-1992)*. Buenos Aires: Seix Barral, 2003. pp. 47-48.

_____ *La prostitución masculina*. Buenos Aires: Ediciones de la Urraca, 1993.

_____ "Matan a un marica". 1985. *Prosa plebeya: ensayos 1980-1992*, editado por Christian Ferrer y Osvaldo Baigorria. Buenos Aires: Colihue, 1997.

_____ "Mme. S." [*Alambres*, 1987]. *Poemas completos (1980-1992)*. Buenos Aires: Seix Barral, 2003. pp. 91-92.

_____ "Riga". [*Hule*, 1989]. *Poemas completos (1980-1992)*. Buenos Aires: Seix Barral, 2003. pp. 175-185.

Panessi, Jorge. "Detritus". *Lúmpenes peregrinaciones. Ensayos sobre Néstor Perlongher*, editado por Adrián Cangi y Paula Siganevich. Rosario: Beatriz Viterbo Editora, 1996. pp. 44-61.

Reposi Garibaldi, Joanna, directora. *Lemebel*. Largometraje documental / 96 minutos. Santiago de Chile: BancoEstado; Compañía de Cine; Solita Producciones, 2019.

Risco, Ana María. "El dolor es de hombres". Entrevista a Pedro Lemebel. [Sección Cultura, *La Nación*, 18 de junio de 1995]. *Lemebel oral: veinte años de entrevistas (1994-2014)*, editado por Gonzalo León. Buenos Aires: Mansalva, 2018. pp. 31-40.

Rosa, Nicolás. "Una ortofonía abyecta". *Lúmpenes peregrinaciones. Ensayos sobre Néstor Perlongher*, editado por Adrián Cangi y Paula Siganevich. Rosario: Beatriz Viterbo Editora, 1996. pp. 29-43.

II. En contexto

Pespuntes biográficos.
Cronología de la vida y obra de
Pedro Lemebel

Luciano Martínez

Reconstruir el tránsito biográfico de Pedro Lemebel (1952-2015) no es tarea sencilla y, a pesar de un arduo trabajo de investigación documental, la datación en muchos casos es tentativa.[1] Anécdotas sobre su niñez y adolescencia, y su "errante aventurar" por la ciudad de Santiago, por "el largo esqueleto del flaco Chile" y por el mundo se encuentran desperdigadas, claro está, en sus crónicas, pero también en numerosas entrevistas, artículos periodísticos, libros y documentales recientes. He tratado de reponer ciertos hiatos en su biografía y anotar algunas de las numerosas vinculaciones de su vida y obra con la historia chilena y latinoamericana.

Me ha interesado dar énfasis a las reminiscencias autobiográficas que aparecen desperdigadas en sus crónicas acompañándolas con breves datos históricos sobre el itinerario político chileno que pueden ser de utilidad para una lectora o un lector neófito. La información histórica glosada hace referencia, casi exclusivamente, a Lemebel y Chile. En algunas ocasiones, me he salido del marco de referencia chileno por la especial trascendencia de determinados eventos para el contexto sudamericano.

He tratado de evitar erratas y cotejar los datos con numerosas fuentes. No obstante, soy consciente de posibles falencias, pero espero que este trabajo "detectivesco" sea un aporte y que sirva, tal

---

[1] Agradezco a Jovana Skármeta (agente editorial de Pedro Lemebel entre 2001 y 2009) y a Cristián Opazo por sus generosas colaboraciones para confirmar algunos datos de esta cronología. Cualquier errata que se detecte corresponderá, desde luego, a mi exclusiva responsabilidad.

vez, como somera introducción a una obra anclada en el devenir de los acontecimientos donde lo biográfico se enlaza con lo contingente, y donde los años aciagos de la historia chilena y su huella emotiva son constantemente rememorados en sus textos. Debido a esto, la cronología tiene una clara orientación política, sin dejar de lado aspectos filológicos y de archivo, intentando mapear los cambios que Lemebel fue realizando en sus libros tanto a nivel de contenido como paratextual, con los cambios de sus portadas en las distintas reediciones. También he señalado algunos momentos claves en la recepción y en el desarrollo de la crítica literaria y cultural en torno a la producción artística de Lemebel.

Salvo contadas excepciones, las acciones artísticas de las Yeguas del Apocalipsis se encuentran sólo enumeradas debido a las limitaciones de espacio en este libro y al hecho de que la página web del Archivo Yeguas del Apocalipsis (<www.yeguasdelapocalipsis.cl>) presenta una cronología pormenorizada y documentada de las distintas acciones artísticas y las múltiples alianzas políticas e intelectuales del colectivo formado por Pedro Lemebel y Francisco Casas Silva (1959-).

* * * * * * * * *

1952 **Pedro Segundo Mardones Lemebel** nace el 21 de noviembre en el Zanjón de la Aguada, Santiago de Chile, segundo hijo de Pedro Mardones Paredes y de Violeta Elena Lemebel: "No nací en un hospital, nací en el Zanjón de la Aguada" (*No tengo amigos, tengo amores* 6). Su hermano, Jorge Mardones, había nacido en 1949, cuando su madre tenía veinte años.

Pedro Mardones Paredes había llegado a la capital en busca de trabajo, desde el sur del país, de Nueva Imperial, un pequeño pueblo de la provincia de Cautín, en la región de la Araucanía. Sus padres, Antonio y Julia, fallecieron cuando era niño y fue criado por un tío. Al llegar a Santiago, logra conseguir trabajo como panadero y es así como conoce a Violeta, catorce años menor que él. Trabajará en varias panaderías, incluida la conocida San Camilo, y también se postulará a la Penitenciaría para enseñarles a los presos a hacer pan y allí trabajará muchos años. Sobre su padre, Pedro Lemebel (PL) dirá que fue "obrero, panadero y allendista, nunca leyó un libro, y eso no lo desacredita como gran persona" (*Mi amiga Gladys* 24).[2] Su hermano coincide con esta apreciación afectuosa: "Mi padre fue un hombre que quizá no tuvo mucha educación, pero tenía un cariño hacia las personas" (Chernin 6).

Sobre su madre, PL hablará muchas veces en sus crónicas y entrevistas: "De mi madre heredé su sentir, su mirada sobre la injusticia" (*No tengo amigos* 9). Su hermano Jorge Mardones (1949-2021) también destaca la gran influencia que tuvo su madre para ambos: "Mi mamá nos juntaba a los dos y nos contaba un cuento donde hablaba de gente pobre y gente rica. Ella nos hacía entender que nosotros teníamos que luchar por la vida para poder lograr éxito" (Chernin 6).

Luego de ser desalojados de un conventillo céntrico por la calle Victoria, la familia se traslada a La Legua, a orillas del Zanjón de la Aguada —"ese piojal de la pobreza chilena" dirá PL– a orillas del cauce natural que desemboca en el río Mapocho:

> Y tal vez alguien nos dijo que existía el Zanjón y para no quedarnos a la intemperie, llegamos a esas playas inmundas donde los niños corrían junto a los perros. Y la cosa fue tan simple, tan rápida, que por unos pocos pesos nos vendieron una muralla, ni siquiera un metro de terreno, solo era un muro de adobes que mi abuela compró en ese lugar. Y a partir de ese sólido barro, fue armando el nido garufa que en pleno invierno cobijó mi niñez y le dio alero a mi núcleo parental. (*Zanjón de la Aguada* 14-15)

El hermano de PL confirma este relato y advierte que habían engañado a su abuela, Olga Lemebel, que compra el terreno en el Zanjón, pero no había una casa, sólo una muralla de adobe: "Ahí se hicieron una mediagua y ahí fue donde crecimos" (Chernin 6).[3]

---

[2] A lo largo de esta cronología, todas las citas textuales de los libros de Pedro Lemebel pertenecen a las ediciones de Seix Barral que se consignan en la bibliografía.
[3] En *Territorios en resistencia*, Raúl Zibechi estudia cómo comunidades urbanas de bajos

El lugar de nacimiento del escritor se convertirá en un lugar de enunciación ideológica, uno de los puntos de partida de su escritura: "En ese revoltijo de olores podridos y humos de aserrín [...] conocí la nobleza de la mano humilde y pinté mi primera crónica con los colores del barro que arremolinaba la leche turbia del Zanjón" (*Zanjón* 15).

Sobre su infancia, PL dirá que siempre fue "un niño enfermo de algo" y que tuvo solo "algunos rasguños, pero mis años pendejuelos los viví bien" (*No tengo amigos* 6). Sin embargo, su hermano afirma que PL sufrió el acoso y la discriminación: "De repente le decían la palabra 'maricón' y una cachada de apelativos más que le ponían. Yo tenía que salir a pelear (Chernin 7).

En "Canción para un niño boliviano que nunca vio la mar", PL habla tangencialmente de su niñez y cómo fue la primera vez que conoció el mar: "Vivía con mi familia en Santiago, y como niño pobre, tuve la experiencia recién a los cinco años. En mi población se organizaban paseos a la playa por el día en enero o febrero, íbamos en micros que contrataba la junta de vecinos o el club deportivo y cada familia se preparaba días antes para el acontecimiento" (*Adiós mariquita linda* 110).

1953

El 1° de marzo Salvador Allende (1908-1973) es reelecto como senador, cargo que ocupaba desde 1945. Será reelecto nuevamente en 1961 y 1969, desarrollando una carrera parlamentaria de casi treinta años. Con anterioridad había sido Ministro de Salubridad, Previsión y Asistencia Social de Chile (1939-1942), diputado nacional (1937-1939) y secretario general del Partido Socialista (1943-1944).

1954

Pedro Mardones y Violeta Lemebel oficializan su matrimonio en el Registro Civil.

---

recursos se arraigan en espacios autoconstruidos en la lucha por la autonomía y el derecho a la vivienda. En este contexto, Zibechi relata los inicios del Zanjón de la Aguada (42-44).

1959 En "El hombre de la cancha", PL recuerda cuando tenía siete años e iba a la escuela con su hermano: "Era la primavera pobre, pero primavera al fin... [...] Y con mi hermano mayor íbamos de mala gana, pateando la escarcha, pensando que era infarticidio encerrarnos en la escuela habiendo un día tan lindo con un sol gratuito que bebíamos a bocanadas" (*Háblame de amores* 161). La crónica narra un episodio imborrable en la memoria del escritor: observa el cuerpo de un joven suicida que se ahorcó colgándose de un extremo de un arco en la cancha de fútbol de la pobla.

Jorge Mardones, hermano del escritor, recuerda que muchos camiones iban al Zanjón de la Aguada a buscar ripio y a los niños les gustaba colgarse en la parte trasera de los camiones y luego tirarse. Una vez los hermanos Mardones y un grupo de niños se trepan a un camión y todos logran tirarse con éxito, excepto Pedro que es atropellado por el camión: "Eso no lo sabe nadie. Yo tenía como 10 años, el Pedro 7 y el camión le pasó una rueda por encima. Le fracturó la pierna. Estuvo mucho tiempo en el hospital y mi mamá fue la que se llevó todo el peso de llevarlo al médico" (Chernin 6). Por un tiempo, PL no podrá caminar.

La madre tenía una radio RCA y los hermanos escuchaban radioteatros, y los tangos y los boleros que escuchaban su madre y su abuela. En su casa no había libros y la radio le brindará una educación alternativa: un mundo musical que luego llevará a su escritura y a la lectura radial de sus crónicas. Lemebel explicará muchas veces que la cultura de los boleros le llegó por herencia materna, y la del tango por su abuela (Morales Alliende 46). No es casual que ésta sea la época en que PL, según recuerda su hermano, comienza a escribir "cosas raras" en una libreta: "Tenía un cuento que se llamaba 'La hormiguita cantora'. Creo que aún está en la casa" (Chernin 6).

El 1° de enero Fidel Castro entra a Santiago de Cuba y la declara capital provisional de Cuba. El poder queda definitivamente en manos de las fuerzas revolucionarias.

1960 A fines de los años cincuenta y principios de los sesenta, la familia Mardones Lemebel deja el Zanjón de la Aguada. PL afirma que primero se mudaron a la Población San Gregorio y después a la Población Roosevelt, en Cerro Navia, "que ya era una casita con su baño", conseguida por su abuela Olga (*No tengo amigos* 8; Chernin 7).[4]

1962 Entre 1957 y 1962, los obreros afiliados al Departamento de Indemnizaciones de Obreros Molineros y Panificadores se organizan para crear un plan de vivienda propia. Construyen 310 viviendas en una población ubicada en la comuna de San Miguel, en la intersección de las calles Departamental y Ochagavía (hoy Avenida Viel).[5] En 1962 la familia Mardones Lemebel se muda al departamento 12, tercer piso, hecho en hormigón armado y con una superficie de 65 metros cuadrados. Es la cuarta o quinta vez que la familia se muda y, según su hermano, "fue un cambio de vida. Teníamos un grupo de amigos ahí. Al Pedro le decían 'Pepo', a mi mamá la conocían como 'Kika'" (Chernin 7). Sobre su nuevo barrio, Lemebel lo recordará diciendo "esos bloques de tres pisos que para nosotros eran tan altos, cuando jugábamos a ser trapecistas descolgándonos por sus barandas y fierros, a los gritos aterrados de alguna mamá tapándose los ojos para no ver el equilibrio suicida de los niños en el vacío de los bloques" (*De perlas* 54).

---

[4] Sobre la base del testimonio del hermano del escritor, Chernin señala que dejan el Zanjón de la Aguada para mudarse directamente a la Población Roosevelt (7).

[5] La historiadora Natalia Rodríguez Guzmán ha estudiado la Población Obreros Molineros y Panificadores, y analiza el proceso de formación de una identidad poblacional y una memoria colectiva de un barrio cuyos pobladores no sólo comparten un espacio físico particular sino también "la condición de obreros de la industria del pan, en muchos casos convicciones políticas, y con el correr de los años, lazos familiares" (25). Al respecto, Lemebel escribirá: "Los edificios de la pobla, esas cajas de cemento para almacenar familias de mapuches panaderos que eran nuestros vecinos, nuestros compañeros de juegos [en] esas largas tardes del verano proleta" (*De perlas* 54). Años más tarde, Lemebel reflexionará sobre la falta de progreso económico y oportunidades de los habitantes del sur de Santiago "donde aún los bloques de tres pisos siguen siendo la estantería habitacional de los pobres, el amontonamiento de ilusorios progresos encajonados en esos pocos metros de convivencia" (*Adiós* 175).

En *Adiós mariquita linda*, Lemebel reflexiona sobre el barrio de su infancia con sentimientos encontrados: "mi viejo barrio que nunca me quiso, nunca me soportó, y menos pudo imaginar que el maricón del tercer piso le daría una estrella de gloria a la descolorida pobla" (175). Sin embargo, cuando regresa como escritor reconocido recibe las felicitaciones y el afecto de la gente del barrio, y señala: "Por eso hoy recuerdo esa infancia con algo de ternura y rencor, con sangre amarga que tragué después de alguna golpiza, con ese gusto opaco del semen proletario en el tufo del amanecer..." (175)

Su hermano cuenta que el Pedro se refugiaba mucho en su pieza y hacía dibujos en las paredes. A la familia le fascinaba entrar a su pieza para descubrir que nuevas travesuras Pedro había hecho: "Hacía figuras bien extrañas que no se entendían mucho. Eran como del comunismo o del socialismo. Hacía unas lámparas de tarro y en ellas dibujaba, por ejemplo, a Pablo Neruda y lo hacía bonito. También dibujaba caricaturas, las recortaba y armaba figuras" (Chernin 7).

1967

Al terminar la educación básica, Lemebel es matriculado en el Liceo Industrial de Hombres de La Lengua, donde se enseñaba forja de metal y mueblería.[6] En su población nadie iba a la universidad; el objetivo era aprender un oficio para tener, evenutalmente, un futuro laboral. "Cómo iba a saber mi familia que yo odiaba entrar a esos talleres de carpintería", señala Lemebel (*Háblame* 261). Aborrecía ir a ese liceo –un verdadero "laboratorio de homofobia"– puesto que sufría un constante hostigamiento por parte de sus compañeros, promovido por el profesor de biología, Freddy Soto, que "no tenía compasión, no tenía piedad imitando mi amujerado hablar nervios cuando me gritaba que hablara como hombre, que me parara como hombre, que ese colegio industrial era sólo para hombres" (262). Según el relato, el abuso no era sólo verbal: el docente hacía que "todo el curso de

---

[6] La datación es ardua y tentativa: tomo como referencia información periodística (García 189) y tengo en cuenta la estructura del sistema educativo chileno de aquella época que distinguía entre educación básica (primaria), de 8 años, y educación media (secundaria), de 4 años.

pequeños hombrecitos me tocaran el traste para su beneplácito" (262).

1970

Para escapar el abuso escolar en el Liceo Industrial de Hombres, PL comienza a hacer "la cimarra", es decir, deja de asistir a clase y todos los días recorre el centro de Santiago. Es el inicio de su vagabundear, su errancia por la ciudad, donde comienza a conocer la historia urbana y ejercitar su mirada. Al final del año escolar, su madre decide cambiarlo de colegio cuando le muestra las cicatrices de sus manos lastimadas por las herramientas.

El 4 de septiembre Allende –candidato por la coalición Unidad Popular (UP)– recibe el porcentaje más alto de los votos en las elecciones presidenciales y, en consecuencia, debe ser ratificado por el Congreso Pleno (senado y diputados), que debe elegir entre los dos candidatos con más votos: Salvador Allende Gossens y Jorge Alessandri. La Democracia Cristiana, que tiene la mayoría en el congreso, acuerda apoyarlo siempre y cuando el presidente electo acepte la firma de un Estatuto de Garantías Democráticas, incorporado a la Constitución Política mediante una reforma. Finalmente, el 24 de octubre el congreso proclama a Allende presidente de Chile. Sobre la significación del 4 de septiembre, Lemebel escribe: "esa causa popular que tocó el cielo en el setenta, ese cuatro de septiembre, bendita fecha en que Salvador fue elegido Presidente. Y ahí, recién comenzó la batalla, la lucha de perejiles quijotes frente al molino capitalista del imperio" ("La Payita", *De perlas* 126).

El 3 de noviembre Allende asume como presidente y, de esta manera, por primera vez en occidente, un candidato marxista llega a la presidencia por la vía democrática.

1971

Su último año de enseñanza media lo termina en el prestigioso Liceo Manuel Barros Borgoño, un ícono de la educación pública chilena (García 189).[7] Aquí PL tampoco podrá escapar a la burla y el insulto homofóbico: "era un chico solitario, fragilizador por la melancolía marucha de aislarme en el alféizar del segundo piso de la sala, para dibujar el paisaje de techos" (*Háblame* 269). A pesar de esto, PL rescata las clases progresistas donde aprende sobre literatura, filosofía y política.[8]

El 11 de julio el Congreso vota por unanimidad la reforma a la Constitución Política de 1925 (Artículo N° 10), que posibilita la nacionalización del cobre para que el Estado chileno sea propietario exclusivo de las riquezas mineras del país. La estatización del cobre llevada adelante por Allende completa el proceso iniciado por el anterior presidente, Eduardo Frei Montalva, llamado la "chilenización del cobre". Allende busca instaurar el socialismo por la vía democrática o "vía chilena al socialismo", con el objetivo de redistribuir el ingreso, reactivar la economía y disminuir las desigualdades socioeconómicas.

1972 PL conoce a Jaime Lepé (1959-) en la plaza de la UNCTAD, hoy Centro Cultural Gabriela Mistral. Ambos asistían a un taller en el Instituto Goethe. Es el inicio de una amistad de cuatro décadas entre ambos escritores (Lepé Mena).

Rinde el examen de aptitud académica para ingresar a la universidad.

---

[7] En la sección "Deshojando ese mirar", del libro *Háblame de amores*, Lemebel incluye un dibujo de los techos que se observan desde el segundo piso de Liceo Barros Borgoño. El dibujo aparece doblemente fechado como 1971. A estos dibujos hace referencia en la crónica "De regreso al colegio" que aparece más adelante en el mismo libro. A través de Jovana Skármeta, he confirmado que Lemebel rinde el examen de aptitud académica para ingresar a la universidad en 1972, pero la documentación disponible no me permitió precisar sus actividades durante 1972 y confirmar si, en efecto, su último año de enseñanza media fue en el Barros Borgoño.

[8] Ver la crónica "De regreso al colegio" donde Lemebel cuenta su regreso al Liceo Barros Borgoño para apoyar una protesta estudiantil y recibe una calurosa bienvenida de los estudiantes que atentos escuchan la lectura de sus crónicas, lo cual le permite a Lemebel reevaluar su relación con la institución (*Háblame* 269-270).

En octubre, se realiza el "paro de patrones" o "paro de los camioneros": una huelga de grandes y medianos empresarios y grupos de clase media para protestar por la crisis económica y la hiperinflación. El paro es apoyado por Estados Unidos que busca desestabilizar al gobierno de Allende.

1973 PL ingresa a la Universidad de Chile para estudiar diseño teatral, pero en septiembre de este mismo año se cierra la carrera (*No tengo amigos* 7). Al año siguiente, en 1974, vuelve a postular e ingresa a la carrera de Pedagogía en Artes Plásticas.

En febrero de 1973, su hermano Jorge se casa con Bernardita Caro Agurto, con quien tiene tres hijos (Chernin 7).

El 4 de marzo se realizan elecciones parlamentarias y la oposición –agrupada en la Confederación por la Democracia (CODE)– obtiene el 55 % de los votos, pero no consigue los dos tercios necesarios para destituir al presidente ya que la UP obtiene un 43%.

En Uruguay, el 27 de junio el presidente Juan María Bordaberry, con el apoyo de las Fuerzas Armadas, disuelve las Cámaras de Senadores y Representantes y se inicia un período de doce años de dictadura cívico-militar que se prolonga hasta 1985.

El 29 de junio se produce el Tanquetazo o Tancazo, un intento de golpe de Estado contra el gobierno de la UP. Soldados leales al comandante en jefe del Ejército, Carlos Prats, logran sofocar la insurrección, pero queda un saldo de 22 muertos. El 22 de agosto el pleno de la Cámara de Diputados fue citado para "analizar la situación política y legal que afecta al país" y emiten un texto que cambia la historia del país al declarar la ilegitimidad del gobierno de Allende.

El 11 de septiembre las Fuerzas Armadas de Chile (la Armada, la Fuerza Aérea, el Cuerpo de Carabineros y el Ejército) derrocan al gobierno de la Unidad Popular, presidido por Salvador Allende, quien pierde la vida ese mismo día. Richard Nixon, presidente de

EE.UU., y su secretario de Estado, Henry Kissinger, participaron activamente en el financiamiento y realización del golpe de Estado.

Alrededor del mediodía, los aviones de la Fuerza Aérea inician el ataque contra el Palacio de La Moneda, la sede presidencial, que luego continúa con un asalto armado ante la negativa del presidente Allende a rendirse, quien realiza una última alocución radial donde concluye diciendo: "Éstas son mis últimas palabras y tengo la certeza de que mi sacrificio no será en vano. Tengo la certeza de que, por lo menos, habrá una lección moral que castigará la felonía, la cobardía y la traición". Concluyen así cincuenta años de institucionalidad democrática de una de las democracias hasta entonces más estables de América Latina. Durante diecisiete años, Chile estará sumergida en una dictadura signada por el terrorismo de Estado (secuestros, encarcelamiento, torturas y desaparición sistemática de personas), la censura sobre los medios de comunicación, la intervención de universidades, el establecimiento de una cultura autoritaria y la implantación de un sistema económico neoliberal.

En la crónica "La Payita (La puerta se cerró detrás de ti)", Lemebel reflexiona sobre "la página final de la vía chilena al socialismo y su malogrado acontecer" a partir del rescate de la figura de la secretaria personal de Allende, Miria Contreras (1927-2002), conocida popularmente con el apodo de La Payita, y quien fue una de las últimas personas en ver con vida a Allende. En estos "pespuntes memoriales", Lemebel escribe:

> Todo terminó el once bajo la tormenta de plomo que reventó en llamas el Palacio de la Moneda. [...] El resto ya es relato conocido, narrado en primera persona por la transmisión radial de las últimas palabras del Presidente. Y tal vez, en este documento sonoro, multiplicado por la onda corta de Radio Magallanes, los tres años de la Unidad Popular empapan la crónica de la historia con la intensidad dramática de quien escribe su adiós definitivo en el aire cimbreado del atropello constitucional. Quizás es la carta de amor más hermosa que el mandatario pudo improvisar como susurro indeleble que para siempre tiznará nuestra memoria. (*De perlas* 126-127)[9]

---

[9] Para un análisis sobre los actos de rememoración del 11 de septiembre, ver "Las campanadas del once" (*De perlas* 41-44)

Lemebel reconstruye también la mañana del 12 de septiembre cuando Santiago se despierta de "un mal sueño, la pesadilla sonámbula por el ladrido de la balacera de la noche anterior" y, desde el tercer piso de su bloque, puede ver los cadáveres de tres hombres que han sido acribillados en el basural frente a su casa: "Han pasado los años desde aquella mañana, y aún el mismo escalofrío estremece la evocación de esas bocas torcidas, llenas de moscas..." ("Los cinco minutos te hacen florecer [Víctor Jara]", *De perlas* 109).

1976 En Argentina, el 24 de marzo los comandantes de las tres fuerzas armadas (Jorge Rafael Videla, Emilio Massera y Orlando Agosti) derrocan al gobierno constitucional de María Estela Martínez de Perón (1931-). En el país trasandino, se inician siete años y medio signados por la constante violación de los derechos humanos, crímenes de lesa humanidad y terrorismo de Estado. La interrupción de los procesos democráticos y las dictaduras se multiplican en Latinoamérica: Paraguay desde 1954; Brasil en los sesenta; Argentina en 1966 y nuevamente en 1976; Bolivia en 1971; Chile y Uruguay en 1973. Hacia mediados de los años setenta únicamente México, Venezuela y Colombia mantenían sistemas democráticos.

El 16 de julio se encuentra el cadáver del diplomático español Carmelo Soria (1921-1976), miembro de la Comisión Económica para América Latina y el Caribe (Cepal). Fue secuestrado el 14 de julio por agentes de la Brigada Mulchén de la Dirección de Inteligencia Nacional (DINA) y torturado en Lo Curro. Dos días después, el auto de Soria fue desbarrancado para simular un accidente. En "Carmen Soria (O la eterna lucha de un ético mirar)", Lemebel rinde homenaje a la incansable lucha por la justicia y los derechos humanos de su hija Carmen, al tiempo que memorializa la desaparición del menor Pedro Godoy (*Zanjón* 130-133).

1978 Se gradúa de la universidad. Sobre sus estudios de pedagogía en artes plásticas, con humor, PL dirá: "Porque no me dio para puta, me faltó el cuerpo, y por eso estudié pedagogía y después vinieron los años de profe haciendo clases…" (*Háblame* 265).

1979 PL comienza a trabajar como profesor de artes plásticas en dos liceos (escuelas secundarias) de comunas periféricas de Santiago de Chile. Asiste a talleres literarios y, en este contexto, a finales de los setenta, conoce a Pía Barros (1956-), estudiante de literatura y escritora, que buscaba gente para "armar un grupo de trabajo en la fragilidad del momento" (Barros 11). El Taller Soffia (clandestino e ilegal), dirigido por Barros, le permite a PL acceder a una comunidad literaria: un grupo de amigas y amigos con quienes compartirá lecturas diversas: Fray Luis de León, *Rayuela* de Cortázar, García Márquez, Charles Bukowski y Eduardo Mallea, entre otros (11-12).[10] PL escribe poesía, pero paulatinamente, la socialización de la lectura y la escritura provista por el taller lo van "contagiando" y comienza a escribir microcuentos y cuentos. Asimismo, la propuesta democrática, antidiscriminatoria, feminista e igualitaria –que Barros fomentaba en sus talleres– será fundamental para Lemebel, quien encuentra afecto, aceptación e inclusión además de coincidencias políticas y artísticas. Lemebel será alumno de Barros por más de diez años.

1980 En *Háblame de amores*, Lemebel reflexiona sobre la década del ochenta –"inolvidable por su contorsión política"– en el contexto de "un país agrio, amordazado y tibio": "Los ochenta comenzaron de abajo como murmullo de quenas y guitarras tristes. No había nada que celebrar en esa escena de crímenes y torturas" (200). Sin embargo, PL advierte la potencia creativa de la escena cultural

---

[10] Resha Cardone data los inicios del Taller Soffia al año 1977 y explica cómo se convierte en la plataforma para desarrollar estrategias de autopublicación y distribución alternativa, incluida la lectura-performance en la vía pública. En un contexto marcado por la censura y la persecución, no había tiempo para escribir novelas; las narrativas breves permitían también la publicación y el trabajo colaborativo y solidario entre escritores y diseñadores gráficos (141).

chilena en esos años: "Fue una gran década. Todo lo que se produjo en lo artístico tuvo su nacimiento en los '80 sin ser mesiánicos. Pero estoy pensando en Los Prisioneros, Andrés Pérez, además de arte y la literatura. Fue una década muy productiva, pese a estar asfixiado por la represión de la dictadura" (Garviso y Tapia).

En "Chalaco amor: Sinopsis de novela", recuerda sus viajes a Perú en estos años: "De jovenzuela recorría aquel triángulo carretero de Chile a Perú. Iba de andariega por el Pacífico, y los veranos corrían al borde corazonero de mi errante aventurar" (*Adiós* 116).[11]

El 8 de agosto, en plena dictadura pinochetista, se aprueba la Constitución Política de la República de Chile.

1982 Como Pedro Mardones, participa en el V Concurso Laboral de Cuento y Poesía, organizado por la Caja de Compensación Javiera Carrera, y gana el Premio Categoría A, reservado a escritores emergentes de la zona central de Chile, por su cuento "Porque el tiempo está cerca", que se publica en una antología del mismo nombre, aparecida en octubre del mismo año.[12] Entremezclando alusiones religiosas, el cuento relata la vida de Eduardo, un joven de diecisiete años y de clase alta, que se inicia en la prostitución callejera luego de que su madre huye al Brasil, y él busca escapar del control paterno. La biografía del autor, incluida en la antología, tiene la foto de su padre –quien tenía el mismo nombre– en lugar de la del escritor. Asimismo, el resumen biográfico mezcla datos de padre e hijo y cita erróneamente las edades de los hermanos Mardones: "Nació el 21 de noviembre en 1924. Es casado con Elena Lemebel y tiene dos hijos, Jorge, de 31 y Pedro de 26 años de edad respectivamente. Trabaja como profesor de Artes Plásticas" (*Memoria Chilena*, "Porque el tiempo está cerca").

---

[11] Las fotos incluidas en la sección "Bésame otra vez, forastero", del libro *Adiós mariquita linda*, documentan los viajes del autor por Perú en estos años.

[12] Agradezco a Cristián Opazo que confirmó este dato en la Biblioteca Nacional de Chile: el cuento se publicó en la antología *V Concurso Laboral de Cuento y Poesía de la Caja de Compensación Javiera Carrera*, en octubre de 1982 en Viña del Mar. De manera errónea, Memoria Chilena señala la fecha de publicación fue 1983 (<www.memoriachilena.gob.cl/602/w3-article-96704.html>) y esta errata se ha reproducido en varios libros y artículos.

1983 En esta época, es despedido de los dos liceos de Maipú y San Bernardo en los que trabajaba por ser homosexual: "Por ahí algo se supo, alguien escuchó, y sin mediar explicación tuve que abandonar las clases en esa comuna" (*De perlas* 123). Una hipótesis es que fue despedido debido a la publicación del cuento "Porque el tiempo está cerca" (de la Fuente 6). Su labor docente dura aproximadamente cuatro años (1979-1983).

Luego de quedar cesante Carmen Berenguer (1946-) recuerda, en su ensayo incluido en este libro, que PL *matuteaba* desde Buenos Aires. Traer *matute* significaba contrabandear mercaderías argentinas (colonias, cuero, cachemira, lana merino, pañuelos) para revender en Santiago y así sobrevivir económicamente. En varias crónicas, Lemebel rememora sus viajes de juventud a Buenos Aires durante la década del ochenta: "yo era un mochilero buscavidas que cruzaba la cordillera para respirar un poco la recién resucitada democracia en el vecino país" (*Háblame* 91).[13]

Jaime Lepé relata que invitó a PL a pasar una larga estancia en Buenos Aires y llega a la ciudad acompañado de su amiga Mirna Uribe. Para subsistir, vende artesanías cerca del Obelisco y traba amistad con artesanos troskistas que militaban en el Movimiento al Socialismo (MAS).[14] Con Lepé, aprovechan la vida cultural que ofrecía la capital argentina: cafés y bares con conversaciones políticas, salas de cine donde ver a Pasolini y Visconti, prohibidos en Santiago (Modarelli 226-227; Lepé).

---

[13] En "Hotel Boquitas Pintadas", Lemebel relata su viaje a Buenos Aires en el 2001 –en plena crisis económica argentina– para presentar *De perlas y cicatrices*. Sobre su reencuentro con Argentina, Lemebel escribe: 'Puños en alto, bombos retumbantes y una acalorada fragancia popular nos daban la bienvenida a esa ciudad donde yo había estado quince años antes vendiendo matute oriental al pie del Obelisco. Mire lo que es la vida, le dije al taxista, recién llegada la democracia de Alfonsín, yo era un vagabundo artesanal que movía cosas aquí mismo en plena Nueve de Julio" (*Adiós* 204).

[14] Jaime Lepé señala que la estancia de PL en Buenos Aires ocurrió en 1983 y, por eso, sigo esta fecha. Como explica Modarelli, deduzco que PL vivió en Buenos Aires por un tiempo y, posiblemente, le hayan seguido los viajes de matuteo entre Buenos Aires y Santiago, vía Mendoza. En una entrevista con Cristián Alarcón, Lemebel habla sobre sus viajes a Argentina para matutear: "Era la primavera del retorno democrático, recién asumido Alfonsín. Buenos Aires era una fiesta. Chile era una mazmorra, y algunos cruzábamos la cordillera para respirar un poco de libertad. El viaje lo hacíamos en bus, que era lo más barato" (Alarcón). Por lo tanto, su intenso período argentino puede datarse entre 1983 y 1984.

En la capital trasandina, PL toma contacto con la poesía de Néstor Perlongher (1949-1992) a través de Lepé, quien le da a leer *Austria-Hungría* (1980), el primer libro de poesía del argentino.[15]

Diez años después del inicio de la dictadura, en 1983, se funda el Coordinador Cultural (CC, 1983-1985) en el marco de las primeras jornadas de Protesta Nacional donde se agudiza la oposición a la dictadura y su implantación de ajustes económicos.[16] Lemebel participa activamente en las intervenciones callejeras del CC "en lo que fue concebido como una disputa a la censura y el control sobre el espacio público" (Varas y Manzi 66). En la sección "La política del arte relámpago" (*Háblame de amores*), Lemebel reúne tres crónicas donde analiza el carácter heterogéneo y transversal de los artistas reunidos en la CC y narra algunas de estas acciones fugaces de ocupación cultural de espacios públicos; por ejemplo, en las afueras del Teatro Municipal, donde suplantaron los carteles de la ópera por afiches que aludían a la dictadura y donde Lemebel es el encargado de teñir con tierra roja la fuente de agua ubicada en la plaza de enfrente. Sobre esta experiencia de resistencia y práctica de arte colectivo, Lemebel advierte: "Uff, qué días, qué tiempos de emergencia arriesgándonos por manifestarnos. [...] No fuimos tantos, quizás menos de cien, los que concurrimos ese mediodía a la movilización relámpago de arte político, con el culo a dos manos y un suspiro lacre electrizado por la emoción" (129).

En Santiago de Chile, un grupo de mujeres feministas, con el lema "democracia en el país y la casa", funda la Casa de la Mujer

---

[15] Años más tarde, Carmen Berenguer visita Buenos Aires y trae consigo *Alambres* (1987), el segundo libro de poemas de Perlongher, que compartirá con Lemebel y Francisco Casas según relata en el ensayo aquí incluido.

[16] Para un análisis actualizado del rol que tuvieron las coordinadoras culturales sobre la base del estudio de material documental, véase el lúcido análisis de Paulina Varas y Javiera Manzi, quienes analizan las tres generaciones de coordinadoras para denegar la tesis del "apagón cultural" chileno durante la dictadura puesto que "esta noción tiende a negar la existencia del campo cultural y artístico no oficialista que existió a contrapelo de la cultura dominante" (59). Aunque no citadas por las autoras, las tres crónicas de Lemebel sobre el CC apoyan esta tesis y se anticipan a la investigación histórica, visibilizando y documentando estas prácticas culturales alternativas, clandestinas y contrahegemónicas que anticipan el activismo emergente y las protestas frontales que comienzan en 1983 con las jornadas de protesta nacional convocadas por el Comité Nacional contra el Gobierno de Augusto Pinochet. Además de la crónica ya citada, ver "Un árbol de piernas" y "Vamos todos al Paro" (*Háblame* 125-138).

La Morada para dar visibilidad a las propuestas del feminismo, promover la organización de las mujeres, y luchar por la recuperación de la democracia.

1984 El Taller Soffia publica *Cuentos* (Editorial Arcilla) y allí aparece "Porque el tiempo está cerca", firmado como Pedro Mardones.

El 9 de julio Mónica Briones (1950-1984), pintora y escultora chilena, es asesinada en Plaza Italia, en la capital santiaguina. Según testigos, fue brutalmente golpeada y asesinada. Según la policía, fue atropellada por un vehículo que se dio a la fuga. Su asesinato es el primer crimen de odio lesbofóbico en Chile, e inspiró la conformación —en plena dictadura— de la Colectiva Lésbica Feminista Ayuquelén, la primera agrupación lésbica del país y "el primer registro certero de activismo homosexual en el país con un sello político" (Contardo 316).[17] Desde 2015, cada 9 de julio se conmemora el Día de la Visibilidad Lésbica. Lemebel se refiere a este caso y la creación de la agrupación en dos crónicas: "Las amazonas de la Colectiva Ayuquelén" (*De perlas*) y "La insoportable levedad" (*Háblame*).

1985 Talleres Literarios Ergo Sum, dirigidos por Pía Barros, comienza a publicar los textos desarrollados por sus participantes bajo el sello Ediciones Ergo Sum (Cardone 139).[18]

En "Te espero en el Empire", incluido en este libro, Carmen Berenguer señala que la primera performance que realiza con PL fue por los años 1984 y 1985 en el Centro Cultural Mapocho en la Alameda, donde había escrito "Cuatro tomas para un cuerpo azul" y pintó a PL desnudo de azul.

---

[17] En lengua mapudungún *cyuquelén* significa "la alegría de ser". Sobre la historia de este colectivo lésbico-feminista y del movimiento LGBTQ en Chile, ver Robles 2008 (23-25) y Contardo (317-321).

[18] Pía Barros dirigirá tres talleres literarios a partir de 1977: Soffia, Kafka y Ergo Sum. Sobre la importancia del aporte de Barros para la cultura chilena, ver Griffin y Cardone, entre otros.

Recordando "la patria ochentera" y la tensión que se vivía en un Santiago cruzado por barricadas y paralizado por toques de queda, Lemebel escribe: "Santiago se ponía duro cuando las calles quedaban desiertas y lo único que zumbaba en la noche era el aullido policial alterando el pulso cardíaco de la urbe" ("Noche payasa", *Adiós* 168).[19]

1986 Ediciones Ergo Sum publica *Incontables*, la primera obra narrativa de Lemebel, en ese entonces Pedro Mardones. Son siete cuentos publicados en formato experimental: un sobre hace de cubierta y adentro se encuentran siete trípticos en papel kraft con ilustraciones de Luis Albornoz, Rufino, Hernán Venegas, Patricio Andrade, Mena, Guillo Bastías y Jaime Bristilo. Fue diseñado por Venegas, quien junto a Pía Barros y Lemebel, armaron, cortaron y doblaron los trípticos. Tuvo una tirada de 300 ejemplares. A instancias de Barros, el libro se presenta a fines de noviembre en la Sexta Feria Nacional del Libro de Santiago. PL leerá algunos de sus cuentos acompañado por el músico Luis Mauricio Redolés Bustos.[20] PL vendió copias de su libro en las afueras de las librerías *Mujer* y *El Cerro* (de la Fuente 9).

Según diversas fuentes en septiembre, en una reunión de partidos de izquierda en la Estación Mapocho, Pedro Mardones interpela a la izquierda con su lectura del "**Manifiesto (Hablo por mi diferencia)**".[21] Iba con tacos altos y, maquillado, el signo de la hoz y el martillo le nacía en los labios y subía por su mejilla, subvierte así "el ideologismo revolucionario (épico-masculino) de la izquierda

---

[19] Esta atmósfera de tensión y las prácticas de lucha comunal aparecen magistralmente representadas en su cuento "Ella entró por la ventana del baño", publicado en *Incontables* (1986).

[20] Para un análisis pormenorizado sobre el contexto de publicación y distribución de *Incontables*, ver el ensayo de Cristián Opazo en este libro.

[21] Es difícil precisar con exactitud la naturaleza del evento: "una reunión política de opositores a la dictadura" (Contardo 322), "una reunión clandestina de disidentes izquierdistas" (Hinojosa), "un Congreso del Partido Comunista" (Richard 14), "una junta del Partido Comunista" (Mena), "Jornadas Pablo Neruda" (Barros 13), "una concentración política del PCCH" (de la Fuente 8). Sin duda, fue un acto clandestino habida cuenta el nivel de violencia y represión ejercido por la dictadura en 1986. Al respecto, ver el ensayo de Opazo, quien enuncia ciertas inconsistencias y contradicciones sobre la realización de este evento.

tradicional" (Richard 2017, 14; Hinojosa).[22] Exceptuando los talleres literarios y el circuito de intelectuales feministas conformado por Diamela Eltit, Raquel Olea y Nelly Richard, el escritor era relativamente desconocido y, como señala Carolina Mena, este texto fundacional será su rito de iniciación como escritor-activista y "opera como carta de navegación a la que se mantuvo fiel hasta la muerte" (Mena). En la entrevista con Héctor Domínguez-Ruvalcaba, incluida en este libro, Lemebel explica que el manifiesto fue la génesis de su escritura como cronista: el manifiesto es publicado y le empiezan a pedir que escriba otros textos con la misma emotividad política pero no tan literarios. Asimismo, como acertadamente advierte Alejandro de la Fuente, la lectura del manifiesto sería la primera vez que PL ensaya una performance y, por tanto, es una "lectura clave a la hora de ingresar en el cuerpo de obra del escritor" (7).

El 20 de mayo se lleva a cabo una Jornada por la Democracia. En el marco de una reunión pacífica de estudiantes en el Puente Loreto, Ronald William Wood Gwiazdon (1967-1986) es asesinado por una patrulla militar que le dispara en la cabeza. PL fue profesor de arte del joven en un colegio de Maipú como recuerda en la crónica-homenaje "Ronald Wood (A ese bello lirio despeinado)" (*De perlas* 121-123).

El 2 de julio el fotógrafo Rodrigo Andrés Rojas de Negri (1967-1986) y la estudiante Carmen Gloria Quintana (1967-) son capturados por una patrulla militar en el barrio de Los Nogales, en la comuna de Estación Central de Santiago. Ambos fueron golpeados, posteriormente rociados con combustible y quemados vivos. El joven murió a causa de las quemaduras infligidas por una patrulla

---

[22] En 1990, la fotógrafa Claudia Román realiza *Manifiesto (sesión fotográfica)* donde retrata a Lemebel con los mismos símbolos del Partido Comunista maquillados en el rostro. Una de estas imágenes acompaña la publicación del "Manifiesto (Hablo por mi diferencia)" en la revista *Página Abierta* (20 de agosto al 2 de septiembre de 1990). En el libro *Arder/Burn* se reproducen estas fotos (Montes y Parra 44-45, 88, 90-91). Ver los ensayos de Juan Poblete y Juan Pablo Sutherland, incluidos en este libro, para un análisis de la importancia del manifiesto en el contexto de la obra lemebeliana y el contexto político-cultural latinoamericano. A su vez, ver el artículo de Opazo, quien desmonta la performance autobiográfica que ejecuta Lemebel a través del manifiesto y otros textos. Según explica Opazo, las inconsistencias y erratas observadas en solapas de libros y en entrevistas de Lemebel podrían, acaso, obedecer menos a descuidos propios de un principiante que a una calculada estrategia de posicionamiento de la "persona literaria" del autor en la hostil escena cultural de la transición.

militar del Ejército de Chile. Quintana sobrevivió a las heridas luego de intensos tratamientos médicos en Chile y Canadá. Conocido como "el caso de los Quemados" es uno de los crímenes de lesa humanidad más aterradores perpetrados durante los diecisiete años de la dictadura pinochetista. En 1999, PL publica "Carmen Gloria Quintana (Una página quemada en la feria del libro)" en la revista *Punto Final* (*De perlas* 111-113).

En Santiago, en el sector del Cajón del Maipo, el 7 de septiembre Pinochet sufre un atentado, que luego Lemebel representa literariamente en su novela *Tengo miedo torero*.[23] El dictador resulta ileso, al igual que su nieto Rodrigo García Pinochet, pero fallecieron cinco de sus escoltas de seguridad. Los autores del atentado pertenecían al Frente Patriótico Manuel Rodríguez (FPMR). Como correlato se intensifica la represión y la violación de derechos humanos: "Y corría 1986 a puro fuego de protesta, a puro saldo de muertes impunes y atropellos militares que amenazaban no parar, que pronosticaban nuevos apaleos y torturas, y víctimas desangradas en las calles tensas de la repre" (*Zanjón* 100).

1987 Pedro Mardones y Francisco Casas Silva forman el Colectivo de arte **Yeguas del Apocalipsis (1987-1993)** [YA]: "sentado en una vereda del Santiago en dictadura, tomando un vino, pensamos en fundar un colectivo que abriera las puertas de las homosexualidades chilenas. Estaba el Sida y la dictadura, y era Semana Santa, y por una ventana abierta se escuchaba la tele y esas películas del Hollywood bíblico" (*No tengo amigos* 15).[24] Dentro del lenguaje sexista, "yegua", "puerca" y "perra" se usan para referirse ofensivamente a la mujer, como explica PL, y yegua "que es un nombre peyorativo con la mujer,

---

[23] "El atentado a Pinochet nos hizo creer que el tirano no era invulnerable", dirá Lemebel (*Mi amiga Gladys* 17).
[24] "Y en el 87 aparece el colectivo de arte político homosexual Yeguas del Apocalipsis, que dan la cara de perfil en los medios de oposición" ("La insoportable levedad", *Háblame* 240). Consultar la página web de Archivo Yeguas del Apocalipsis (AYA), proyecto coordinado por Fernanda Carvajal y Alejandro de la Fuente, para ver descripciones, registros fotográficos y documentación de cada acción. Sobre la constitución de AYA, ver el ensayo de Carvajal que aparece en este libro.

nosotros lo asumimos –digamos– como una bandera de lucha" (Qüense). El objetivo del colectivo era hacer algo "frente a esta demanda homosexual, frente al sida, frente a los derechos humanos que estaban siendo violados terriblemente en ese momento en mi país" (*Ibíd.*). Las intervenciones de la YA se realizan entre 1987 y 1993, y en la segunda mitad de los noventas vuelven a reunirse para realizar acciones en eventos en el extranjero (AYA). En el 2001, PL evoca el legado de las Yeguas como "un imaginario delirante que intentaba contener algunos lugares minoritarios que no estaban contemplados en el proyecto de la futura democracia que se peleaba en esos años" (Mateo del Pino 2001).

El 8 de marzo PL participa del Día Internacional de la Mujer, maquillado, con un vestido strapples y un tocado artesanal con alas de paloma, llevando una bandera del Partido Comunista. En *Zanjón de la Aguada* se reproduce una fotografía del evento donde aparece acompañado por Bárbara Délano y Carmen Berenguer. En *Arder/Burn* se reproducen las fotografías de Luis Navarro (31-33).

Entre el 15 y el 16 de junio, la Central Nacional de Informaciones lleva adelante la Operación Albania o matanza de Corpus Christi donde 12 militantes del FPMR son asesinados: "Y todos los que nadábamos a contracorriente en la lucha, sentimos nuevamente la rabia y luego el miedo" ("Corpus Christi [La noche de los alacranes], *De perlas* 119).

1988

El 5 de octubre, en aplicación de una disposición transitoria de la Constitución Política de 1980, se realiza un plebiscito para definir si Pinochet continua o no en el poder por ocho años más. Contra todo pronóstico, Pinochet pierde y se impone el NO por el 55.99 %. En un clima de tensión, Patricio Aylwin (1918-2016), presidente de la Democracia Cristiana y portavoz del comando del NO pide a la gente que no salga a la calle y que no provoquen a las fuerzas de seguridad. Esta derrota implicará el llamado a elecciones democráticas conjuntas de presidente y parlamentarios para 1989 y será el fin de la dictadura y el inicio del llamado período de transición a la democracia. Al respecto, en "La Plaza Italia (O 'eran cuatro esquinas que hablaban de los dos')", Lemebel rememora: "Esa noche, todo el mundo dio vuelta y vueltas a la estatua del Baquedano, abrazándose, saltando, encaramándose al mono tieso, bailando y brindando por el incierto futuro que llegó en un arcoíris de promesas" (*Zanjón* 199).

El 21 de octubre las YA ejecutan la acción *Coronación de Espinas*, durante la entrega del Premio Pablo Neruda al poeta Raúl Zurita (1950). El 23 de octubre, el diario *La Época* relata el episodio como "una 'acción de arte' de dos integrantes del colectivo *Las yeguas del Apocalipsis*" siendo sus integrantes "el narrador Pedro Mardones y el poeta Francisco Casas" (33). Ésta será la primera aparición de PL en un medio masivo de comunicación (Skármeta 2020, 85). Días después, el 28 de octubre, realizan la acción *Bajo el puente*.

Con la participación de Carmen Berenguer, Nadia Prado y Carolina Jerez, las YA llevan adelante la emblemática acción *Refundación de la Universidad de Chile* (s/f), pensada como un reclamo del ingreso de las minorías a la universidad.[25]

El 8 de diciembre las YA realizan una acción de arte durante la presentación del libro *A media asta*, de Carmen Berenguer, haciendo una bandera chilena casual con el vestuario: Lemebel iba vestido de rojo y Casas con una polera azul con una estrella en el pecho y un pantalón blanco: "Caminábamos de la mano, muy juntos, arrastrando un velo negro, descalzos. Éramos banderas enlutadas y caminantes" (*Háblame* 283).

1989

El 17 de junio YA producen la acción *Tiananmén* para solidarizarse con las víctimas de la represión del gobierno chino durante las protestas lideradas por estudiantes en la plaza de Tiananmén, en Beijing, el 4 de junio.

Durante el Festival Viva la Gente, organizado por el Partido Comunista, el 4 de julio las YA intentan desplegar sin éxito un lienzo

---

[25] Algunas fuentes datan esta acción como ocurrida en agosto de 1988, pero el AYA no ha conseguido documentación que permita datarla con exactitud. Ver el análisis que Berenguer hace de esta acción de arte en su ensayo en este libro.

con la leyenda "Homosexuales por el cambio". En AYA. la acción recibe el nombre *Que no muera el sexo bajo los puentes* en referencia al título de la participación de las YA en la *Revista Trauko* (N° 16, agosto de 1989).

El 21 de agosto las YA irrumpen en un acto en el Teatro Cariola, donde artistas e intelectuales daban su apoyo a Patricio Aylwin (1918-2016) como candidato presidencial por la Concertación de Partidos por la Democracia. Las YA –montadas con abrigos, tacos y mallas de ballet– despliegan su lienzo "Homosexuales por el cambio" lo que provocó incomodidad en el público (*De qué se ríe presidente*, AYA).

El 12 de octubre las YA realizan una de sus performances más memorables: *La Conquista de América*, en la Comisión Chilena de Derechos Humanos, donde bailan una "cueca sola" con pies descalzos sobre un mapa de Sudamérica cubierto de vidrios rotos. Lemebel ha señalado que, a diferencia de otras performances, fue una acción muy planificada: "Diría que fue una de las acciones más políticas porque ahí estaba nuestra huella; estaba la sangre y el baile. Ahí estaba todo el contagio del SIDA, los desaparecidos, dos hombres y también estaba el doblaje de dos mujeres solas" (cit. por Robles 2008, 28).[26]

El 25 de noviembre, durante el cumpleaños de Pinochet y el apagón general de la ciudad hecho por el FPMR, las YA urden la acción *Estrellada San Camilo*.

El 29 de noviembre, en el Instituto Chileno-Francés de Cultura, se presenta la instalación *Lo que el Sida se llevó* con 30 fotografías de las YA realizadas por Mario Vivado. Durante la presentación, PL realiza una performance que recrea el martirio de San Sebastián, con el artista semidesnudo y, en lugar de flechas, es atormentado por jeringas; el santo es reinterpretado así como patrono de los enfermos de VIH-sida.

---

[26] El diario *La Época* describe el evento como una *performance* (en itálicas) y nombra a los integrantes de las YA como Pedro Mardones y Francisco Casas ("'Las yeguas del apocalipsis' en una acción de arte", *La Época*, 17/10/89, p. 27).

En diciembre, las YA elaboran la acción *La última cena*, incluida en el video *Casa Particular* de Gloria Camiruaga (1940-2006), y hacen también la escenificación del cuadro *Las dos Fridas* (1939) de Frida Kahlo, en el estudio fotográfico de Pedro Marinello.[27]

Lotty Rosenfeld (1943-2020) y PL realizan una video-instalación y performance en el inconcluso Hospital del Trabajador (el "elefante blanco"), cuya construcción se inició bajo el gobierno de Salvador Allende, pero que luego fue abandonada por la dictadura (Richard 2002, 32; Qüense).[28]

El 14 de diciembre, luego de 16 años de dictadura militar, se realizan las primeras elecciones presidenciales y parlamentarias.

1990 El 11 de marzo Pinochet entrega el mando del país a Patricio Aylwin y le coloca la banda presidencial. Sin embargo, Pinochet permanece como comandante en jefe del Ejército durante esta negociada transición a la democracia.

En mayo, las YA producen la acción *Cuerpos contingentes* y, en julio, en la Galería Bucci, las YA deciden criticar la institucionalidad museística y recrean nuevamente el doble-autorretrato de Frida Kahlo, pero esta vez como una pieza efímera: sentados durante tres horas mientras son observados por el público (*Las dos Fridas en Galería Bucci*, AYA). También realizan *Estrellada II* (septiembre), que fue una intervención no autorizada en el frontis del Museo Nacional de Bellas Artes de Santiago.

---

[27] La obra es parte las colecciones permanentes del Museo Reina Sofía, del Museo de Arte Latinoamericano de Buenos Aires (Malba) y del Museo Nacional de Bellas Artes. En la página web del Malba dedicada a la obra, Fernanda Carvajal señala que Casas y Lemebel travisten a Frida para disputar el uso exotizante de su figura y advierte además que "la escenificación de *Las dos Fridas* por dos artistas homosexuales es también la imagen desafiante de cuerpos marcados como peligrosos" (<https://coleccion.malba.org.ar/las-dos-fridas/>).

[28] Ver también el artículo de Rita Ferrer incluido en este libro. PL relata la historia de este proyecto inconcluso en la crónica "El Hospital del Trabajador" sumado al crimen y violación de una estudiante cerca del hospital en 1991 (*De perlas* 275-279).

En la quincena del 20 de agosto al 2 de septiembre, *Página Abierta* publica el "Manifiesto (Hablo por mi diferencia)" acompañado de la foto-performance del escritor con la hoz y el martillo pintados en el lado izquierdo de su cara, hecha por Claudia Román (de la Fuente 8). En la página 15 de dicha revista, el texto aparece firmado por Pedro Lemebel.[29] Se inicia así su colaboración con *Página Abierta*, lo que produce un punto de inflexión en la escritura de Lemebel: la opción por la crónica en lugar de la ficción, puesto que muchos editores se encandilaron con "las hilachas metafóricas" de sus primeros textos y, asimismo, sus colaboraciones con los medios periodísticos le ofrecerán un sustento económico. PL lo explica así:

> La crónica fue un desdoblamiento escritural que se gestó cuando los medios periodísticos opositores me dieron cabida en el año 90. […] Creo que pasé a la crónica en la urgenica periodística de la militancia. Fue un gesto político, hacer grafitti en el diario, "cuentar", sacar cuentas sobre una realidad ausente, sumergida por el cambiante acontecer de la paranoia urbana. (Blanco y Gelpí 151)

1991 En febrero, después de nueve meses de trabajo, la Comisión Nacional de Verdad y Reconciliación entrega su informe final –conocido como Informe Rettig– al presidente Aylwin. Se da a conocer al país el 4 de marzo de 1991. PL escribe la crónica "El Informe Rettig" con el alusivo subtítulo "Recado de amor al oído insobornable de la memoria", donde reflexiona sobre el imperativo ético de la lucha por la memoria, la verdad y la justicia: "Por eso es que aprendimos a sobrevivir bailando la triste cueca de Chile con nuestros muertos. Los llevamos a todas partes como un cálido sol de sombra en el corazón" (*Loco afán* 133).

El pasaje de Mardones a Lemebel vuelve a rubricarse en la prensa escrita. En *La Tercera* aparece un artículo sobre el "arte underground" chileno de Claudia Cento Taibe (15 marzo de 1991), con un acápite titulado "Las Yeguas: dúo que sacude los cimientos", donde se lee:

---

[29] Agradezco a Cristián Opazo por haber chequeado esta información en los archivos de la Biblioteca Nacional de Chile.

"Este dúo, formado por Francisco Casas y **Pedro Lemebel** –*su nuevo apellido en democracia*– ha desconcertado y sacudido violentamente todos los cimientos de la cultura tradicional" (Cento Taibe 33, énfasis propio). Meses después la revista *Hoy* publica "Las últimas locas del fin del mundo" (ago. 26 - sept. 1), escrito por Carolina Robino, donde el artista aparece identificado nuevamente como Lemebel, de profesión narrador.[30] Así explica PL su cambio de apellido: "Todos los apellidos son masculinos, te los pone el padre, o el padre los impone, hasta al apellido materno es patriarcal, porque se lo pone el padre a la madre, ¿te fijas? Entonces yo rescaté el apellido de mi madre porque es un apellido inventado por mi abuela. Mi abuela cuando se fugó de su casa, no quería que la encontraran y se puso Lemebel" (Robles 2018, 21).

El 22 de mayo PL lee su crónica "Loco afán" como parte de su intervención en el encuentro que mantiene Félix Guattari (1930-1992) con alumnos de la Universidad Arcis (*Loco afán* 168).

El 28 de junio se funda el Movimiento de Liberación Homosexual (Movilh) algunos de sus miembros fundadores habían luchado activamente por la recuperación de la democracia en Chile.[31]

Las YA realizan la performance *De la nostalgia* (agosto), con motivo del cierre del Cine Arte Normandie en la Alameda, y la sección fotográfica *Instalamos dos pajaritos como palomas con alambritos* con Pedro Marinello.

"Los nuevos chicos del bloque", firmado por Pedro Lemebel, se publica en *Página Abierta* (19 de agosto a 1 de septiembre de 1991). La fotografía ilustrativa es una instantánea "random" de jóvenes punk realizada por Álvaro Hoppe.

El 31 de agosto la Corporación de Desarrollo de la Mujer La Morada funda Radio Tierra (1991-2013) con el objetivo de desarrollar una propuesta radial feminista y popular.

---

[30] La periodista hace un racconto de las acciones de las YA y aclara que no son *gays* sino que "son de la homosexualidad loca, de la que se extingue, son las 'últimas viejas locas al sur del mundo'" (Robino 43).

[31] En el sitio de Internet de Movilh, se establece el 28 de junio de 1991 como fecha fundacional (<http://www.movilh.cl/quienes-somos/historia>), pero Contardo señala que el día de la fundación ocurrió durante el mes de "julio de 1991" (22).

En noviembre, se realiza el Primer Congreso Homosexual Chileno en la ciudad de Coronel, Concepción, y cuenta con la participación de las YA (*Háblame* 240). Lemebel escribe una crónica detallada sobre el encuentro, "Fértil provincia señalada", para *Página Abierta*, donde señala que surgió la necesidad de "armar una memoria homosexual chilena" y reafirmar "nuestras alianzas con todos los sectores minoritarios: mujeres, jóvenes, mapuches y otros" (24).

En Concepción, el 1° de diciembre Casas y Lemebel participan de la marcha por el Día Mundial del Sida en Concepción, y las YA realizan una de sus performances más importantes: *Homenaje a Sebastián Acevedo* en la Facultad de Periodismo de la Universidad de Concepción. Sebastián Acevedo Becerra (1931-1983) fue un minero del carbón, cuyos hijos fueron detenidos por la policía secreta de la dictadura de Pinochet. Luego de una búsqueda infructuosa para dar con el paradero de sus hijos, se inmoló frente a la catedral de la ciudad de Concepción. El Informe Rettig cataloga la muerte de Sebastián Acevedo como víctima de la violencia política.

1992 Se publica *Andar con cuentos: nueva narrativa chilena* (Mosquito Editores), editada por Ramón Díaz Eterovic y Diego Muñoz Valenzuela, donde se incluyen 36 cuentos de escritoras y escritores pertenecientes a la llamada Generación del 80. Aquí aparece el cuento "Bésame otra vez forastero" de Lemebel. Esta antología complementa *Contando el cuento: antología joven narrativa chilena*, que Díaz Eterovic y Muñoz Valenzuela publicaron en 1986. Ambas colecciones son claves para analizar la narrativa lemebeliana en el contexto de la cuentística chilena durante la dictadura. El 21 de junio aparece una recensión de Andar con cuentos hecha por María Teresa Cárdenas, y allí se registra la primera mención de Lemebel en el diario *El Mercurio*.

En Valparaíso, Lemebel conoce en persona a Néstor Perlongher (1949-1992) y le regala un guante blanco de novia, sin su par. En una entrevista, PL advierte: "¡Qué lástima que lo hayan reconocido tan tarde! Y que se tuviera que ir a Brasil. Lo conocí en Valparaíso el año en que se murió, y ya estaba muy mal" (Lojo 184).[32] Perlongher le regala un libro que en la dedicatoria decía "alambres transplatinos" en alusión a las "complicidades de locas" que el escritor argentino había establecido con Casas y Lemebel (Blanco y Gelpí 158).

El 4 de marzo el Movilh participa en la marcha por el primer aniversario del Informe Rettig, siendo su primera aparición pública y política donde, según explica Óscar Contardo, "participaron alrededor de quince personas con un lienzo que decía: 'Por nuestros hermanos caídos. Movimiento de Liberación Homosexual'. La mayoría de los que marcharon usó máscaras para cubrir su rostro. A lo largo de todo el trayecto, desde plaza Italia hasta Los Héroes, el grupo que les antecedía mantuvo media cuadra de distancia" (382).

Entre el 24 y 25 de noviembre las YA participan de la Primera Reunión de Reflexión Lésbico-Homosexual que se realizó en el centro Canelo de Nos, San Bernardo, y tuvo la participación de 24 organizaciones sudamericanas.

1993 Lemebel comenta la ponencia del escritor mexicano Carlos Monsiváis (1938-2010) en el Seminario Utopías y también lo presenta en el Seminario "El arte actual en Chile", ambos celebrados en 1993, cuando todavía no había publicado su primer libro, pero sus crónicas ya se leían en *Página Abierta* (Blanco y Gelpí 158).

El 28 de febrero los dirigentes del Movilh —entre ellos el escritor Juan Pablo Sutherland y Rolando Jiménez— dan su primera conferencia de prensa con sus nombres reales y a rostro descubierto (Contardo 22).

El 4 de marzo el Movilh participa en la marcha para conmemorar el segundo aniversario del Informe Rettig, pero previamente convoca a una conferencia de prensa para anunciar su participación (Contardo 382-383). Esta vez, marchan con sus rostros desenmascarados. Las YA también participan de la marcha junto con los militantes del Movilh,

---

[32] Para un análisis de los vínculos entre Perlongher y Lemebel, ver el ensayo de Alejandro Modarelli incluido en este libro.

en su mayoría hombres, pero la presencia de un grupo de travestis captura la atención morbosa de los medios, invisibilizando la causa de los detenidos desaparecidos. Lemebel repasa este incidente en dos crónicas: "Sola Sierra (O 'uno que está tan solo en su penar')" y "La insoportable levedad", esta última publicada originalmente el 29 de marzo de 1993 en la revista *Página Abierta* con el título "La insoportable levedad del gay". En la primera crónica, la anécdota de este evento sirve como pretexto, en su doble acepción de excusa y de texto antecedente, para rendirle homenaje a Sola Sierra (1935-1999), presidenta de la Agrupación de Familiares de Detenidos Desaparecidos y célebre militante por los derechos humanos. Lemebel, al respecto, escribe: "la ética de tu presencia en nuestra historia será el abrazo generoso a todos los oprimidos, a todos los hambrientos de justicia" (*Zanjón* 144).[33] En "La insoportable levedad" traza una historia ajustada de la homosexualidad en Chile y analiza bajo qué condiciones el homosexual se inserta en la esfera pública chilena e inquiere sobre la pertinencia de ciertas estrategias de organización política homosexual: "Por cierto, se pierde el cuerpo político en esta danza complaciente donde el sindicalismo homosexual desfila en la pasarela que le acomoda la democracia" (*Háblame* 244).

El 4 de septiembre 16 personas pierden la vida en un incendio en la discoteca gay Divine, en Valparaíso, y el hecho es considerado como un ataque homofóbico. "La música y las luces nunca se apagaron" es la crónica de Lemebel sobre la tragedia (*La esquina* 115-119). Las YA se suman a las demandas de organizaciones lésbicas y homosexuales para que se designe un "ministro en visita" que investigue el incendio.[34]

A fines de octubre, en la Universidad de Santiago, las YA participan de el "Primer Seminario de Sexualidad y Homosexualidad: Por el derecho a la diferencia", organizado por el Centro de Estudios de Sexualidad y el Movilh.

---

[33] Ver el ensayo de Poblete, en este libro, para un análisis de esta crónica como un espacio de mediación y roce entre distintos movimientos sociales.

[34] En 2003 Movilh se presenta como organismo querellante y logra reabrir el caso. Finalmente, en 2010, la jueza Patricia Montenegro sobresee la causa "aclarando que el incendio se provocó por mala mantención eléctrica" pero los propietarios no son procesados por haber prescripto el caso (Movilh 2010, 21).

Con participación de Paz Errázuriz y Tevo Díaz, el 8 de diciembre, las YA realizan la acción *Tu dolor dice: minado* para solidarizarse con las demandas de justicia de los familiares de los detenidos desaparecidos.

1994

El 11 de marzo Eduardo Frei, candidato por la Concertación, asume la presidencia.

El 21 de mayo, en el contexto de las Fiestas El Barco Ebrio, el mismo día de la celebración de las glorias navales, Lemebel realiza la intervención-video instalación *El barco ebrio* en Valparaíso, en el Sindicato de Trabajadores Transitorios Marineros Auxiliares de Bahía. Esta instalación-performance fue registrada por Tevo Díaz (<https://ondamedia.cl/#/player/el-barco-ebrio>).

En junio, viaja por primera vez a Nueva York para participar en el 25° Aniversario de la Rebelión de Stonewall. El 26 de junio PL realiza su performance *Alacranes en la marcha*: camina con un cartel que dice "CHILE RETURN AIDS" [sic.] y una corona de espinas en la cabeza mientras se pincha los brazos para asustar al público que se abre a su paso. Ver las crónicas "Bar Stonewall" (*Loco afán*) y "Las mujeres de las barras" (*Zanjón*).

Obtiene la beca FONDART (Fondo Nacional para el Desarrollo Cultural y las Artes) para desarrollar un proyecto sobre sida, que le permitirá escribir *Loco afán: crónicas de sidario*.

El 28 de octubre, durante un encuentro de estudiantes de la Universidad ARCIS con Joan Manuel Serrat, Lemebel le da un beso en la boca al cantante catalán, causando un revuelo en la prensa al día siguiente.[35] El diario *La Época* dirá que fue una agresión, un bochorno (Robles 2018, 24).

El 1° de noviembre, Víctor Hugo Robles lo entrevista para el programa Triángulo Abierto, producido por el Movilh, y que se

---

[35] Memoria LGBTIQ de Chile ofrece el registro videográfico de dicho encuentro: <youtube.com/watch?v=PQSHeqCv9-8>. Ver la crónica "El beso a Joan Manuel ('Tu boca me sabe a hierba')" (*Loco afán* 171-173).

emitía por Radio Tierra.³⁶ Esta entrevista será fundamental en la carrera radial de Lemebel, según explica Robles: "cuando invité al Pedro al programa leyó una crónica preciosa y terrible sobre el asesinato de una marica en un parque de Santiago, fue conmovedor. A partir de ahí comenzó a leer siempre por radios y televisión, pero la primera vez fue en Radio Tierra conmigo" (Torrado).³⁷ Lemebel comienza aclarando que antes se llamaba Mardones, pero que ahora elige el apellido materno, inventado por su abuela Olga cuando se escapó de su casa y heredado por su madre Violeta, que fue hija natural (Robles 2018, 21). Ésta, tal vez, sea una de las entrevistas más importantes de PL.

1995 En marzo, la editorial feminista chilena Cuarto Propio publica *La esquina es mi corazón. Crónica urbana*, que recoge veinte crónicas, la mayoría publicadas entre 1991 y 1993 en la revista *Página Abierta*.

Con anterioridad, PL le da a leer un mecanoscrito titulado *Ojo gótico, Ciudad paranoia: Crónica urbana* —con catorce crónicas— a Soledad Bianchi, amiga y profesora (ahora reincorporada) de la Universidad de Chile. Luego PL le agrega seis textos más, y cambio de título mediante se forma así el primer libro de crónicas del escritor.

Marisol Vera, directora editorial de Cuarto Propio, señaló que nunca dudó en publicarlo e incluso aceptó la idea para la portada que tenía Lemebel: "La idea era que si íbamos a publicar el libro, éste debía mostrar toda su apuesta rupturista" (cit. por León 11).³⁸ La portada utiliza el registro fotográfico de una performance de PL hecho por Juan Pablo Montalva, sobre un concepto visual de Lotty

---

[36] Una transcripción parcial de la entrevista aparece en *Lemebel oral*, fechada 'noviembre de 1994" (20). Robles hace referencia al beso en la boca que Lemebel le dio a Joan Manuel Serrat en la Universidad Arcis, hecho ocurrido a fines de octubre de 1994. Ver también el documental de Reposi Garibaldi.
[37] Se trata de la crónica "Las amapolas también tienen espinas" que se publicará en su primer libro *La esquina es mi corazón* al año siguiente.
[38] Además de *Ojo gótico, Ciudad paranoia: Crónica urbana*, PL había considerado *Buitres sobre el sidario* como título y también una pintura de Juan Dávila —donde aparece Simón Bolívar con tetas, montado a caballo— para la portada (Rodríguez Villouta 17: Binachi 29).

Rosenfeld. En dicha fotografía, PL aparece con una corona de jeringas y un dibujo pegado sobre su pecho muestra sus órganos interiores.[39] El libro se abre con un epígrafe de "Poética urbana" (1989, incl. *Prosa plebeya*) de Néstor Perlongher sobre la errancia, sobre el cual, PL dirá tiempo después: "Me gustó lo del cuerpo que yerra y erra en su desplazamiento" (Blanco y Gelpí 158).

El 29 de mayo se realiza la presentación de *La esquina es mi corazón* a cargo de Carmen Berenguer, Soledad Bianchi y Martín Hopenhayn en el Museo de Arte Contemporáneo (Bianchi 2018, 29). Francisco Casas reseña el libro en *El canelo* y una de las primeras reseñas académicas aparece en *Revista de Crítica Cultural*, donde Fernando A. Blanco reseña el libro junto a *Sodoma mía* (1991) de Francisco Casas y *Ángeles negros* de Juan Pablo Sutherland [1994] (Blanco 1995, 60-61).

1996 En Chile, en el mes de agosto, la editorial LOM publica *Loco afán: Crónicas de sidario*, dentro de la Colección Entre Mares. El segundo libro de crónicas de PL reúne 29 textos organizados en cinco secciones, y publicados con anterioridad en las revistas *Página Abierta*, *El canelo* y *Lamda News*, y los suplementos "Alter-Nación" y "La Gacela" del diario *La Nación*. Se aclara que el libro fue escrito con el apoyo del Fondo Nacional de la Cultura y las Artes (1994). En la portada aparecen las Yeguas del Apocalipsis en la acción de arte *Pájaros raros*, fotografiadas por Pedro Marinello. El título está tomado de una letra del tango "Por la vuelta" (1937) de Enrique Cadícamo (1900-1999): "La historia vuelve a repetirse, / mi muñequita dulce y rubia, / el mismo amor... la misma lluvia... / el mismo, el mismo loco afán..." PL le dedica el libro a su abuela Olga, su madre Violeta, Carmen Berenguer, Francisco Casas y Néstor Perlongher, entre otros. El siguiente epígrafe abre el libro: "La plaga nos llegó como una nueva

---

[39] La contratapa presenta una cita de un artículo de la crítica inglesa Jean Franco: "Es interesante que un género literario que captura el ánimo de los tiempos sin subordinarse a ellos, sea el de la 'crónica', que parece capaz de evitar y escapar de la red neoliberal. Carlos Monsiváis, Edgardo Rodríguez Julia y el chileno Pedro Lemebel están entre sus aficionados más devastadores".

forma de colonización por el contagio. Reemplazó nuestras plumas por jeringas, y el sol por la gota congelada de la luna en el sidario".

Raquel Olea, directora de La Morada, y Carolina Rosetti, directora de Radio Tierra, invitan a PL a unirse a la programación de *Radio Tierra*. Entre 1996 y 2002, PL concibe y produce **Cancionero: Crónicas de Pedro Lemebel**, su espacio radial que, en los inicios, se emitía de lunes a viernes, por la mañana y por la tarde, con una duración de diez minutos.[40] Debido a su éxito, más adelante se convertirá en un programa de media hora. PL hará lecturas dramatizadas de sus crónicas combinadas con música popular y entrevistas a mujeres de la izquierda, el feminismo y la cultura, convirtiendo al programa en un espacio de memoria y defensa de los derechos humanos.

En agosto, en Estados Unidos, la revista *Hispamérica*, dirigida por Saúl Sosnowski, publica una reseña de *La esquina es mi corazón*, escrita por Soledad Bianchi.[41]

El 3 de octubre, durante la conferencia "Crossing National and Sexual Borders: Queer Sexualities in Latin/o America" en el Centro Graduado de la Universidad de la Ciudad de Nueva York (CUNY), las YA realizan la acción *Cadáveres (Homenaje a Néstor Perlongher)*.

En el Teatro Mauri de Valparaíso, Lemebel realiza la performance *Corazonada*, registrada por Tevo Díaz (<https://ondamedia.cl/#/player/corazonada>).

PL vuelve a obtener la beca FONDART que le permite desarrollar *De perlas y cicatrices*.

---

[40] Las fechas son tentativas. Muchas fuentes ponen como fecha de inicio 1994, pero me inclino por la datación dada por la investigadora Ángeles Mateo del Pino, quien afirma: "Si la presencia de Pedro Lemebel en la radio será por estos años esporádica o puntual, en 1996 se hará habitual al incorporarse de pleno derecho a Radio Tierra" (Mateo del Pino 2020, 270). Además, el año 1994 no me resulta convincente por varios motivos: es el año en que PL viaja a Nueva York y, en noviembre de ese año, en su entrevista con Víctor Hugo Robles no hay mención alguna de que ya tenga un programa en la radio. Al respecto, véase "Un cielo en un infierno cabe: Cancionero de Pedro Lemebel" de Mateo del Pino, y el ensayo de Bernardita Llanos que aparece a continuación en este libro.

[41] Esta crónica es el ensayo que Bianchi leyó para la presentación del libro, y en 2018 fue republicado en su libro *Lemebel*. Luis Rodríguez Araya reseña el libro para *Revista Chilena de Literatura* en 1997, y este mismo año el crítico estadounidense David William Foster (1940-2020) se refiere a PL y su primer libro en un artículo en inglés sobre Enrique Medina y el realismo sucio.

1997 El 18 de marzo el diario *El Llanquihue*, de Puerto Montt, publica la reseña "Loco afán, un bello alfabeto sobre el dolor marica" de Yanko González Cangas, quien advierte que la "crónica, un género acabronado por [Enrique] Lafourcade, estropeado por [Cristián] Hunneus [sic.] e intentado por varios innombrables, toma con Lemebel una potentica enencontrable" con el objetivo de rastrear "pliegues muy poco cristalizados en la expresión cultural de este chilito pacato" (González Cangas A7).

En mayo, las YA participan de la Sexta Bienal de La Habana,[42] "El individuo y su memoria", y realizan una conferencia performática: *Ejercicio de memoria*, que hace un recorrido visual por su obra y cuelgan un letrero con la consigna "Hablo por mi lengua, mi sexo y mi social popular"; también se reproduce el audio de "Manifiesto (Hablo por mi diferencia)" en el que se escucha de fondo "La Internacional".[43]

Se produce la separación de las YA con la partida de Francisco Casas a México. La crónica pasa a adquirir preeminencia por sobre la performance: "se produce un reperfilamiento de la producción cultural de Lemebel hacia el género periodístico [...] su experiencia performativa previa, escribiendo la ciudad con el cuerpo, adquiere ahora el formato periodístico de la crónica" (Blanco 2010, 14). A partir de este momento, se intensifica la producción periodística de Lemebel que va a dar fruto a cinco libros de crónicas. PL volverá a la performance entre 2007 y 2014 (Ingenschay).

La prestigiosa revista literaria estadounidense *Grand Street* (no. 61, verano de 1997) publica "Anacondas in the Park" ("Anacondas en el parque") y "Steel Lace for a Penitential Pillow" ("Encajes de acero para una almohada penitencial"), primeras traducciones al inglés de crónicas de Lemebel hechas por Mary Ann Newman, y extraídas del libro *La esquina es mi corazón*.

---

[42] La experiencia de PL en Cuba se plasmará en sus "crónicas habaneras" recogidas en *Adiós mariquita linda*. Sin embargo, la crónica "El fugado de La Habana" ya había sido incluida, primero, en la edición de *Loco afán* de Anagrama y luego en la de Seix Barral. Sobre la experiencia cubana de PL, ver Fornet.

[43] En página web del AYA se enumeran todas las exposiciones sobre las Yeguas realizadas desde 1993 hasta 2016 (<www.yeguasdelapocalipsis.cl/category/exposiciones>).

1998 En noviembre, LOM publica *De perlas y cicatrices*[44] que reúne 71 crónicas, organizadas en 8 secciones. Todos los textos fueron difundidos en su programa radial *Cancionero* en Radio Tierra y algunos publicados en la revista *Punto Final*.[45] La portada es una foto de 1998 realizada por Paz Errázuriz donde Lemebel aparece con un collar hecho de máquinas de afeitar desechables.[46] A partir de este libro, Lemebel comienza a incluir una sección fotográfica donde se reproducen fotografías, ilustraciones y afiches que documentan los hechos históricos relatados en las crónicas. La mayoría de las fotografías en este libro pertenecen a Álvaro Hoppe (1956-), cuyo trabajo documentó los momentos más violentos de la dictadura.[47]

Comienza a colaborar con la publicación quincenal *The Clinic*, fundada por Patricio Fernández Chadwick este mismo año. El nombre de la publicación hace referencia al hospital The London Clinic, donde permaneció Augusto Pinochet al comienzo de su arresto en Londres (1998-2000).

Realiza la instalación *Ronald Wood* que coincide con la crónica "Ronald Wood (A ese bello lirio despeinado)", leída en *Cancionero* e incluída en *De perlas y cicatrices* (Montes y Parra 52-53).

Escribe el ensayo "Aires de arte en la periferia" para el catálogo de la exposición *Pintura de Alto Tráfico*, con la que se inauguró Galería Metropolitana y que consistió en tres instalaciones de jóvenes artistas Lorena Arenas (1969), Viviana Bravo Botta, Juan Gra Gárate.[48]

---

[44] El subtítulo "Crónicas radiales" no aparece en la primera edición del libro y tampoco en la reedición de Seix Barral. Según pude constatar, cuando LOM reimprime el libro, incluyó este subtítulo en la barra vertical en negro de la portada.
[45] Cuando el libro comienza a publicarse en Seix Barral, desaparece la crónica "La Quintrala de Cumpeo (o 'Raquel, la soberbia hecha mujer')".
[46] En 1991, PL y Carmen Berenguer realizan el video-arte *Postal del Sur II*, exhibido durante el Festival Chileno-Francés de Video-Arte en el Museo Nacional de Bellas Artes. PL aparece con un collar de máquinas desechables y Berenguer con un collar hecho de bolsas de té. PL vuelve a realizar esta imagen en *Devuélveme mi amor para matarlo* (1992) con el fotógrafo Ulises Nilo (Montes y Parra 94).
[47] Tres importantes fotografías de Álvaro Hoppe son parte de la colección del Museo Nacional Reina Sofía (España), donde también se encuentran los registros fotográficos de dos acciones de arte de Lemebel (<museoreinasofia.es/en/coleccion/autor/hoppe-alvaro>).
[48] Galería Metropolitana es un espacio de exhibición y difusión de arte contemporáneo, instalado en una comuna periférica de Santiago de Chile: Pedro Aguirre Cerda, que alberga la histórica Población La Victoria y linda hacia el norte con el Zanjón de la Aguada. Su

La prestigiosa revista literaria *Grand Street* (N° 63, *Crossing the Line*) publica la primera traducción al inglés de una crónica de Lemebel: "Sharks in the Mist" ("Escualos en la bruma", *La esquina es mi corazón*), traducida por Mary Ann Newman. Siguiendo la tradición de la revista de combinar literatura y arte visual, en este número aparecen los portafolios artísticos de Marina Abramović (precede a la crónica de Lemebel) y de Lygia Clark, y textos de Tununa Mercado y Kenzaburo Oé, entre otros.

El 11 de marzo Pinochet se incorpora al Congreso Nacional como el primer senador vitalicio en la historia de Chile, según lo establecido por la Constitución Política de 1980, debido a su condición de ex-presidente de la República. El día antes le entrega el mando del Ejército al teniente general Ricardo Izurieta Caffarena y pasa a retiro. Al respecto, en "Una chica con poleras del Che entre los pinochetistas", Lemebel reflexiona sobre este nombramiento y sobre aquellos que "concertadamente juntos, hipócritamente le dieron la pasada":

> Como un gran teatro de marionetas, la patria de marzo de 1998, abrió su cortinaje al espectáculo donde asumía el tirano al Parlamento. [...] La misma carta política que él preparó como un ajuar corrupto para legalizar su cochina gestión. Más bien éste fue otro golpe de Estado, oficial y democrático, ahora de terno y corbata para esta ad hoc con la facha parlamentaria de los nuevos tiempos. Y fue como una teleserie, en que todo el país presenció perplejo el episodio caradura de su rodaje. (*Zanjón* 108)

En Santiago, en el Centro de Extensión de la Pontificia Universidad Católica de Chile, entre el 29 de junio y el 4 de julio, se realiza el congreso bianual del Instituto Internacional de Literatura Iberoamericana (IILI), y Cedomil Goic (1928-) es su presidente honorario. El evento lleva el título "XXXII Congreso Internacional de Literatura Iberoamericana: Fines de Siglo en la Literatura Latinoamericana: Crisis, Apocalipsis, Utopías".[49] Cristián Opazo

---

objetivo es acercar y hacer accesible el arte a un sector social que ha estado marginado de ellas y alejado de los circuitos de difusión artística de Santiago. En "Las estética populares: 'Geometría y misterio de barrio'" (*Revista de Crítica Cultural*, N° 24), Nelly Richard dialoga con las ideas sobre arte y periferia que aparecen en el ensayo que PL escribió para el catálogo de la exposición.

[49] Vale la pena consultar las actas del congreso, editadas por Rodrigo Cánovas y Roberto Hozven, para tener una idea acabada de cuáles eran los autores y los objetos de estudio

estuvo presente en el evento y relata que Lemebel circuló como oyente –vestido de riguroso negro y con una pañoleta con claveras atada en la frente–, y agrega: "Agudo polemista, [Lemebel] intervino más de una vez para hacer precisiones y restituir omisiones".[50]

La revista *NACLA: Report in the Americas* publica "Soccer and Devotion in the Barrios of Santiago" (julio-agosto de 1998, vol. 32, N° 1), una traducción (con algunas modificaciones) de "La enamorada errancia del descontrol" (*Zanjón de la Aguada*). La traducción forma parte de un dossier sobre la juventud en Latinoamérica ("Latin American Youth: Anger and Disenchantment on the Margins").

El 16 de octubre Scotland Yard arresta a Pinochet en la London Clinic (Londres) por orden de la justicia inglesa en cumplimiento de la orden de captura internacional emanada del Juez de la Audiencia Nacional de España Baltazar Garzón, por delitos de genocidio, terrorismo internacional, torturas y desaparición de personas. Pinochet había abandonado Chile el 21 de septiembre para realizarse una operación de hernia lumbar en Inglaterra. El gobierno democrático chileno protesta por la detención de un senador vitalicio con inmunidad diplomática. En "La mesa de diálogo (O el mantel blanco de una oscura negociación)", Lemebel se refiere al encarcelamiento de Pinochet y su relación con la Mesa de Diálogo de Derechos Humanos que el presidente Frei convoca en agosto de 1999 (*Zanjón* 283-286).

El 17 de octubre llega Yoko Ono a Chile para apoyar la candidatura de Ricardo Lagos.

1999

PL recibe la Beca Guggenheim otorgada por la John Simon Guggenheim Memorial Foundation en la categoría *General Nonfiction*.

---

privilegiados por la crítica literaria chilena en esos años y contrastarlos con los dos libros que había publicado Lemebel hasta este momento.
[50] Comunicación personal con Cristián Opazo (enero de 2022), a quien agradezco este dato tan valioso, unido a la historia del IILI y el rol que han tenido sus congresos bianuales para el intercambio y la difusión de conocimientos sobre el espacio cultural latinoamericano.

En junio se aprueba la reforma del artículo 365 del Código Penal, vigente desde 1875, que tipificaba como delito las relaciones sexuales entre varones. Desde la presentación del proyecto hasta su concreción pasaron seis años. Se legaliza así la homosexualidad en Chile; si bien su aplicación era escasa, "muchos rescataban el valor de que existiera como una suerte de señal de alerta" (Contardo 38).

En agosto, Jorge Herralde (1935-), director y fundador de Editorial Anagrama, pasa cuatro días en Santiago y se cita con Pedro Lemebel. Roberto Bolaño le había obsequiado los tres libros de PL publicados hasta ese momento luego de regresar de su primer viaje a Chile después de 25 años de ausencia. PL cierra un contrato de palabra con Anagrama para publicar su obra en España (Skármeta 2009, 60).

El 4 de septiembre Yoko Ono visita Chile por segunda vez para presentar *En Trance - Ex It: dos puertas para la esperanza* que se inaugura simultáneamente en el Museo de Arte Contemporáneo (MAC) y en el Museo de la Solidaridad Salvador Allende. El MAC expuso la obra *Memory Box*, especialmente realizada para el museo y que Lemebel describe de la siguiente manera: "En el centro de una sala vacía, instaló una cajita chorreada de sangre y en el muro un poema suyo aludiendo a la memoria agredida de la dictadura chilena" (*Zanjón* 187).[51]

El 5 de noviembre, Lemebel entrevista a Roberto Bolaño en su programa *Cancionero* de Radio Tierra, que cuenta además con la intervención de Raquel Olea (Skármeta 2020, 90). Durante la Feria del Libro de Santiago, se presenta una charla magistral entre Lemebel y Bolaño, quien se enoja por la presencia de Gladys Marín entre el público, lo que marca un distanciamiento entre los dos escritores. La memoria de este desencuentro queda registrada en la crónica "Mi corazón no es un libro abierto", publicada en *La Nación Domingo* en 2007 y recogida póstumamente en *Mi amiga Gladys*.

---

[51] Sobre esta obra, la artista conceptual señaló: "Es difícil explicar el significado de una obra de arte, es una caja que comienza a sangrar, por un lado representa mis memorias y también las de los chilenos. Espero que con esta obra se pueda hacer un proceso de curación de los dolores que he vivido yo y los chilenos" (*El Diario de Hoy*).

El 1° de diciembre PL se presenta en la Feria del Libro de Guadalajara, donde Chile era el invitado de honor, y dicta la conferencia "Crónica urbana". PL es incluido luego de que Roberto Bolaño declinara la invitación por razones personales, y él mismo lo declara: "La Feria del Libro de Guadalajara estaba dedicada a Chile, y me invitaron casi por debajo de la puerta; es decir, alguien me llama y dice que sobra un pasaje porque otro escritor no va. Y entre mandarlos a la mierda y aprovechar de conocer ese lindo país, dije que bueno, que claro, y allá mismo les hacía la desconocida" ("Guadalajara, una noche", *Serenata cafiola* 117)

A fines de diciembre, en su programa *Cancionero*, de Radio Tierra, entrevista a Gladys Marín, candidata a la presidencia. Allí nace una estrecha amistad entre ambos, "un amor de improviso" –dirá el escritor– "como un pájaro rojo que entra sin permiso por la ventana entreabierta del corazón" (*Mi amiga Gladys* 37). Lemebel la presenta diciendo que, a pesar de las persecuciones y los dolores, "Gladys sigue en pie simoblizando las utopías, sueños e ilusiones del pobrerío nacional" (73). En adelante, Lemebel la acompañará en los actos públicos de su campaña presidencial, viajando en "el tren de la victoria" con el cual Marín recorrió el país, tal como lo relata en el díptico "Donde estés y siempre" (35-42) y como ambos aparecen en el documental *Pedro Lemebel: Corazón en fuga* (2008, dir. Verónica Qüense).

2000

Aparece la edición española de *Loco afán* bajo el sello Anagrama convirtiéndose en el volumen 182 de la colección Contraseñas, con el registro fotográfico de "Las dos Fridas" (1990) de Pedro Marinello en la portada. Para esta edición, se reúnen 31 textos. Se agregan cuatro crónicas: "Crónicas de Nueva York (El Bar Stonewall)", "Homoeróticas urbanas (o apuntes prófugos de un pétalo coliflor)", "Loco afán", "Rock Hudson (o la exagerada pose del astro viril)" y "El fugado de La Habana (o un colibrí que no quería morir a la sombra del sidario)" que no aparecían en la edición original de

LOM. Se quitan tres crónicas "Cecilia (El platino trizado de la voz)", "Juan Dávila (La silicona del libertador)" y "La loca del pino".[52]

Se estrena el documental *La venda* de Gloria Camiroaga (1941-2006), que presenta testimonios de mujeres chilenas que han sufrido la violencia de la dictadura chilena. Ver la crónica "Hacer como que nada, soñar como que nunca (Acerca del video *La venda*, de Gloria Camiroaga)" (*Zanjón*).

Lemebel es entrevistado por Tati Penna (1960-2021) en el programa de televisión abierta *De vez en cuando la vida* (Chilevisión, <youtube/HFAErkTjyMc>) que se graba en enero y se transmite al mes siguiente. Entre otros temas, Lemebel repasa el legado de las YA, habla sobre literatura y su paso por la Feria del Libro de Guadalajara, y la cultura homofóbica del país. Allí, comenta que ha obtenido la beca Guggenheim y anuncia que, con este apoyo, escribirá una historia de la homosexualidad en Chile que llevará el título *Nefandos, crónicas de un pecado*, proyecto que, finalmente, no completa.[53]

El 2 de marzo Jack Straw, ministro del interior británico, dispone la liberación de Pinochet por razones de salud. Regresa a Chile al día siguiente luego de 503 días de estar detenido. Margaret Thatcher (1925-2013) fue una de las pocas figuras públicas que apoyaron al dictador, invocando su cooperación con el Reino Unido durante la guerra de las Malvinas (1982) contra Argentina. A su regreso al país, Pinochet enfrenta juicios por violación a los derechos humanos y un pedido de arresto de Argentina por su participación en el asesinato de Carlos Pratts, rechazado por la justicia chilena. La crónica "Bienvenido Tutankamón (O el regreso de la pesadilla)" memorializa el regreso del dictador o "la enclenque humanidad de quien otrora representó la crueldad y el poder" (*Zanjón* 287).

---

[52] En 2009 la edición de Seix Barral repone las tres crónicas de la edición de LOM junto con las cuatro nuevas de la edición de Anagrama, produciendo así un texto definitivo con 34 crónicas. La crónica sobre el cuadro de Simón Bolívar travestido de Juan Dávila nunca fue repuesta.

[53] En "La Yegua de Troya. Pedro Lemebel, los medios y la *performance*", Héctor Domínguez-Ruvalcaba advierte la importancia de esta aparición televisiva como "la aparición pública de un cuerpo 'raro' se implanta como una *performance*, que escenifica con su misma presencia un acto perturbador" (124).

El 11 de marzo Ricardo Lagos asume la presidencia del país. Lemebel le dedica una extensa crónica a "esa tarde en que por segunda vez algún aire socialista llegaba al poder" ("La asunción de Lagos a la presidencia [O toda escoba nueva barre bien]", *Zanjón* 268).

El 8 de agosto la Corte Suprema de Justicia confirma el desafuero parlamentario de Pinochet dictado por la Corte de Apelaciones en mayo de este año. La corte afirma que "cabe reputar al general Pinochet, actual senador inculpado, la responsabilidad penal de encubridor de los delitos de homicidio" en el caso "Caravana de la Muerte" (Corte Suprema 509).[54]

En Santiago, el 17 de septiembre se realiza la primera "Marcha por el Orgullo Gay".[55] Gladys Marín es la única figura política que acepta participar y encabeza la marcha tomada del brazo por el escritor Juan Pablo Sutherland por un lado y Lemebel por el otro, tal como lo testimonian las fotos incluidas en *Mi amiga Gladys*.[56]

En noviembre, el periodista deportivo Pedro Carcuro entrevista a Lemebel para su programa *De Pé a Pá* de Televisión Nacional de Chile, que se emite en horario estelar.[57] Lemebel usa la invitación para poner en tela de juicio "la memoria impune de la televisión chilena" y cierra su participación rindiéndole un homenaje a todas las mujeres torturadas en la dictadura pinochetista a nombre de la hermana del conductor, Carmen Carcuro, quien había detenida y torturada por militar en el Movimiento de Izquierda Revolucionaria

---

[54] La "Caravana de la Muerte" fue una comitiva del Ejército de Chile que recorrió el país durante octubre de 1973 so pretexto de "agilizar y revisar" los procesos de personas detenidas después del golpe de Estado. En Cauquenes, La Serena, Copiapó, Antofagasta y Calama 75 personas fueron ejecutadas y desaparecidas. Al respecto, ver el libro *La caravana de la muerte: Las víctimas de Pinochet*, de Gervasio Sánchez, que recoge los testimonios de los familiares de las víctimas e incluye un importante archivo fotográfico.

[55] El 27 de junio de 1999 se había realizado una primera marcha en Santiago bajo el nombre "Marcha por la No discriminación".

[56] Sobre el significado político de la relación entre Lemebel y Marín, Sutherland reflexiona: "Ellos potencian el imaginario homosexual con el imaginario político de la izquierda. Eso es muy importante, porque era inédito que el PC y su cultura política tuvieran un vínculo con el mundo homosexual, eran muy duros con sus propios militantes. Gladys y Pedro mostraron que era necesario que esas ideas estuvieran juntas" (Venegas).

[57] "Inolvidable rareza (o la invitación a 'De Pe a Pa')" es la crónica que resume este evento (*Mi amiga Gladys*). El documental *Pedro Lemebel, el artista de los bordes* (Doray y Correa) reproduce el episodio, aunque erróneamente se indica que el programa se emitió en 1997.

(MIR).[58] En una entrevista en 2015, Carcuro reflexiona sobre este episodio y cómo cambió su perspectiva: "Él hizo un homenaje a las mujeres chilenas que estuvieron en la resistencia a través de mi hermana Carmen... (se emociona). Yo hoy me siento emocionado por lo que él hizo. Ésa sería la forma definirlo: me siento emocionado" (Hopenhayn).

2001 Editorial Planeta Chilena publica, bajo el sello Seix Barral, su novela *Tengo miedo torero* que se mantendrá durante más de un año entre los libros más vendidos en Chile. En el mes de abril, se realiza la presentación en el Salón de Honor del edificio del ex Congreso Nacional de Santiago. Lemebel concurre al evento con un sombrero-boa de plumas rojas que le rodea el rostro y con los ojos maquillados de un azul violáceo.[59] La madre de Lemebel no puede concurrir al acto y muere una semana después. Sobre la génesis de la novela, PL señala: "Tenía veinte papeles que escribí en esos años de urgencia y luego se perdieron. Los encontré en los 90 y, al releerlos, vi que había material para una novela. La escribí en seis meses. No se llamaba *Tengo miedo torero*. Se podría haber llamado *La loca del frente*, por ser una loca como cualquier otra, y a la vez por el Frente Patriótico" (Lojo 182). En septiembre, Anagrama publica la novela en España como parte de us Colección Narrativas Hispánicas.

En enero, en el Galpón 7, se estrena la versión teatral de *Loco afán*, adaptada por Alejandro Trejo y protagonizada por integrantes

---

[58] Lemebel señala que fue en la redacción de *Punto Final* donde se enteró sobre la militancia de la hermana del comentarista. Es interesante señalar que, en la última parte del libro *Naciste pintada* (1999) de Carmen Berenguer, hay una sección titulada "Casa Inmóvil", subtitulada "Recados de la prisión". Son testimonios de prisioneras políticas durante la dictadura de Pinochet. "Nunca dejamos de cantar para dar ánimos" es uno de esos testimonios donde su autora –de la cual sólo sabemos sus iniciales, M.O.– cuenta el apoyo que las prisioneras le dieron a Carmen Carcuro durante su encierro y dice explícitamente que era la hermana del conocido conductor (205).
[59] Esta imagen fue la elegida por el Colectivo Musa para la realización del mural que conmemora al escritor en el centro de Santiago y que se reproduce en la portada de este libro. En *Mi amiga Gladys* se reproducen fotos de PL con este icónico vestuario. Para un análisis sobre la importancia de esta imagen, ver el artículo de Fernando A. Blanco que aparece a continuación en este libro.

de su compañía, La Comarca. La obra es un éxito de púbico con 8000 espectadores en cuatro meses en cartel ("Otro libro de PL llega al teatro"). En julio, la compañía teatral Chilean Business estrena la adaptación del libro *De perlas y cicatrices* en el Museo de Arte Contemporáneo, dirigida por Rodrigo Muñoz.

Se publica la antología *A corazón abierto: geografía literaria de la homosexualidad en Chile*, compilada por Juan Pablo Sutherland, e incluye el manifiesto "Hablo por mi diferencia".

El 4 de mayo, en el Cementerio Metropolitano, es enterrada Violeta Elena Lemebel, la madre del escritor. En muchas ocasiones, PL se refirió al gran dolor y tristeza que le provocó la muerte de su madre.[60] Lemebel señala que la muerte de su madre también trajo aparejada una mudanza: deja su población en el Santiago sur para mudarse a la comuna de Recoleta, en el norte de la ciudad. Su nueva casa (la número 4) se ubica en el Barrio Bellavista, en la calle Dardignac 191. Así lo explica en *Adiós mariquita linda*, libro escrito en esta nueva residencia:

> Al partir mi madre cerré ese capítulo, ya no había nada que me atara a esas cajas de cemento y a los tierrales sin alma de la zona sur. Ella se llevó de un plumazo funerario mi biografía rasguñada en esos escampados. Y así de simple, como quien se cambia una camisa manchada con rubor, me mudé de territorio, descubrí mi casita flaca y sin bulla en un pasaje de Bellavista, cerca del río, a los pies del cerro San Cristóbal, en la calle Loreto, columna vertebral del gay town santiaguino. (*Adiós* 176)[61]

Lemebel concluye esta crónica advirtiendo que no eligió su nuevo barrio "por gay o taquillero" sino "por su generosa complicidad"

---

[60] Ver la crónica "Para mi tristeza violeta azul" que cierra *Serenata cafiola*. Su madre también aparece en el epígrafe inicial: "Mamá era una flor herida, cantaba por la herida, y la herida era su mejor canción".

[61] Esta nueva casa del escritor está en la calle Dardignac cerca de la esquina con la calle Loreto. La casa está ubicada en un pasaje y fue muchas veces descripta como un "cité". Siguiendo los postulados higienistas, los Cités y los Pasajes surgen a principios del siglo veinte para dotar a la ciudad de Santiago de soluciones habitacionales durante su rápida industrialización, y se crean a partir de predios recuperados en el interior de las manzanas que se segmentan para crear unidades de vivienda continúa, conectados por un espacio peatonal mínimo perpendicular a la calle. Según explica la arquitecta Verónica Adrián Araneda, "cuando estos ejes dividen parcialmente la manzana, se les define como cités, y cuando la dividen, como pasajes" (8).

que le da la oportunidad de vivir como quiere "sin los terrores periféricos que me hacían temblar" (*Adiós* 179).

En una de sus últimas entrevistas para el diario *La Tercera* en 2014, el escritor recuerda con añoranza los importantes momentos de su vida en esta casa:

> Yo antes vivía en Dardignac, en una casita bella en un pasaje. Era una casita sencilla y flacuchenta, llena de flores. La arrendé por varios años con la beca Guggenheim, porque mi mamá me dijo: "Arrienda algo con esa plata porque si no te lo vas a fumar y a tomar todo". Y tenía razón. Y a esa casa llegaban todas mis amigas políticas, artistas, poetas, la Carmen Lazo, la Carmen Soria, la Paz Errázuriz, la Peggy Cordero, la Patricia Verdugo, la Gladys Marín y otras más. Lo pasábamos tan bien bailando y copeteándonos esos veranos… ("Conversaciones por chat")

El 9 de julio, en el proceso seguido en su contra por el juez Juan Guzmán Tapia (1939-2021), la 6ª Sala de la Corte de Apelaciones decidió el sobreseimiento temporal de la causa en contra de Pinochet por razones de incapacidad mental.

El 2 de noviembre de 2001, durante la XXI Feria Internacional del Libro de Santiago, Seix Barral presenta la reedición de *La esquina es mi corazón* como parte de su Colección Biblioteca Breve. En ese evento, Carlos Monsiváis lee "El amargo, relamido y brillante frenesí", que se integra como prólogo al libro.[62]

2002

Grand Street (N° 70, primavera de 2002) publica "Loba Lamar's Last Kiss (Silk Crepe Ribbons at My Funeral… Please)" ["El último beso de Loba Lámar (crespones de seda en mi despedida… por favor)", *Loco afán*] traducido por Margaret Jull Costa.

El 4 de julio Pinochet renuncia a su cargo de senador vitalicio tres días después de que la Corte Suprema lo sobresee definitivamente de todos los cargos que se le imputaban como encubridor de 57

---

[62] En 2007, Monsiváis retoma sus ideas sobre la obra de PL en su ensayo "Pedro Lemebel: del barroco desclosetado". Ambos textos tendrán gran influencia en la crítica lemebeliana.

homicidios y 18 secuestros calificados en el "caso caravana de la muerte". No obstante, el estatuto de expresidente le permite mantener el fuero y la dieta parlamentaria hasta su muerte.

Con motivo de un evento sobre poesía y bolero en la Universidad Metropolitana de Ciencias de la Educación (UMCE), PL brinda una entrevista a la revista de la universidad y le preguntan si su posición a favor de la piratería de libros ha cambiado luego de haber firmado un contrato con la editorial Planeta, a lo que PL responde:

> No tengo la moral para atacar o censurar a los vendedores de textos piratas, también trabajé en eso. Cunetié, arraqué de los pacos... Me emociona ver mis textos en la calle, subir a un taxi y que el chofer me lo muestre –el libro, claro,– en una versión pirateada. Esto permite que mis libros tengan otro recorrido, más inesperado [...] A mí me gustaría hacer una *Antología Pirata* de Pedro Lemebel, y sacar los mejores textos de mis libros y hacer una edición pirata directamente para que se piratee. (Morales Alliende 47)

El 2 de noviembre, en su programa *Cancionero*, PL presenta un trabajo sobre mujeres desaparecidas que había realizado con Carmen Berenguer, y entrevista a Ana de los Ángeles González González (1925-2018) –más conocida como Ana González de Recabarren– reconocida activista por los derechos humanos, cuyos dos hijos, su marido y su nuera fueron desaparecidos en 1976 por la Dirección Nacional de Inteligencia (DINA) de la dictadura pinochetista. Al final de su entrevista, PL lee la crónica "El Informe Rettig" (*De perlas*).[63]

2003 *Zanjón de la Aguada* es publicado dentro de la colección Biblioteca Breve de Seix Barral. Contiene 50 crónicas organizadas en 7 secciones, además de una sección de fotografías en blanco y negro titulada "Porquería visual". PL le dedica el libro a su madre y tiene una fuerte impronta autobiográfica. En la tapa aparece una fotografía de la madre de PL. Tomás Moulian presenta el libro en la sede de la Central Única de Trabajadores. Es nominado al Premio Altazor

---

[63] Al respecto, ver el artículo de Bernardita Llanos que aparece en este libro.

al año siguiente.[64] El libro permanece diecisiete semanas entre los títulos más vendidos de este año en Chile.

My Tender Matador, traducida al inglés por Katherine Silver y publicada por Grove Press en Estados Unidos y Canadá, es la primera traducción de su novela.

2004 *Adiós, mariquita linda* es publicado por Editorial Sudamericana, y presenta 33 textos y un glosario.[65] Varios textos fueron publicados con anterioridad en el semanario chileno *The Clinic*. La fotografía de la portada es *Frida I* (1990), hecha por Pedro Marinello, donde PL aparece travestido como Frida Kahlo, con maquillaje que crea una "uniceja" y forma un pájaro.

LOM publica *Reinas de otro cielo: Modernidad y autoritarismo en la obra de Pedro Lemebel*, editado por Fernando A. Blanco, que reúne algunos de los trabajos presentados en el encuentro internacional realizado en la Universidad de Denison (Estados Unidos) en noviembre de 2003, dedicado exclusivamente a la obra de PL.

Tengo miedo torero es traducida al francés como *Je tremble, ô matador*, y publicada por Denoël.

La editorial Marcos y Marcos publica la traducción italiana, *Ho paura torero*, mientras que Suhrkamp publica *Träume aus Plüsch: Roman*, la traducción al alemán.

El 12 de mayo Lemebel dicta una conferencia sobre crónica urbana en la Universidad de Harvard y lee algunos de sus textos. La prensa chilena se hace eco de la noticia y destaca que Lemebel sorprende a la audiencia porque tomó whisky de una petaca. Se omite informar que la conferencia incluyó un homenaje a los detenidos desaparecidos ("Escritor PL asombra a recatada audiencia"). Sobre

---

[64] Entre 2002 y 2014 es nominado en numerosas ocasiones al Premio Altazor.
[65] La crónica "El fugado de La Habana" ya había aparecido en la edición de *Loco afán* de Anagrama. En la edición de Seix Barral se agrega un epílogo ("A modo de reparto") y se utiliza *Frida II* para la portada.

su paso por Harvard, Lemebel afirma: "no voy a salir con terno blanco de lino y pipa a lo Hemingway, no me interesa ser tan latero y viejo. [...] Algunos creían que venía a peinar a las académicas, pero acá estoy hablando de la vida, de mi vida" (Montalva).

Seix Barral publica la novela *Yo, yegua* de Francisco Casas.

2005 En este año comienza su columna "Ojo de loca no se equivoca" en el suplemento dominical *La Nación Domingo* (LND) del diario *La Nación*. El suplemento tendrá corta vida (2003-2007).[66]

El 6 de marzo fallece Gladys del Carmen Marín Milie (1938-2005), presidenta y secretaria general del Partido Comunista de Chile, e íntima amiga de PL. La "Gladucha", como cariñosamente Lemebel la apodaba, fue diputada nacional, presidenta y secretaria del Partido Comunista chileno, y una activa luchadora por la restauración de la democracia chilena y la defensa de los derechos humanos: "Gladys Marín se jugó la vida en verso y lucha, sangre y esperanza, represión y reacción armada" (*Mi amiga Gladys* 16). Fue despedida en un multitudinario homenaje y el gobierno declaró dos días de duelo oficial. Durante el funeral de su entrañable amiga, Lemebel conoce a Michelle Bachelet, futura presidenta del país.

El 29 de junio la compañía Chilean Business estrena la versión teatral de *Tengo miedo torero* en el Teatro Bellavista.

El domingo 18 de diciembre de 2005, el diario *La Nación* publica la crónica "Se remata lindo país", tal vez, la invectiva más fuerte y contundente de Lemebel contra Sebastián Piñera, quien competía

---

[66] He identificado numerosas erratas en la bibliografía académica y periodística con respecto a la fecha de inicio de esta columna. Creo que la confusión estriba en el hecho que PL ya había colaborado con *La Nación* desde fines de 1994, pero lo hacía de forma esporádica. Basándome en entrevistas, todo hace suponer que Lemebel continuó su colaboración con el diario luego de la discontinuación del suplemento dominical. Debido a la pandemia de covid-19, el acceso a los archivos del diario LN en la Universidad Diego Portales se encuentran cerrados. Agradezco a Jovana Skármeta, Cristián Opazo y Rita Ferrer su asesoramiento para confirmar ciertos datos, pero cualquier errata es, por supuesto, de mi exclusiva responsabilidad.

en segunda vuelta contra Michelle Bachelet en las elecciones presidenciales para el período 2006-2010.[67]

2006 El 11 de marzo Michelle Bachelet es electa presidenta y se convierte en la primera mujer en ocupar el Palacio de La Moneda en los casi doscientos años de independencia chilena.

El 13 de junio muere Stella Adriana Díaz Varín (1926-2006), reconocida poeta chilena de la llamada generación del cincuenta, recordada por su carácter fuerte y su obra poética rupturista. Se enfrentó públicamente con la dictadura pinochetista y en defensa del Partido Comunista. Fue detenida y torturada, además de ser atropellada por un auto que vigilaba su casa. En la crónica "Adiós Stella. Ñau ñau poeta" (*Háblame*), PL recuerda su amistad con la poeta y reflexiona sobre su inserción en el mundo literario chileno.

En Buenos Aires, en el marco de la segunda edición de los "Encuentros Internacionales de Pensamiento Urbano - Ciudad Abierta BA", el 29 de agosto, Lemebel participa del panel "Cronistas de lo ajeno", coordinado por María Moreno, junto a la escritora brasileña Patricia Melo y el escritor argentino Marcelo Cohen. Al año siguiente, se publica el libro *Diagonal Sur*, y allí Lemebel escribe: "Y pensé que en este encuentro de nuevo con Buenos Aires, y también con alguna gente que me ha leído, de alguna manera podía mapear mi quehacer y mi deseo, mi deseo de urbanidad" ("Un urbano rumor" 128). Luego señala que leerá dos textos: "El gay town de Santiago" y "Eres mío, niña", este último sobre un "desplazamiento erótico-rapero", mientras que el primero:

> Tiene que ver con este desplazamiento, que también yo lo hice pero en forma personal, porque en otra instancia yo vivía en unos bloques periféricos a las afueras de Santiago, esos bloques que almacenan pobres. Y bueno, cuando me llegó la fama y los dólares, me cambié, pues me cambié al *gay town* de Santiago. ("Un urbano rumor" 128-129)

---

[67] Lemebel revisa y rescribe parcialmente esta crónica en marzo de 2009, en el contexto de las elecciones presidenciales para el período 2010-2014, donde Piñera finalmente sale victorioso. Esta versión es la que se incluye en *Háblame de amores* (189-190).

En la Academia de Artes de Berlín, el 12 de noviembre Lemebel recibe el Premio de la Fundación Anna Seghers, dotado con 25 mil euros, que compartió con el narrador alemán Nico Bleutge.

Del 21 al 24 de noviembre, Casa de las Américas le dedica la Semana de Autor a Lemebel. El público cubano tiene la oportunidad de conocer y escuchar al escritor. Se proyectan videos con algunas de las performances de las Yeguas del Apocalipsis. Siete escritores y críticos literarios analizan la obra del escritor (Jorge Ruffinelli, Fernando A. Blanco, Norge Espinosa, Margarita Sánchez, Roberto Zurbano, Jorge Ángel Pérez y Luis Cárcamo-Huechante). Se realiza la presentación de la edición cubana de su novela *Tengo miedo torero* (Fondo Editorial Casa de las Américas) a cargo de Jovana Skármeta y el escritor (Fornet).[68]

Tras una semana de internación en el Hospital Militar de Santiago, Augusto Pinochet fallece el 10 de diciembre a los 91 años de edad. Fue velado en la Escuela Militar donde se le rindieron honores como ex-comandante en jefe del Ejército, pero no como ex-presidente. "Las exequias del fiambre" es la crónica que PL escribe con motivo de "la estrepitosa muerte del ogro chileno"; reflexiona sobre "el vacío abyecto que dejó la impunidad" y advierte que no es posible ni el olvido ni el perdón porque hay "una zanja de muertos sin cuerpo imposible de clausurar con la venia piadosa del perdón" (*Háblame* 213).

2007 El escritor se muda a un departamento en la calle Santo Domingo, frente al Parque Forestal, comuna de Santiago Centro, bastante cerca de su casa en la calle Dardignac.

PL realiza la pieza fílmica *Performance en Pisagua* (dir. Verónica Qüense) que explora el pueblo que fue centro de detención durante la dictadura pinochetista.

---

[68] La *Revista de Casa de las Américas* (núm. 246, enero-marzo de 2007) dedica un dossier a la Semana de Autor donde se incluyen dos crónicas de Lemebel y los textos presentados durante aquella jornada por Fernando A. Blanco, Norge Espinosa Mendoza, Luis E. Cárcamo-Huechante, Jorge Ruffinelli y Roberto Zurbano.

La revista estadounidense *NACLA: Report on the Americas* publica "Farewell, Meatbag: On the Death of Pinochet (marzo-abril de 2007, vol. 40, no. 2), traducción de la crónica "Las exequias del fiambre".

En la universidad de Stanford, en California, el 23 y 24 de mayo se realiza el simposio "Pedro Lemebel: Literature, Body Performance and Political Resistance in High Heels", organizado por el catedrático Jorge Rufinelli, que contó con la presencia de PL y la participación de Jean Franco, Fernando Blanco, Francine Masiello, Juan Poblete, Jovana Skármeta y Luis E. Cárcamo-Huechante. Estas ponencias se publicaron en la revista *Nuevo Texto Crítico* (vol. 22, nos. 43-44) en 2009.

2008

Seix Barral publica su sexto libro de crónicas: *Serenata cafiola*, con una foto de cubierta de Paz Errázuriz. Concebido como un "cancionero memorial" con 45 crónicas –varias publicadas en *La Nación Domingo*– centradas en la música y los cantantes que, por distintas razones, son parte de la biblioteca personal del escritor: "la música fue el único tecnicolor de mi biografía descompuesta. Aquí va este pentagrama donde la historia tambaleó su trágico ritmo" (13). El texto que abre el libro, "A modo de sinopsis", resume su poética literaria.

En mayo se estrena la obra teatral *Cristal tu corazón*, adaptada por Rodrigo Muñoz y Claudia Pérez, a partir de una selección de crónicas de *Zanjón de la Aguada* y *Adiós mariquita linda*, y dirigida por Muñoz. La obra sigue el título de la cuarta sección del libro *Zanjón de la Aguada*.

Fotografiado por Paz Errázuriz, PL realiza *Del Carmen Bella Flor* donde aparece travestido de la Virgen del Carmen, cuya inspiración es la crónica "Del Carmen Bella Flor (El radiante fulgor de la santidad)" (*De perlas* 100-102) (Montes y Parra 59).

Se estrena el cortometraje documental *Pedro Lemebel: Corazón en Fuga*, dirigido por Verónica Qüense.

Eloísa Cartonera, la pionera editorial cartonera argentina, publica *Bésame de nuevo, forastero* como libro cartonero; es decir, como volumen encuadernado a mano con tapas de cartón recogidas por los cartoneros en la vía pública. En su interior, se agradece al autor su cooperación autorizando la publicación.[69] PL elige el mismo título de su cuento homónimo, publicado en *Incontables*, y alude también a "Bésame otra vez, forastero", una de las secciones de *Adiós mariquita linda*, que es de donde provienen las ocho crónicas de este libro cartonero.

Baciami ancora, forestiero es publicada en italiano por Marcos y Marcos. A pesar de llevar el mismo título que la edición de Eloísa Cartonera, este libro es una recopilación más extensa de crónicas extraídas de *La esquina es mi corazón*, *Zanjón de la Aguada*, y *Adiós mariquita linda*.

En septiembre PL visita Roma y Venecia.

En Buenos Aires, el 15 de noviembre Lemebel participa como escritor invitado del primer Festival Internacional de Literatura en Buenos Aires (Filba), organizado por el Museo de Arte Latinoamericano de Buenos Aires (Malba), para hablar de literatura en relación al "desplazamiento de la palabra" y el regreso de la palabra poética a la oralidad y la escena. Participan también Mario Bellatín, Gianni Vattimo y Tomasz Piatek, entre otros. Con entradas agotadas, este día, Lemebel realiza una performance literaria en dicho museo, que comienza con una entrevista hecha por Fernando Noy, reconocido poeta, performer y periodista argentino, quien lo presenta como "mi hermano de cordilleras y placeres clandestinos".[70] En "La ciudad sin ti está solitaria", Naty Menstrual, escritora y artista argentina, traza la crónica de ese evento y la performance que realizó Lemebel:

> Pedro me envuelve de magia y me emociona y los destellos de sus tacones me hacen brillar. Camina solitaria sobre una bandera extendida en territorios de muerte con una jarra con agua frente a un enorme mar y marca con sus pisadas de arena lo que no hay que olvidar. Aplausos de

---

[69] Nótese que el libro-cartonero, en cierta medida, no es un formato nuevo para Lemebel cuando se piensa en los libro-objetos que publicó con Pía Barros en los años ochenta.
[70] "La Noy, Buenos Aires y el Malva [sic.]" es la crónica de esta visita a Buenos Aires (*Háblame*).

pie, ganas de reír... de llorar. Se esfuma de la escena y vuelve a saludar. Más aplausos de corazones exaltados y todo se apaga. Menos mi alma. Sé que con su roja capa de terciopelo alguien me susurrará una canción que dirá: la ciudad sin ti esta solitaria... la ciudad sin ti... (Menstrual)

Acompañado por Jovana Skármeta, a fines de noviembre visita por primera vez Ecuador para participar de la primera "Fiesta Internacional de la Cultura, el Libro 2008" en Quito.

2009 Se reedita *Loco afán: crónicas de sidario* como parte de la colección Biblioteca Breve de Seix Barral.

PL es entrevistado en el documental *Gladys*, dirigido por Rodrigo Araya Tacussis.

En febrero, regresa a La Habana como parte de la delegación de su país en la Feria del Libro que ese año es dedicada a Chile. La Presidenta Michelle Bachelet pronuncia un discurso inaugural donde sólo menciona a Lemebel, Carmen Berenguer y Elicura Chihuailaf.

Volviendo de Cuba, visita El Salvador.

El 18 de junio fallece Mercedes Hortensia Bussi Soto (1914-2009), conocida afectuosamente como Tencha, profesora de historia y geografía, bibliotecaria, activista por los derechos humanos y esposa del presidente chileno Salvador Allende. A raíz de su fallecimiento, PL escribe una crónica en homenaje a "la primera dama más linda de la revolución en libertad", titulada "Hortensia de invierno" (*Háblame* 76).

El 19 de agosto PL presenta *Letras que cantan* en el teatro del Notariado de Montevideo, Uruguay (Echavarren 99).

El 15 de diciembre Radio Tierra lanza el proyecto "Cancionero de Pedro Lemebel: Historias de mujeres en crónicas radiales" en sonido digital.

2010 El 17 de enero se realiza la segunda vuelta de las elecciones presidenciales porque ningún candidato había obtenido la mayoría absoluta. Sebastián Piñera, de la Coalición por el Cambio, vence a Eduardo Frei Ruiz-Tagle, candidato de la Concertación de Partidos por la Democracia. Desde 1958, la derecha no lograba llegar a la presidencia por la vía democrática.

El 18 de febrero Piñera, presidente electo, realiza un acto en el Museo de Bellas Artes para dar a conocer a los ministros que formarán parte de su gabinete; entre ellos, el actor Luciano Cruz-Coke que asume como ministro-presidente del Consejo Nacional de la Cultura y las Artes. Por mera casualidad, Lemebel se encuentra con el nuevo ministro, quien intenta saludarlo, pero Lemebel se siente asqueado "por tanta desfachatez" y escupe en el suelo. La crónica de este episodio funciona como pretexto para reflexionar sobre las políticas diferenciadas de la memoria de la izquierda y la derecha chilenas, titulada "El ministro Piñerarte" (*Háblame* 191-193).

En febrero, en el Teatro de La Comedia de Buenos Aires, se estrena una nueva versión teatral de *Tengo miedo torero*, adaptada y dirigida por Gustavo Begérez, actor y director uruguayo. La obra luego se estrena en el Teatro El Galpón en Montevideo. La crítica destaca la inserción de films, la actuación de Marcelo Iglesias y, en especial, la de Hanna Fleischmann en el papel de Lucía Hiriart. En marzo, PL viaja a Buenos Aires para ver la puesta y sostiene:

> Creo que la puesta en escena de *Tengo miedo torero* puede ser comprendida en la Argentina porque hay cicatrices comunes en los dos países. Acá hubo guerrilla, hubo dictadura y hay homosexuales también, ¿o no? (Lojo 184)

El 11 de marzo Piñera asume como presidente.

En mayo, el cortometraje *Blokes*, basado en el cuento homónimo que Lemebel escribió en 1984, participa en la competencia oficial de la sección de cortometrajes del Festival de Cannes. Fue dirigido por Marialy Rivas, con guión de Rodrigo Bellot y de la directora.

En septiembre, Cuarto Propio publica *Desdén al infortunio. Sujeto, comunicación y público en la narrativa de Pedro Lemebel*, editado por

Fernando A. Blanco y Juan Poblete. El libro reúne trece ensayos de reconocidos especialistas y una entrevista al escritor.

En octubre, Seix Barral reedita *De perlas y cicatrices*.

El 19 de diciembre se publica la última edición en papel de *La Nación*, pero subsiste en versión electrónica. A instancias del gobierno de Piñera, se inicia un lento proceso de privatización que concluye en 2013, terminando así con casi 100 años de historia del único diario con participación estatal.

La editorial La Polla Literaria publica *Rabiosa* de Gustavo Bernal, donde Lemebel aparece como personaje literario. Será reeditada en 2015.

2011 El escritor comienza a sentir molestias para tragar y hablar. Como la situación no mejora, a mediados de año comienza a hacerse estudios en el Hospital Fundación Arturo López Pérez, y se le detecta un cáncer de laringe a PL en su cuerda vocal izquierda que seguirá avanzando, y hará que, al año siguiente, le extirpen gran parte de sus cuerdas vocales. Con ironía y humor, así lo explica Lemebel: "Erase una vez un cancerito pequeñísimo en mi cuerda vocal izquierda, lo bombardearon con radioterapia y tuve que pasar un veraneo en Chernobyl. De ahí el pequeñito cancerín creció y tuve que someterme a una cesárea de laringe para extirparlo. Me apena haberlo perdido junto a mi voz. Sufro depresión post-cáncer" (Rojas 192).[71]

2012 Seix Barral publica ***Háblame de amores*** que recoge 54 crónicas. La portada tiene una foto en blanco y negro de Lemebel tomada por su madre durante un viaje a Viña del Mar cuando el escritor

---

[71] En una entrevista de 2013, le preguntan qué era peor: el cáncer o la dictadura, y Lemebel responde: "Prefiero el cáncer, quizás se puede revertir. La dictadura queda para siempre en la impune ausencia de los muertos" (cit. por León 15).

tenía trece años. El libro está dedicado a su padre, Pedro Mardones Paredes, "por la áspera ternura de su caricia rural". PL define al libro como "un rompecabezas o una máquina desarmable con panfletos, dibujos, cartas, cuentos, fotos...quizás solo puedo inducir a su lectura visual diciendo que el título es parte de una canción que tampoco recuerdo" (González C.).

En una entrevista para el diario *Clarín* de Argentina con motivo de la presentación del libro, Lemebel hace referencia a su enfermedad: "La voz es importante para los homosexuales, porque siempre se reconocen por la voz. [...] Y aunque tengo voz de muerta, estoy enferma de vida" (Rojas 191). También advierte aquí que se ha quedado sin trabajo luego del cierre del diario *La Nación*: "Me quedé sin trabajo, no me salía un solo proyecto y me avisan de la enfermedad" (194).

"Las amapolas también tienen espinas" (*La esquina es mi corazón*) es incluida en la antología española *Mejor que ficción: crónicas ejemplares* (Anagrama) y "Las joyas del golpe" (*De perlas y cicatrices*) aparece en la colección colombiana *Antología de crónica latinoamericana actual* (Alfaguara).

El 5 de abril, en el Cine Arte Alameda, Pedro Lemebel, Milan Boyarski (guionista) y Ricardo Molina (ilustrador) presentan la adaptación gráfica del cuento "Ella entró por la ventana" que era parte del libro *Incontables*. La versión gráfica fue publicada por la editorial LOM, con prólogo de Carmen Berenguer. Boyarski recuerda: "Leyó su crónica completa, lenta y pausadamente. Quizás como forma de hacernos ver que era su trabajo, su voz lo que había iniciado todo, lo central" (Urrutia).

El 22 de mayo PL es sometido a una laringectomía parcial en el Hospital Fundación Arturo López Pérez de Santiago; además de la remoción de las cuerdas vocales, se le realizó una traqueotomía. Meses atrás había realizado radioterapia, pero la enfermedad se intensificó. Desde su cuenta de Facebook, el escritor explicó la operación:

> Amigos, recién he entro a face. Acá en el hospital pasó lo terrible, fue una operación heavy... Perdí al voz... Me sacaron casi todo... Larigectomía parcial, casi total. y con ese casi tengo que aprender a respirar, a hablar, a

tragar, a aceptarme degollado de oreja a oreja. [...] En fin, nunca fue mejor, si me hubieras amado... Me suena una canción... Así se sobrevive amigos míos... y yo lo sé. (Cooperativa.cl)

Permanece internado veinte días después de la cirugía, y recibe la visita de unos pocos amigos con quienes se comunica escribiendo en una pizarra. El escritor explica: "Me dejaron una cuerda y la mitad de la laringe. Tenía voz de ultratumba. Me sacaron también la manzana de Adán, el sueño de toda travesti" ("Lemebel y la vida después del cáncer"). Permanece dos meses sin poder hablar.

El 3 de noviembre, PL presenta *Háblame de amores* en la Feria del Libro de Santiago (FILSA) a sala repleta y le explica al público este momento de su vida: "Pese a esta voz de quejido, de bisagra mohosa, el circo debe continuar" ("Un emocionado PL").

En noviembre, asiste a la Feria del Libro de Guadalajara, que tiene a Chile como invitado de honor. El miércoles 28 de noviembre pone en escena la performance *Susurrucucú paloma*, aparece vestido entero de negro, como una pantera, tapado hasta la cabeza. En el catálogo de contenidos de la feria se informa que la presentación de PL "toma como referente la canción popular, tema muy ocupado en sus textos y el susurro, esto debido a problemas de voz que le ocurren en este último tiempo" (15). Con un fino hilo de voz, amplificado por un micrófono, Lemebel lee la crónica "Mamá pistola", "Canción para niño boliviano" y "El ministro Piñerarte", que ya antes había leído en la Feria del Libro de Santiago. Al día siguiente, el crítico español Ignacio Echevarría y la investigadora mexicana Rossana Reguillo presentan *Háblame de amores*. PL reflexiona sobre la presidencia de Piñera diciendo: "Me quedé sin trabajo, me cerraron el diario, *La Nación*, donde publicaba mis pobres crónicas. No he agarrado ni un puto proyecto y más encima me agarra el cáncer. Atroz. Lo único que quiero es que se acabe esto. Los presidentes pasan como las olas del mar. Como sea, no es tan fascista, pero es tonto" (Careaga).

A siete meses de su operación, PL percibe que las molestias de su enfermedad regresaron.

2013 El Museo de Arte Reina Sofía (España) adquiere la instalación *Manifiesto. Hablo por mi diferencia* (1989) que combina un autorretrato de Lemebel –maquillado con la hoz y el martillo sobre el rostro– y un audio de su voz recita el manifiesto.

En febrero, antes de irse de vacaciones a Isla Negra, PL se realiza una resonancia magnética, pero debe volver de urgencia porque encuentran un tumor maligno de tres centímetros en su garganta. En marzo, lo médicos le realizan una larigectomía total y luego una traqueostomía.

El 11 de marzo Michelle Bachelet asume la presidencia por segunda vez. Fue candidata por la Nueva Mayoría, una coalición política que agrupó a un conjunto de partidos de centroizquierda e izquierda.

El 29 de abril PL debe someterse a una nueva operación para recuperar su voz: se le coloca una válvula de fonación en la tráquea. Tiene sesiones con una fonoaudióloga para reentrenar su voz utilizando la válvula. Comienza a trabajar con Constanza Farías, amiga cercana y sonidista, para afirmar el tono de su voz, grabar lecturas y ensayar las presentaciones que se habían suspendido. Sobre esta nueva etapa de su vida, el escritor dijo: "Lo que más duele de esto es la voz, cuesta adaptarse a una ajena. Tienes que domarla, hacerla tuya. Y en eso estoy" ("Lemebel y la vida después del cáncer").

El 4 de septiembre PL es galardonado con el Premio Iberoamericano de Letras José Donoso, instituido en 2001 por la Universidad de Talca. En los considerandos del premio, el jurado señala que la obra de PL logra "una representación heterogénea y compleja de la sociedad chilena, en la que inscribe las imágenes de género y clase social, con una importante proyección hacia el resto de la sociedad" (El Universal).

A fines de septiembre, Filba se realiza en simultáneo en Buenos Aires y Santiago de Chile, y ambos eventos cuentan con la participación de Lemebel. En Buenos Aires, más de trescientas personas acuden al Malba para ver a Lemebel en un espectáculo perfectamente organizado y sincronizado (Klappenbach). Concluye refiriéndose al caso de Claudia Victoria Poblete Hlaczik, una beba de ocho meses apropiada durante la última dictadura argentina, en complicidad con el régimen chileno y recuperada en el año 2000 por Madres de Plaza de Mayo. En el Centro Cultural Gabriela Mistral (GAM), PL se presenta a sala llena, es ovacionado por un público mayoritariamente joven. Habla de las movilizaciones estudiantiles y cuenta que visitó las tomas de los liceos y que fue recibido con mucho cariño por los estudiantes.

En octubre, Ediciones de la Universidad Diego Portales publica *Poco hombre*, antología de sus crónicas, a cargo del crítico Ignacio Echevarría. El libro recoge 73 textos extraídos de los siete libros de crónicas publicados por Lemebel hasta este momento.

También en octubre, en el marco de la conmemoración de los cuarenta años del golpe de Estado, la Universidad de Chile realiza el coloquio "Después del desastre. Cuatro décadas de narrativa chilena (1973-2013)" que concluye con un homenaje a PL.

Viaja a Ecuador y el 29 de noviembre se presenta en el Teatro Prometeo, en el contexto de la VI Feria Internacional del Libro de Quito. Luego de la lectura de algunas de sus crónicas y un homenaje a los detenidos desaparecidos, el público ecuatoriano lo aplaude de pie.

2014 Josefina Alemparte, directora editorial de Planeta Chile, y Sergio Parra, dueño de la librería/editorial Metales Pesados y amigo cercano del escritor, organizan una fuerte campaña en apoyo a la candidatura de PL al Premio Nacional de Literatura, en la que participan numerosos escritores e intelectuales, y universidades chilenas y extranjeras. El público manifiesta su apoyo en la página de Facebook "¡Quiero el Premio Nacional de Literatura para Pedro Lemebel!". El escritor Alejandro Zambra escribe una nota de apoyo donde sostiene: "Premiar a Lemebel sería premiar a esa multitud de lectores que más o menos por azar se encontraron con unos textos provocadores, extraños, chilenísimos, iracundos... [...] Pedro

Lemebel nos recuerda que la literatura no es inofensiva, que no es un mero adorno, que le hace algo a la sociedad. Premiarlo a él sería premiar eso. Sería, pienso, un premio colectivo" (Zambra). Finalmente, el jurado le otorga el premio a Antonio Skármeta. Luego de su muerte, Carmen Berenguer señaló que "hubo mucha resistencia contra él como escritor, pero, además, el Premio Nacional a veces considera más la trayectoria que el aporte literario. Aunque fue triste, él ya estaba acostumbrado a ser omitido" (Ortiz y Miranda).

En Brasil, la editorial digital Cesárea publica la primera traducción al portugués de crónicas de PL, bajo el título *Essa Angústia Louca de Partir*. Se trata de diez textos compilados y traducidos por Alejandra Rojas Covalski, con un posfacio de Fábio Ramalho. En clave lemebeliana, el editor, Schneider Carpeggiani, crea un cancionero ("mixtape digital") con un repertorio inspirado en el libro.

El Malba adquiere el registro fotográfico de la performance *Las dos Fridas* (1989) de las Yeguas del Apocalipsis, realizada por Pedro Marinello. Al año siguiente, el Museo de Arte Reina Sofía adquiere también adquiere una copia.

El 11 de febrero PL realiza la performance *Desnudo bajando la escalera*, utilizando el frontis del Museo de Arte Contemporáneo de Santiago. El artista se desnuda, se mete en un saco de marinero y luego rueda escaleras abajo por peldaños encendidos con líneas de neoprén (fotografías de Pedro Marinello en Montes y Parra 66-69; Reposi Garibaldi). Esta obra hace referencia a la performance de las YA en homenaje a Sebastián Acevedo y recuerda también los casos de Carmen Quintana y Rodrigo Rojas de Negri (Contreras Lorenzini 98).

El 29 de junio, PL crea la performance *Abecedario*, una intervención sobre la pasarela peatonal de entrada al Cementerio Metropolitano, dibuja con neoprén las letras manuscritas el abecedario completo sobre el cemento para luego encender las letras (fotografías de P. Marinello en Montes y Parra 71-73). Según María José Contreras Lorenzini, la performance recrea una metáfora recurrente en la obra de PL: "incendiar el/los lenguajes para romper las convenciones (literarias, performáticas, culturales) e instalar una visión idiosincrática sobre su forma de habitar el mundo" (102).

En noviembre, la Galería D21 Proyectos de Arte presenta *Arder*, una exposición retrospectiva de registros fotográficos y audiovisuales de performances e intervenciones públicas de Lemebel, quien participó en la selección de piezas y en el montaje de la muestra.

La Fundación AMA publica una edición ampliada del célebre libro *La manzana de Adán* (1990) de la fotógrafa Paz Errázuriz, con textos de Claudia Donoso. Esta nueva edición incluye un ensayo de Pedro Lemebel, "Reírse en la fila".

2015 El 3 de enero PL realiza su última performance *La Frida no envejeció. Yo soy la Frida envejecida* en la Fundación Arturo López Pérez en Santiago de Chile (Blanco 2020).

El 7 de enero en el Centro Cultural GAM se realiza "Noche Macuca: Homenaje a Pedro Lemebel", con la lectura de sus textos hechas por Vanessa Miller, Claudia Pérez y Juan Pablo Sutherland, entre otros. También se exhiben algunas de sus performances. La idea original de Noche Macuca era que PL participara de la obra, pero el formato se alteró por su delicado estado de salud, y se desconocía si podría asistir. El documental *Pedro Lemebel, el artista de los bordes* registra el momento en que, llevado en silla de ruedas, PL deja el hospital para asistir al evento. Está vestido de blanco y sonriendo. Recibe la ovación del público que corea "Pedro amigo, el pueblo está contigo". Es su última aparición pública.

El 20 de enero, en el Congreso Nacional de Chile, durante la discusión del Pacto de Unión Civil, el diputado Gabriel Boric Font concluye su alocución a favor del proyecto leyendo un fragmento del manifiesto "Hablo por mi diferencia", y señala: "Hoy, afortunadamente, con la votación de este proyecto, este poema va a quedar un poquito más en el pasado" (Boric Font, "Intervención").

El 21 de enero, la presidenta Michelle Bachelet visita a Lemebel en la clínica.

El 23 de enero, a la una de la madrugada, con 62 años apenas cumplidos, Pedro Lemebel fallece luego de padecer durante cinco años un cáncer de laringe. Su enfermedad deja truncos dos proyectos: el libro de crónicas sobre su amiga Gladys Marín y *El éxtasis de delinquir*, que marcaría su regreso a la novela con una historia centrada en la figura de Patricio Egaña (Robles 2020).

Es velado en la Iglesia Recoleta Franciscana y el 24 de enero es enterrado en el Cementerio Metropolitano. En un multitudinario funeral cuenta con la presencia de personalidades de la cultura y la política chilena (Mena; Sutherland). Con pétalos de rosas, batucadas, música y algarabía, centenares de personas se congregan para despedirlo.

El 27 de enero, durante la sesión del congreso, Boric Font realiza un homenaje a PL y señala que su primer encuentro con la escritura de Lemebel fue a través del libro *De perlas y cicatrices*, quedando "rápidamente conmovido". Afirma que fue un gran escritor y que le "interesa mucho relevar la calidad literaria de Lemebel". El futuro presidente de Chile sostiene que "sería bueno que los niños de nuestro país pudieran leer a Lemebel; sería bueno que la derecha pudiera leer a Lemebel" y, asimismo, advierte que la izquierda debe reconocer la crítica que Lemebel le hizo al "conservadurismo de la izquierda tradicional" (Boric Font, "Homenaje").

En marzo, la exposición *Arder* es exhibida en la Galería Metales Pesados Visual.

El 13 de abril la presidenta Michelle Bachelet promulga la ley de Acuerdo de Unión Civil, que reconoce y formaliza el vínculo de la convivencia, tanto entre parejas del mismo sexo como entre heterosexuales.

A fines de agosto se estrena la obra teatral *La ciudad sin ti*, dirigida por Claudia Pérez y Rodrigo Muñoz, basada en crónicas de PL y rescata algunos de los temas salientes de la obra del artista: la desigualdad social, la discriminación a minorías sexuales, y la memoria de los detenidos desaparecidos. También se estrena el cortometraje de ficción *La ciudad sin ti*, dirigido por Mónica Silva, basado en crónicas de PL.

2016

Seix Barral publica póstumamente *Mi amiga Gladys*, que recoge 11 textos publicados entre 1999 y 2008 dedicados a la figura de su amiga Gladys Marín. En la fotografía de portada de Álvaro Hoppe aparece Lemebel, ataviado con plumas rojas, dándole un beso en los labios a su gran amiga.[72] Los diez textos y las fotografías que aparecen en el libro fueron seleccionadas por el mismo autor. La edición estuvo a cargo de Sergio Parra y Alejandro de la Fuente.[73] Se incluye también la transcripción de la entrevista radial que Lemebel le hizo a Gladys Marín en su programa Cancionero cuando ella era candidata a la presidencia en 1999 y donde surge su amistad.

Se publica *Parlami d'amore*, la traducción al italiano de *Háblame de amores*, a través de la editorial Marcos y Marcos.

Tercera versión de *Arder*, la exposición retrospectiva sobre la obra de PL que se exhibe entre enero y abril en el Museo de la Memoria y los Derechos Humanos, en Santiago, con cerca de 20 registros entre fotografías, videos y audios, con la curaduría de Pedro Montes y Sergio Parra.

El 7 de septiembre la Cámara de Diputados aprueba el primer trámite del proyecto de ley para erigir un monumento en memoria del escritor Pedro Lemebel en la comuna de Recoleta. El proyecto recibió 90 votos a favor y 18 abstenciones, todas pertenecientes al bloque de derecha Chile Vamos, que es la coalición oficialista del segundo mandato de Sebastián Piñera.

2017

En enero Metales Pesados y D21 Editores publican *Arder/Burn*, catálogo en español e inglés de la muestra homónima, con textos de Patricio Fernández, Nelly

---

[72] Según explica Josefina Alemparte, directora editorial del Grupo Planeta, en la nota del editor al comienzo del libro, la génesis de este proyecto se retrotrae al 2012, cuando Lemebel está preparando la sección "Cantando la perdí", de *Háblame de amores*, donde se agrupan crónicas sobre mujeres que el escritor admira. Los textos sobre Gladys Marín excedían ese apartado y, junto con su editora, decide armar un libro independiente.

[73] El primer texto, "Mi amiga Gladys. 'El amor a la libertad es imparable'", ya había sido publicado en *Zanjón de la Aguada*, y originalmente en el libro *Gladys Marín: conversaciones con Claudia Korol* (1999).

Richard, Fernanda Carvajal y Diego Zuñiga a, y con la curaduría de Pedro Montes y Sergio Parra.

El segundo número de la revista bilingüe *Latin American Literature Today*, de la Universidad de Oklahoma, publica un dossier sobre PL con artículos de Juan Poblete, Fernando A. Blanco y John Better Armella. Se incluye una entrevista al escritor y las traducciones al inglés de "Los mil nombres de María Camaleón" y "Zanjón de la Aguada" hechas por Gwendolyn Harper.

El 14 de noviembre, en Recoleta, una comuna de la Región Metropolitana de Santiago, se inaugura la *Biblioteca Municipal Pedro Lemebel*, con más de 10 mil volúmenes y una superficie 2.856 metros cuadrados. Movilh declaró que la creación de esta biblioteca es especialmente bienvenida porque "rinde un homenaje a un escritor rebelde, de pluma privilegiada y que supo remover conciencias y corazones a través de las artes. Habló desde la marginalidad y la reivindicó, haciendo transversal el conocimiento de los grupos más desfavorecidos" (Movilh 2017).

2018

El 11 de marzo Sebastián Piñera asume la presidencia e inicia su segundo mandato.

El 19 de abril se presenta el *Archivo Yeguas del Apocalipsis* con un acto en el Archivo Nacional de Chile, proyecto coordinado por Fernanda Carvajal y Alejandro de la Fuente, y desarrollado gracias a una beca del FONDART, el apoyo de la Galería D21 de Pedro Montes Lira y el aval durante su realización de Francisco Casas y Pedro Lemebel.[74] El archivo está disponible para su consulta gratuita en formato físico y digital en el Archivo Nacional de Chile y la Biblioteca Municipal de Concepción, y también estará en el Museo Nacional de Bellas Artes. Una selección del archivo está disponible en la página web <www.yeguasdelapocalipsis.cl>.

---

[74] Alejandro de la Fuente ya había realizado una primera versión de la web dedicada a las Yeguas. Ver "El archivo como engaño y promesa", una versión actualizada del texto leído por Carvajal en ese acto e incluido en este libro.

El 17 de mayo se inaugura el mural a Pedro Lemebel realizado por el Colectivo Musa (Gonzalo San Martín e Isabel Cristina González) en la intersección de las calles Nataniel Cox y Tarapacá, en pleno centro de Santiago y a metros del Palacio de La Moneda. El acto contó con la presencia de Jaime Lepé. El mural fue realizado con la técnica indirecta de mosaico, con teselas de cerámica cortadas individualmente y pegadas en una malla; esta tarea se hizo en un taller y luego se instaló en la pared con adhesivo. Fue un trabajo autogestionado por el Colectivo Musa, cuya labor comenzó en 2017 y tardaron 10 días en montarlo durante un período de tres meses.

Se publican cuatro importantes libros sobre Lemebel:

- **Julio**: Soledad Bianchi publica *Lemebel* (Montacerdos ediciones) que recopila ocho ensayos que registran la lectura pionera y también la amistad de la reconocida crítica literaria chilena mantuvo con el escritor desde mediados de los años ochenta.
- **Agosto**: en Argentina, la editorial Mansalva publica *Lemebel oral: Veinte años de entrevistas (1994-2014)*, editado por Gonzalo León y con un posfacio del escritor Alejandro Modarelli.
- **Septiembre**: Alquimia Ediciones publica *No tengo amigos, tengo amores: Extractos de entrevistas a Pedro Lemebel*, editado por Macarena García y Guido Arroyo.
- **Octubre**: *La escritura de Pedro Lemebel como proyecto cultural y político: crónica, ciudadanía y literatura bajo el neoliberalismo*, de Juan Poblete, es publicado por Cuarto Propio.

En octubre, Seix Barral publica **Incontables** que reúne los siete cuentos publicados en 1986 y se incluyen otros cuentos de esa época: "Melania", "El Wilson" y "Gaspar" y tres microcuentos ("Jack", "Calendario" y "El tuerto").

Se estrena *Pedro Lemebel, el artista de los bordes*, un capítulo de la serie documental *Réquiem de Chile* de Televisión Nacional (TVN), dirigido por Florencia Doray y Cote Correa, mediante entrevistas y revisión de archivos audiovisuales, relata el legado que dejó el escritor, sus últimos días y su multitudinario funeral.

En diciembre, la Dirección Municipal de Educación de Independencia, una comuna del sector norte de la ciudad de Santiago de Chile, despide a un profesor de lenguaje del Liceo San Francisco de Quito después de que sus estudiantes de tercer año se negaran a leer *La esquina es mi corazón* por considerar al autor "asqueroso" por ser un homosexual (Arcos). Los padres apoyaron esta postura alegando que se estaba produciendo una "homosexualización" de sus hijos. El episodio tuvo opiniones encontradas a lo largo del país, interviniendo la ministra de Educación, Marcela Cubillos, y Movilh. Los actores de la obra *La ciudad sin ti* se solidarizaron con el profesor despedido.

2019 Como la parte de la Colección Premio "José Donoso", la Editorial Universidad de Talca publica *Pedro Lemebel: Obra escogida*, con selección y prólogo de Carmen Berenguer, donde se incluyen 23 textos del autor. En el prólogo, Berenguer advierte que, a partir de sus primeras crónicas en *Página Abierta*, "la escritura de Pedro Lemebel, esplendente y esperada, produjo un porvenir literario urbano homoerótico y político" (13).

Dirigido por Manuel Morales, se estrena *Sombra de ojos*, un cortometraje de ficción basado en crónicas de PL.

LOM reedita *Ella entró por la ventana del baño*, adaptación gráfica del cuento homónimo. En Chiapas, la editorial La Reci publica *Lemebelizarnos*, cuyos textos son extractos de distintas entrevistas con Pedro Lemebel. Ecicola publica *Di Perle e cicatrici*, la traducción italiana de *De perlas y cicatrices*. La editorial española Egales publica *La resistencia de la loca barroca de Pedro Lemebel. Anomia y militancia corpórea en América Latina*, de Tamara Figueroa Díaz, centrado en el análisis de *Loco afán*.

En febrero, se estrena en el festival de cine de Berlín el documental *Lemebel* de Joanna Reposi Garibaldi, y es galardonado con el premio Teddy al mejor documental de temática LGBT+. Tiene un éxito inesperado en los cines chilenos, y coincide con la aparición de carteles y pintadas en las calles con la imagen de PL y algunas de sus frases célebres.

En octubre, se produce el estallido social con masivas manifestaciones en todo el país. Saqueos, violencia, evasión del metro, decenas de muertos y miles de heridos, abuso policial, estado de excepción y toque de queda son algunas de las características de las protestas que se inician el 14 de octubre debido al alza en la tarifa del metro de Santiago. La población expresa su descontento ante la enorme desigualdad económica y social. En noviembre, el gobierno de Piñera acuerda con la oposición convocar a un plebiscito para definir la posibilidad de redactar una nueva constitución.[75]

También en octubre, la Fundación Proa presenta *Yeguas del Apocalipsis*, la única exhibición del colectivo realizada en Argentina.

2020 Edicola publica *Irraccontabili*, traducción italiana de *Incontables*. En España, Iberoamericana Vervuert publica *La vida imitada: Narrativa, performance y visualidad en Pedro Lemebel*, editado por Fernando A. Blanco, que reúne quince ensayos de autoras/es enfocados en la visualidad y la transmedialidad en la producción artística del escritor.

El 3 de septiembre se estrena en el Festival Internacional de Cine de Venecia la película *Tengo miedo torero*, basada en la novela homónima, escrita y dirigida por Rodrigo Sepúlveda y con música de Pedro Aznar y Manuel García. Según los propios deseos de Lemebel, el actor chileno Alfredo Castro encarnó el personaje de la Loca del Frente. Días después se estrena en Chile por "streaming" debido a la pandemia de covid-19.

El 16 de septiembre, el mural en honor a Pedro Lemebel, inaugurado en 2018, es vandalizado. Según las denuncias de los vecinos, dos sujetos se bajaron de un auto provistos de martillos y se ensañaron con destruir la parte de los ojos y la boca.

El 25 de octubre se realiza un plebiscito nacional para determinar si la sociedad deseaba iniciar un proyecto constituyente para redactar

---

[75] Sobre la presencia de la figura de PL en las protestas, ver los ensayos de Fernando A. Blanco y Arturo Márquez-Gómez que siguen a continuación.

una nueva constitución, que reemplace la que fue promulgada en 1980 durante la dictadura pinochetista. El 78 % de los votantes se manifestó a favor de una nueva carta magna.

En el Instituto Cervantes de Varsovia, el 5 de noviembre se presenta *Drżę o ciebie matadorze*, edición polaca de *Tengo miedo torero*, publicada por Wydawnictwo Claroscuro.

El 4 de diciembre el mural a Lemebel es vandalizado por segunda vez; esta vez es rayado con aerosol negro, cubriendo totalmente la imagen de la cara del escritor.

2021

El 10 de enero fallece el hermano de Lemebel, Jorge Mardones (1949-2021), producto de una neumonía derivada del covid-19 (Robles 2022).

El 4 de julio comienza a funcionar la Convención Constitucional encargada de redactar la nueva Constitución Política del país, cumpliendo con el mandato popular emanado del plebiscito nacional de 2020.

El 15 de julio, en Santiago, se vuelve a poner en cartel la obra teatral *La ciudad sin ti*.

El 21 de noviembre se realiza la elección presidencial: el candidato de la derecha, José Antonio Kast (Partido Republicano), obtiene 27.91 % mientras que el candidato de izquierda, Gabriel Boric Font (Coalición Apruebo Dignidad), recibe el 25.82 % de los votos. La coalición Apruebo Dignidad incluye al Partido Comunista de Chile. Tras pasar a segunda vuelta, Boric recibe el apoyo electoral del Partido Socialista y del Partido Demócrata Cristiano, entre otros.

El 7 de diciembre los legisladores de Chile aprueban el matrimonio igualitario, que tuvo el apoyo inesperado del presidente Piñera, quien antes se había opuesto. La moción había sido presentada por primera vez en 2017 por la entonces presidenta Michelle Bachelet. En 2015 se había aprobado la ley de unión civil.

El 10 de diciembre fallece María Lucía Hiriart Rodríguez (1923-2021), esposa y viuda de Augusto Pinochet. Los obituarios de la prensa internacional destacan su rol durante la dictadura, los casos de corrupción y nunca haber tenido palabras públicas de arrepentimiento.

El 19 de diciembre se realiza la segunda vuelta en las elecciones presidenciales. Tras una campaña que logró unir a las izquierdas para luchar contra la extrema derecha, Gabriel Boric Font (1986-) resulta electro presidente de Chile con el 55,87% de los votos. Con 36 años, se convertirá en el presidente más joven en la historia de Chile y el primero nacido después del golpe de Estado de 1973. Esa noche, en su discurso de celebración, el presidente electo reconoció la lucha de "las disidencias y diversidades que han sido largamente discriminadas" y advirtió que "la no discriminación y detener la violencia contra diversidades y mujeres junto a las organizaciones feministas será fundamental" (Boric Font).

2022 En enero, el Instituto Internacional de Literatura Iberoamericana publica este libro –*Pedro Lemebel, belleza indómita*–, primer libro dedicado íntegramente a la obra del escritor impreso en Estados Unidos. Con un claro anclaje en la cultura y la historia de Chile, se reúnen diecinueve trabajos de reconocidos especialistas que recorren la producción artística de Lemebel en todas sus vertientes (crónica, ficción, performance, entrevistas y audiovisualidad). A su vez, en clave lemebeliana, la participación de importantes poetas y escritores –Carmen Berenguer, Eduardo Espina, Juan Pablo Sutherland y Alejandro Modarelli– le otorga a este libro un registro plural y creativo.

BIBLIOGRAFÍA

Adrián Araneda, Verónica. "Presentación". *La ruta del cité: el diseño de una forma de vida*, de Fernando Imas Brügmann, Mario Rojas Torrejón y Eugenia Velasco Villafaña. Santiago de Chile: Consejo Nacional de la Cultura y Las Artes, [2015]. pp. 7-11.

Alarcón, Cristián. "El rey del colirio". Entrevista con Pedro Lemebel. Diario *Página/12*, Suplemento Radar, 10 de noviembre de 2002, <pagina12.com.ar/diario/suplementos/radar/9-473-2002-11-10.html>.

Arcos, Noemí. "Despiden a profesor que pidió leer a Lemebel en liceo de Independencia". *El Dínamo*, 2 de enero de 2019, <eldinamo.cl/reportajes/2019/01/02/despiden-a-profesor-que-pidioleer-a-lemebel-en-liceo-de-independencia/>.

Bianchi, Soledad. *Lemebel*. Santiago de Chile: Montacerdos, 2018.

_____ "Reseña de *La esquina es mi corazón* de PL". *Hispamérica*, vol. 25, N° 74, 1996, pp. 137–139.

Biblioteca del Congreso Nacional de Chile. "Reseña Biográfica: Augusto Pinochet Ugarte". Biblioteca del Congreso Nacional de Chile. s/f. <bcn.cl/historiapolitica/resenas_parlamentarias/wiki/Augusto_Pinochet_Ugarte>.

_____ "Reseña Biográfica: Augusto Salvador Allende Gossens". s/f. <bcn.cl/historiapolitica/resenas_parlamentarias/wiki/Salvador_Allende_Gossenf>.

Barros, Pía. "Incitación a la lectura de los cuentos de Pedro Mardones". *Incontables*, de Pedro Lemebel. Santiago de Chile: Seix Barral, 2018. pp. 11-15.

Berenguer, Carmen. "El cronista Pedro Lemebel". *Pedro Lemebel. Obra escogida*, editado por Carmen Berenguer. Talca: Editorial Universitaria de Talca, 2019. pp. 11-22.

_____ *Naciste pintada*. Santiago de Chile: Cuarto Propio, 1999.

Bernal, Gustavo. *Rabiosa: una novela sobre Pedro Lemebel*. 2010. Boulogne [Argentina]: Saraza Editorial, 2019.

Blanco, Fernando A. "De los ideales colectivos al sentimentalismo de la primera persona". *Desdén al infortunio: Sujeto, comunicación y público en la narrativa de Pedro Lemebel*, editado por Fernando A. Blanco y Juan Poblete. Santiago de Chile: Cuarto Propio, 2010. pp. 71-98.

_____ "El sujeto homosexual: un efecto discursivo (Lemebel, Casas, Sutherland)". *Revista de crítica cultural*, no. 11, noviembre de 1995, pp. 60-61.

_____ "'La Frida no envejeció. Yo soy la Frida envejecida'. La última performance de Pedro Lemebel". *La vida imitada. Narrativa, performance y visualidad en la obra de Pedro Lemebel*, editado por Fernando A. Blanco. Madrid: Iberoamericana / Vervuert, 2020. pp. 73-84.

Blanco, Fernando A. y Juan G. Gelpí. "El desliz que desafía otros recorridos. Entrevista con Pedro Lemebel". 1997. *Reinas de otro cielo. Modernidad y autoritarismo en la obra de Pedro Lemebel*, editado por Fernando A. Blanco. Santiago de Chile: LOM, 2004. pp. 151-159.

Boric Font, Gabriel. *Discurso completo del presidente electo de Chile*. Transcripción. Santiago de Chile: *Interferencia*, 20 de diciembre de 2021, <interferencia.cl/articulos/discurso-del-triunfode-gabriel-boric-completo>.

_____ "Intervención Gabriel Boric: Homenaje al escritor Pedro Lemebel". Congreso Nacional de Chile, sesión del 27 de enero de 2015, <youtu.be/pcsudu3yZvE>.

_____ "Intervención Gabriel Boric: Proyecto ley unión civil en pareja". Congreso Nacional de Chile, sesión del 20 de enero de 2015, <youtu.be/n3xblUzeG8Q>.

Cánovas, Rodrigo, y Roberto Hozven, editores. *Crisis, apocalipsis y utopías: fines de siglo en la literatura latinoamericana*. Santiago de Chile: Instituto Internacional de la Literatura Iberoamericana / Instituto de Letras, Pontificia Universidad Católica de Chile, 2000.

Cárdenas, María Teresa. "Narrativa chilena: irrumpe una nueva generación". *El Mercurio*, Revista de Libros, 21 de junio de 1992, pp. 1 y 4-6. <bibliotecanacionaldigital.gob.cl/bnd/628/w3-article-556477.html>.

Cardone, Resha. "Refashioning the Book in Pinochet's Chile: The Feminist Literary Project Ergo Sum." *Confluencia*, vol. 29, no. 1, 2013. pp. 137–53.

Careaga, Roberto. "Pedro Lemebel encendió la primera polémica en la Feria del Libro de Guadalajara". *La Tercera*, 30 de noviembre de 2012, <latercera.com/noticia/pedro-lemebel-encendio-la-primera-polemica-en-la-feria-del-libro-de-guadalajara>.

Carrión, Jorge, editor. *Mejor que ficción: crónicas ejemplares*. Barcelona: Anagrama, 2012.

Carvajal, Fernanda y Alejandro de la Fuente, coordinadores. *Archivo Yeguas del Apocalipsis*. Santiago de Chile: Proyecto financiado por FONDART, 2018. <www.yeguasdelapocalipsis.cl>.

Casas, Francisco. "Mira que si te quise fue por tu pelo, ahora que estás pelona ya no te quiero". Reseña de *La esquina es mi corazón: crónica urbana*, por Pedro Lemebel. *El canelo*, no. 67, 1995, p. 35.

_____ *Yo, yegua*. Santiago de Chile: Seix Barral, 2004.

Cento Taibe, Claudia. "Arte underground: contracultura de artistas oprimidos". *La Tercera*, 15 de marzo de 1991, p. 32.

Chernin, Andrew. "Cuando Lemebel era Mardones". *Revista Sábado, El Mercurio*, 28 de febrero de 2015. pp. 4-8.

Contardo, Óscar. *Raro. Una historia gay de Chile*. Santiago de Chile: Planeta, 2011.

Contreras Lorenzini, María José. "El neoprén como materialidad intertextual en las dos últimas performances de Pedro Lemebel: *Desnudo bajando la escalera* y *Abecedario*". *Revista Estudios Avanzados*, no. 25, julio de 2016. pp. 92-110.

Cooperativa.cl. "Pedro Lemebel se sometió a compleja operación por cáncer de laringe". *Cooperativa.cl*, 23 de mayo de 2012, <cooperativa.cl/noticias/cultura/literatura/pedro-lemebel/pedro-lemebel-se-sometio-a-compleja-operacion-por-cancer-de-laringe/2012-05-23/142650.html>.

Corte Suprema de Justicia de Chile. "Texto del fallo de la Corte Suprema que desaforó al general Augusto Pinochet". *Estudios Públicos*, no. 79, invierno de 2000. pp. 509-561.

de la Fuente, Alejandro. "Intervención y resistencia: Pedro Lemebel". *Revista Rizoma*, año 1, N° 1, pp. 2-21.

Domínguez-Ruvalcaba, Héctor. "La Yegua de Troya. Pedro Lemebel, los medios y la *performance*". *Reinas de otro cielo: modernidad y autoritarismo en la obra de Pedro Lemebel*, editado por Fernando A. Blanco. Santiago de Chile: LOM, 2004. pp. 117-149.

Doray, Florencia y Cote Correa. *Pedro Lemebel, el artista de los bordes*. Serie de televisión Réquiem de Chile. Documental / 51 minutos. Santiago de Chile: CNTV / TVN, 2018.

Echavarren, Roberto. "Entrevista: 'El corazón de Pedro Lemebel'". *La vida imitada: narrativa, performance y visualidad en Pedro Lemebel*, editado por Fernando A. Blanco. Madrid: Iberoamericana / Vervuert, 2020. pp. 97-105.

Echevarría, Ignacio. "Conversación en Radio Tierra". *La vida imitada: narrativa, performance y visualidad en Pedro Lemebel*, editado por Fernando A. Blanco. Madrid: Iberoamericana / Vervuert, 2020. pp. 29-57.

"Editorial: *Pinochet, detenido*". *El País*, 17 de octubre de 1998, <elpais.com/diario/1998/10/18/opinion/908661604_850215>.

El Universal. "Escritor Pedro Lemebel, premio José Donoso 2013". *El Universal*, 4 de septiembre de 2013, <archivo.eluniversal.com.mx/cultura/2013/pedro-lemebel-premio-josedonoso-literatura-947895.html>.

"Escritor PL asombra a recatada audiencia de Harvard". *El Sur* [Concepción], 13 de mayo de 2004, p. 19. <memoriachilena.gob.cl/602/w3-article-83074.html>

Espinoza, Denisse A. "Arte y política, la historia de las dos únicas visitas de Yoko Ono a Chile". La Tercera, 25 de junio de 2017, <latercera.com/noticia/arte-politica-la-historia-las-dos-unicas-visitas-yoko-ono-chile/>.

Feria Internacional del Libro de Guadalajara. *Catálogo de Contenidos 2012*. León: Universidad de Guadalajara / Feria Internacional del Libro de Guadalajara, 2012.

Figueroa Díaz, Tamara. *La resistencia de la loca barroca de Pedro Lemebel: anomia y militancia corpórea en América Latina*. Barcelona: Egales, 2019.

Fornet, Jorge. "Un escritor que se expone". *La vida imitada: narrativa, performance y visualidad en Pedro Lemebel*, editado por Fernando A. Blanco. Madrid: Iberoamericana / Vervuert, 2020. pp. 59-72.

Foster, David William. "The Dirty Realism of Enrique Medina." *Arizona Journal of Hispanic Cultural Studies*, vol. 1, 1997, pp. 77-96.

García, Javier. "Fuga en el género y la identidad". [*La Tercera*, 28 de octubre de 2012]. *Lemebel oral: veinte años de entrevistas (1994-2014)*, editado por Gonzalo León. Buenos Aires: Mansalva, 2018. pp. 188-196.

Garviso, Eleazar y Armando Tapia. "Los '80 fue una década muy productiva. En cambio, la de los '90 fue demasiado vacía". Entrevista con Pedro Lemebel. *El Día* (La Serena, Chile), 10 de febrero de 2006, p. 14, <bibliotecanacionaldigital.gob.cl/visor/BND:263124>.

González C., Francisca. "Lemebel presentará su última publicación en la Feria del Libro: "No soy la novedad del año". Entrevista a PL. *El Mercurio*, 2 de noviembre de 2012, <emol.com/noticias/magazine/2012/10/29/567113/lemebel-presentara-su-ultima-publicacion-enla-feria-del-libro-no-soy-la-novedad-del-ano.html>.

González Cangas, Yanko. "*Loco afán*, un bello alfabeto sobre el dolor marica". *Diario El Llanquihue*, 18 de marzo de 1997, p. A7, <bibliotecanacionaldigital.gob.cl/visor/BND:172133>

Griffin, Jane D. *The Labor of Literature: Democracy and Literary Culture in Modern Chile*. Amherst: University of Massachusetts Press, 2015.

Hinojosa, Lola. "Manifiesto. Hablo por mi diferencia. De Pedro Lemebel. Santiago de Chile, Chile, 1952-2015". Museo Nacional Centro de Arte Reina Sofía, <museoreinasofia.es/coleccion/obra/manifiesto-hablo-mi-diferencia-0>.

Hopenhayn, Daniel. "Pedro Carcuro: 'Hoy me emociona lo que hizo Lemebel'". *The Clinic*, 3 de febrero de 2015, <theclinic.cl/2015/02/03/pedro-carcuro-hoy-emociona-lo-que-hizo-lemebel>.

Ingenschay, Dieter. "La práctica de la performance de Pedro Lemebel". *La vida imitada. Narrativa, performance y visualidad en Pedro Lemebel*, editado por Fernando A. Blanco. Madrid: Iberoamericana / Vervuert, 2020. pp. 203-215.

Jaramillo Agudelo, Darío, editor. *Antología de crónica latinoamericana actual*. Bogotá: Alfaguara, 2012.

Klappenbach, Pablo. "Nunca habrá un museo Lemebel". *Filba Internacional 2013*, 27 de septiembre de 2013, <eternacadencia.com.ar/blog/filba/item/nunca-habra-un-museo-lemebel.html>.

Leigthon, Denisse. "'Musa Mosaico' sobre destrucción de retrato de Pedro Lemebel: 'Son personajes que le pertenecen al pueblo, y están en el corazón de la gente no se extinguen con estas acciones'". *Sour Magazine*, 17 de septiembre de 2020, <sourmagazine.cl/2020/09/17/>.

"Lemebel y la vida después del cáncer". *La Tercera*, 29 de junio de 2013, <latercera.com/diarioimpreso/lemebel-y-la-vida-despues-del-cancer/>.

Lemebel, Pedro. "A mí los desafíos me seducen siempre". Entrevista. *El Mercurio*, 14 septiembre de 2000, p. C15, <memoriachilena.gob.cl/602/w3-article-83064.html>.

_____ *Adiós mariquita linda*. Santiago de Chile: Editorial Sudamericana [Random House Mondadori], 2004.

_____ *Adiós mariquita linda*. Santiago de Chile: Seix Barral [Grupo Planeta], 2014.

_____ *Bésame de nuevo forastero*. 2008. Buenos Aires: Eloísa Cartonera, 2012.

_____ *De perlas y cicatrices*. Santiago de Chile: LOM, 1998.

_____ *De perlas y cicatrices*. 1998. Santiago de Chile: Seix Barral, 2010.

_____ *Ella entró por la ventana del baño*. Adaptación de Milan Boyarski e ilustraciones de Ricardo Molina. Santiago de Chile: LOM, 2019.

_____ "Farewell, Meatbag: On the Death of Pinochet." Traducido por Marcial Godoy-Anativa. *NACLA: Report on the Americas*, vol. 40, no. 2, marzo-abril de 2007.

_____ "Fértil provincia señalada", *Página Abierta*, 11 al 24 de noviembre de 1991, p. 14. <yeguasdelapocalipsis.cl/encuentro-de-homosexuales-en-concepcion-fertil-provincia-senalada/>.

_____ *Háblame de amores*. 2012. Buenos Aires: Seix Barral, 2013.

_____ *Incontables*. 1986. Santiago de Chile: Seix Barral, 2018.

_____ *La esquina es mi corazón. Crónica urbana*. Santiago de Chile: Cuarto Propio, 1995.

_____ *La esquina es mi corazón. Crónica urbana*. 1995. Santiago de Chile: Seix Barral, 2019.

_____ "Loba Lamar's Last Kiss (Silk Crepe Ribbons at My Funeral... Please)." Traducido por Margaret Jull Costa. *Grand Street*, no. 70, 2002, pp. 156-62.

_____ *Loco afán. Crónicas de sidario*. 1996. Santiago de Chile: LOM, 1997.

_____ *Loco afán. Crónicas de sidario*. 1996. Santiago de Chile: Seix Barral, 2009.

_____ *Mi amiga Gladys*. 2016. Santiago de Chile: Seix Barral, 2020.

_____ *No tengo amigos, tengo amores: Extractos de entrevistas*. Editado por Macarena García y Guido Arroyo. Santiago de Chile: Alquimia, 2018

_____ *Poco hombre. Crónicas escogidas*. Editado por Ignacio Echevarría. Santiago de Chile: Ediciones Universidad Diego Portales, 2013.

_____ *Serenata cafiola*. Santiago de Chile: Seix Barral, 2008.

_____ "Sharks in the Mist." Traducido por Mary Ann Newman. *Grand Street*, no. 63, invierno de 1998, pp. 195-198.

_____ "Soccer and Devotion in the Barrios of Santiago." *NACLA: Report in the Americas*, vol. 32, no. 1, julio-agosto de 1998, pp. 36-43.

_____ *Tengo miedo torero*. 2001. Santiago de Chile: Seix Barral, 2010.

_____ "Two Chronicles: 'Anacondas in the Park' and 'Steel Lace for a Penitential Pillow'". Trad. De Mary Ann Newman. *Grand Street*, no. 61, verano de 1997, pp. 66-71.

_____ "The Million Names of María Chameleon." Traducido por Gwendolyn Harper. *Latin American Literature Today*, vol. 1, no. 2, <latinamericanliteraturetoday.org/en/2017/april/million-names-mar%C3%ADa-chameleonpedro-lemebel>.

_____ "The Waters of Zanjón." Traducido por Gwendolyn Harper. *Latin American Literature Today*, vol. 1, no. 2, <latinamericanliteraturetoday.org/en/2017/april/waters-zanjón-pedrolemebel>.

_____ "Un urbano rumor". *Diagonal sur*, por Juan Villoro, Marcelo Cohen, Patricia Melo, Alan Pauls y Pedro Lemebel. Buenos Aires: Gobierno de la Ciudad Autónoma de Buenos Aires / Edhasa, 2007. pp. 125-153.

_____ *Zanjón de la Aguada*. 2003. Santiago de Chile: Seix Barral, 2019.

Lepé, Jaime. "Él siempre creyó en el 'Amol'". *Revista La Noche*, no. 76, febrero de 2015, p. 12.

Lojo, Martín. "Menos a nosotros". Entrevista a Pedro Lemebel. [*La Nación*, Argentina, 13 de marzo de 2010]. *Lemebel oral: veinte años de entrevistas (1994-2014)*, editado por Gonzalo León. Buenos Aires: Mansalva, 2018. pp. 181-187.

Mateo del Pino, Ángeles. "Cronista y malabarista. Entrevista a Pedro Lemebel". *Cyber Humanitatis*, N° 20, primavera 2001, <uchile.cl/vignette/cyberhumanitatis/>.

_____ "Un cielo en un infierno cabe: *Cancionero* de Pedro Lemebel". *La vida imitada: narrativa, performance y visualidad en Pedro Lemebel*, editado por Fernando A. Blanco. Madrid: Iberoamericana / Vervuert, 2020. pp. 265-285.

Memoria Chilena. "Cronología: Pedro Lemebel (1952-2015)". Biblioteca Nacional de Chile, s/f. <memoriachilena.gob.cl/602/w3-article-3651.html#cronologia>.

_____ "Porque el tiempo está cerca". Biblioteca Nacional de Chile, s/f. <memoriachilena.gob.cl/602/w3-article-96704.html>.

Mena, Catalina. *Pedro Lemebel 1955-2015*. Santiago de Chile: Hueders, 2019. E-book, s/p.

Menstrual, Naty. "La ciudad sin ti está solitaria". *Filba*, 24 de noviembre de 2008, <filba.wordpress.com/2008/11/24/la-ciudad-sin-ti-esta-solitaria/>.

Modarelli, Alejandro. "La esquina argentina". *Lemebel oral: veinte años de entrevistas (1994-2014)*, editado por Gonzalo León. Buenos Aires: Mansalva, 2018. pp. 223-232.

Monsiváis, Carlos. "Pedro Lemebel: del barroco desclosetado". *Revista de la Universidad de México*, agosto de 2007, pp. 5-12.

_____ "Pedro Lemebel: el amargo, relamido y brillante frenesí". *La esquina es mi corazón: crónica urbana*, de Pedro Lemebel. Santiago de Chile: Seix Barral, 2019. pp. 9-19.

Montalva, Trinidad. "Lemebel se desató en Harvard". *Emol*, 12 de mayo de 2004, <emol.com/noticias/magazine/2004/05/12/147524/lemebel-se-desato-en-harvard.html>.

Montes, Pedro y Sergio Parra, curadores. *Arder/Burn*, de Pedro Lemebel. Santiago de Chile: Metales Pesados Visual / D21 Editores, 2017.

Morales Alliende, Pilar. "No tengo amigos ni amigas, sólo grandes amores". Entrevista a Pedro Lemebel. *Intramuros UMCE*, año 3, no. 9, septiembre de 2002. pp. 44-47.

Movilh. "III. Informe Movilh Divine. La justicia que merecen las víctimas". Abril de 2010, <movilh.cl/documentacion/informe-movilh-divine/III-informe-movilh-divine-2010.pdf>.

_____ "Inauguran en Recoleta la Biblioteca Pública Pedro Lemebel". 14 de noviembre de 2017, <movilh.cl/inauguran-en-recoleta-la-biblioteca-publica-pedro-lemebel>.

Muñoz Valenzuela, Diego, y Ramón Díaz Eterović, editores. *Andar con cuentos: nueva narrativa chilena, 1948-1962*. Santiago de Chile: Mosquito Editores, 1992.

_____ *Contando el cuento: antología joven narrativa chilena*. Santiago de Chile: Sinfronteras, 1986.

Ortiz, Camila y Eduardo Miranda. "Pedro Lemebel, un escritor rebelde y gay". La Nación, 1 de febrero de 2015, <nacion.com/viva/cultura/pedro-lemebel-un-escritor-rebelde-y-gay/AG55254FUVCXVN6ELUXAVKJ6UY/story/>.

"Otro libro de PL llega al teatro". *El Mercurio*, 9 de mayo de 2001, p. C17.

Poblete, Juan. *La escritura de Pedro Lemebel como proyecto cultural y político: crónica, ciudadanía y literatura bajo el neoliberalismo*. Santiago: Cuarto Propio, 2018.

Qüense, Verónica, directora. *Pedro Lemebel, corazón en fuga*. Largometraje documental / 53 minutos. Santiago de Chile: Producciones La Perra, 2008.

Reposi Garibaldi, Joanna, directora. *Lemebel*. Largometraje documental / 96 minutos. Santiago de Chile: BancoEstado / Compañía de Cine / Solita Producciones, 2019.

Richard, Nelly. "Bordar de pájaros las banderas de la patria libre". *Arder/Burn*, de Pedro Lemebel; curaduría de Pedro Montes y Sergio Parra. Santiago de Chile: Metales Pesados Visual, D21 Editores, 2017. pp. 11-16.

_____ "Las estéticas populares: 'Geometría y misterio de barrio'". *Revista de Crítica Cultural*, N° 24, junio de 2002, pp. 26-35.

Robino, Carolina. "Las Yeguas de Apocalipsis: Las últimas locas del fin del mundo". *Hoy* [Santiago de Chile], N° 736, 26 de agosto – 1 de septiembre de 1991, pp. 42-45.

Robles, Víctor Hugo. "A 7 años de la muerte de Lemebel, habla la sobrina desconocida del célebre escritor". *La voz de los que sobran*, 22 de enero de 2022, <lavozdelosquesobran.cl/a-7-anos-de-la-muerte-de-lemebel-habla-la-sobrina-desconocida-del-celebre-escritor-me-encantaria-liberar-su-obra-permitir-que-se-multiplique/22012022>.

_____ *Bandera hueca: historia del movimiento homosexual de Chile*. Santiago de Chile: Arcis, 2008.

_____ "La historia del Pato Egaña, la novela inconclusa de Lemebel". *El desconcierto*, 23 de enero de 2020. <eldesconcierto.cl/tipos-moviles/2020/01/23/la-historia-del-pato-egana-la-novela-inconclusa-de-lemebel>.

_____ "Triángulo abierto". Entrevista radial a Pedro Lemebel. [Radio Tierra, noviembre de 1994]. *Lemebel oral: veinte años de entrevistas (1994-2014)*, editado por Gonzalo León. Buenos Aires: Mansalva, 2018. pp. 20-27.

Rodríguez Araya, Luis. "Reseña de *La esquina es mi corazón* de PL". Revista Chilena de Literatura, no. 50, 1997, pp. 166-67.

Rodríguez Guzmán, Natalia. *Identidad y Comunidad: El caso de la Población Obreros Molineros y Panificadores (1957-1985)*. Tesis de

Licenciatura. Santiago de Chile: Universidad de Chile, Facultad de Filosofía y Humanidades, 6 de marzo de 2015.

Rodrígulez Villouta, Mili. "Desaparecidos legalmente por homosexuales". Entrevista a Pedro Lemebel. [*La Nación*, 16 de octubre de 1994]. *Lemebel oral: veinte años de entrevistas (1994-2014)*, editado por Gonzalo León. Buenos Aires: Mansalva, 2018. pp. 17-19.

Sánchez, Gervasio. *La caravana de la muerte: Las víctimas de Pinochet*. Barcelona: Art Blume, 2001.

Shedenhelm, Laura D. "La ya abundante ficha bibliográfica de y sobre Pedro Lemebel: un primer acercamiento". *Textos Híbridos*, vol. 5, 2016, pp. 165-244.

Skármeta, Jovana. "La obra literaria de Pedro Lemebel en los medios de comunicación: irrupción del escritor marginal". *La vida imitada: narrativa, performance y visualidad en Pedro Lemebel*, editado por Fernando A. Blanco. Madrid: Iberoamericana / Vervuert, 2020. pp. 85-96.

____ "Un testimonio". *Nuevo Texto Crítico*, vol. 22, N° 43-44, 2009. pp. 59-62.

Sutherland, Juan Pablo. "La voz cantante de la patota marica". *Página/12*, Suplemento Soy, 30 de enero de 2015, <pagina12.com.ar/diario/suplementos/soy/1-3826-2015-01-30.html>.

Torrado, Santiago. "Día del Orgullo: la memoria siempre viva de Pedro Lemebel". Entrevista con Víctor Hugo Robles. *Enfant Terrible*, 21 de noviembre de 2020, <https://enfant-terrible.info/cultura/la-memoria-siempre-viva-de-pedro-lemebel/>.

"Una corona de espinas y un cristal roto para el poeta Raúl Zurita". *La Época* [Santiago de Chile], Sección Cultura, 23 de octubre de 1988, p. 33.

"Un emocionado Pedro Lemebel presentó en FILSA su último libro *Háblame de amores*". Cámara Chilena del Libro, 3 de noviembre de 2012, <camaradellibro.cl/sala-de-prensa/unemocionado-pedro-lemebel-presento-en-filsa-su-ultimo-libro-hablame-de-amores/>.

Urrutia, Francisca. "*Ella entró por la ventana del baño*: reeditan la novela gráfica inspirada en Lemebel". *La Tercera*, 5 de septiembre de 2019, <latercera.com/culto/2019/09/05/reeditannovela-grafica-lemebel/>.

Varas, Paulina E. y Javiera Manzi A. "Coordinadoras culturales: formaciones transversales en Chile durante la dictadura". *Cuadernos de Música, Artes Visuales y Artes Escénicas*, vol. 14, N° 2, 2019. pp. 55-74.

Venegas, Rocío. "Pedro Lemebel y Gladys Marín: Reseña de una amistad transgresora". *El desconcierto*, 1 de diciembre de 2016, <eldesconcierto.cl/tendencias/2016/12/01/pedro-lemebel-y-gladys-marin-resena-de-una-amistad-transgresora.html>.

Urrutia, Francisca. "*Ella entró por la ventana del baño*: reeditan la novela gráfica inspirada en Lemebel". La Tercera, 5 de septiembre de 2019, <latercera.com/culto/2019/09/05/reeditan-novela-grafica-lemebel/>.

"Yoko Ono llegó a Chile". *El Diario de Hoy* [San Salvador], 6 de septiembre de 1998. <archivo.elsalvador.com/noticias/edicionesanteriores/septiembre6/espectaculos/espec7.html>.

Zambra, Alejandro. "Un premio colectivo. Pedro Lemebel candidato al Premio Nacional de Literatura 2014". [QuePasa, 31 de julio de 2014] Proyecto Patrimonio, <letras.mysite.com/plem050814.html>.

Zibechi, Raúl. *Territorios en resistencia. Cartografía política de las periferias urbanas latinoamericanas*. Buenos Aires: Lavaca Editora, 2007.

Pedro Lemebel y su *Cancionero*: programa radial para un público femenino popular

Bernardita Llanos

> Casi al final del día, la Radio Tierra enmarca el rostro de una mujer que borda palabras en el aire. Es una voz afelpada que atraviesa la ciudad en alas del cambio.
> Pedro Lemebel[1]

LA GRAN PRODUCCIÓN CULTURAL DEL ARTISTA VISUAL, ACTIVISTA homosexual y cronista Pedro Lemebel nos ha dejado su legado no solo a través de las performances y libros de crónicas, sino también en los medios de comunicación de la prensa escrita, en diarios como *Página Abierta* y *La Nación*, y en *Cancionero* de Radio Tierra, programa radial semanal que entró en los hogares y lugares de trabajo de sectores sociales marginalizados.

En la década de los ochenta y noventa la Corporación de Desarrollo de la Mujer "La Morada" acogió a activistas, intelectuales, artistas, escritoras y escritores de oposición a la dictadura de Augusto Pinochet que tenían afinidades feministas.[2] El objetivo era promover un feminismo popular y la organización política en contra de la dictadura. Entre sus diversas actividades y proyectos estuvo Radio Tierra –una radio de amplitud modulada (AM), nacida en 1994 y dirigida por mujeres– que se planteó como una emisora inclusiva y

---
[1] "Tu voz existe. (*El débil quejido de la radio AM*)", *De perlas y cicatrices*, p. 205.
[2] Para mayor información, ver las entradas sobre La Morada y Radio Tierra que aparecen en los años 1991, 1994, 1996, 1998 y 1999 de la cronología sobre la vida y obra de Lemebel incluida en este libro. [*Nota del editor.*]

diversa al servicio de las necesidades e intereses de la comunidad y sus residentes.

Las mujeres (de la izquierda y feministas), jóvenes proletarios, diversas figuras del mundo popular y las disidencias sexuales transitan en *Cancionero*, junto a las crónicas dramatizadas por la voz de la loca. En este medio independiente y feminista, Pedro Lemebel habla y se hace oír masivamente, interviniendo el espacio comunicacional con una pedagogía emancipatoria que une política y sexualidad para una audiencia eminentemente femenina. En este programa, Lemebel dejó su marca más transgresora y transformadora al crear un espacio para que las mujeres populares fueran construyendo lo que hoy denominamos un feminismo interseccional donde la clase, el género, la etnicidad y la sexualidad constituyen los ejes centrales de una crítica al neoliberalismo patriarcal.

El presente artículo analiza algunos de los programas del espacio radial *Cancionero* que Lemebel dirigió entre 1996-2002 y que, en sus comienzos, salía al aire de lunes a viernes por solo 10 minutos, dos veces al día (por la mañana y por la tarde). Desde la radio AM se hicieron públicas sus crónicas gracias a la invitación a participar de la programación de la emisora que Raquel Olea y Carolina Rosetti le extendieron al cronista. *Cancionero* podría leerse como una suerte de genealogía de las entrevistadas que pasaron por la emisora, quienes van delineando los momentos históricos del programa frente a la contingencia, el pasado y el nuevo contexto cultural del Chile posdictadura. Fue en gran medida un programa para mujeres con mujeres como protagonistas en esta nueva esfera pública, cuyas biografías estaban cruzadas por la política, los derechos humanos (DDHH) y la escena cultural.

Radio Tierra, una emisora contracultural para la comunidad

El programa radial *Cancionero* que Lemebel dirigía en Radio Tierra ocupó un lugar privilegiado por su alcance social y su relevancia cultural dentro de la agenda política de la radioemisora. Radio Tierra (CB 130 AM) constituye un proyecto alternativo dentro del Chile transicional y neoliberal ya que funcionó con y como una oferta cultural transformadora y transversal de la sociedad que daba un espacio a niños, minorías sexuales, jóvenes, pueblos originarios, mujeres (académicas, escritoras, profesionales y pobladoras) y organizaciones sociales. El funcionamiento de la radio –como señala su ex directora Victoria Quezada, en el documental *La tierra está en el aire* (1993-1994), de Maga Meneses y Karen Wolf–, implicó un trabajo constante y arduo con el objetivo de integrar la programación y los contenidos articulándolos con una óptica feminista transversal que quería cambiar la sociedad y llegar a una amplia audiencia: aquella que había sido excluida de los medios oficiales, los cuales trataban de olvidar el traumático pasado dictatorial y plegarse al presentismo del mercado, el consumo y la deuda. Radio Tierra, por el contrario, trataba de crear un espacio abierto, independiente y democrático, cuyos valores no eran los del neoliberalismo, sino que se situaban muy a contrapelo. La crítica Eliana Ortega, una de las fundadoras de La Morada, comenta cómo se originó Radio Tierra y su programación:

> La programación de la Radio resultó de un estudio a cargo de María Elena Hermosilla que escribió un documento con las demandas de diversas mujeres a la Radio. Hicimos varios "focus groups" con mujeres de diferentes estratos sociales, culturales, etc. El resultado fue una programación muy diversa, que incluía pueblos indígenas, niños, personas mayores, jóvenes, grupos gay, etc. Comenzaba con "La mujer del Día", luego Noticias, luego "Pásame la voz" con noticias traídas de las diferentes poblaciones marginales por sus propias corresponsales capacitadas por nosotras. A mediodía se abría la Radio y el micrófono en un programa en que cualquier mujer que sintonizara con el espíritu de la Radio podía leer y transmitir su "Columna de", programa con micrófono abierto. Se ponía música entre medio de programas, sobretodo de los 80, Los Prisioneros y Juan Luis Guerra eran favoritos… Las entrevistas en profundidad eran muy especiales, profundas y largas: una que recuerdo bien fue a Laura Rodríguez, y a muchas mujeres sobre Derechos Humanos y mujeres de Desaparecidos. Las mujeres querían un programa de amor, pero no un consultorio y sin consejos. Con la Sole (la poeta Soledad Fariña) inventamos "Cartas de amor en la Tierra", en que yo leía cartas de amor con música y entremedio de [poemas] de Sor Juana, por ejemplo. Iba en la noche a las once en un comienzo. El programa "Entre-Nos", lo hacía en la tarde y eran entrevistas en vivo, con micrófono abierto: entrevisté a unas pergoleras, a políticas, a feministas, a Cecilia (la cantante) etc. Este programa iba antes de las Crónicas de Pedro [Lemebel].[3]

---

[3] Entrevista inédita de la autora con Eliana Ortega, activista histórica de La Morada y del movimiento feminista en Chile, 27 de octubre de 2020.

En el documental *La tierra está en el aire*, a través de las entrevistas a diversos auditores, puede observarse que Radio Tierra consiguió una audiencia estable de mujeres y varones que se sentían acogidos por la emisora, la cual escuchaban en sus hogares y centros de trabajo y que formaba parte de su diario vivir. Las más de cien mil personas que escuchaban los programas de Radio Tierra eran "cercanas", y como dicen, encontraban allí nuevas formas de ver el mundo en los temas que se abordaban. Algunos entrevistados y entrevistadas afirman que una radio dirigida por mujeres era diferente ya que les permitía aprender sobre el mundo y acercarse a problemáticas personales y sociales muchas veces desconocidas.

El objetivo de Radio Tierra está cerca de lo que Martín-Barbero denomina la "razón comunicacional" en la cual los medios se transforman en mediadores sociales al servicio de otros mediadores socioculturales latinoamericanos como la escuela, la familia, la iglesia, el barrio y su rol en las transformaciones sociales (Martín-Barbero 16-19). En este sentido, Radio Tierra se propone como un medio de comunicación que puede activar la comunicación entre diferentes espacios culturales mediante la creatividad y la diversidad, y es aquí, precisamente, donde las crónicas de Pedro Lemebel se dan a conocer a un gran público.

La antropóloga argentina Rosalía Wincosur afirma que los modos de participación tradicionales ya no tienen legitimidad y que la radio, en cambio, ha contribuido a redefinir lo público a través de la participación desde el barrio (no de la nación) y "la cocina". Desde la casa, desde el trabajo abre nuevos espacios, una suerte de "ventanilla sustituta". Agrega también que la radio tiene "gran capacidad de democratizar" la esfera pública ya que lleva una pluralidad de temas y voces que provienen de la diversidad de su audiencia. La radio le permite a la radiofonía "participar, volverse visibles y trascender" expresando sus necesidades. De este modo, una diversidad de grupos ciudadanos ha ido incrementando su legitimidad y visibilización gracias a este medio. Wincosur afirma que "la radio genera un imaginario sobre los estilos de vida, los modos de convivencia social, las formas de inclusión y exclusión social, y las relaciones con el poder" (Wincosur).

Locutor y productor de su programa, como hemos dicho, Lemebel daba voz y espacio a la población y a la "señora que estaba cocinando el almuerzo con cochayuyos" a esa hora, como afirma en la entrevista con la poeta Carmen Berenguer.[4] Desde ahí creaba un lugar íntimo con sus radioescuchas, a quienes invitaba a escuchar música popular y sus crónicas (leídas por él mismo), recreando una memoria de distintos pasados (genealogías de lo político, lo cultural y lo musical) en la única emisora donde se podía hacerlo en los noventa. Con solo diez minutos de duración en sus inicios, debido a su éxito, *Cancionero* obtuvo entre media hora y cuarenta minutos,[5] de lunes a viernes, en un espacio comunicacional donde la música popular romántica, la nueva canción y las tonadas se transmitían junto a las crónicas y las entrevistas que eran más que nada conversaciones *entre amigas*, como diría el cronista.

Las invitadas e invitados eran célebres figuras de la contracultura, la política y los DDHH. Lemebel más que entrevistar conversaba sobre la militancia, el activismo o la literatura, a la vez que establecía un diálogo crítico con la situación política y los temas contingentes del momento. La transición política y sus diversos gobiernos fue el contexto que sirvió de trasfondo para interrogar el pasado reciente y su legado, habiendo negociado una problemática y cuestionada reconciliación, implementada a partir del olvido y el blanqueamiento del pasado como sostiene Tomás Moulian en *Chile actual: Anatomía de un mito* (2002).

En la narrativa del progreso y la modernización para el Chile de la transición, la memoria de la violencia política y los desaparecidos no tenía lugar. *Cancionero*, en cambio, provocaba y cuestionaba la realidad social y política del Chile de los noventa. De hecho, el programa era un enjuiciamiento y desvelamiento de la nueva democracia y sus acuerdos con las fuerzas dictatoriales. Con sus amigas/os y entrevistadas/os, Lemebel compartía el cuestionamiento al proyecto neoliberal y los pactos políticos que lo sustentaban. El programa era un espacio de crítica y resistencia a las formas en que se silenciaban las voces y cuerpos disidentes del pasado y del presente

---

[4] Entrevista de Pedro Lemebel a Carmen Berenguer (*Cancionero*, 2002). Grabación en disco compacto, archivo personal de Fernando A. Blanco.

[5] Según comenta Perla Wilson, periodista feminista y ex presidenta de La Morada. Wilson recuerda que *Cancionero* contaba solo con una media hora al día, de 2:00-2:30 p.m., pero que Lemebel muchas veces se alargaba en las conversaciones con sus invitados/as y que lo dejaban por el interés que suscitaban sus programas. (Comunicación personal de la autora con Perla Wilson, 7 de noviembre de 2020).

en la cultura, la política y la sexualidad. Los temas de la contingencia representaban otro pilar de la pauta de Lemebel en las entrevistas, donde hacía preguntas directas y afirmaciones punzantes sobre la cultura y sociedad que había resultado del pasado sangriento, cuyos artífices seguían vigentes en el poder económico y en los medios de comunicación tal como plantea en el libro *De perlas y cicatrices* (1998).

Su perspectiva de minoría sexual y proletaria marcaba el programa con un posicionamiento hacia el poder, la historia reciente y el momento político-cultural. La crítica que realiza Lemebel es interseccional ya que "incorpora la identidad sexual, el arraigo de clase y la posición política" como notan Daniel Party y Luis Achondo (292). Lemebel hace una profunda crítica al poder y "al doble estándar de los medios de comunicación" que levantan y descartan artistas como "fetiche(s) de lo popular" o elementos de la "cultura light" tan en boga en el neoliberalismo. Los ejemplos de Zalo Reyes y Los Prisioneros, cantantes que fueron coaptados por los medios, abandonaron sus orígenes y posición política, respectivamente (292). En la entrevista con Carmen Berenguer, Lemebel y ella comentan cómo el famoso conjunto de rock Los Prisioneros fue perdiendo valor crítico y político progresivamente, y ya en el 2002 había desaparecido.[6]

Las mujeres que participaron en *Cancionero* habían vivido en dictadura y habían sido víctimas directas o indirectas del régimen, como la conocida militante Gladys Marín, secretaria del Partido Comunista y ex candidata presidencial, y la notable activista de DDHH, Ana González (1925-2018). Ambas habían consagrado su vida a la lucha por la justicia, por las víctimas políticas y sociales de la dictadura y posdictadura. A ellas, Lemebel les rinde homenaje en su programa radial y en sus crónicas, a estas grandes luchadoras contra la dictadura, cuyos principios y convicciones seguían iluminando el

---

[6] Su famosa canción "El baile de los que sobran", escrita e interpretada por Jorge González y perteneciente al álbum *Pateando piedras* de 1986, es considerada un clásico de la música popular que expone la desigualdad de la sociedad chilena, emblema de las protestas, y sus orígenes se manifiestan en la educación de las diferentes clases sociales. El tema habla de los jóvenes estudiantes secundarios de clase baja, quienes cuando egresan se dan cuenta de las limitadas oportunidades que tienen para ingresar a la educación superior y al campo laboral. Esta canción anticipa lo que serán las diversas movilizaciones estudiantiles del 2006 y 2011 que, finalmente, desembocarán en la revuelta social de octubre de 2019, la cual se inició con la evasión del pago del boleto del metro por parte de los estudiantes secundarios.

camino de los derechos humanos, la justicia y la memoria. Con estas guerreras, Lemebel establece un vínculo político-afectivo profundo que enlaza admiración y amistad. Ambas líderes padecieron la pérdida de seres queridos durante la dictadura y se sobrepusieron con el trabajo político y el activismo. La crítica Gilda Luongo sostiene que Lemebel construye una "genealogía de luchadoras en el ámbito político", quienes simultáneamente son sus "amores" (Luongo 157 y 164). En esta genealogía femenina que construye Lemebel está su madre y su abuela como también activistas, artistas y cantantes cuya diferencia sexual y de clase fueron signos de discriminación y marginación social. La filiación con las mujeres y lo femenino en Lemebel es un gesto identitario y simbólico que lo une a la madre[7] y a la abuela. Como comenta en una entrevista con el ensayista Óscar Contardo, Lemebel afirma ahí una heredad de mujeres con la que se identifica y por lo cual opta por el apellido materno (Contardo).

En la segunda época del programa, a partir del 2000, Lemebel es ya un reconocido y exitoso creador, y *Cancionero* sigue la pauta que él establece. El 2 de noviembre de 2002 pone la tonada "Alma que tanto te han herido" de Roberto Parra, que sienta el tono para introducir un trabajo sobre mujeres desaparecidas hecho por Lemebel y Berenguer. Ese día entrevista a la emblemática luchadora de los DDHH, Anita González, "uno de los rostros más conocidos" de los Familiares de Detenidos Desaparecidos, cuya "alegría rabiosa" es resaltada por el cronista.

Anita González se autodescribe como una "muerta viva" después de perder a su marido, a dos hijos y a su nuera, y seguir viva para poder recuperar sus restos. Como una de las fundadoras de la organización de Familiares de Detenidos Desaparecidos y Ejecutados Políticos, la activista usó todos los medios e instituciones disponibles para denunciar las violaciones a los derechos humanos y obtener conocimiento cabal de lo que les sucedió a sus familiares. El objetivo central de la organización ha sido saber la verdad y llevar a la justicia a los criminales. Desafortunadamente, González murió en 2018 sin saber el paradero de los restos de sus seres queridos ni obtener la justicia debida. La estrecha relación entre ella y Lemebel se aprecia en

---

[7] Para un estudio más extenso sobre la representación de las madres en Lemebel, consultar mi artículo "Esas locas madres de Pedro Lemebel".

Cancionero cuando conversan de lo íntimo y lo público, de la política del perdón y su imposibilidad sin justicia, como afirma González, y de la memoria resistente que ambos preservan. La conversación entre Lemebel y Ana González continúa años más tarde en el documental *Pedro Lemebel: Corazón en fuga*, de Verónica Qüense, entre secuencias interrumpidas por imágenes en torno a la obra de Lemebel y su memorable performance en el centro de detención en Pisagua. Allí camina sobre un lienzo blanco frente al mar dejando sus huellas ensangrentadas. A través del documental, Lemebel y González hablan sobre los presos políticos, cantan la canción de Antonio Aguilar "Tan sola y triste", mientras toman pisco sour y fuman frente al mar de Cartagena, recordando a sus seres queridos fallecidos. Afecto y política aparecen aquí entrañablemente unidos. Ambos comparten también la ira contra los asesinos de la dictadura por las atrocidades cometidas y quienes guardan un pacto de silencio.[8]

Cancionero contribuyó al éxito de la radio y de las crónicas de Lemebel, y también a la visibilización de organizaciones de DDHH, disidencias sexuales, de mujeres creadoras, políticas y activistas. En este contexto, las crónicas radiales son una especie de "goteo oral" musicalizado, una suerte de "adelanto panfleteado", "un gorgoreo de la emoción, el telón de fondo pintado por boleareados, rockeados o valseados contagios" al decir del cronista, y que aparecen tiempo más tarde reunidas en *De perlas y cicatrices* (5). Las canciones generan "intensidades afectivas", donde la soledad, la amargura y el desamor constituyen la memoria musical/afectiva de Lemebel, mientras artistas e intérpretes son íconos transgresores y *queer* (Party y Achondo 287 y 291). Vale resaltar la canción "Te invito a pecar", del compositor mexicano Fidel Avalos Vadalez e interpretada por Paquita la del Barrio, con la que empezaban y terminaban los programas de *Cancionero*. Ángeles Mateo del Pino afirma que el tema cantado por Paquita la del Barrio representa la "revancha del género", pues la imagen que proyecta es la de una mujer que hace justicia por su propia mano al vengarse "del género masculino a través de sus

---

[8] La crónica "El Informe Rettig" (*De perlas y cicatrices*), que Lemebel lee al finalizar la entrevista con Ana González, convierte a los familiares y víctimas en sobrevivientes que viven con sus muertos cada día más jóvenes y frescos, preservando su memoria contra el olvido. En la obra de Lemebel, la geografía urbana está marcada por la presencia de las mujeres, mujeres indómitas que no abandonan la lucha por la justicia.

canciones, lo que le ha valido también ser llamada 'la reina del pueblo', 'la masacradora' o 'la guerrillera del bolero'". instalando nuevas subjetividades sexuales y de géneros (Mateo del Pino 171-172). Las subjetividades que se convocan a través de la música y sus intérpretes adoptan sexualidades y géneros fuera de la heteronormatividad.

Lemebel crea un espacio comunitario y de conversación especialmente para las mujeres de los sectores populares, a quienes acerca al feminismo, a la diferencia sexual y a una contracultura del neoliberalismo. Junto a sus crónicas las entrevistas a diversas figuras femeninas de la cultura y la política, son un vehículo comunicacional que gatilla nuevas visiones, imágenes e identidades. En este espacio de voz y escucha, Lemebel construye un lugar de encuentro y conversación con su voz aterciopelada y transgresora, filosa y deslenguada mientras habla y piensa la cultura, los medios, el libre mercado y su impacto en la sociedad. Esta oralidad secundaria del fenómeno radial latinoamericano, según Martín-Barbero, genera un quiebre con la cultura letrada y el libro (19). Siguiendo esta línea, la oralidad de *Cancionero* convoca a reflexionar sobre el pasado reciente y la contingencia de esos años en Chile, construyendo una nueva esfera pública donde la memoria tiene un lugar central. Lemebel aquí se vale de la crónica y la música popular como recursos estéticos y políticos que le permiten llegar a un amplio público. Como sostiene Juan Poblete, la oralidad convoca las pasiones populares pues le permite acercarse estéticamente a su público, al Chile popular al que se dirige desde el aire para recordarle aquello que los medios han oscurecido (Poblete 133).

En la crónica radial "Tu voz existe (El débil quejido de la radio AM)", Lemebel afirma la importancia de la radio en la historia reciente de Chile y en especial durante la dictadura, recuerda el rol de la Radio Cooperativa con sus flashes noticiosos[9] sobre las emergencias durante las protestas o la Radio Umbral, "importante espacio emisor de la acción de la protesta" cuando los medios oficiales opacaban u ocultaban los acontecimientos (*De perlas*, 204-205). El cronista también reconoce la importancia de las radios clandestinas en las poblaciones "de afanes libertarios". La radio de onda larga, según Lemebel, a pesar

---

[9] Estos flashes quedaron inmortalizados con la Loca del Frente, quien se pasaba el día escuchando la Radio Cooperativa en *Tengo miedo torero*.

del impacto televisivo "es el lugar vital de la radiotelefonía" donde se citan y "mezclan horóscopos, noticias en chunga, brujos, meicas, evangélicos que alaraquean con su mensaje apocalíptico" (205). En este paisaje de diversidad e hibridez cultural, el cronista ubica a la radio AM y la describe como un "espejo de un cotidiano popular que enfiesta de circo el inicio del día" (205). En este espacio, Radio Tierra despierta por las mañanas con una voz afelpada de mujer y de cambio. Ahí también está el programa Triángulo Abierto, conducido por Víctor Hugo Díaz ("el Ché de los Gays"), primer programa de homosexuales y lesbianas, voz del Movimiento de Integración y Liberación Homosexual (Movilh) que se transmitía los días sábados por la noche (205). Para el cronista, la radio AM ha construido una "memoria sonora" entre sus auditores que perdura a pesar de las innovaciones tecnológicas japonesas y de los gustos impersonales de la "cursilería FM" (205).

Para Marta Sierra, esta crónica en especial sería una advocación nostálgica que propone las radios clandestinas como "espacios de resistencia y posibilidades democratizadoras a la luz de otros medios, como la TV" (Sierra 127). Siguiendo a Walter Benjamin, Sierra propone que la aproximación emocional entre el narrador y su audiencia son esenciales en las tradiciones orales como una forma de reconstruir el discurso y el vínculo comunitario. En este sentido, las crónicas de Lemebel reconstruirían un espacio público a base de fragmentos, palabras sueltas y experiencias inconexas que la voz con sus imágenes va conectando dentro de un imaginario nuevo de participación democrática ciudadana (Sierra 127-129). La televisión de los noventa, antes del apresamiento de Pinochet en Londres, continuaba siendo un espacio dictatorial. En una entrevista con Perla Wilson, en el 2011, para el vigésimo aniversario de Radio Tierra, Lemebel comenta que las crónicas radiales "hacen una develación del compadrazgo golpista de muchos personajes públicos de ese momento" en una escena cultural y mediática dominada por el silencio, el ocultamiento y la amnesia (Wilson).[10]

La utopía radial lemebeliana podría describirse como la búsqueda de una voz popular y diversa que revitalice la comunicación

---

[10] Perla Wilson compartió con la autora esta entrevista que le hizo a Lemebel el 7 de junio del 2011.

comunitaria frente a la alienación mediática imperante. La radio así concebida se transforma en una herramienta que permite construir una voz posicionada, resistente y crítica a los medios hegemónicos. La lectura dramatizada de las crónicas radiales realizadas con la voz de Lemebel daban una tonalidad íntima y emotiva "con los silencios, la entonación, con esa voz de loca afectada, hacía muy particular el programa," de acuerdo a Víctor Hugo Robles (Fajardo).

CARADURAS Y CONCHOLEPAS

Cuando la izquierda ha perdido protagonismo y buena parte de sus líderes se ha reconvertido al capitalismo, como argumenta Michael Lazzara en su libro *Civil Obedience*, la complicidad y la complacencia aparecen como las formas prevalentes de acomodo en el Chile post-Pinochet. La voz del cronista Lemebel critica a esas figuras políticas de la izquierda que "en el traslado de estación se renovaron el pelaje. Los mismos que en el acomodo parlamentario se deshacen del ayer como si cambiaran de terno" (*Mi amiga Gladys* 17). Estos ex políticos de izquierda se han vuelto caricaturas de lo que fueron, "fofos en la blanda papada" de una reconciliación pactada, dirá Lemebel con sorna y desprecio. Por el contrario, para Lemebel, Gladys Marín, "la reina de los pobres", es la encarnación de la esperanza para derrocar la pirámide neoliberal (Luongo 173). La militante comunista también hizo historia por haber sido la primera en hacer una acusación contra Pinochet por su violación de los DDHH. Para el cronista, ella representa la bandera de todas las causas de los derechos humanos en ese "apartheid chileno" plagado por la desigualdad.

Además de ser tribuna de mujeres dirigentes, líderes en diversos campos de la contracultura, amigas y compañeras de Lemebel, *Cancionero* fue espacio de denuncia de acomodaticios, cómplices y colaboradores con el nuevo modelo de sociedad. La crónica radial "Camilo Escalona (Sólo sé que al final olvidaste el percal)" narra precisamente la reconversión no solo política sino de clase, a través del ascenso social de Camilo Escalona, quien fuera compañero de colegio de Lemebel en el Liceo Barros Borgoño y residente de los bloques periféricos donde llegaban las familias mapuches de panaderos o molineros. La transformación político-ideológica de Escalona, quien lideró el Partido Socialista (2006-2010) y luego fue presidente del senado (2012-2013), es evidente para el cronista que compartió su pasado poblacional mientras lo miraba y deseaba de lejos. Así pone de relieve no solo el acomodo y oportunismo en la "pirámide social" neoliberal sino la falsedad del discurso político y la cobardía de ciertos líderes de la izquierda:

> Fuiste el único que apretó cueva al exilio después del golpe, debe ser porque los rubios siempre aprietan cachete cuando arde la selva del indiaje. Y ahora que lo pienso, ahora que te veo en la tele con tu terno tan parlamentario, caigo en cuenta que tal vez, nunca fuiste de los nuestros, ni siquiera con el puño en alto atragantándote con esas frases rojas que le discurseabas a los estudiantes para que te eligieran presidente de la FESES[11]....Nunca te creí del todo Camilo y tú nunca me viste. (*De perlas* 40)

Con esta crítica a Escalona concluye la crónica de quien nunca volvió a la población, donde "está todo casi igual, a no ser por los que faltan, los que se fueron esperando el día de tu regreso" (41). El privilegio de ser más blanco y tener ojos azules en una sociedad racista y su gran retórica marxista leninista, cuenta el cronista, le sirvieron a Escalona para avanzar social y políticamente hasta llegar a las cúpulas del poder. Primero, en el partido socialista y, luego, ocupando uno de los puestos más importantes en el senado como presidente. Ahí terminó por olvidarse de sus orígenes proletarios y de quiénes habían sido sus vecinos y compañeros de militancia en la secundaria. Lemebel también recuerda la norma de la masculinidad y la homofobia, ya que a él nunca lo vio por ser "un mariquilla de la pobla, un colijunto temeroso que no se atrevía a realizar las hazañas de los niños machos" (40).

Cancionero tiene un efecto doble ya que, por una parte, tiene una programación con invitadas de la izquierda y del mundo literario y feminista que están ausentes en otros medios, y por otra, va creando un público mediante la intervención en el espacio doméstico femenino a partir del cual las radioescuchas comparten sus opiniones y experiencias y van haciendo suyo el programa. Óscar Contardo recuerda cómo Lemebel describía al público de *Cancionero* que era de amas de casas, vendedores de mercado, taxistas, obreros y delincuentes presos, como narra la crónica "Solos en la madrugada" (*De perlas y cicatrices*). El trabajo con la oralidad, y en la radio, le permitía llegar a mucha gente que no leía por falta de costumbre o por no tener los

---

[11] Federación de Estudiantes Secundarios.

medios. Lemebel afirma: "Siempre he trabajado así, también con la radio, porque la oralidad permite que esos textos lleguen a mucha gente que no tiene costumbre ni practica la satisfacción de la lectura. Hay gente que no puede comprarse un libro o que para comprárselo le significa el sueldo de una semana" (Contardo). La conciencia social y de clase atraviesa la obra entera de Lemebel y en *Cancionero* se feminiza y masifica junto a la música favorita del locutor.

La poeta Carmen Berenguer es la invitada a un programa de *Cancionero* de 2002 que abre con su clásica "Invítame a pecar" y luego el tema musical "Canción del alma", un "susurro musical" de Cuco Sánchez, dedicado a Berenguer. Lemebel la presenta como compañera de protestas en la dictadura y de video-arte. Se conocieron en la Sociedad de Escritores de Chile (SECH) que funcionaba en la época como una organización encubierta contra la dictadura. Ahí la escuchó leer su poema "Concholepas".[12] Para Lemebel se trata de "la mejor voz de la poesía de mujeres en el Chile contemporáneo".[13] Menciona sus diversas publicaciones,[14] poéticas urbanas junto a relatos de mujeres presas durante la dictadura.

Lemebel conversa con "Carmencita" como alguien "de la casa", con confianza y honestidad, sobre su poesía y un abanico de temas contingentes. La conversación comienza con pullas y correcciones sobre el término *concholepas* que según Lemebel es el loco, un marisco muy apreciado y ella le hace dos rectificaciones científicas referentes al molusco. Lemebel las resiente amistosamente diciéndole: "no se ponga quisquillosa" ya que es "como de la casa". De ahí sigue una suerte de paya a dúo sobre el significado de *concholepas*, que es efectivamente el molusco chileno y también "el chileno al que se comieron" agrega la poeta. Frente a la sonoridad del término *concholepas*, popularmente llamado "loco", Lemebel comienza a hacer una breve crónica radial improvisada con Berenguer que narra el origen y la pesca del loco hasta desconcharlo y llevarlo a la mesa como un exquisito manjar, seguido por la veda y la prohibición de su venta. La historia del loco podría ser la historia de Chile, de aquellos que perdieron o murieron

---

[12] Al respecto, ver el ensayo de Berenguer, al comienzo de este libro. [Nota del editor.]
[13] Carmen Berenguer ha sido nominada en repetidas ocasiones al Premio Nacional de Poesía y reconocida como una de las voces literarias más potentes y originales en Chile.
[14] Entre ellas *Bobby Sands, desfallece en el muro*, poema-protesta; *Huellas de siglo*, libro urbano-grafiti; *A media asta, Sayal de pieles* y *Naciste pintada*, obra que junta diversos registros y testimonios.

por la dictadura y fueron devorados por el neoliberalismo. En este breve segmento, el cronista y la poeta hacen una lectura de la historia reciente a partir del molusco y el darwinismo social que caracteriza a la sociedad de mercado.

En ese momento, la conversación se vuelve a la Marilyn Monroe chilena, Anita Alvarado alias "la Geisha chilena",[15] quien es una suerte de prostituta que vende, expone y goza su cuerpo dentro del mercado. Es una imagen y un "cuerpo traficado" en medio de las mercancías del neoliberalismo que prima en los medios y la cultura que vende, según Berenguer. La discusión va más allá de la prostitución y alcanza al *best-seller*. Lemebel, en seguida, le pregunta a Berenguer por la otra literatura y lo que sucede en el país para que el fenómeno de Anita Alvarado sea la única noticia. Berenguer sostiene que Chile vive "un momento bufonesco (a lo Fellini)" en el cual la gente compra todo lo que le muestran y venden. El *best-seller* de Anita Alvarado calza en un nicho: la historia de una mujer modesta que se convierte en millonaria después de trabajar como geisha en Japón y casarse con un alto ejecutivo, una especie de heroína de telenovela o folletín. Berenguer devela la función de los medios y el estado del campo social en ese momento de espectacularización, principalmente en la televisión, pero también en la literatura "light", su circulación y consumo acrítico.

Luego la conversación gira el estado del feminismo en la coyuntura del año 2002: el feminismo ha pasado por fases y coladores, dice Berenguer y reivindica el activismo. Decepcionada afirma que en ese momento "no hay crítica o análisis sobre estas cosas". Lemebel entonces le pregunta estratégicamente por las ministras y figuras públicas femeninas que hay por primera vez en el gobierno[16] ante lo cual la poeta responde que, efectivamente, hay influjos feministas de otros momentos y otros provenientes del exterior, con el fin de "hacer de Chile un país moderno", reitera irónicamente. Extiende la ironía sosteniendo que el concepto de género en la actualidad lo maneja

---

[15] Anita Alvarado resultó estar involucrada en uno de los más grandes fraudes financieros en Japón cuando trabajaba como prostituta en ese país. A su regreso a Chile se convirtió en cantante, actriz y figura mediática en diversos *reality shows*. Además, publicó su biografía *Me llamo Anita Alvarado* (2002) que tuvo gran éxito de ventas. Ese mismo año fue acusada de tráfico sexual, pero los cargos fueron retirados. En el 2003 fue acusada de facilitar y promover la prostitución.

[16] Presidencia de Ricardo Lagos (2000-2006).

todo el mundo y que atraviesa la "trama de lo social y lo político" y afirma que aún queda mucho por hacer ya que las desiguales entre los géneros no han desaparecido en un Chile que "es una democracia vigilada, lenta". Lemebel interviene y la llama una "democracia con cistitis", utilizando la metáfora de la enfermedad con humor negro a la vez que ríe describiendo el cuerpo político como inflamado e imposibilitado de autorregularse sin dolor.

A continuación, Lemebel anuncia *La gran hablada*, último libro de Berenguer y lo describe como la gran copuchenta[17] e invita a la radiofonía a la presentación. *La gran hablada* tiene que ver con una parole que se le escapa a uno, que dice más allá, según Berenguer. "¿Cómo un peo?", irrumpe Lemebel irreverentemente corporizando aquello que desborda el cuerpo y que irrumpe sus límites. Vuelven a la conversación con juegos de palabras y con el término *conchal*, título que Lemebel inventa en ese instante (con todas sus denotaciones sexuales entre risas) para el nuevo programa radial que Berenguer conducirá en Radio Tierra. Berenguer juega con la palabra *zorral* (aludiendo implícitamente al término zorra aplicado a las mujeres como insulto sexual) que para ella es como rosal al revés, al verre, afirma y ríe, transgrediendo los límites del orden patriarcal con gran agudeza.

Después del tono jocoso de la conversación radial, Lemebel cambia drásticamente de registro y apunta hacia los camaleónicos colaboracionistas en la televisión con la figura de Don Francisco, el conocido conductor del programa Sábados Gigantes y de la famosa Teletón. Don Francisco es travestido en una grotesca virgen obesa, temible y traicionera, que operaba a la sombra de los jerarcas de la dictadura y que en el presente sigue incólume investido por el éxito de los ratings. Lemebel lee la crónica "Don Francisco (La virgen obesa de la TV)" donde aparece el personaje icónico y bufonesco de los medios durante la dictadura y posdictadura, globalizado por la cadena Univisión en Estados Unidos (*De perlas y cicatrices*). Don Francisco representa la complicidad de muchos personajes públicos y en especial de la televisión.[18]

---

[17] Chismosa, mentirosa en Chile y Bolivia.
[18] Lemebel recuerda, en la entrevista con Perla Wilson mencionada anteriormente, que Don Francisco almorzaba con Mamo Contreras, el ex director de la DINA, hecho revelado por el hijo de éste (Wilson).

Cancionero fue un programa inédito e inaugural a través del cual Lemebel intervino en la esfera pública conectando la experiencia cotidiana de los sectores populares, las mujeres y las disidencias con el momento neoliberal, introduciendo en el discurso radial la convivencia entre las vanguardias intelectuales y la marginalidad. En una entrevista con la escritora Andrea Jeftanovic, Lemebel reconoce su afinidad con Lacan y Foucault, y el deseo de masificar su "visión de mundo" en zonas no académicas. Los contenidos de estos autores son "praxis para las minorías", quienes han ocupado el lugar de "otros" en especial en la sociedad chilena sostiene el cronista (Jeftanovic 77). Las canciones, "las diosas del canto" y su estética estridente[19] proveen el tono afectivo y transgresor del género y la moral.

Por su parte, las invitadas a conversar con Lemebel contribuyen a un pensamiento contracultural sobre el acontecer nacional y local. Ellas le dan al programa un horizonte político con una fuerte impronta de género, donde las expresiones culturales y el activismo dan cuenta de aquellas subjetividades que han sido excluidas de los discursos oficiales y del festín triunfalista del neoliberalismo. Las entrevistadas de Lemebel son figuras insobornables que no transan ni olvidan el pasado, son, en última instancia, quienes preservan la memoria de ese pasado violento y traumático que no se ha resuelto.

Lemebel criticó con gran agudeza la contingencia política y cultural, el arrasamiento de la utopía popular y el pacto político de la transición. Junto a él, sus entrevistadas denunciaron la farándula mediática, la ausencia de justicia y memoria necesarias para oponerse al neoliberalismo y construir una verdadera democracia participativa. Provocar y alentar el desacato fue el compromiso ético-político de *Cancionero* y las crónicas de Lemebel. El octubre del 2019 mostró que esa pulsión de desobediencia seguía viva en la mayoría de los chilenos.

---

[19] Lemebel se refiere a la cantante Cecilia y su estigmatización. La crónica radial "Cecilia, el platino trizado de la voz" (*Loco afán*), narra la historia de la cantante, quien en los sesenta iba a ser la gran promesa de la música chilena, "reina de la Nueva Ola" y "diosa del canto," ganadora del Festival de Viña. En los setenta salió del closet y se travistió de Elvis Presley con botas tejanas frente a lo cual la prensa la desprestigió y marginalizó hasta sumirla en la pobreza.

Bibliografía

Brown, Wendy. *Undoing the Demos. Neoliberalism's Stealth Revolution.* Nueva York: Zone Books, 2015.

Contardo, Óscar. "Pedro Lemebel. El corazón rabioso del hombre loca". Entrevista a Pedro Lemebel. *Centro de Investigación Periodística* (CIPER), 23 de enero de 2015, <ciperchile.cl/2015/01/23/pedro-lemebel-el-corazon-rabioso-del-hombre-loca>.

Fajardo, Marco. "Cancionero el programa radial que hizo famoso a Lemebel". *El Mostrador*, 24 de enero de 2015, <elmostrador.cl/cultura/2015/01/24/cancionero-el-programa-radial-que-hizo-famoso-a-lemebel>.

Jeftanovic, Andrea. "Un lenguaje completo y complejo pero rico en fisuras". Entrevista a Pedro Lemebel. [Revista *Lucero*, Universidad de California, Berkeley, 2000]. *Lemebel oral: veinte años de entrevistas (1994-2014)*, editado por Gonzalo León. Buenos Aires: Mansalva, 2018. pp. 76-83.

Lazzara, Michael J. *Civil Obedience. Complicity and Complacency in Chile since Pinochet.* Madison: University of Wisconsin Press, 2018.

Lemebel, Pedro. *De perlas y cicatrices. Crónicas radiales.* Santiago de Chile: LOM, 1998.

_____ "Entrevista a Carmen Berenguer". *Cancionero;* Radio Tierra, 2002. Audio disco compacto del archivo personal de Fernando A. Blanco.

_____ "Entrevista a Ana González". *Cancionero;* Radio Tierra, 2002. Audio disco compacto del archivo personal de Fernando A. Blanco.

_____ *Mi amiga Gladys.* Santiago de Chile: Seix Barral, 2016.

_____ *Pedro Lemebel - Cancionero: Crónicas en Radio Tierra.* Grabación / 123 minutos. Youtube, Canal Virgo, <youtu.be/waRqOmQI8C0>.

_____ "Crónicas Audio". *Pedro Lemebel,* <pedrolemebel.cl/audio>.

Luongo, Gilda. "¿La ciudad de las mujeres? Una ética-política en tus crónicas, Pedro Lemebel". *La vida imitada. Narrativa, performance y visualidad en Pedro Lemebel*, editado por Fernando A. Blanco. Madrid: Iberoamericana / Vervuert, 2020. pp. 155-176.

Llanos, Bernardita. "*Radio Tierra*". Entrevista inédita a Eliana Ortega. 27 de octubre de 2020.

_____ "Esas locas madres de Pedro Lemebel". *Desdén al infortunio. Sujetos, comunicación y medios en la narrativa de Pedro Lemebel*, editado por Fernando A. Blanco y Juan Poblete. Santiago de Chile: Cuarto Propio, 2009. pp. 181-209.

Martín-Barbero, Jesús. "Communication and Modernity in Latin America." *The Postmodern in Latin and Latino American Cultural Narratives. Collected Essays and Interview*, editado por Claudia Ferman. Nueva York: Garland, 1996. pp. 15-28.

Mateo del Pino, Ángeles. "En un infierno cabe: *Cancionero* de Pedro Lemebel". *La vida imitada. Narrativa, performance y visualidad en Pedro Lemebel*, editado por Fernando A. Blanco. Madrid: Iberoamericana / Vervuert, 2020. pp. 265-286.

Meneses, Maga y Karen Wolf, directoras. *La tierra está en el aire.* Largometraje documental / 50 minutos. Santiago de Chile: Q-Media / Asociación KULU Mujeres y Desarrollo – Dinamarca, 1993-1994.

Moulian, Tomás. *Chile actual. Anatomía de un mito*. Santiago de Chile: LOM, 2002.

Party, Daniel y Luis Achondo. "Canciones y cantantes en la obra de Pedro Lemebel". *La vida imitada. Narrativa, performance y visualidad en Pedro Lemebel*, editado por Fernando A. Blanco. Madrid: Iberoamericana / Vervuert, 2020. pp. 287-296.

Poblete, Juan. *La escritura de Pedro Lemebel como proyecto cultural y político. Crónica, ciudadanía y literatura bajo el neoliberalismo*. Santiago de Chile: Cuarto Propio, 2018.

Qüense, Verónica, directora. *Pedro Lemebel, corazón en fuga.* Largometraje documental / 53 minutos. Santiago de Chile: Producciones La Perra, 2008.

Sierra, Marta. "'Tu voz existe': percepción mediática, cultura nacional y transiciones democráticas en Pedro Lemebel". *Desdén al infortunio. Sujeto, comunicación y público en la narrativa de Pedro Lemebel*, editado por Fernando A. Blanco y Juan Poblete. Santiago de Chile: Cuarto Propio, 2010. pp. 101-134.

Wilson, Perla. "Entrevista a Pedro Lemebel". *Radio Tierra*. trasmitida el 7 de junio de 2011. Audio Mp3 del archivo personal de Perla Wilson.

Wincosur, Rosalía. "Diálogo con la antropóloga argentina Rosalía Wincosur: La radio y la relación con la gente, como tema de un trabajo de investigación". Entrevistada por Susana Reinoso. *La Nación*, 2 de enero de 2004, <lanacion.com.ar/cultura/la-radio-y-su-relacion-con-la-gente-como-tema-de-un-trabajo-de-investigacion-nid560280/>.

Lemebel en el 18/O. Todos somos estallido: utopía, temporalidad y revolución

Fernando A. Blanco

Didi-Huberman en un breve texto, "El gesto fantasma", propone una teoría sobre el duelo y lo hace por medio de una genealogía de la imagen. El medio es la guerra, y llama a la ausencia de sus protagonistas, fantasmas. En este trabajo quisiera acercarme a la resurrección colectiva que la protesta social del 18/O despliega en torno a la imagen fantasma de Pedro Lemebel. No es casual que la gramática del acontecimiento que nos preocupa sea el de la contienda bélica. *Primera Línea*, capuchas, marchas, y un presidente que declara el estado de emergencia reponen una temporalidad que pensábamos abolida: la de la utopía revolucionaria y, junto con ella, la de sus fantasmas.[1] En este trabajo quisiera pensar en las múltiples significaciones de lo que la repetición (como en el trauma) de la representación lemebeliana liga a esta performance comunitaria.

Big Bang: El Estallido

Chile es un país telúrico. Situado sobre la placa de Nazca, su geografía ha sido sometida a ciclos de ajuste por presiones geofísicas que se repiten cada doce años. La población está acostumbrada a estas catástrofes cuya magnitud roza casi siempre el 9 en la escala de Richter. Los terremotos nos han acompañado desde siempre reflotando con cada golpe las inequidades estructurales que afectan

---

[1] *Primera Línea* es un movimiento autoconvocado chileno en que participan diversos grupos. Su objetivo es ubicarse en la primera línea de las marchas para proteger a los manifestantes de los aparatos estatales represivos. [Nota del editor.]

a la sociedad chilena. Las protestas sociales en contra de la dictadura y su caballo de Troya, la transición política al modelo neoliberal, avalada por los gobiernos de la Concertación, han ido acumulando réplicas a escala humana durante estos treinta años de *demos-gracia* como sentenciara Lemebel en su temprana crónica "La esquina es mi corazón (*o los New Kids del bloque*)" (1995). Al igual que con los sismos, nos habíamos ido acostumbrando a ellas. Alberto Mayol, sociólogo y excandidato presidencial confirma el imaginario imperante a un mes del estallido: "Hoy tenemos un acuerdo de unidad nacional que tiembla por todos lados… […] …los bienes envejecían en las casas, agonizando. Y las deudas que los procuraron crecían y se fortalecían hasta su fulgurante y terrorífica adultez. La ecuación se caía a pedazos. A pesar de eso, la elite consideraba que aprender y escuchar no era una tarea plutocrática suficientemente relevante" (173-175). Oscar Contardo, periodista y ensayista cultural, ilustra en su columna del diario *La Tercera* la situación socioeconómica hoy imperante de la siguiente manera: "Lo que tenemos en Chile no es una polarización social, sino un apartheid velado de baja intensidad, que fabrica realidades paralelas para evitar que se debata francamente cuán profundas son las raíces de una desigualdad llevada al extremo de lo insostenible" (Contardo 15). Dos miradas que enmarcan la crisis socio-institucional vivida por los chilenos por más de tres décadas y cuyo epicentro estuvo localizado en Santiago de Chile ese *18 de octubre de 2019* con las más impresionantes movilizaciones populares de las que se tenga memoria desde la dictadura. Un año más tarde, éstas propiciarían el plebiscito que marca el fin de la constitución de 1980, dando pie a la primera carta magna paritaria redactada por fuera del sistema de partidos de las democracias contemporáneas.

Lemebel y los mil rostros del estallido

Cinco años han pasado ya desde la muerte del escritor y performer Pedro Lemebel (1952-2015). Su desaparición física de la escena cultural dejó una estela de gestos conmemorativos simbólicos y materiales: simposios, libros académicos, exhibiciones de arte, un polémico documental y una película que inicia su marketing hacia una posible denominación para competir por el Oscar en Hollywood.² A esta lista se suman las reimpresiones de sus ocho volúmenes de crónicas y de su única novela. Todo un panteón orquestado por la industria cultural. Sin embargo, la multiplicación de su imagen alcanzó también la calle. Grafitis cruzando su barrio, mosaicos conmemorativos, y el rostro del Lemebel-Frida multiplicado en toda suerte de soportes pasaron a constituirse en parte del paisaje urbano de la capital. Actos esperados para un artista que caló en los imaginarios populares, que se arropó con sus hablas y que hizo *del margen, centro* parafraseando al también cronista Carlos Monsiváis.

Sin embargo, la imaginería lemebeliana y su pensamiento no quedaron reducidos solo a los circuitos comerciales. Su desborde popular ya se había producido en la década de los noventa por medio de la piratería librera que llevó sus títulos a las ferias libres, a los mercados persas. Estos espacios "de otras economías" —como planteara Luis Ernesto Cárcamo-Huechante— eran, a su vez, escenario y escena de muchas de sus crónicas cuya interpelación narrativa ponía a circular "ciudadanías económicas, sociales y culturales" activando una infra-esfera pública en la que el anonimato poblacional cobraba visibilidad y agencia (Cárcamo-Huechante 160).

La lectoría de Lemebel se articulaba bajo una alfabetización política, moral e ideológica nucleada bajo la ética del recordar en la cual la toma de conciencia sobre la historia y sus protagonistas era central. La misma acción se extendió como un ejercicio de alianzas populares en sus continuas apariciones televisivas en programas como *El show de los libros* (TVN), conducido por el escritor Antonio Skármeta, *Retratos* (REC-tv), *Off The Record* (Canal 13), entrevistado por Fernando Villagrán, *Trazo mi ciudad* (13C) con Luis Miguel Méndez. O en el popular *De pé a pá* (TVN) del periodista deportivo Pedro Carcuro, en el que Lemebel, según algunos medios, "lanzó una Molotov" al develar que la hermana del conductor, Carmen Carcuro, había sido detenida y torturada política durante la dictadura de Pinochet (Montesinos). Lemebel infiltraba así los circuitos de la institucionalidad mediática

---

[2] Me refiero al documental *Lemebel* (2019), dirigido por Joanna Reposi, y a la película *Tengo miedo torero* (2020), dirigida por Rodrigo Sepúlveda. Finalmente, Chile seleccionó la película documental *El agente topo* (2020), de Maite Alberdi, como representante para la carrera por el Oscar.

con contenidos subversivos, algo que el crítico cultural Juan Poblete ha definido como una "segunda forma de proletarianización" de la esfera mediática y de sus regímenes de subjetivación, representación y significación (Poblete 126). José Esteban Muñoz, a su vez, entiende estas operaciones como estrategias dobles. Por un lado, corresponden a recursos de visibilización esgrimidos por los sujetos minoritarios y su "necesidad de interactuar con diferentes campos subculturales para activar su propio sentido de sí mismos"[3] y, por otra, son prácticas mediante las cuales es posible producir "nuevas relaciones sociales [...] que serían el modelo para las esferas contrapúblicas minoritarias"[4] (Muñoz 5).

Estas *placas* de la imagen de Lemebel se integrarán en los imaginarios colectivos de los medios y también se constituirán en supuestos culturales propios de una cultura popular chilena en formación. Son, pensando desde la teoría del arte, intervenciones sobre el campo cultural público y virtual mediante las cuales Lemebel posibilita la reflexión sobre el pasado, abre repertorios identificatorios e invita a la acción comunitaria. Judith Butler plantea este ejercicio de interpelación de otro modo. Entiende la implementación de una acción, en este caso estética, como la puesta en escena de un sujeto que es a la vez un colectivo, uno en el que la "alianza tiene lugar en el interior [...] cuando es posible decir: Yo mismo soy una alianza o me alío conmigo mismo o con mis diversas vicisitudes culturales" (Butler 73) e históricas, agregaría yo. El gesto auto reflexivo es vital. El sujeto político deviene *primera persona colectiva*. No puede ser de otro modo. Y como plantea Butler no es mera identidad. Se trata claramente de articular una conciencia de clase que supere el determinismo de ciertos factores constitutivos del sujeto para integrar las esferas pública y privada en un espacio de movilización y apropiación de la plaza pública. Es la política radical sostenida en la visibilización de cuerpos, imaginarios y demandas entrelazadas en la multitud. Este trío funda, o más bien refunda la institucionalidad, dice Butler, marcando esta performatividad de la aparición: "una acción así reconfigura lo que será público y el mismo espacio de la política" (80). Un ejemplo

---

[3] "need to interface with different subcultural fields to active their own senses of self" (Muñoz 5). Todas las traducciones son mías.

[4] "new social relations [...] that would be the blueprint for minoritarian counterpublic spheres" (5).

paradigmático de esta última operación lo constituyó el programa *Cancionero* transmitido por la radioemisora feminista *Radio Tierra* cuya interpelación convocaba mayoritariamente a mujeres pobladoras y trabajadores.[5] Esta condición de la política, la de ser constitutiva o "latente" como plantea Butler, es la que es llevada adelante por el Lemebel de la calle, la crónica, la performance y la radiofonía.[6] Un Lemebel figura de alianza con lo femenino, como declarara el mismo muchas veces, incluyendo a minorías sexuales, indígenas en al arco de precarización vital que imponía la transición neoliberal (1990-2010). Contra ella se erguía su figura rigurosamente vestida de negro, empinada en tacones afilados y armada con su voz. No era inusual verlo caminando junto a otra figuras de la disidencia como Víctor Hugo Robles (El Che de los Gays), y los escritores Francisco Casas y Juan Pablo Sutherland en las protestas, en la Plaza Italia (hoy Plaza de la Dignidad).

18/O

La calle pareciera ser el lugar natural de lo público. Una condición de movilización que acaba en el eje central del espacio cívico: la plaza. Aunque como advierte Butler, la movilización no es siempre revolucionaria, puede ser conservadora e incluso represiva (125). Durante meses, la Plaza Italia en Santiago de Chile convocó, viernes tras viernes a millones de personas que se alzaron en contra del abuso sistemático del sistema. De manera paralela salieron también los aparatos represores policiales y el ejército. El neoliberalismo como doctrina y práctica tocaba fondo mientras las voces y los cuerpos de los manifestantes eran acribillados, mutilados, cegados por las fuerzas represivas. Cuerpos movilizados en lucha. Enfrentados como fuerzas orientadas por un objetivo inverso: unos el de reganar el poder para rematerializar la utopía de la revolución, mientras otros luchaban por

---

[5] Sobre este tema, ver el ensayo "Pedro Lemebel y su *Cancionero*: programa radial para un público femenino popular" de Bernardita Llanos, incluido en este libro. [*Nota del editor.*]
[6] Bárbara Castillo hace un lúcido análisis de esta estrategia al leer la crónica "Solos en la madrugada" como una prueba de la popularidad alcanzada por el programa radial de Lemebel, la que paradojalmente lo salva de un asalto volviendo a casa gracias a ser reconocido por el joven ex presidario por su voz. La conversación entre el cronista y su asaltante se vuelve un intercambio de experiencias sobre la situación política y económica resaltando el poder de la crónica radial sobre sus audiencias.

demonizarla, exorcizarla, como en un antiguo auto de fe, obligando al cuerpo expuesto a sacrificarse por el ideal que va a justificar su daño. Es en este contexto en el que la figura fantasma de Pedro Lemebel va a catapultarse desde los imaginarios populares para materializarse en intervenciones, fraguarse en imágenes pictóricas, confundirse en las marchas con los colores del arcoíris. ¿Pero qué significa esta presencia?, ¿cuál es la razón para que, cinco años después de su muerte, vuelva a materializarse en cuerpo en lucha disidente?

1. El archivo urbano del Colectivo Musa

En los últimos años, una de las imágenes de Pedro Lemebel más reproducidas por los medios es aquella en la que aparece con un sombrero de plumas rojas rodeándole el rostro. Los ojos están dramáticamente maquillados de azul-violeta y la mirada cae con un ligero desdén sobre quien lo observa. Fue para el lanzamiento de la novela *Tengo miedo torero* en el ex Congreso de Santiago que Lemebel llevaría esa boa de plumas. La madre de Pedro moriría una semana después del lanzamiento al que no pudo asistir. La conjunción del pathos trágico del violento cierre del Congreso Nacional en 1973 y la ausencia de Violeta Lemebel durante esa noche, sumados a la encarnación de la pandemia del sida en el ícono de Elizabeth Taylor, hacen de esta imagen un *memento mori* de la historia política del país con sus torturados y desaparecidos, de los estragos provocados por el sida frente a la falta de una política clara de salud pública tanto en los Estados Unidos como en Chile y, por último, de la muerte en su sentido más íntimo y absoluto: la de la madre. Esta icónica fotografía del cronista, inspirada por la actriz norteamericana, es la imagen que el Colectivo Musa[7] escogió para conmemorar la figura de Lemebel por medio de la instalación de un mosaico alegórico en la intersección de las calles Tarapacá y Nataniel Cox en el centro

---

[7] La obra en cuestión fue conceptualizada por la fotógrafa Isabel Cristina González y el titiritero Gonzalo San Martín. Ambos son autodidactas en el oficio del mosaico. Se enmarca en un proyecto mayor que recoge retratos de diferentes figuras de la cultura chilena hechos con la técnica del mosaico. Entre ellos se cuentan los de Violeta Parra, Lenka Franulic, Andrés Pérez, *Hija de Perra* y Rodrigo Rojas de Negri. Este último, un joven fotógrafo quemado vivo durante el primer paro nacional contra la dictadura de Pinochet en 1986.

cívico de la ciudad en el año 2017.[8] De este modo, Pedro reaparece en una esquina que espía al Palacio de La Moneda. La imagen muestra el rostro de Pedro en un perfil de tres cuartos. La cara reconocible del escritor es el rostro que Lemebel escogió como su sello literario ficcional. Vestido completamente de rojo durante la presentación de su única novela en el Salón de Honor del ex Congreso Nacional en el año 2001, Lemebel registra esa cara como la cara visible del autor de *Tengo miedo torero*. En el color, resume la historia visible de la protagonista del fallido magnicidio contra Pinochet en la ficción novelar. Tres años más tarde después de su inauguración, cerca del primer aniversario del estallido, la imagen de Lemebel será vandalizada. Los ojos y la boca arrancados. En su lugar la gente depositará flores como con las animitas, los muertos y los desaparecidos. El sitio de memoria que guardaba la posibilidad de preservar otros modos de luchar contra la injusticia, con un travesti como su figura central, se vuelve metonimia del país clasista, xenófobo, homo-lesbo-trans fóbico del que hoy se alimenta la democracia neoliberal.

Mosaico de Pedro Lemebel instalado en el centro de Santiago.
Registro gentileza de Isabel Cristina González.

---

[8] Un fragmento de este mural se reproduce en la portada de este libro *[Nota del editor.]*

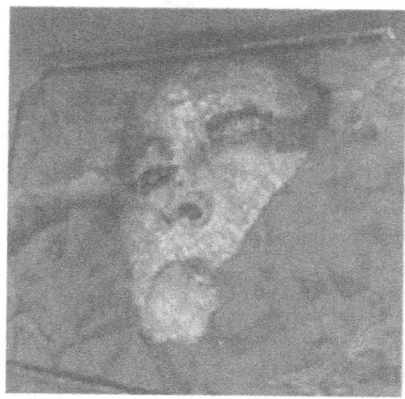

Retrato vandalizado de Lemebel.
Registro gentileza de Isabel Cristina González y
Colectivo Musa

El artista Gonzalo San Martín en el proceso de fragua y restauración del
mosaico vandalizado, 17 de noviembre de 2020.
Fotografía gentileza de Isabel Cristina González y Colectivo Musa.

2. La Frida-Pedro de Verónica González

Una de las primeras apariciones de la imagen de Lemebel durante el estallido es la intervención que la artista Verónica González hace en medio de las primeras marchas.⁹ El monumento de Abdón Cifuentes (1836-1928) –controvertido profesor de derecho constitucional de la Universidad Católica y ministro de Justicia, Culto e Instrucción Pública bajo el gobierno de Federico Errázuriz Echaurren–, erigido frente a la fachada norte de la casa de estudios, es reemplazado por la efigie de Pedro Lemebel. La imagen es la de un busto de Pedro-Frida, con la frente surcada por la uniceja delineada como un pájaro. Lleva un vestido estampado de flores que deja el escote desnudo, el pelo negro lacio cae hacia los costados mientras la boca pintada de labial indica el punctum de la imagen. La escultura de la artista se inspiró en "la portada del libro *Adiós mariquita linda* (una de sus versiones)" (Blanco, entrevista inédita).

Fotografía gentileza de José Ignacio González Farindez.

La artista justifica su elección diciendo: "Quería que Pedro se presentará lo más provocador posible: cabello largo, labios rojos, vestimenta floreada. Todos elementos que componen el estereotipo de

---

⁹ Un mes antes del estallido, en septiembre del 2019, la imagen de Pedro Lemebel junto a la de otras figuras de la cultura chilena fue emplazada oficialmente frente al Centro Cultural (Metropolitano) Gabriela Mistral como parte de las celebraciones de los nueve años del espacio. Las imágenes muestran al Pedro-Frida del fotógrafo Pedro Marinello en una imagen frontal en blanco y negro sosteniendo un lienzo junto a Claudia de Girólamo (actriz) y Gabriela Mistral (poeta), Mónica Echeverría (escritora) e Isidora Aguirre (dramaturga) en el que se lee "En Chile el arte más elevado es hacerse el tonto". La intervención consta de seis collages en el que la única imagen que no es la de una mujer es la del cronista. (El Mostrador Cultura, 9 de septiembre de 2019).

lo femenino. Muchas personas que no conocían a Lemebel, miraban el busto y exclamaban '¡Mira, Frida! Frida Khalo'. La imagen femenina de Pedro engañaba la vista, como lo solía hacer con sus taco-aguja y sus plumas" (Ibíd.). El busto se hizo popular en redes sociales como Instagram, Twitter y Facebook acumulando comentarios cada vez que la artista volvía a colocarlo en el plinto vacío frente a la Universidad Católica. González plantea: "tomé la decisión de instalar el busto cada viernes entre las 16 y las 17 hrs. para aprovechar al máximo la exposición en el espacio público y lograr mayor visibilidad" (Ibíd.).

Fotografía de José Ignacio González Faúndez.

3. La corona de jeringas y Piñera *Conchetumadre* de Rosita Beas

Otras de las imágenes que circulan durante el estallido son las de Rosita Beas (1982-), artista y pedagoga egresada de Artes Visuales con mención en Pintura de la Universidad de Chile. Su proyecto de obra se centra en una reflexión crítica sobre los imaginarios y la doctrina católica y su impacto en la construcción de sistemas valóricos, éticos y políticos por medio de la inclusión de figuras públicas dentro de obras consagradas por el canon religioso. Este gesto de recontextualización animado por las estéticas del arte pop y del kitsch la lleva a proponer un panteón de "Santos Populares" y compartirlos como arenga en el museo al aire libre que se constituye espontáneamente en los alrededores de la Plaza de la Dignidad (ex Plaza Baquedano), específicamente en el perímetro del Edificio Telefónica. Dos imágenes de Lemebel forman parte de esta obra. *Lemebel de la Resistencia* y *Lemebel-Piñera-Conchetumadre*. La primera de ellas corresponde a la representación de un Lemebel-Cristo, coronado por un halo de jeringas llenas con sangre, impostada sobre la clásica imagen del Sagrado Corazón del barroco católico. La versión original corresponde a la "Alegoría del Sagrado Corazón de Jesús" del mexicano Andrés López (1791). En el pastiche de Beas, la toga del Redentor ha reemplazado al corsé esqueleto que Lemebel vestía cuando participó en 1994 en la Marcha de Stonewall. En esa performance el artista llevaba un cartel que rezaba "Chile return AIDS" (sic.), mientras que ahora porta una botella de alcohol gel. A sus pies yacen dos hombres muertos, alegoría de los partidos políticos de derecha, Renovación Nacional (RN) y la Unión Demócrata Independiente (UDI), y lo escoltan un ángel-Pueblo ofreciendo el cuerpo-ostia y la sangre-cáliz de Cristo el que ilumina a dos querubines que sostienen la Nueva Constitución 2020. La imagen fue instalada el 9 de octubre del 2020 en el Centro Cultural Gabriela Mistral y la escoltan en la muralla una imagen del presidente mártir Salvador Allende y el perro *Matapacos*, emblema de la resistencia de lxs primera fila.

Lemebel de la Resistencia. (Centro GAM, octubre de 2020). Obra de Rosita Beas.

Lemebel de la Resistencia. Imagen gentileza de la artista.

La segunda imagen fue instalada el 14 de diciembre de 2019 en el Edificio Telefónica. Corresponde a la serie de fotografías en blanco y negro que Pedro Lemebel produjo en colaboración con Pedro Marinello en 1990 y que tenían como tema principal a la pintora mexicana Frida Khalo. La imagen a la que refiere la intervención de Beas es *Frida I*. En esta versión, la imagen aparece coloreada digitalmente e insertada a modo de reliquia en una marco-cofre ovalado. A los pies del rostro del "santx" se lee la inscripción "Piñeraconchetumadre" aludiendo a las últimas dos palabras que el artista pide a sus médicos proferir antes de quedar sin voz producto de la laringotomía que le practican en su lucha contra el cáncer que padecía. Un Corazón de Jesús ardiente y dos rosas rojas custodian el retrato.

Lemebel-Piñera-Conchetumadre (Edificio Telefónica, 2019).
Fotografía gentileza de la artista.

Detalle de *Lemebel-Piñera-Conchetumadre*. (Edificio Telefónica, 2019). Fotografía gentileza de la artista.

La misma imagen aparece en una parodia a *La última cena* junto a representaciones de Salvador Allende en el lugar de aquel que fue traicionado, con el cantante Víctor Jara a su izquierda y la excandidata presidencial y Secretaria General del Partido Comunista, Gladys Marín, a su derecha. Los apóstoles que completan el cuadro son el perro Matapacos, el conductor de televisión Felipe Camiroaga (muerto trágicamente en un accidente aéreo) y Pedro Lemebel. Al otro costado, la cantautora Violeta Parra, la poeta Gabriela Mistral y el Divino Anticristo o la Loca del Carrito (a quien Pedro dedica una crónica) cierran la comensalía. La obra se llama *Sigan luchando*.

Espectros, utopía y revolución

Al comienzo de esta reflexión planteaba la pregunta por la temporalidad y sobre lo que era aquello que la espectralidad de la imagen lemebeliana ligaba con su materialización en el 18/O. Lo primero que quisiera puntualizar sobre esto es algo que no es de suyo evidente en los reclamos de la ciudadanía hoy. Existió un momento, una historia y unas vidas con sus muertes atadas a la pandemia del sida a finales de los ochenta y durante la primera parte de los noventa, una historia que coincidió con las postrimerías de la dictadura durante la cual los cuerpos disidentes eran marcados con los signos de la promiscuidad y el contagio. Lemebel los invistió con una ética política por medio de su visibilización literaria y performativa haciéndolos partícipes del mundo social como aparecidos con derecho a ser parte del horizonte vital chileno. Junto con él, otros artistas y escritores homosexuales como Francisco Casas, Francisco Copello, Juan Domingo Dávila, Carlos Leppe, Jorge Marchant Lazcano, Juan Pablo Sutherland, Mauricio Wacquez levantaron obras en las que la disidencia sexual era utopía de liberación.

El Colectivo Musa, dirigido por Isabel Cristina González y Gonzalo San Martín, recupera inconscientemente ese pasado con la instalación del mosaico *Lemebel*. Su trabajo apunta según dicen a producir una interrogante sobre los rostros que representan. Isabel puntualiza: "son personajes que no están tan presentes en la calle. Ese retrato de Lemebel se ha vuelto como un altarcito" (Blanco, entrevista inédita). Este mismo santuario urbano es el que será profanado el 17 de septiembre por dos hombres, destrozando los ojos y la boca del rostro del escritor. Iracíí Hassler, concejala del PC, calificó el atentado como una "afrenta de ignorancia y desesperación heteropatriarcal" (El Desconcierto).[10] En su artículo "Queer Spectrality: Haunting the Past", Carla Freccero sostiene que "[el] pasado está en el presente de forma inquietante. Esto es lo que, entre otras cosas, imaginamos para la historia *queer*, ya que implica la apertura a la posibilidad de ser perseguidos, incluso habitados, por fantasmas".[11] Esta manera de pensar la historia de un modo no lineal, abierta a la presencia continua del pasado en el presente adquiere total sentido en la circunstancia que analizamos. La fantasmagoría lemebeliana se posiciona en este mosaico por sobre la instrumentalidad del mismo, rebasa el telos de la acción del grupo, el mero acto de recordar para hacer acontecer otros sedimentos de la memoria. La imagen de Lemebel-Taylor porta el virus del SIDA.

La crónica "Carta a Liz Taylor (o esmeraldas egipcias para AZT)", incluida en *Loco afán. Crónicas de sidario* (1996), anticipa este recuerdo en la producción literaria del autor. La crónica es un petitorio de un

---

[10] La imagen sería restaurada más tarde y vuelta a vandalizar el 2 de diciembre de 2020, por desconocidos que volvieron a arrancarle los ojos y la boca. La acción es violenta no sólo por lo que implica, sino por lo que representa. El arrancarle la mirada y la voz al cronista es volver a enmudecer y cegar a los miles que han protestado contra el régimen de Piñera, a la vez que conlleva una invectiva contra su escritura, hecha de ojos y sonidos de la ciudad.

[11] "[t]he past is in the present in the form of a haunting. This is what, among other things, we imagined for queer history, since it involves openness to the possibility of being haunted, even inhabited, by ghosts" (Freccero 336).

seropositivo a la actriz para que por medio de la venta de una de las esmeraldas de la corona de la película *Cleopatra* (Joseph L. Mankiewicz, 1963) pueda conseguir el AZT necesario para continuar viviendo. La imagen de la actriz es el halo de la performance que Lemebel monta para la presentación de su novela en 2001. El atentado sufrido por el mosaico hace coincidir dos pasados, el de la violencia homofóbica y el de la persecución ideológica.[12] En la fotografía que sostiene el relato, los muertos de la pandemia comparten la pira de huesos de pollo con los que van a caer víctimas de la represión política en un futuro abominable por lo cierto del rememorar. Homosexualidad y disidencia política, de este modo, se han vuelto a unir de modo macabro en la futuridad que anticipa la profanación del rostro del artista en el contexto de la protesta en 2020.

Y si de signos se trata, la mutilación de ojos y boca, reinserta también los cadáveres y los heridos de la represión genocida del estado militar y de su continuidad bajo el gobierno de Piñera. Freccero lo plantea de la siguiente manera: "El objetivo del pensamiento espectral no es, pues, encarcelar, sino permitir regresar, ser visitado por una demanda, una demanda para dolerse y una demanda para organizar" (Freccero 338).[13] Es justamente este pensamiento visual el que se ha tomado la calle para hacer de la urbe un ágora de sentidos dispuestos para interpelar a la multitud e invitarla a recorrer la multiplicidad de tiempos que hilan las imágenes. La ciudad ya no es un mausoleo de bustos y esculturas pacificadoras de la civilidad en aras de la comunidad nacional legitimados por sus instituciones, prácticas escolares o retóricas partidarias. Las imágenes, como espectros que suben de sus tumbas, liberan las pulsiones, las encarnan en muros y pancartas, pero también detonan su negatividad. Lemebel ya no es imagen de pérdida, duelo, nostalgia o interrogante histórico, sino una provocación. Su faz se vuelve el sudario de un proscrito y como tal, la fantasía del linchamiento, de la tortura, el borramiento del paria reencarna en la destrucción del mosaico-panteón. El acto no es simplemente el de vandalizar, la acción de estos dos hombres, voluntaria o impuesta demuestra el poder de la

---

[12] La misma fantasía es desplegada en "La noche de los visones" incluida en el mismo volumen de crónicas.

[13] "The goal of spectral thinking is thus not to immure, but to allow to return, to be visited by a demand, a demand to mourn and a demand to organize" (Freccero 338).

imagen en tanto hace que aquellos desaparecidos –murió en su ley, reza el refrán popular– acontezcan en el presente nuevamente plenos subjetivamente. No es entonces extraño, que quieran acallar su voz rompiendo los contornos de la boca, produciendo lo que Freccero llama "cerramientos ocasionados por repudios violentos" (349).[14] Esa voz que sigue martillando en sus cabezas el slogan de la multitud "no tengo miedo, torero".

***

La segunda de las imágenes que quisiera comentar en este texto es la de Verónica González. Ya hemos descrito la instalación más arriba. Un busto de Pedro-Frida frente a la fachada principal de la Casa Central de la Universidad Católica. Esta difiere de la anteriormente discutida por varias razones. En primer lugar, es una imagen intencionada. La artista deliberadamente escoge la fotografía de la portada del volumen de crónicas *Adiós, mariquita linda* (2004)[15] para hacer una crítica a la construcción estereotípica de la femineidad patriarcal. La provocación era tensionar las imágenes de Frida Kahlo y Pedro Lemebel en su identificación, gesto particularmente interesante para quienes ambos íconos o uno de ellos resultaban desconocidos. De igual modo, la decisión del lugar es semifortuita. Inicialmente la idea era "intervenir alguno de los bustos ubicados en el frontis de la Universidad, pero estos ya habían sido arrancados por lo que la opción final fue la de instalar un nuevo busto" (Blanco, entrevista inédita). El tercero de los elementos es la inclusión del siguiente fragmento del "Manifiesto (Hablo por mi diferencia)": *Hay tantos niños que van a nacer con una alita rota y yo quiero que vuelen compañero,*[16] en diálogo con la imagen del pájaro ceja extractado y que formará parte de la intervención bajo la forma de una suerte de proclama adosada al plinto del busto. Obviamente esta segunda aparición comparte con la anterior el ejercicio del duelo y el de la futuridad.

---

[14] "foreclosures occasioned by violent repudiations" (349).
[15] Título homónimo de la canción de Pedro Infante.
[16] Este fragmento del "Manifiesto" ha sido ampliamente utilizado por diversas campañas publicitarias de concientización de derechos de minorías. Una de las más conocidas es la del "Bus de la Diversidad" que la exhibía en uno de sus costados. Esta iniciativa del Movimiento de Integración y Liberación Homosexual (MOVILH) fue una respuesta al llamado "Bus de la Libertad" asociado con el Observatorio Legislativo Cristiano. También aparece repetidamente en redes sociales. El "Manifiesto" está incluido en el libro *Loco afán (Crónicas de sidario)* [1996].

En el caso que comentamos ahora, ambas figuras espectrales son reapropiaciones de cuerpos que materialmente ya no existen. Sin embargo, sus imágenes han podido construir narrativas e ideologías que los interpelan como fuentes de sentido. En este trabajo de González lo que se vuelve visible en primera instancia es la paradoja del género y su performatividad, abundantemente teorizada por Butler (1990, 2004). Aun cuando la misma artista reconoce este objetivo como uno de los primordiales, la filiación fantasmática que liga a las dos figuras es la del horizonte revolucionario, su tiempo y la subjetividad *queer* que los atraviesa. Khalo y Lemebel abiertamente son significantes fundidos con el Partido Comunista, la revolución y las minorías sexuales. Ambos, a su vez, marcados por la tragedia. Kahlo víctima del accidente, el modo kantiano de existencia de la sustancia: la circunstancia de la polio, la casualidad del choque y la tragedia del desamor. Lemebel, por su parte, definido por la pobreza con la rabia como su accidente. Y, siempre, el desamor.

Ambas figuras también comparten la captura técnica, la espectralidad producida por los medios de reproducción masiva. Dice Derrida: "la toma [...de la cámara...] nos espectraliza, somos capturados o poseídos por la espectralidad de antemano... [...]...al igual que el trabajo de duelo, de una cierta manera, que genera una determinada espectralidad y como *todo* trabajo también la produce" (Derrida y Stiegler 39).[17] En este punto la detención obligada es la muerte, la pérdida. Al igual que el sonido de un piano conocido con cada nota nos adentra en el recuerdo, en la ficción de recuperación de un pasado del que fuimos triste o felizmente partícipes, las imágenes de estos dos íconos se nos imponen como ideales en un presente que quisiera darles un final distinto a sus tragedias. Así la multitud deviene autora. Creadora colectiva que procesa la pérdida de la utopía, de aquello que fue un casi. Un destello de posibilidad de unas vidas truncadas por la enfermedad y el daño. Repasa frente a ellas el guion de su desasosiego diseminado en catálogos de arte, libros, películas, documentales, reportajes periodísticos, mientras arropa el suyo propio de gritos y resistencia.

---

[17] "...we are spectralized by the shot, captured or possessed by spectrality in advance... [...]... like the work of mourning, in a sense, which produces spectrality and like *all* work produce spectrality" (Derrida y Stiegler 39).

¿Qué es lo que hace estos espectros santos y no mártires? La propia vulnerabilidad, nos apunta Butler. Una condición, la de lo femenino, que no escapó a ninguno de los dos, de la que ambos hicieron proyecto. Lemebel leyó esa comunalidad con la obra de Kahlo, la de la exposición del cuerpo, la de la condición visible de su fragilidad, pero también la de la fuerza que los sostiene en su precariedad. Y no hablo de no poder comer o de no llegar a fin de mes, aunque esos son motivo suficiente en una revuelta dominada por la razón económica. Pienso en otro coeficiente. El del deseo de un género, de cómo hacer vivible la vida de las mujeres. Es imposible olvidar el mayo feminista de 2018 como sedimento del 18/O. Un disparador que no apunta al desmantelamiento del sistema y de su sentido común basado en una libertad que funde lo humano con lo privado, la sexualidad con la moral, sino en la posibilidad de reconocer que el sentido de lo social puede derivarse de una imaginería de lo femenino liberada de los condicionantes culturales que exigen su dominación. Entendida esta semiótica como un modelo posible de solidaridades figuradas en la calle en la que el cuerpo-Frida y el cuerpo-Lemebel sean sustancia de la misma sociedad, las dos imágenes fundidas en el busto "se valen de la exposición pública de su cuerpo" (Butler 152) como medio legítimo de resistencia. *Todxs somos Lemebel-Frida* no es otra cosa que la confirmación de la propia vulnerabilidad como sostén del entendimiento del otro. Pienso que esto es lo que ha ocurrido con estas dos imágenes.

Hagiografías urbanas

La última serie de imágenes de este ensayo es la que corresponde al trabajo de Rosita Beas (1982-). Este se distingue de los dos comentados anteriormente por una deliberada estética en la que la imagen se construye por medio del recurso a la cita de obras canónicas del arte religioso. Dichas obras son intervenidas mediante la inserción de personajes de la cultura popular chilena y exhibidas en muros de calles y avenidas de la Zona Cero de Santiago. El gesto de apropiación y reapropiación de imágenes y géneros le permite a la artista "santificar" a estos protagonistas de relatos inconclusos cuyas muertes trágicas por impredecibles e imposibles de racionalizar los han dejado en el imaginario cultural como "heróes-santos" portadores de una sombra melancólica originada en el trauma de su desaparición. El ejercicio del culto y la devoción religiosas propio de las obras que los contienen se refuncionaliza por medio de diferentes acciones de simbolización de la angustia, de la violencia, de la desesperación de los manifestantes. Esta catarsis simbólica produce una nueva visibilidad para las narrativas que contenían a estos protagonistas. Extrapolando el análisis que Rancière hace del fenómeno de la visibilidad pictórica y su relación con el llamado "privilegio representativo" (94), podríamos proponer que el desajuste producido por la cita de la historia trágica reciente en el texto devocional religioso permite observar la unívoca interpretación del presente como un espacio de lucha en el que estos actores sociales, que ahora vuelven como espectros, sancionan la violencia de la movilización como necesaria para la emancipación. Para Simón Palominos, este operar de la expresión y elaboración colectivas de la rabia instrumentaliza:

> …la fuerza del símbolo religioso para elevar a los y las representantes de la lucha popular. El ojo sangrante desplaza el sagrado corazón como símbolo de un sacrificio (un hacer sagrado) en aras de una sociedad igualitaria. Los rostros de Camilo Catrillanca, Alex Lemún, Gustavo Gatica, Fabiola Campillai, las y los estudiantes secundarios, Gabriela Mistral, Violeta Parra, Mon Laferte, el negro Matapacos, Pedro Lemebel, Víctor Jara, Gladys Marín, Clotario Blest, Jorge González e incluso Felipe Camiroaga superpuestos a imágenes religiosas ejemplifican este acto. Esta nueva hagiografía popular surge como testimonio de la rebelión popular contra la opresión de la oligarquía y hierocracia chilenas. (Palominos)

Las imágenes de Lemebel que forman parte de esta Sixtina a cielo abierto son las de la Frida de Pedro Marinello, ya comentada al referirme a la obra de Verónica González, y la de la fotografía *Alacranes en la Marcha*, tomada por Gabriela Jara en la ciudad de Nueva York en 1994. Me referiré brevemente a esta última para indicar un par de consideraciones posibles de su reinscripción en la imagen que nos ocupa. La utilización del rostro de Lemebel en la obra *Lemebel de la Resistencia* alude claramente a la contingencia. Es uno más de los cientos que apoyaron desde la llamada *Primera Línea* a los manifestantes. Sin embargo, lo que me resulta más interesante es la resignificación de la corona-halo de jeringas que lleva.[18] Como

---

[18] La imagen ya ha sido utilizada por el autor en diferentes momentos. El 21 de mayo de 1994, Lemebel realizó la intervención-instalación *Barco Ebrio* en el sindicato de marineros de Valparaíso, dirigida por Tevo Díaz <ondamedia.cl/show/pedro-lemebel-el-barco-

es bien sabido el motivo de las jeringas en la fotografía original estaba asociado con la transmisión del VIH en usuarios de drogas intravenosas En su lectura, Lemebel propone la colonialidad del contagio, el que pretende "devolver" al opresor resimbolizado en este alacrán que se infiltra en la Marcha por el Orgullo de 1994, conmemorando los veinticinco años de la rebelión de Stonewall.

El objetivo de Lemebel es claro, su representación post-humana, en este caso más allá del orden de los mamíferos, pone a un miembro de la clase de los arácnidos, los escorpiones (el propio signo zodiacal de Pedro) como motivo de su performance. El efecto terrorista de su irrupción denuncia distintos niveles de injusticia social. Por una parte, la falta de políticas públicas de salud que apoyen a los portadores seropositivos, por otra, la creciente higienización de los travestis en el gay *mainstream* neoliberal, cuya nueva visibilidad no ha ayudado en nada a detener las crecientes tasas de asesinatos por orientación sexual e identidad de género en la región. Además, la condición colonial, racial y de clase que se materializa en abierta pugna con el gay de clase media alta, blanco y musculoso queda esculpida en la fisonomía de esta loca-alacrán. En palabras de José Esteban Muñoz, la operación del artista revela "una política travesti que se propone crear un malestar en el deseo, el que funciona para confundir y subvertir el tejido social ... [...] sin embargo, no se imbrica fácilmente en ese mismo tejido debido a la complejidad de su naturaleza interseccional" (100).[19] La operación de Beas rescata el valor iconográfico de Lemebel en tanto moviliza la oposición política del pueblo, el binomio burgués-proletario. Lemebel es el santo de los movilizados, la figura de Dios vuelta materia revolucionaria, es él quien indica la vía de la salvación, la vía revolucionaria de la salvación.

****

---

ebrio>. En este corto, Lemebel es una sirena-medusa coronada con un tocado de jeringas. La performance acontece en medio del sector de las duchas de hombres y la oficiante del ceremonial erótico lleva el mismo corsé de osamentas y vísceras con el que desfilará unos meses más tarde en la ciudad de Nueva York. El tono de la performance es abiertamente sexual. También la imagen aparecería como portada de la primera edición del volumen *La esquina es mi corazón. Crónica urbana.* (Cuarto Propio, 1995).

[19] [Lemebel] political drag is about creating an uneasiness in desire, which works to confound and subvert the social fabric ...[...] however is not easily enfolded in that social fabric because of the complexity of its intersectional nature"(100).

La idea que recorre este trabajo era la de reflexionar sobre la vuelta espectral de la imagen de Lemebel durante el estallido social en Chile a partir del 18/O y entender de qué modo se ligaban temporalidad, utopía y revolución. Tres han sido las figuras que hemos comentado. Primero, aquella que se identifica con el cuerpo homosexual proletario, el luchador por las minorías sexuales y el sujeto obrero. Esta imagen es la que opera en consonancia con la vuelta de la multitud a la calle haciendo de Lemebel un marcador de la escisión social radical. La segunda es la del Lemebel en alianza con lo femenino. El signo de la Frida-Lemebel que marcó gran parte de su producción artística desde el colectivo Yeguas del Apocalipsis, incluyendo sus performances individuales hasta aquella realizada en la Fundación López-Pérez unas semanas antes de morir.[20] Este signo es quizás el que más visibilidad adquiere durante las movilizaciones sociales del último año en Chile. Es la imagen del peso que adquiere el signo de lo femenino en el cuerpo social. No olvidemos que sin el Mayo feminista de 2018, el sedimento del estallido hubiera sido otro.

Pedro-Frida, Lemebel-Frida opera como el centro de gravedad de las exequias del patriarcado y de su racionalidad económica. La tercera y última de las imágenes es la del Pedro revolucionario. La calle es la esquina y la morada como querrían Agamben y Badiou, de una "masa estructurada" (Badiou 37) o en vías de serlo. El fenómeno de la utopía revolucionaria y las reverberaciones de su posibilidad en el espejo de las movilizaciones erigen a Lemebel (y a otras figuras) como un redentor, un mesías y un santo. Esto no es más que pensarlo como aquel que es capaz de representar a la multitud.

---

[20] Un análisis exhaustivo de esa performance es realizado por Fernando A. Blanco en "'La Frida no envejeció. Yo soy la Frida envejecida'. La última performance de Pedro Lemebel" (2020).

Bibliografía

Badiou, Alan. *Teoría del sujeto*. Traducido por Juan Manuel Spinelli. Buenos Aires: Prometeo, 2009.

Blanco, Fernando A. "'La Frida no envejeció. Yo soy la Frida envejecida'. La última performance de Pedro Lemebel". *La vida imitada. Narrativa, performance y visualidad en la obra de Pedro Lemebel*, editado por Fernando A. Blanco. Madrid: Iberoamericana / Vervuert, 2020. pp. 73-84.

Butler, Judith. *Cuerpos aliados y lucha política. Hacia una teoría performativa de la asamblea*. Buenos Aires: Paidós, 2017.

_____ *Gender Trouble. Feminism and the Subversion of Identity*. New York: Routledge, 1990.

_____ *Undoing Gender*. Nueva York: Routledge, 2004.

Cárcamo-Huechante, Luis Ernesto. "Las perlas de los 'mercados persas': estética y economía de la crónica urbana en Pedro Lemebel". *Desdén al infortunio. Sujeto, comunicación y público en la narrativa de Pedro Lemebel*, editado por Fernando A. Blanco y Juan Poblete. Santiago de Chile: Cuarto Propio, 2010. pp. 157-179.

Castillo, Bárbara. "Oralidad y conocimiento en las crónicas radiales de Pedro Lemebel". *Pedagogías de la disidencia en América Latina*, editado por Patricia Oliart. Lima: La Siniestra, 2020. pp. 37-62.

Contardo, Óscar. "El apartheid". *La Tercera Domingo*. 1 de noviembre de 2020, <latercera.com/opinion/noticia/columna-oscar-contardo-el-apartheid/TPIVKV2G25ARBOBFBJGELZZSPI/>.

Didi-Huberman, Georges. "El gesto fantasma". Traducido por Claude Dubois y Pilar Vásquez. *Acto: Revista de Pensamiento Artístico Contemporáneo*, Universidad de La Laguna, Vol. 4, 2008, pp. 280-291.

El Desconcierto. "Nuevo atentado a la cultura: Desconocidos destruyen mosaico de homenaje a Pedro Lemebel". *El Desconcierto*, 17 de septiembre de 2020, <eldesconcierto.cl/nacional/2020/09/17/nuevo-atentado-a-la-cultura-desconocidos-destruyen-mosaico-de-homenaje-a-pedro-lemebel>.

El Mostrador Cultura. "Grandes personajes de la cultura apoyan la lucha feminista en intervención artística del GAM". *El Mostrador*,

9 de septiembre de 2019, <elmostrador.cl/cultura/2019/09/09/grandes-personajes-de-la-cultura-apoyan-la-lucha-feminista-en-intervencion-artistica-del-gam/>.

Freccero, Carla. "Queer Spectrality. Haunting the Past". *The Spectralities Reader. Ghosts and Haunting in Contemporary Cultural Theory*, editado por María del Pilar Blanco y Esther Peeren. New York: Bloomsbury, 2013. pp.335-360.

Mayol, Alberto. *Big Bang. Estallido social 2019. Modelo derrumbado - Sociedad rota - Política Inútil*. Santiago de Chile: Catalonia, 2019.

Montesinos, Elisa. "Notas a pie: El día en que Lemebel lanzó una molotov en el programa de Carcuro". *El desconcierto*, sección Tipos móviles, 23 de enero de 2020, <eldesconcierto.cl/tipos-moviles/2020/01/23/el-dia-en-que-lemebel-lanzo-una-molotov-en-el-programa-de-carcuro>.

Muñoz, José Esteban. *Desidentifications. Queers of Color and the Performance of Politics*. Minneapolis: University of Minessota, 1999.

Palominos, Simón. "Nueva Hagiografía Popular", s/f., <laciudadcomotexto.cl>.

Poblete, Juan. *La escritura de Pedro Lemebel como proyecto cultural y político: Crónica, ciudadanía y literatura bajo el neoliberalismo*. Santiago de Chile: Cuarto Propio, 2018.

Rancière, Jacques. *El destino de las imágenes*. 2003. Traducido por Lucía Vogelfang y Matthew Gajdowski. Buenos Aires: Prometeo, 2011.

Reposi Garibaldi, Joanna, directora. *Lemebel*. Largometraje documental / 96 minutos. Santiago de Chile: BancoEstado/Compañía de Cine; Solita Producciones, 2019.

Sepúlveda, Rodrigo, director. *Tengo miedo torero*. Largometraje/93 minutos. Santiago de Chile: Forastero/Tornado/Caponeto/Zapik Films, 2020.

III. Archivo, performance y audiovisualidad

El archivo como engaño y promesa[1]

Fernanda Carvajal

1.

EL PROYECTO DE REALIZAR UN ARCHIVO QUE REUNIERA LOS REGISTROS documentales de las Yeguas del Apocalipsis surgió en el año 2014, pocos meses antes de que falleciera Pedro Lemebel. El acuerdo con él y con Francisco Casas fue que se postularía un proyecto Fondart (Fondos de Cultura del Estado de Chile) con el apoyo de la Galería D21 de Pedro Montes. Desde el año 2009, la obra de las Yeguas del Apocalipsis había comenzado a circular por exposiciones internacionales. La exposición *Perder la forma humana*, que tuvo lugar en el año 2012 (donde colaboré como parte del grupo curatorial), fue parte de esa reactivación y visibilización internacional de las Yeguas y un antecedente del archivo por el material que comenzamos a encontrar. Simultáneamente, el coleccionista Pedro Montes comenzaba a gestionar comercialmente la obra de las Yeguas del Apocalipsis desde la galería D21 donde trabajaba Alejandro de la Fuente[2] quien, a partir de su propia investigación, realizó la primera versión de la web dedicada al colectivo.

---

[1] Este texto reelabora y actualiza "Resistencias de archivo. Notas sobre el archivo de las Yeguas del Apocalipsis" que la autora presentó en el II Coloquio sobre Poéticas y Políticas de archivo. Archivo Queer e imaginación política (Universidad de la Plata, 26 de noviembre de 2015) y en las II Jornadas de Archivos en Arte del Centro de Documentación de las Artes (Centro Cultural Palacio de La Moneda, 15 de abril de 2016). Una versión del mismo texto fue leída en el lanzamiento del *Archivo Yeguas del Apocalipsis*, que tuvo lugar el 19 de abril de 2018 en el Archivo Nacional de Chile, en Santiago. [Nota del editor.]

[2] Agradezco a Alejandro de la Fuente por la colaboración, el diálogo y la amistad que hemos sostenido durante estos años a lo largo de todo este proceso. Aunque este texto lleva mi firma, las reflexiones que aquí comparto se han ido asentando en relación de ida y vuelta con los diálogos que hemos mantenido en este tiempo.

El proyecto de hacer un archivo cruzó estos procesos y se planteó como una fase previa para realizar un libro y una exposición en Chile sobre las Yeguas del Apocalipsis, que sin duda era lo que más le importaba a Pedro Lemebel y Pancho Casas. Si bien la exposición y el libro no fueron apoyados por el Fondart,[3] la conformación del archivo, sí recibió un fondo estatal que fue desarrollado entre los años 2015 y 2018. Actualmente, tres ejemplares del Archivo Yeguas de Apocalipsis –tanto en formato físico como digital– están alojados en diferentes instituciones: la colección Mujeres y Géneros del Archivo Nacional de Chile, la Biblioteca Municipal de Concepción y el Museo Nacional de Bellas Artes de Santiago,[4] donde se encuentran disponibles para la consulta. También hay una copia digital y accesible a público en el Museo de Arte de Lima. Una selección del archivo está disponible en la página web <yeguasdelapocalipsis.cl>.

Página inicial del sitio web <yeguasdelapocalipsis.cl>, proyecto financiado por FONDART, y coordinado por Fernanda Carvajal y Alejandro de la Fuente.

---

[3] El Fondo Nacional de Desarrollo Cultural y las Artes, conocido como Fondart, es un fondo concursable administrado por Ministerio de las Culturas, las Artes y el Patrimonio, y desde el año 1992, constituye una de las principales fuentes de sostenimiento del arte y la investigación artística en Chile.

[4] Es preciso señalar que el acuerdo para que el Museo Nacional de Bellas Artes aloje una copia física y digital del archivo Yeguas del Apocalipsis está firmado, pero la entrega no ha podido ser concretada por cuestiones administrativas que esperamos se resuelvan en el año 2022.

Como investigadores a cargo, ya desde la formulación del proyecto, Alejandro de la Fuente y quien escribe, defendimos la constitución del archivo como un archivo no privativo, que quedaría en acceso en tres instituciones públicas, como un conjunto de documentos indivisible y no comercializable.[5] La confección del archivo transcurrió en este territorio de tensiones, donde había distintos intereses y distintos agentes en juego. Toda investigación, por más bien intencionada que sea, contribuye a producir valor, no solo simbólico, social, histórico, sino valor económico. Y en este caso, con una proximidad e inmediatez vertiginosas. El fantasma del cálculo, de la especulación, de la comercialización atravesaron todo el proceso. Y es que, como planteamos hace unos años en un texto con el Grupo de investigación Micropolíticas de la desobediencia sexual, estamos en un contexto de creciente fetichización y comercialización de fondos documentales de prácticas artísticas críticas, ante "un acelerado interés por instrumentalizar experiencias de vida, modos de hacer política, saberes minoritarios, corporalidades no hegemónicas que transitan por el arte contemporáneo como plataforma. En este sentido, la proliferación de archivos no sólo excita un interés económico sino también formas de gobernar sujetos" (8). Puedo decir que esta tensión nos acompañó activamente durante todo el proceso. En especial porque nuestra visión desde la investigación buscaba entender a las Yeguas más allá de su codificación desde el mundo del arte.

Las Yeguas nunca han entrado del todo a las categorías del activismo LGBT local, porque su gesto, se dice, era cultural. Pero nos interesaba también atisbar cómo se involucraron las Yeguas en los modos de desobedecer, de trazar alianzas y disputar espacios, que marcaron los años de expansión del VIH, autoritarismo y transición democrática antes y durante la conformación las primeras agrupaciones homosexuales orgánicas, y donde había otras agrupaciones que también han quedado borroneadas en los relatos historiográficos como Ayuquelén, el colectivo SER o el Centro de Educación y Prevención en Salud Social y Sida (CEPSS) de Concepción. Como si ahí se guardara la promesa de un modo heterodoxo de hacer política antes de la ortodoxia. Para nosotros, se trataba más bien de una disputa por volver legible y por desactivar

---

[5] En estos criterios retomamos el compromiso ético con archivos de la Red Conceptualismos del Sur.

el silencio que constituye una parte importante de los relatos sexos disidentes de nuestra historia.

Una de las primeras cosas que hicimos fue entablar un diálogo con archiveros. Antes de preguntarnos si acordábamos o no con la archivística como discurso y precepto, nos dimos cuenta de que había algo distinto en el punto de partida. Los archiveros partían de la abundancia de materiales acumulados en cajas, donde había que ir a buscar un orden original, identificar la procedencia de los documentos, armar series. En nuestro caso, en cambio, no había cajas que ordenar. En lugar de partir del exceso, nuestro punto de inicio era la ausencia de lo que faltaba.

Cuando comenzamos a trabajar, la documentación que existía sobre las Yeguas del Apocalipsis se encontraba dispersa. Se preservan apenas algunos negativos y documentos de época, que no llegan a contarse con los dedos de las manos, en los archivos personales de Francisco Casas y Pedro Lemebel. Los demás documentos que conforman el archivo, estaban desperdigados entre los acervos de fotógrafos, artistas e intelectuales cercanos a las Yeguas. Aunque negativos y masters audiovisuales existen, los fotógrafos y videastas no los donaron al archivo, pues consideran que les pertenecen (una de las puntas de la madeja en que se enredan las luchas por los derechos de imagen entre artistas y fotógrafos para el caso de acciones de arte efímeras). Por eso, hacer este archivo implicó inventar una máquina (toda una ficción contractual de firmas y papeles) capaz de coordinar saberes, deseos y acuerdos para persuadir a muchas personas para que eligieran ofrecer y no retener lo que habían guardado. En múltiples dimensiones, fue trabajar en la tensión entre la apertura de lo común y los cercamientos de la propiedad. Pues, aunque logramos reunir muchos materiales que hoy quedan abiertos a la consulta, hacer un archivo –como decía al principio– implica poner en valor, y por lo tanto la propiedad, el capital y la especulación siguen ahí haciendo su trabajo.

Llamamos archivo de "copias" al conjunto documental que conformamos porque, salvo contadas excepciones, no tiene documentación "original". Esto no solo afecta, como señalaré en seguida, la materialidad de los documentos, sino que concede a su estatuto de archivo de una legalidad sospechosa. En efecto, hacia el final del proceso, una de las instituciones que iba a acoger el archivo se negó a recibirlo señalando como "razón principal" que "los documentos son copias y que no era apropiado tener copias en sus colecciones", pues podían quedar expuestos a "conflictos legales".[6] Esta condición fallida es, sin embargo, también una potencia, que hizo posible dotar al archivo de una cierta promiscuidad, al ponerlo en acceso en tres instituciones públicas (la colección Mujeres y Géneros del Archivo Nacional de Chile, la Biblioteca Municipal de Concepción y el Museo Nacional de Bellas Artes de Santiago), en un intento de interrumpir las lógicas de exclusividad que rigen las iniciativas tanto privadas como públicas.

Cuando tratábamos de explicar a amigxs archiverxs qué era el Archivo Yeguas del Apocalipsis, parecían faltar casi todos los requisitos básicos dictados por la archivística para llamar a algo un archivo. Quizá para salir de la ansiedad que eso me provocaba en una ocasión lo llamé archivo Frankenstein. A lo mejor, frente a la idea de archivo como organismo vivo, natural, sistemático, podía aparecer la figura de este archivo como un cuerpo artificial, creado por partes de cuerpos muertos, suturados y revivificados eléctricamente, como el personaje de Mary Shelley.[7] Al poco tiempo, en el libro *Pretérito indefinido. Afectos y emociones en las aproximaciones al pasado*, de Cecilia Macon y Mariela Solana, vi citado un texto de Elisabeth Freeman que tomaba la figura de Frankenstein para pensar la relación con las huellas del pasado y que decía que las amarras del cuerpo que conforman un archivo, en muchas ocasiones responden a ataduras pasionales a los documentos, antes que a una metodología historiográfica. Creo que el cuidado con que distintas personas guardaron restos documentales, y nuestra propia búsqueda, estaba más impulsada por una necesidad afectiva y política, inclusive por el duelo, que por la idea de llegar a una certeza histórica, o a un relato seguro de sí mismo.

Que este archivo se haya conformado como un archivo de copias, no solo permite señalizar las políticas de invisibilización de las disidencias sexuales, en la historiografía y las políticas de la memoria, sino que también habla de la manera en que las Yeguas del Apocalipsis

---

[6] Correo electrónico de Carla Silva, Subdirectora de Bibliotecas de la Universidad de Concepción del 23/11/2017.

[7] Agradezco el espacio de preguntas y de escucha donde apareció la imagen del Archivo Frankenstein, a los participantes de las Primeras Jornadas de Archivo en Arte, que realizamos junto a Soledad García en el Centro de Documentación de las Artes (CeDoc) del Centro Cultural Palacio de La Moneda en octubre de 2015.

realizaban su práctica y de lo que podría entenderse como un cierto "desapego" de las Yeguas respecto a su archivo.

2.

Conocí a Pancho Casas cuando fui a su casa a hacerle una entrevista, en abril o mayo de 2011, pero nunca llegué a prender el grabador. Me pidió que lo acompañara a hacer compras por el barrio y dijo que me iba a contar su biografía, pues la historia de su vida era lo primero que yo tenía que saber para entender a las Yeguas. Me habló de muchas cosas, me contó de sus viajes y proyectos como documentalista en los años noventa, pero no dijo nada sobre las Yeguas del Apocalipsis. Le dije que quería volver para hacerle la entrevista y registrar nuestra conversación, a lo que él me contestó: "¿pero para qué? si ahora estamos conversando". Tuvimos algunos encuentros más, pero la entrevista nunca sucedió. Hay algo en su respuesta que creo haber entendido sólo después, que tenía que ver con esquivar la fijación del registro, quizá porque lo sentía como el pinchazo que atraviesa un bicho en un insectario. Pero también me estaba proponiendo otro modo de entrar en contacto con las Yeguas, otro modo de escuchar. Una vez me dijeron que si la escucha se distingue del oír, es porque está a la escucha de otra cosa que el significado de lo dicho, algo que se transmite en las vibraciones sonoras por contagio, por contacto. Entonces, creo que lo que Pancho Casas me estaba diciendo es que "comprender" a las Yeguas no tenía que ver con escuchar un relato, aproximarse a las Yeguas tenía que ver con escuchar o percibir un *modo*. Y ese modo pasaba por el gasto y, por lo tanto, también por la pérdida.

(Y decir *pérdida*, es decir también aquí extravío, y algo así como una pasión de ambas Yeguas por desviarse del sentido que direcciona la pregunta de quien lxs escruta o interroga por algo).

Fue mucho más difícil que Pedro Lemebel me recibiera en su casa. Podría decirse que lo conocí cuando le hice una primera y única entrevista en diciembre de 2010. Ya esa vez me dijo que detestaba las entrevistas, pero que esa tarde en su balcón mientras conversábamos y tomábamos once[8] "igual lo había pasado bien contándome cosas".[9] Así fue que después de ese primer encuentro, estuve por varios meses yendo una vez a la semana a su casa a visitarlo, pero no hubo más entrevistas. Al principio llevaba el grabador, pero hablábamos de cualquier otra cosa. Al poco tiempo desistí. Entendí que se trataba de dar tiempo para entrar a su mundo. Lo cierto es que muy pronto, Pedro perdió la voz. O más bien, su voz se volvió un susurro áspero, pero que aún tenía el poder de tocar con suavidad. Luego, a los días de enterarnos que habíamos obtenido fondos para hacer el archivo, Pedro partió.

Para el Archivo Yeguas del Apocalipsis fuimos confeccionando un archivo oral. Muchas voces, de diferentes personas que tuvieron algún tipo de complicidad afectiva, artística o política con Pancho Casas y Pedro Lemebel, nos hablaron de las Yeguas. Pero la voz de Lemebel y Casas en primera persona está prácticamente ausente en la conformación de esos "relatos" a posteriori sobre las Yeguas. Eso quiere decir que hay muchas voces, que abren y fisuran el relato sobre el colectivo. Pero que también hay silencios.

Quizá uno de los ejercicios básicos al confeccionar un archivo, hacer un inventario o establecer series, es identificar los documentos, ponerles un nombre. También los documentos deben responder a requerimientos de autentificación e identidad. Sin embargo, las Yeguas le cambiaban los nombres a las acciones. En un texto reciente, Pancho Casas se refiere a la performance en vivo que cita la fotografía de "Las dos Fridas" que realizaron las Yeguas del Apocalipsis en la Galería Bucci el año 1990 y escribe: "La performance originalmente se llamaba Si-da-da (no sé si todavía sigue llamándose así)" (Casas 234). Lo que esa frase indica es algo como un "fuera de control" de los nombres, entre el "no sé" que se desentiende del nombre y el "si sigue llamándolo así" que lo da por provisorio. Esta confusión de los nombres y sobrenombres de las acciones de las Yeguas se vincula con otras estrategias como la fabulación y con el dejar correr la leyenda urbana, que fue por mucho tiempo el soporte oral que sostuvo en la memoria *under* las historias de las Yeguas (que fueron escasamente consignadas por la crítica y la historia del arte local). Fabulaciones y

---

[8] La locución verbal chilena "tomar once" significa tomar una taza de té o café con tortas y panes. Es servida a media tarde/noche, y es similar a la hora del té inglesa ("afternoon tea") o la merienda argentina. [Nota del editor.]

[9] Comunicación personal con Pedro Lemebel, diciembre de 2010.

leyendas urbanas que constituyen toxinas para la lógica del archivo. Desde muy temprano, Pancho Casas ha productivizado la fabulación como producción de una memoria de las Yeguas del Apocalipsis en diferentes charlas, entrevistas y también en su novela *Yo, yegua* (2006). Quiero decir que esta proliferación de nombres no ha sido solo un modo de burlar el requerimiento del mercado del arte de títulos y nombres claros y distintos para poder comprar los registros de sus acciones e incorporarlas a sus catálogos como "obras", sino que esta lógica estaba ahí ya desde antes.

Las acciones de las Yeguas tuvieron carácter de acontecimiento "único" tanto aquellas más "planificadas" que han sido "nombradas" y marcadas como "artísticas", como aquellas anónimas, más espontáneas y volátiles. Algunas de estas acciones, que no quedaron registradas en la prensa, han sido imposibles de fechar. Saltan de un año a otro en los relatos. El desenfreno y el terror de los ochenta en Chile hace que recordar se parezca a las contrafuerzas y resistencias inconscientes y pesadas del sueño. Recuerdo que Tevo Díaz comenzó a bostezar una y otra vez cuando lo entrevistábamos para el archivo: "no me había dado cuenta que la memoria da sueño".[10] Tampoco las fotografías, cuando las hay, otorgan mayores pistas para la datación. Eso significa que varias de las acciones de las Yeguas no pudieron ser fijadas como un hecho localizado en una línea de tiempo, que no han podido ser reducidas a la "caída de un cuerpo a un punto" de la cronología (Valderrama 179). No solo hay silencios, también hay huecos, invisibilidades.

3.

En un texto reciente, Nelly Richard señala que las Yeguas del Apocalipsis "[no] consideraban prioritario el acto de registrar sus intervenciones para depositar las huellas de lo efímero en el archivo videográfico de una memoria a futuro. Una memoria de los archivos del Sur que luego se disputarían los museos metropolitanos: estos mismos museos que, después de los trofeos de caza de la Avanzada recolectados en sus expediciones historiográficas y curatoriales, persiguen hoy los saldos (a menudo indocumentados) del transcurso volátil de las Yeguas del Apocalipsis por estas tierras" (12).

---

[10] Entrevista a Tevo Díaz realizada junto a Alejandro de la Fuente en octubre de 2015.

Cuando Richard señala que para las Yeguas del Apocalipsis el registro no era una prioridad, quizá tiene en mente la importancia que tuvo el registro para la obra de otros artistas del período, como Carlos Leppe, donde sin duda había una rigurosa producción fotográfica y videográfica. En relación con el registro de las acciones de las Yeguas del Apocalipsis, creo que hay una combinación de cosas. Por un lado, cuando efectivamente quisieron que quedara registro de sus intervenciones, las condiciones de producción eran mucho más precarias que las de otros artistas del período que contaron, por ejemplo, con la colaboración de publicistas de la época. Eso hace que los registros sean precarios, técnicamente deficientes. En muchas ocasiones, su materialidad no es completamente "mensurable, entera, palpable, correcta, o juzgable en términos de 'verdad' o 'falsedad'" (Grupo de investigación Micropolíticas 9). Es posible pensar que hay una relación entre la falla tecnológica y el cuerpo dañado, históricamente excluido, relegado a la penumbra. Sin embargo, creo que lo que aquí se pone en juego no es la denuncia del daño. Sino que se trata –como planteamos en el texto de Micropolíticas de la desobediencia sexual citado más arriba– de pensar como este tipo de registros, infringen daño a los relatos mayoritarios al incorporar lo que hasta hace poco era relegado al campo de lo imposible, para hacer legibles nuestras historias (Ibíd.).

Con todo, en las Yeguas del Apocalipsis, había una resistencia a la economía de la previsión y del acopio que hizo que, a lo largo de estos años, retornara una y otra vez la impresión del forzamiento del archivo. O de la *traición* que, de alguna manera, trabaja en la confección de este archivo.

Hay traición en este archivo, pero al mismo tiempo, el archivo organiza una economía del registro que introduce opacidad. Como decía Juan Pablo Sutherland cuando lo entrevistamos, hoy el registro es una condición de posibilidad de la performance: *se hace para la foto*. En el archivo de las Yeguas hay acciones sin registro, pero no sin imagen. Es decir, no hay foto, pero hay otras imágenes que se incuban en los recuerdos como un virus, *haciendo tira*[11] la imagen unitaria, fija, de una acción. Por ejemplo, cuando las Yeguas fueron a la Feria del Libro del Parque Forestal y se instalaron con todo un arsenal de folletería para la prevención del VIH-SIDA, en el puesto de la Librería

---

[11] Expresión chilena que significa *romper*.

Lila (la librería feminista que Jimena Pizarro impulsó desde 1984), un día de noviembre o diciembre del año 1987. Muy probablemente, esta fue su primera acción, aun bajo dictadura, casi un año antes del plebiscito. Cuando conversamos con ella, Nelly Richard contó esta acción diciendo que las Yeguas "se disfrazaron de mujer funcionaria, de mujer CEMA Chile,[12] estaban de traje, haciendo campaña de prevención del sida". Ahí "ocurrió algo poderoso", dijo Richard, "se produjo un roce afilado entre el sida, el CEMA Chile de Lucía Pinochet, el feminismo de la Librería".[13] Meses más tarde Diamela Eltit nos contó otra vez esa historia. Dijo: "las Yeguas andaban dándose vueltas como Gabriela Mistral, diciendo que eran Gabriela Mistral mientras miraban libros, paseándose por todo un campo minado. Eran disruptivos, sin ser escandalosos. No alcanzaba a ser escandaloso porque, como era la Gabriela Mistral, era muy neutro. Eran dos señoras con trajes de sastre, con medias y a lo mejor las tenían rotas, con hoyos en las medias. Era anti-glamour. Y para traspasarlo a la cuestión literaria de la Gabriela Mistral, era el otro gay, el gay mistraliano".[14]

Lo que queda grabado en estos relatos son imágenes precarias e inapropiables, impugnables como huella fidedigna del pasado. Su belleza es la capacidad de injertar en la escena del paseo de domingo en dictadura, la imagen de dos cuerpos maricas que confrontan el silencio y el pánico moral frente al sida identificándose con la figura de la mujer funcionaria del régimen (instalando, de paso, una provocación a una idea de la corrección política feminista). La belleza de esos relatos es incitarnos a ver a las yeguas como una pareja de lesbianas, estresando el aliviante hábitat de la excursión literaria familiar, al producir una versión disparatada del lesbianismo mistraliano, sexualizando la figura de la poeta de la infancia, de la gran educadora. Quién sabe si en el páramo de la dictadura de esos años no fue también una acción que ofreció una imagen un poco

---

[12] CEMA Chile (Centros de Madres) fue una fundación chilena creada en 1954 (durante el segundo gobierno de Carlos Ibáñez del Campo) con el objetivo de "proporcionar bienestar espiritual y material a la mujer chilena". La institución cobró notoriedad durante la dictadura cívico-militar de Augusto Pinochet puesto que su esposa, Lucía Hiriart de Pinochet, se hizo cargo de la presidencia de la fundación, y contó con una extensa red de voluntarias que, en su mayoría, eran esposas de militares. A partir de 2005, la justicia investigó presuntos ilícitos de apropiación indebida y malversación de fondos públicos, y la enajenación de inmuebles de origen estatal. CEMA fue disuelta en 2019 luego de reintegrar inmuebles al Estado chileno. *[Nota del editor.]*
[13] Entrevista a Nelly Richard realizada con Alejandro de la Fuente el 29 de marzo de 2017.
[14] Entrevista a Diamela Eltit realizada con Alejandro de la Fuente el 6 de julio de 2017.

más habitable para alguna marica anónima que circulaba ese día en el parque. Estos relatos introducen algo de desvío, de exceso, que bien podría ser omitido porque obstaculiza el acceso a una presunta verdad, incitando a que el archivo, en cambio, "hable más de una lengua" (Grupo de investigación Micropolíticas 10).

El Archivo Yeguas del Apocalipsis, también da cuenta de un repositorio de experiencias que no están solo codificadas en los documentos mismos, sino en prácticas que rodean su producción y recepción. Por esa razón, la producción de un ambiente, del hábitat que permitiera contextualizar la producción de las Yeguas fue tan importante en este proceso.

Ese ambiente no solo ofrece una imagen singular de los primeros años de la posdictadura, también permite ver las tensiones y exclusiones al interior de los propios circuitos LGBT, por ejemplo, en relación con las personas trans. Susana Peña, fundadora de la agrupación lésbico-feminista Ayuquelén, contó que, en la fiesta final de la *Primera Reunión de Reflexión Lésbico-Homosexual de América del Sur* (1992), que tuvo lugar en Chile en el Canelo de Nos,[15] "los gays habían organizado una premiación y que Pedro Lemebel en nombre de las yeguas premió a una trans argentina por 'el cuerpo más político', regalándole su collar de afeitadoras desechables".[16]

La activista lesbiana Mónica Santino nos había dicho que al encuentro no habían asistido personas trans. Mónica nos dijo: "por una cuestión medio careta y todavía no asumida por las lesbianas y gays que estábamos ahí, todavía lo travesti era algo extraño de lo que no nos hacíamos cargo, y no lo podíamos incorporar; era algo que lo trajeron las Yeguas pero en clave de arte o de humor, pero no realmente dicho o puesto sobre la mesa".[17] Luego de que aludimos a la anécdota de la premiación, recordó que en medio del encuentro había llegado un activista argentino, que en ese momento llamaban Emanuelle, que era padre y trabajaba como maestro de obra en

---

[15] El Centro Canelo de Nos, ubicado en la comuna de San Bernardo, parte de la Región Metropolitana de Santiago, era un espacio de encuentro y formación donde se desarrollaban cursos y talleres prácticos enfocados principalmente al campesinado. En este contexto nació la ONG el Canelo de Nos, dedicada a la educación ambiental y el desarrollo local (de la Fuente y Claudio Guerrero, 25-26, 71).
[16] Entrevista por correo electrónico a Susana Peña, julio de 2017.
[17] Entrevista a Mónica Santino, 19 de mayo de 2017.

construcción, pero que había iniciado un proceso de transición de género, y había viajado por sus propios medios a Chile. En una carta que las Yeguas del Apocalipsis le escribieron a Mónica, mencionan a Emanuelle, pero su presencia en el Canelo de Nos no dejó rastro en las notas de prensa, ni en el libro ni en las fotografías del encuentro. Dejó huella en ese relato como la travesti coronada con el collar de gillettes, interrumpiendo la continuidad cis de ese espacio. Me interesa este relato porque marca los diferenciales en las posiciones de enunciación de las Yeguas y aquella de travestis y transexuales. Y porque desordena los lugares en que la clase y la sexualidad suelen ubicar a las yeguas: aquí Lemebel y Casas ocupan el lugar de "acoger" a una travesti de clase media aún no reconocida por sus compañerxs de militancia.[18]

No puedo dejar preguntarme qué habría pensado Pedro Lemebel al ver a las Yeguas del Apocalipsis ingresando en el Archivo Nacional. Pienso que rechazaría y se burlaría de la idea de nación, de patrimonio, de posteridad. Se burlaría del alivio, de la *absolución* que esas palabras producen. Y tal vez por lo bajo, me diría que también hay algo de colonial, de exotizante, de homofóbico en dar por supuesto que las subjetividades subalternas han de prescindir siempre y de por sí de la interpelación a este espacio. Que la reiterada marginación también seduce una fijación de la alteridad que resguarda a la institución de un posible contagio. Que no hay que perder la oportunidad de echar a perder un purismo, si además, no tienen la exclusividad. Aun así sigue siendo una tensión incómoda y que no se resuelve. Lejos de asumir una lógica totalizante, nos gustaría que este archivo incitara a forjar una imagen inacabada de las Yeguas del Apocalipsis, que no haya un relato único. Por eso, con Alejandro de la Fuente, hicimos un archivo antes de hacer un libro. Ahora cada libro que se publique será solo una posible entrada a ese océano. Hoy el archivo se hace público, y queda ahí para producir contra-escrituras, para producir ruido, incomodidad, para desobedecer las políticas de aislamiento y a la tiranía del silencio (como dice Audre Lorde) que cancela nuestras genealogías sexo-políticas.

---

[18] Para un abordaje más completo de este episodio véase "Extravíos Internacionalistas. La Primera Reunión Lésbico Homosexual de América del Sur".

Coda

Una última reflexión sobre cómo concebimos este archivo. Sobre su circulación. Sobre las inquietudes del comienzo. Es posible pensar que poner en acceso público un archivo es ir contra las lógicas de su privatización y su desmembramiento. Que mientras coleccionistas e instituciones siguen comprando a altas sumas copias numeradas de series fotográficas, estas imágenes siguen circulando libremente por la web. Y que las que finalmente sean retiradas de la circulación virtual, quedarán en acceso a quien quiera consultarlas en distintas instituciones públicas. Sin embargo, no es tan simple. Pues también en la figura de la "copia de archivo", entra toda la producción de valor alrededor de lo que Cristián Gómez Moya (en su investigación sobre la desclasificación de archivos vinculados a prácticas de terrorismo de Estado) ha llamado "derechos de mirada", a partir de la propia economía del documento en relación a los *copyrights* (que entran en relación a los permisos para publicar y/o utilizar imágenes y documentos en publicaciones, tesis, exposiciones, etc.).

Hoy, cuando coleccionistas y museos tienden a la privatización de archivos, esa privatización no siempre está dirigida en términos estrictos a la acumulación pues la compra de obras y documentos convive con la liberación de archivos en la web. Entonces, ¿cómo pensar el régimen de acumulación de valor del archivo (de un archivo como por ejemplo el de las Yeguas) que está hoy en una paradoja, en tanto que, como señala Gómez Moya, "el valor de acumulación del capital recae en su circulación virtual y por lo tanto sobre sistemas de fluidez" (53)? Pues hoy la producción de valor del archivo también se juega en su circulación, en "la gestión de protocolos de acceso, preservación y reproducción, tanto como de los derechos de copia detrás de cada imagen virtual" (53).

La pregunta que nos acecha es cómo refinar estrategias que permitan mantener el objetivo político de producir y compartir otros modos de producción de saber, en un contexto en que las políticas de digitalización y acceso abierto están participando de la producción de valor económico de los archivos y de su instrumentalización simbólica. Los documentos se convierten en valor de cambio, ya sea monetario o simbólico. Por supuesto en lo que hacemos siempre hay efectos fuera de control, pero quiero pensar que podremos imaginar formas del uso y el gasto como preservación,[19] donde el uso del archivo a costa de su desgaste y deterioro (y no solo su fetichización), marquen el pulso de las disputas por el pasado.

En unas jornadas sobre archivos en el año 2015, al contar del proyecto sobre el Archivo Yeguas, creo que quizá tras decir que era un archivo de copias, o quizá al contar cómo estábamos pensado su accesibilidad a partir de una serie de duplicaciones y clonaciones, una investigadora me dijo que parecía un archivo fantasmagórico. Quizá sea, efectivamente, un archivo que tiene algo de fetiche y fantasma, que hace confluir el efecto lumínico de la fetichización y el deseo de mirar. Un archivo que por momentos parece un espejismo. Y quizá también (como decía Walter Benjamin a propósito de las fantasmagorías), un archivo que aúna el engaño y la promesa.

Bibliografía

Archivo Yeguas del Apocalipsis. "Primer encuentro lésbico-homosexual del Cono Sur" (1992), <yeguasdelapocalipsis.cl/primer-encuentro-lesbico-homosexual-del-cono-sur-reflexion-lesbico-homosexual-de-america-del-sur-2/>.

Benjamin, Walter. *Libro de los Pasajes*. Traducido por L. F. Castañeda, Isidro Herrera y F. Guerrero. Madrid: Akal, 2005.

Carvajal, Fernanda. "Extravíos Internacionalistas. La Primera Reunión Lésbico Homosexual de América del Sur". *Moléculas Malucas*, 6 de septiembre de 2020, <moleculasmalucas.com/post/extravíos-internacionalistas>.

Casas, Francisco. "La insoportable levedad de los (las) disidentes sexuales. Yeguas del Apocalipsis (Pedro Lemebel [1952-2015] y Francisco Casas [1959]. Santiago de Chile (1987-1997)". *Errata* 12, *Desobedencias sexuales*, enero-junio de 2014, pp. 232-235.

de la Fuente, Alejandro y Claudio Guerrero. *El Grupo Proceso en los primeros años de la transición 1982-1993*. Santiago de Chile: Cineteca Nacional de Chile/Centro Cultural La Moneda, 2015.

Gómez Moya, Cristián. "Politización estética de la desclasificación". *Human Rights / Copy Rights. Archivos visuales en la época de la*

---

[19] Retomo esta idea de Lani Hanna.

desclasificación, editado por Cristián Gómez Moya. Santiago de Chile: Vicerrectoría de Investigación y Desarrollo, Museo de Arte Contemporáneo, Universidad de Chile, 2013. pp. 47-68.

Grupo de investigación Micropolíticas de la desobediencia sexual. "Poéticas de la falla, archivos dañados y contraescrituras sexopolíticas de la historia del arte", 2014. <bibliotecafragmentada.org/wp-content/uploads/2015/02/Poéticas-de-la-falla-archivos-dañados-y-contraescrituras-sexopolíticas-de-la-historia-del-arte.pdf>.

Hanna, Lani. "Interference Archive: las implicaciones de la organización colectiva en las estructuras institucionales". *Archivos del común II: el archivo anómico*, editado por Mabel Tapia, Mela Dávila y Fernanda Carvajal. Buenos Aires-París: Ediciones Pasafronteras / Red Conceptualismos del Sur, 2019. pp. 52-55.

Lorde, Audre. "The Transformation of Silence into Language and Action." *Sister Outsider: Essays and Speeches*. Trumansburg, NY: Crossing Press, 1984. pp.40-44.

Macón, Cecilia, y Mariela Solana, editoras. *Pretérito indefinido. Afectos y emociones en las aproximaciones al pasado*. Buenos Aires: Título, 2015.

Red Conceptualismos del Sur. "Por una política común de archivos. Llamamiento a un acuerdo de buenas prácticas", 2019, <redcsur.net/2019/12/22/por-una-politica-comun-de-archivos-llamamiento-a-un-acuerdo-de-buenas-practicas>.

Richard, Nelly, "Bordar de pájaros las banderas de la patria libre". *Arder/Burn. Pedro Lemebel*. Santiago de Chile: D21 Editores / Metales Pesados Visual, 2017. pp.11-16.

Valderrama, Miguel. 'Cronología". *Human Rights / Copy Rights. Archivos visuales en la época de la desclasificación*, editado por Cristián Gómez Moya. Santiago de Chile: Vicerrectoría de Investigación y Desarrollo, Museo de Arte Contemporáneo, Universidad de Chile, 2013. pp. 177-188.

Ojo de loca no se equivoca

Rita Ferrer

> Sólo la perspectiva parcial promete una visión objetiva.
> Donna Haraway[1]

"Ojo de loca no se equivoca" es el nombre que acoge por un tiempo las crónicas de Pedro Lemebel en la contraportada del diario *La Nación*. "Ojo de loca no se equivoca" es una acción del habla: una decidida construcción de sentido, que busca contención en "la loca", figura que alberga lo abyecto femenino, en alianza con lo forcluido homosexual, al interior de la conservadora cultura patriarcal homofóbica chilena. Para Pedro, "la loca es una hipótesis, una pregunta sobre sí mismo. La mujer y los niños también practican esos zigzagueos", reafirma en una entrevista de Ana María Risco, en 1995 (Risco 33). "Ojo de loca no se equivoca" es una declaración sin ambigüedades que promueve la certeza de su mirada anclada en su devenir biográfico y artístico. "Ojo de loca no se equivoca" articula en seis palabras la voluntad y horizonte de la obra de Lemebel. Así lo subraya en una entrevista realizada por Alejandra Gajardo, a propósito del lanzamiento de su primer libro de crónicas, *La esquina es mi corazón* (Gajardo 29). Declaración que recoge de esta entrevista, el amigo y probablemente el estudioso más perseverante de la obra de Pedro Lemebel, Fernando Blanco, en su prólogo a *La vida imitada: Narrativa, performance y visualidad en Pedro Lemebel*:

---
[1] Haraway, *Ciencia, cyborgs y mujeres*, p. 326.

> [...] trabajo con el ojo y la visualidad. En mi escritura hay un ojo que da cuenta y que se da cuenta a sí mismo. En todas partes hay una loca: en el estadio, en el parque. Son lugares comunes para una cierta cultura de la homosexualidad y yo de cierta manera hago un mapa de esos sitios. Estos lugares están en constante desplazamientos porque los homosexuales huyen del fichaje. Hay un nomadismo que rearma la ciudad constantemente. (Blanco 14)

Los lectores de Pedro Lemebel y los conmovidos por el conjunto de su obra, reconocemos la determinante dimensión visual y múltiples puntos de vista que despliega en cada una de sus crónicas. Diversas perspectivas y paralaje también en sus acciones de arte y registros; deslizamientos que realiza entre escritura y operaciones simbólicas, que configuran el conjunto de su producción. "Ojo copuchento", "pupila equis de la transición", ojos que, "a diferencia de los ojos-cámaras, además de enfocar, Pedro Lemebel ilumina"; como observa Soledad Bianchi, entre muchas otras alusiones al ojo punzante de Pedro, cuando advierte los desplazamientos que realiza Lemebel desde la lectura diaria de sus crónicas al mausoleo silencioso de los libros, a partir de 1994 hasta 2002, en el programa radial *Cancionero* en Radio Tierra, la primera radio chilena con nítida vocación feminista que acoge a las disidencias de género (Bianchi 71, 45, 68).

En "Anacondas en el parque", publicada en 1992 en la revista *Página Abierta* –y que tres años más tarde pone en marcha las veinte crónicas que conforman *La esquina es mi corazón*–, podemos admirar en el tercer párrafo-escena de esta crónica que abre la publicación:

> Por el camino se acercan parejas de la mano que pasan anudando azahares por la senda iluminada de la legalidad. Futuras nupcias, que fingen no ver amancebamiento de culebras en el pasto. Que comentan en voz baja "eran dos hombres ¿te fijaste?" Y siguen caminando pensando en sus futuros hijos hombres, en prevenirlos de los parques, de esos tipos solos que caminan en la noche y observan a las parejas detrás de las matas. Como ese voyerista que los miraba a ellos mismos como hace un rato. Los miraba hacer el amor en la dulzura del parque, porque no tuvieron plata para el motel, pero gozaron como nunca en esa intemperie verde, con ese espectador que no pudo aplaudir porque tenía las manos ocupadas, corriéndosela a todo vapor, moqueando un "ay que me voy, por favor espérense un poquito". Entonces ella le dijo a él "sabes que no puedo si alguien está mirando". Pero a esas alturas el "no puedo" fue un quejido silenciado por la fiebre y el "alguien está mirando" un condimento de

ojos egipcios nadando entre las hojas. Un vahído abismal que engendró pupilas de bronce, en el par de ojos que le brotaron a su embarazo. (*La esquina* 11-12)

Este párrafo es la descarga de un rayo que toca tierra en una escena "iluminada de la legalidad": nos advierte por segunda vez el "relámpago modernista que rasga la intimidad de los parques..." (11). Lemebel sitúa a sus lectores a comienzos de la posdictadura chilena, en un parque vigilado por las luminarias municipales —en los restos afrancesados del Parque Forestal de Santiago— a principios de los años noventa del siglo pasado. De un ramalazo establece la asimetría en la relación visual de las grandes luces frías, que se inmiscuyen e intimidan al sexo urgente de los personajes que pululan en el relato (incluido él mismo dada su posición de enunciación); en contrapunto a las pequeñas luces que titilan en los recovecos e intersticios de los cuerpos encendidos (¿o incendiados?) como luciérnagas, donde los reflectores parecen impotentes. Las luciérnagas son insectos frágiles que aparecen en la noche para emitir un pequeño fulgor en medio de la oscuridad, en un breve ritual bizarro con el fin de atraer a algún compañero para copular. Pedro Lemebel ilumina *imágenes-luciérnagas*.

Entre el repertorio de insectos sorprendentes que emiten luces, que atraen la atención de Georges Didi-Huberman, dado su interés por el estudio de las imágenes, las luciérnagas dan pie a lo que nombra "imágenes-luciérnagas". En *Supervivencia de las luciérnagas*, Didi-Huberman desplaza esta capacidad lumínica de las luciérnagas a la esfera humana, en la medida que hoy se sabe que todos los seres vivos emitimos fotones (44). La extensión que realiza al plano antropológico, y de ahí el deslizamiento a la estética y a la política, le permite reflexionar sobre las imágenes-luciérnagas como portadoras de una insistente y esperanzadora capacidad para emitir pequeñas luces a contrapelo, en contextos históricos hostiles por mor de su fugaz aunque insistente deseo. Un deseo expansivo, innegable en Pedro, que irradia más allá de las rígidas fronteras clasificatorias de raza, clase y género de la conservadora sociedad chilena imperante. En su libro, Didi-Huberman se refiere a "La desaparición de las luciérnagas o el vacío de poder", un artículo de Pier Paolo Pasolini, publicado en el *Corriere della Sera* el 1 de febrero de 1975, ocho meses antes de su repudiable asesinato. Por cierto un artista significativo para Pedro, aunque marca distancia en el primer verso que abre su famoso "Manifiesto (Hablo por mi diferencia)": "No soy Pasolini pidiendo explicaciones" (121).

En "La desaparición de las luciérnagas o el vacío del poder", Pasolini relaciona la desaparición de estos inquietantes insectos luminosos, a mediados de la década del setenta del siglo pasado, con las catastróficas políticas modernizadoras italianas de más de treinta años, tras el fin de la Segunda Guerra Mundial, las cuales han ocasionado graves daños medioambientales, antropológicos y económicos en Italia, al punto de hacer desaparecer a las luciérnagas. En nuestros días, catástrofe que podemos constatar *urbi et orbi* en nuestras sociedades neoliberales del espectáculo y consumismo que, aunque estén en plena caída libre, rigen nuestras vidas, en plena pandemia y cambio climático, con mayor rigor en nuestra ultrajada Sudamérica. Para Didi-Huberman la cuestión de las luciérnagas es ante todo política e histórica: en la medida que las luciérnagas emiten, en sus apariciones errantes, pequeñas luces (*lucciole*) que son vigiladas y controladas a través de los grandes reflectores (*luce*) del poder en tiempos de totalitarismos, y también en nuestras sociedades neoliberales, en nombre del progreso y avances "civilizatorios" (17).

Esta dialéctica de las luces, propuesta por Didi-Huberman, resulta ser un dispositivo teórico poético portador de esperanza, puesto que propone como metáfora de supervivencia e insistencia del deseo, a estos insectos con características resplandecientes excepcionales. Nos invita, según mi parecer, a reflexionar sobre la obra de Pedro Lemebel y su figura, como un fenómeno *en* y *de* la cultura popular chilena, que se había sumergido por décadas; donde la conciencia de raza (mestiza), clase (trabajadora empobrecida) y género ("loca" cronista) no tiene lugar en la sociedad neoliberal chilena hasta hoy, pero que, sin embargo, revitaliza desde su cuerpo –*deseante*, fragmentado, a contrapelo– una subjetividad productora de un imaginario/simbólico popular inédito, sin estereotipos; de alcances sorprendentes, tal como puede apreciarse en un posteo reciente de Carolina Gutiérrez, una joven del grupo Pedro Lemebel –creado en Facebook después de su muerte, el 23 de enero de 2015, por sus multifacéticos amigos y admiradores: "Mi mamá un día me dijo: ¿viste ese escritor el que usa tacos? ¿Cuál dije yo? Y me pasó una entrevista de un diario, la leí y busqué sus libros y esto es mágico: ¡¡¡gracias Pedro!!!"

El ojo de Pedro Lemebel y la deriva de su mirada son la hoz y el martillo en su caja de herramientas que le permite construir su obra, y para consumarla pone en movimiento a su voz y a su cuerpo pletórico de pulsiones, en su deambular cotidiano por San Miguel y calles aledañas a Recoleta, La Vega, Bellavista, Plaza Italia, Barrio Bellas Artes, Santa Lucía, el casco histórico de Santiago, Providencia... No todo Santiago, como él mismo reconoce. En 1986 responde a la majadera pregunta de la escena cultural local, en años de dictadura: "¿y tú, desde dónde hablas?" Pedro toma el guante como ciudadano de a pie, arriba de sus tacos agujas, a esa demanda, en su "Manifiesto (Hablo por mi diferencia)", un texto que lee en el Congreso del Partido Comunista de ese año y que posteriormente publica en agosto de 1990 en la revista *Página Abierta*, junto a una emblemática foto-*performance* de la serie fotografiada por Claudia Román, de la hoz y el martillo pintados en el lado izquierdo de su rostro frente al espejo, en contrapunto con sus brazos delicadamente enguantados en encaje.²

Guantes, sin embargo, "de áspero terciopelo", como señala años más tarde, en 1997, la crítica literaria Soledad Bianchi (63), quien toma como punto de partida "Baba de caracol en terciopelo negro", que forma parte de *La esquina es mi corazón*, libro publicado por la primera y prolífica editorial de mujeres, Cuarto Propio. En esta crónica, nuestro autor consigna, como es propio de su imaginario desbordado, que las butacas del cine "Nagasaki de la Plaza de Armas" –el cine XXX camuflado en el subterráneo bajo bazares de artesanías, ropa infantil, peluquerías *unisex* y chucherías variopintas en una tradicional galería venida a menos que en la superficie desemboca en La Plaza de Armas, y lugar de intercambios de flujos

---

² "Manifiesto (Hablo por mi diferencia)" que Pedro leyó "tanto y tanto que (casi) se transformó en su documento de identidad", según afirma Soledad Bianchi (21), puede interpretarse como manifiesto programático neovanguardista que pone en marcha un proceso de obra, que se desplaza por distintos formatos, soportes y "géneros' que culminan en la instalación (fotografía, caja de luz, grabación sonora: pieza única) y que, a partir de 2013, forma parte de la colección permanente del Museo Reina Sofía de Madrid. En otros términos: cómo la repetición, reproducción, cita e inscripción dejan de manifiesto operaciones de memoria (artificial) con modalidades propias del archivo contemporáneo y coleccionismo.

y fluidos homosexuales–, son "terciopelo enguantado" (*La esquina* 25). Terciopelo como el de su legendaria capa de terciopelo negro; indumentaria que adoptó por un tiempo de gélidos inviernos santiaguinos. "Cactus de terciopelo", apelativo con el que bautizó a Alejandro Modarelli, "todo un oxímoron, por el que jamás le reclamé una explicación" (Modarelli 229); peor aún "rata plush" mote que me asignaron junto a Carmen Berenguer, del cual nos reímos en noches iluminadas por luciérnagas.[3]

La obra de Pedro Lemebel es insoslayablemente visual: tanto en sus crónicas como sus acciones de arte, foto-*performance* y video-*performance*. Mirada ineluctablemente ocular céntrica: "insistente presencia del registro escopofílico" en su poética (Blanco 14); visual, también como es el tiempo por el que caminó, sin pausa y sin apuro, enaltecido sobre sus icónicos tacos agujas por la ciudad de Santiago en dictadura y posdictadura. Así lo recuerda la escritora argentina María Moreno: "Nada como un hombre para empinarse, sin corcovear sobre siete centímetros de taco aguja, para flexionar el tobillo sin que el talón pierda el centro a cada paso, para caminar con equilibrio y ritmo sostenido de zancuda. ¡Qué piernas las de Pedro!" (Moreno 46). Para Pedro, sin embargo, los tacos agujas son armas de doble filo:

> Yo creo que los tacos en toda mi historia cultural han representado como una plataforma, como un lugar del habla. Entonces, algunos amigos míos me decían: "los tacos políticos", porque me pongo los tacos políticos y es un discurso. El taco es un discurso; el taco aguja es un discurso. El taco con filo también es una forma de defenderse, que el travestismo prostibulario lo sabe; entonces, me dan fuerza. En algún momento yo salía a alguna presentación y echaba mis tacos en la mochila [...]. Era también una forma de mirar desde arriba la nauseabunda realidad de este país en dictadura. (*Trazo mi ciudad*, Capítulo 10)

La producción de la escritura y acciones de arte de Pedro las deja inscriptas con las huellas de su cuerpo en llamas, órganos y fluidos: "Cuando era adolescente pensé que se podía decir algo desde el gesto, desde la pirotecnia corporal" (Reposi). Sus sentidos también los aplica al contexto social y político que es capaz de olfatear no

---

[3] El plush es una tela sintética; versión degradada del terciopelo chifón.

sólo con lo que pasa sino lo que está por pasar, como lo hace notar Gonzalo León, cuando Pedro le comenta al poeta argentino Andi Nachón, en 2013, mucho antes de que los gobiernos conservadores y de ultraderecha lleguen al poder: "...se huele una remoralización. Un regreso a ciertos órdenes de tradicionalismo. Yo huelo eso. Como que conviven ambas cosas: por un lado los gritos del destierro y por otro el sonido de la metralla" (León 12-13).

Producción visual/visionaria con trazas de sangre alegórica del sida: cuando su rostro comparece circundado de jeringas que contienen un líquido viscoso que sugiere sangre contaminada, en la fotografía de portada de Juan Pablo Montalva en la primera edición de *La esquina es mi corazón*,[4] cuyo concepto visual, se consigna, es de la insoslayable artista visual Lotti Rosenfeld y ex-integrante del Colectivo Acciones de Arte (CADA),[5] recientemente fallecida y con quien mantuvo una relación artística. O, en la fotografía de Álvaro Hoppe en la portada de *Lemebel oral*, entrevistas recopiladas y editadas por el escritor y periodista Gonzalo León; quien compartió páginas con Pedro en el diario *La Nación* y noches de insomnio santiaguino:

---

[4] En la segunda edición de *La esquina es mi corazón*, esta vez publicada en 2001 por Seix Barral, la fotografía de portada es de Pedro Marinello, cuyo concepto visual y performance son dirigidos por Lemebel (1990). Aquí, Pedro yace como una esfinge recostada sobre una tarima púrpura con un paño rojo al centro, que destacan sobre el fondo negro. Un tocado de plumas, posiblemente de avestruz, enmarca el rostro: los ojos maquillados monocromos en contrapunto a sus mejillas y labios carmesí anteceden el torso desnudo. Un calzón negro y una media de rejilla en su pierna derecha; mientras que los dedos del pie izquierdo acarician la cola de un caimán disecado (prestado para la puesta en escena por el fotógrafo Jorge Aceituno, cercano a Marinello y Lemebel), recorre en una horizontal barroca su cuerpo medio a medio. Para el psicoanálisis, la Esfinge –una agregación de símbolos, construcción heteróclita y polisémica–, representa un falo anal mágico, poderoso y peligroso; figura del enigma y del conocimiento. En otros términos, la subversión barroca del orden visual dominante de la razón científica, encuentra un territorio prodigioso para unificar lo abyecto con lo fascinante como clave de identidad y discurso.

[5] En 1979, los artistas visuales, Juan Castillo y Lotti Rosenfeld; los escritores Raúl Zurita y Diamela Eltit (Premio Nacional de Literatura 2000 y 2018, respectivamente) y el sociólgo Fernando Balcells conforman el Colectivo Acciones de Arte (CADA, 1979-1985); quienes reconocen como antecedente próximo a su práctica a las Brigadas Ramona Parra, expandiendo el muro bidimensional del "diario mural" hacia otras tensiones simbólicas, lenguajes y referencias teóricas. Su quehacer lo entienden como un campo de lucha, en el cual los términos arte y vida "se complementan y se desgarran". En la medida que el productor artístico es tanto escenario como escena: "el hambre de producir realidad es idéntica al hambre de alimentos..." (CADA 2). Destacan entre sus intervenciones urbanas en dictadura: "Para no morir de hambre en el arte" (1979); "¡Ay Sudamérica! (1981) y "No +" (1984). En la actualidad, el CADA es un acontecimiento histórico de las artes visuales, y de la cultura chilena y latinoamericana.

libro publicado en 2018, en Buenos Aires, tres años después de su muerte. Noches de insomnio que a muchas luciérnagas nos permitía sobrellevar el control y rigor de la dictadura, de toque a toque,[6] y sus secuelas: "Al lanzamiento de *La esquina es mi corazón* fue bastante gente. Después de las ceremonias y comentarios de rigor, Pedro Lemebel partió a otros lados a celebrar producto de la efusión de los festejos perdió sus zapatos de taco alto y despertó a las cinco de la tarde del día siguiente" (Gajardo 28).

También sangre y desgarro, en la acción de arte *La conquista de América* del 12 de octubre de 1988, como Yeguas del Apocalipsis junto a Francisco Casas, en la sede de la Comisión Chilena de Derechos Humanos, donde bailan una impactante cueca sobre el mapa de Sudamérica, que recuerda al dibujo "América invertida" de Joaquín Torres García de 1943. En *La conquista de América*, el mapa está emplazado en el suelo, cubierto de gruesos vidrios colonizadores de botellas de Coca-Cola quebradas, que fue progresivamente impregnándose con sangre "real" mientras zapateaban –descalzos como peones– al ritmo de esa "cueca sola": en aquellos años, danza ritual de las mujeres entre ellas, para reclamar por sus hombres presos, muertos y desaparecidos, aquí *re-invertida* por las dos Yeguas, cuya fotografía de registro más reconocible, se la debemos a Paz Errázuriz con quien estableció un vínculo estrecho de amistad y trabajo hasta su muerte.

Años más tarde solo, en la acción de arte *Pisagua* (2007): vestido de riguroso negro, con sus tacos amuletos aferrados a su mano izquierda, y en la derecha, una jarra con agua purificadora que va escanciando sobre un paño blanco; mientras el plano americano registra sus pies desnudos que van dejando trazas que remiten a manchas de sangre, a medida que sus pasos pausados se encaminan al abismo del mar, que rememora el paso de la Caravana de la muerte, por el campo de prisioneros. En *off*, se escucha su lectura de fragmentos de uno de sus textos referidos a la comisión Rettig, en contrapunto con el sonido del viento, última escena del documental *Pedro Lemebel, corazón en fuga* (2008), de Verónica Qüense.

La mirada de Pedro y la multiplicidad de puntos de vista que fulguran en la oscuridad que ilumina a sus personajes sólo

---

[6] Toque de queda.

puede ser posible por un caminante; no es la mirada de un *flâneur* indolente que vaga sin destino en medio de la multitud por pasajes decimonónicos, sino la de alguien heredero de un eterno retorno de aquella figura emblemática *benjaminiana* de la cultura urbana moderna. Lemebel toma en consideración el paralaje, cuando en su caminar, el movimiento de sus pasos implica el aparente desplazamiento y cambios de posición de las personas en trance erótico, con las que va serpenteando con la vista, como si fuera un enjambre de luciérnagas; como apreciamos en el despliegue de la mirada estroboscópica, que registra el autor en ese párrafo-escena de "Anacondas en el parque".

En *El retorno de lo real: la vanguardia a fines de siglo*, publicado por primera vez en inglés en 1996, Hal Foster presta atención a algunas propuestas de arte contemporáneo que, en las últimas décadas, han realizado inéditas intervenciones sobre el espacio, que han ampliado construcciones de la visión y empujado las fronteras del arte, que nos remiten, como un eterno retorno, a algunas manifestaciones artísticas de las vanguardias históricas; en oposición a una concepción darwiniana en el arte. Para dar cuenta de este retorno, Foster propone los cruces de un eje histórico y otro social, que denomina paralejo (*parallax*) cuyo principio geométrico "subraya que los marcos en que encerramos el pasado dependen de nuestras posiciones en el presente" (Foster x). Junto a ello, Foster incorpora la concepción psicoanalítica de "acción diferida" en la cual Freud determina que un acontecimiento se registra como traumático, únicamente cuando hay un suceso posterior que lo reelabora en acción diferida. Estas consideraciones permitirían oponer una oposición frente a los lugares comunes que reducen la lectura de propuestas artísticas actuales de resistencia a ser meras repeticiones de las vanguardias históricas, como asimismo un desmontaje de la idea de un progreso lineal de la historia y del arte. O bien, rebeldía a seguir principios *greenbergianos*, disciplinados por la herencia de la Ilustración.

Si bien el término paralaje se aplica en astronomía para medir la distancia entre las estrellas, también es pertinente para la fotografía y el cine: se refiere a la desviación angular de los entes observados de acuerdo a los distintos puntos de vista del observador: el paralaje es mayor cuanto más cerca se encuentra el motivo que se va a fotografiar, mientras que a partir de varios metros el efecto se hace insignificante. Aunque nunca fui testigo que Pedro manipulara un dispositivo fotográfico o de video, Lemebel es consciente que su ojo fotográfico de loca no se equivoca. Más bien nuestro autor realiza un concienzudo trabajo de reelaboración y proceso en la escritura de lo que observa en su deambular por Santiago; tal como afirma en la entrevista de Alejandra Gajardo; además de anticipar el resultado de cada una de las imágenes que congela a sus acciones de arte; previendo incluso las reacciones de la gente, cuando aplana sobre sus agujas las calles de la ciudad.

Los que conocimos a Pedro desde los ochenta podemos converger que Pedro cultivó sus afectos más próximos con mujeres (por cierto no sólo mujeres): su abuela, a la que no conocí; su madre, cuya muerte lo trastornó; sus amigas feministas; Gladys Marín...: "yo todo lo que he aprendido lo he aprendido de las mujeres" (Reposi) –y quizás por ello, se opuso a las definiciones de género. No sólo a la norma del género como identificación sexual del binarismo masculino/femenino "que su sorprendente personaje de la calle traicionaba a cada vuelta de la esquina con las contorsiones excéntricas de la 'loca'" (Richard 75). También se resistió a las clasificaciones de las prácticas artísticas tal como son concebidas por las jerarquías heredadas de la Ilustración que arriban descentradas, interrumpidas, interventoras a nuestro continente; a pesar de los espacios abiertos emergentes por la globalización a partir de la posdictadura, pero hoy nuevamente clausurados por la pandemia planetaria en un inédito ciclo abisal. Pedro sintió y expresó en múltiples ocasiones su gratitud con la revista *Página Abierta*, puesto que ésta le dio la oportunidad de orientar su discurso por mor a la sustentabilidad de su vida material tácticamente austera. Su niñez y temprana vocación artística en el Zanjón de la Aguada lo formó como un estratega de los entremedios para eludir un destino de peluquero u obrero panificador como su padre: "Tenía que ser como él mismo decía, un equilibrista, o, un funámbulo que cruzaba la delgada cuerda en todas sus intervenciones literarias, performáticas y políticas. Entrar y salir sin que el resto se enterara cómo entró ni salió" (León 12).

La relevancia de la obra de Pedro Lemebel es indiscernible de su figura. Pedro desborda un fulgor que le permite construir un legado insoslayable, desde la fragilidad de "su diferencia" prescrita en la sociedad chilena; y al mismo tiempo, expande desde su ojo *deseante*, a pesar de todo y sobretodo, un discurso artístico que está más vivo que nunca: "Yo nunca nací, siempre he estado" (León 14). Esta convivencia en "el espacio de acá" (Kay), hace extraña (*unheimlich*) clasificar la obra de Pedro desde un marco conceptual que postule la pureza de los géneros, como principio y método de las disciplinas artísticas: "La actividad de Lemebel, pues, se divide claramente en dos ramas: es escritor, autor de crónicas, poesías y de una novela, y por otra parte es *performer*" (Ingenschay 204).

Tiendo a percibir al conjunto de la obra de Pedro Lemebel como un complejo proceso de desplazamientos donde arte y vida se hacen indiscernibles y que lo percibo como si fuese un eterno retorno de las vanguardias. Una toma de posición, que se manifiesta desde su "Manifiesto" a la última energía desplegada, cuando altera los protocolos del hospital oncológico Fundación Arturo López Pérez para asistir a su último homenaje en vida, o la celebración de su cumpleaños 62 en noviembre de 2014, organizado por sus amigos y amigas en un escenario dispuesto y dirigido por él para celebrar su propio réquiem, en su departamento en la calle Santo Domingo, frente al Museo de Arte Contemporáneo (MAC). Deslizamientos desde la mirada a la escritura. Desplazamientos desde la escritura a la oralidad y desde ésta a la inscripción en el documento y de éste a la conservación museológica; como acontece –en una culminación de proceso– con "Manifiesto", astutamente reconvertido en pieza única; pasaporte indispensable para su ingreso en 2013 a la colección permanente del Museo Reina Sofía en Madrid.

COSA QUE ARDE, COSA QUE CAE

Conocí a Pedro Lemebel y Pancho Casas, Las Yeguas del Apocalipsis, en 1987 en una fiesta de cumpleaños de Nelly Richard, celebrada en su parcela en La Florida. Yo trabajaba en el Instituto Francés de Cultura y ese año se gestaron –dentro de la abundante programación de los institutos binacionales de esos años, en compensación al "apagón cultural" de la dictadura–, dos exposiciones: una, junto a Francisco Casas como colectivo Las Yeguas del Apocalipsis, "Lo que el Sida se llevó" en noviembre de 1989, y la acción de arte "San Sebastián", que inauguró la muestra fotográfica. Ese año, a propósito de la visita del artista Georges Rousse, el Instituto organizó una muestra colectiva: "Intervenciones plásticas en el espacio urbano" en la que participaron, además de Rousse: Lotti Rosenfeld, Carlos Altamirano, Eduardo García de la Sierra, Francisco Brugnoli, Las Yeguas del Apocalipsis, Los Ánjeles Negros (Patricio Rueda, Gonzalo Rabanal, Jorge "Cerezo" Hernández). La convocatoria invitaba a elegir distintos espacios para desarrollar los trabajos *in situ*. Pedro y Lotti Rosenfeld decidieron realizar sus intervenciones en el emblemático Hospital del Trabajador, que inició su construcción en el gobierno de la Unidad Popular para proyectarse como el hospital más grande y equipado de Latinoamérica. Al final de la dictadura, en 1989, cuando se realizaron las intervenciones, el hospital estaba abandonado y convertido en ruinas. Pedro se recostó vestido de negro rodeado de zapatos viejos, cubierto de ladrillos impregnados de neoprén a los que le prendió fuego.

Años, más tarde, meses antes de su muerte, en el despunte de una mañana, realiza "Desnudo bajando las escaleras" en el frontis del Museo de Arte Contemporáneo (MAC); esta vez dentro de un saco que hace de mortaja, como Lucifer se autoinmola en su última rodada, mientras se impregna completamente en llamas, rueda y rueda por las escalinatas del museo. ¡Cómo no asociar su cuerpo ardiendo con el de Sebastián Acevedo, Rodrigo Rojas de Negri o la sobreviviente Carmen Gloria Quintana![7] Nunca he visto una luciérnaga en un insectario; eso no significa que los entomólogos no se resistan en conservar la carcasa en formol y disponerla cuidadosamente en el insectario. Sin embargo, deja de ser

---

[7] Sebastián Acevedo Becerra (1931-1983) fue un minero del carbón, cuyos hijos fueron detenidos por la policía secreta de la dictadura de Augusto Pinochet. Luego de una búsqueda infructuosa para dar con el paradero de sus hijos, se inmoló frente a la catedral de la ciudad de Concepción. El Informe Rettig cataloga la muerte de Sebastián Acevedo como víctima de la violencia política. Rodrigo Andrés Rojas de Negri (1967-1986) fue un fotógrafo chileno que murió a causa de las quemaduras infligidas por una patrulla militar del Ejército de Chile. Fue capturado junto a Carmen Gloria Quintana. Ambos fueron golpeados, posteriormente rociados con combustible y quemados vivos. Quintana sobrevivió a las heridas luego de intensos tratamientos médicos en Chile y Canadá. Conocido como "el caso de los Quemados" es uno de los crímenes de lesa humanidad más aterradores perpetrados durante los diecisiete años de la dictadura pinochetista. *[Nota del editor.]*

luciérnaga: "pequeño fulgor doloroso", "imagen deseo", "fantasma que resucita" (Didi-Huberman 8, 46, 64-65). "Yo nunca nací, siempre he estado", nos recuerda Pedro.

Bibliografía

Bianchi, Soledad. *Lemebel*. Santiago de Chile: Montacerdos, 2018.

Blanco, Fernando A. "A modo de prólogo" *La vida imitada. Narrativa, performance y visualidad en Pedro Lemebel*, editado por Fernando A. Blanco. Madrid: Iberoamericana/Vervuert, 2020. pp. 13-25.

Colectivo Acciones de Arte. "Una ponencia del C.A.D.A." *Ruptura*. Santiago de Chile: Ediciones CADA, agosto 1982. pp. 2-3 <http://archivosenuso.org/viewer/310#>.

Didi-Huberman, Georges. *Supervivencia de las luciérnagas*. 2002. Traducido por Juan Calatrava. Madrid: Abada Editores, 2012.

Foster, Hal. *El retorno de lo real. La vanguardia a fines de siglo*. 1996. Traducido por Alfredo Brotons Muñoz. Madrid: Akal, 2001.

Gajardo, Alejandra. "La cultura mariposa". [*La Época*, Sección Cultura, 2 de junio de 1995] *Lemebel oral: veinte años de entrevistas (1994-2014)*, editado por Gonzalo León. Buenos Aires: Mansalva, 2018. pp. 28-30.

Haraway, Donna. *Ciencia, cyborgs y mujeres. La reinvención de la naturaleza*. Madrid: Cátedra, 1995.

Ingenschay, Dieter. "La práctica de la performance de Pedro Lemebel". *La vida imitada. Narrativa, performance y visualidad en Pedro Lemebel*, editado por Fernando A. Blanco. Madrid: Iberoamericana/Vervuert, 2020. pp. 203-215.

Kay, Ronald. *Del espacio de acá. Señales para una mirada americana*. Santiago de Chile: Editores Asociados, 1980.

Labrín, Claudio A., director; Luis-Miguel Méndez, conductor. *Trazo mi ciudad. Capítulo 10: Pedro Lemebel*. Programa de televisión / 27 minutos. Santiago de Chile: 13C, 2011. <https://youtu.be/n21S1UQoMlA>.

Lemebel, Pedro. "Anacondas en el parque". *La esquina es mi corazón. Crónica urbana*. Santiago de Chile: Cuarto Propio, 1995. pp. 11-14.

_____ *Manifiesto. Hablo por mi diferencia.* 1986. Instalación: fotografía, caja de luz y grabación sonora. Madrid: Museo Nacional Centro de Arte Reina Sofía, 2013. <https://www.museoreinasofia.es/coleccion/obra/manifiesto-hablo-mi-diferencia-0>.

_____ "Manifiesto. (Hablo por mi diferencia)". 1986. *Loco afán. Crónicas de sidario.* Santiago de Chile: Seix Barral, 2020. pp. 121-126.

León, Gonzalo. "Estamos para quedarnos". *Lemebel oral: veinte años de entrevistas (1994-2014),* editado por Gonzalo León. Buenos Aires: Mansalva, 2018. pp. 9-15.

Modarelli, Alejandro. "La esquina argentina". *Lemebel oral: veinte años de entrevistas (1994-2014),* editado por Gonzalo León. Buenos Aires: Mansalva, 2018. pp. 223-232.

Moreno, María. *Loquibambia (sexo e insurgencia).* Santiago de Chile: Ediciones Universidad Diego Portales, 2019. pp.46-58.

Qüense, Verónica, directora. *Pedro Lemebel, corazón en fuga.* Largometraje documental / 53 minutos. Santiago de Chile: Producciones La Perra, 2008.

Reposi Garibaldi, Joanna, directora. *Lemebel.* Largometraje documental / 96 minutos. Santiago de Chile: BancoEstado/Compañía de Cine/Solita Producciones, 2019.

Richard, Nelly. "Bordar de pájaros las banderas de la patria libre". *Abismos temporales: Feminismo, estéticas travestis y teoría queer.* Santiago de Chile: Metales Pesados, 2018. pp. 75-89.

Risco, Ana María. "El dolor es de los hombres". [Sección Cultura, *La Nación,* 18 de junio de 1995] *Lemebel oral: veinte años de entrevistas (1994-2014),* editado por Gonzalo León. Buenos Aires: Mansalva, 2018. pp. 31-34.

En busca de las melodías salvajes: Pedro Lemebel y las audio-visualidades *queer* contemporáneas en Chile[1]

Arturo Márquez-Gómez

AFANADAS ESCUCHAS DE LOCO MIRAR

Este capítulo traza vínculos entre tradiciones musicales y literarias, indicando innovaciones formales y temáticas, señalando rupturas y continuidades entre música, crónica, performance y videos musicales. En el centro de todo, orquestando maniobras en la oscuridad de su discoteca memorial, el D.J. Pedro Lemebel. Ahí suenan Lucho Gatica, los tangos porteños, Freddy Mercury, Chavela Vargas, Madonna, Virus, entre tantos otros artistas y melodías, que lo cautivaron y que atesoró como mudos paratextos en sus crónicas. El estrecho vínculo entre Lemebel y la música fue señalado tempranamente por Soledad Bianchi, pionera en el estudio y enseñanza de Lemebel, quien indicó que las canciones tenían como objeto "comunicar sentires y sentimientos, [y eran usadas] para sintetizar emociones, como enunciados, para encausar gestos y poses" (Bianchi 2014, 49). Combinadas en las páginas del libro, la cita musical y el texto de la crónica se transforman mutuamente y potencian sus respectivos efectos multisensoriales y semánticos, creando nuevos universos de lectura y relaciones con la audiencia lectora.

Lemebel fue también severo crítico de algunos artistas, géneros y escenas musicales. Esto se debe en parte a que el cronista *conoce* –y

---

[1] Las "melodías salvajes": guardo esta expresión de Pedro Lemebel. En una fiesta celebrada en la casa del escritor y crítico Juan Pablo Sutherland fue que conocí a Pedro. Ahí, los invitados e invitadas cantamos hasta la madrugada y buscando un término que contuviera tal diversidad de canciones, Pedro las bautizó como las "melodías salvajes".

aquí me remito al conocer-sensorial del que habló Néstor Perlongher[2]–informado por un contexto social, cultural y político marcado por profundos cambios políticos, sociales y culturales. De este modo, cuando Lemebel expresa preferencia, indiferencia o franco rechazo a determinadas manifestaciones musicales, deja entrever modos de escucha y miradas marcadas como indica Juan Poblete por las *dos violencias*: "el brutal fin de una forma de democracia y sociedad, y el reemplazo de éstas por sus contrapartes neoliberales" (23). Como el cronista lo reitera en distintas crónicas, la música es *telón de fondo* que aviva, ilustra, distrae y permite transitar a los y las auditoras a través de la historia. ¿Cómo ve? ¿Cómo escucha Lemebel? Su audiovisualidad es un aspecto que cambia a lo largo de su obra, pero también es un terreno en donde persisten modelos artísticos que se establecen como parámetros a partir de los que se juzga la calidad de lo musical.

La ubicuidad de la música en la obra lemebeliana es abordada por Daniel Party y Luis Achondo como un espacio "que entrelaza lo aural, lo corporal y lo textual. Es un archivo popular marcado por el exceso sonoro, literario y sensorial. Es una performance de diferencia política, social y genérico-sexual" (289). Proponen así, un modelo analítico de la música en Lemebel que gráficamente podríamos representar como un prisma: a través de él, la escritura se filtra como la luz y adquiere en su paso diversas tonalidades afectivas e ideológicas. Por ejemplo, en la crónica "Raffaella Carrá (O las tiernas acrobacias de una tonta canción)", Lemebel expresa su tibia aceptación del show de la platinada cantante italiana y sus desatados bailarines, catalogando su música como *fácil*: "Si bien es cierto, *la música es a veces el telón de fondo que acompaña a las épocas*, y en el caso de la Carrá, fue el sonsonete que le hizo el coro a los crueles años de la dictadura en los setenta-ochentas. Música fácil, pan y circo para un país que miraba los shows estelares donde ella era la estrella final" (*Zanjón* 232; énfasis mío). Pese a la fórmula fácil de las canciones de la Carrá, éstas, según Lemebel, siguen sonando aún. Nos preguntamos entonces sobre cuáles son los

---

[2] En "Poética urbana" de 1989, Perlongher dice: "Errar es un sumergimiento en los olores y los sabores, en las sensaciones de la ciudad. El cuerpo que yerra 'conoce' en/con su desplazamiento. Conoce con el cuerpo" y, por tanto, el conocimiento "pasa por lo sensible" (144). Esta epistemología sensorial en la que habría que explicitar lo auditivo y lo visual, caló hondo en la obra de Lemebel, quien citó parte de este fragmento en el epígrafe de *La esquina es mi corazón* (1995).

criterios que guían el relicario musical lemebeliano: ¿qué se graba en el casete al pie de la radio?, ¿qué se piratea para poderlo reproducir?

Mi capítulo inquiere sobre los "modos de escucha" de Lemebel; es decir, en el cómo y con qué parámetros juzgó qué música vale la pena escuchar e insertar en sus crónicas y cuál no. Más que preocuparme del *qué* escuchó, me interesa explorar aquí, el *cómo* escuchó y también *cómo* miró la música a través de los videos musicales, formatos audiovisuales que emergieron en los años ochentas en la vigilada televisión de la dictadura chilena. Me propongo indagar en las experiencias artístico-musicales (melodías, letras, performances) que fraguaron esa escucha, moldearon su sensorialidad e informaron también sobre modalidades en que las y los cantautores participaron activamente de cambios sociales, culturales y políticos.

Si la música es *tan* central al proyecto artístico de Lemebel, ¿por qué no considerar la experiencia de la Nueva Canción chilena (NCC) como un hito en su formación como cronista y performer? ¿Cómo no imaginarse al adolescente Pedro Mardones educando sus *sentidos musicales* en esta experiencia que capturó "el *ethos* de los movimientos contra hegemónicos" (McSherry 27) y desafió al poder en los años sesentas y setentas? ¿Cómo no imaginar la calle como escenario y el cuerpo como el instrumento de su demanda por el cambio social invocado desde la marginalidad sexual? Sugiero, por tanto, que la NCC es una experiencia musical que educa la escucha de Lemebel e instala en él y otros artistas, parámetros de referencia sobre los alcances del arte popular y el quehacer del artista en tiempos de violentos cambios sociales y políticos. Es posible que el contacto que Lemebel tuvo con la NCC haya ocurrido a través de la radio, casetes y marchas de la campaña política de Salvador Allende que acompañó como liceano.[3] Mi propuesta es preliminar y no aseguro que Lemebel adhiriese por completo ni al mensaje de la NCC, ni al tipo de música que compusieron artistas como Víctor Jara y Quilapayún. Sí, aventuro que la NCC como experiencia musical y artístico-política incidió, años más tarde, en los modos en los que Lemebel concibió

---

[3] Así lo expresa en la crónica "De regreso al colegio" cuando rememora: "Era un chico afectado que miraba desde aquel lugar [la ventana] cómo mis compañeros trepaban las rejas para marchar por Vietnam en la Alameda. En esas marchas yo casi siempre iba al final, casi camuflado, apoyando con el susto marica las demandas del pueblo escolar." (*Háblame de amores* 269)

su propio proyecto de disidencia sexual desde la izquierda chilena basándose en figuras precursoras como Violeta Parra y Víctor Jara. En estos artistas, quienes encarnaron la alteridad en sus canciones, Lemebel encontró mapas líricos, personas artísticas, performances enunciativas y la exploración de múltiples formas expresivas para *manifestar su diferencia* en el plano de lo sexual.[4] ¿Cómo no apreciar en su "Manifiesto (Hablo por mi diferencia)" (1986) la confluencia de títulos y la lírica de canciones como "Yo canto por la diferencia" (1960) de Parra y "Manifiesto" (1973) de Jara?[5]

Sin embargo, la relación con la NCC es ambivalente, ya que si bien es cierto deviene en parámetro musical, también representa una música partidista-masculina de izquierda, ámbito político que Lemebel denunció como homofóbico. En la crónica "'La ciudad sin ti'",[6] Lemebel recuerda a un compañero de las Juventudes Comunistas de quien no espera que cante una balada, sino que "las [canciones] de Quilapayún o Víctor Jara, que guitarreaban tus compañeros del partido" (*Serenata cafiola* 38). Es como si la NCC en ocasiones fuese una extensión del partido comunista al que increpa en su "Manifiesto": "Mi hombría no la recibí del partido / Porque me rechazaron con risitas / Muchas veces" (*Loco afán* 88). De este modo, la música que acompañó el triunfo de la Unidad Popular no representó por completo la utopía homosexual de Lemebel. Latente y como telón de fondo, la NCC tampoco aparece como protagonista de las crónicas de Lemebel, sino que es más bien una experiencia artístico-política introyectada de la que se deriva una exigente escucha.[7]

Si la NCC se infiltró en las crónicas, las performances y la persona artística de Lemebel, también habría que pensar como éstas, al recrear una constelación de referencias sobre disidencia sexual, han sido, como lo sugiere Fernando Blanco, el germen de otras

---

[4] Recordemos que Violeta Parra además de la composición musical y la poesía también incursionó en la pintura, las arpilleras y la cerámica. Por su parte, Víctor Jara originalmente se formó en las artes dramáticas y de ahí pasó a ser cantautor.

[5] Todas las citas a "Manifiesto (Hablo por mi diferencia)" (1986) y las demás crónicas de *Loco afán*, provienen de la segunda edición de LOM publicada en 1997. La primera edición es de 1996.

[6] Lemebel se refiere, en el título de la crónica, a un verso de la canción "La ciudad solitaria" (1964) del argentino Luis Aguilé (1936-2009).

[7] En la crónica "Levántate, Pier Angeli" (*Serenata cafiola*), Lemebel se refiere tangencialmente a Violeta Parra. El cronista se centra en la figura *queer* del primo de la cantante, Benjamín.

escenas artísticas en contextos políticos de la "post-transición". Nos podríamos preguntar sobre cómo se traduce, si es que es posible, el *loco afán* de la loca lemebeliana en la escena musical contemporánea en Chile. He aquí un segundo aspecto de mi argumento en el cual planteo el archivo de Lemebel como condición de posibilidad para la emergencia de lo que preliminarmente llamo *el canto por la diferencia*. Bajo esta denominación reúno a proyectos de música popular en los que la diversidad sexual es central e incluyo a artistas como Alex Anwandter, Javiera Mera, (Me llamo) Sebastián, Francisco Victoria y bandas como, Os Marineros y Planeta No. Estos artistas emergen en un paisaje mediático mediado por las redes sociales y múltiples servicios de música online (YouTube, iTunes, Spotify, Pandora) en los que circulan sus canciones con letras centradas en intimidades *queer* antes no oídas en el ámbito de la música popular nacional.

Los y las artistas del canto por la diferencia combinan géneros musicales, ritmos e instrumentos y voces que ambiguamente confunden la oreja también normada por las divisiones del género. En sus llamativos videos musicales, se invita a la audiencia a movilizarse y transformar el cuerpo, a desplazarlo por la ciudad y a perderse en espacios reales e imaginados. Ágiles cámaras capturan a las estrellas que gesticulan y *cantan su diferencia* con eróticas poses y, en ocasiones, cursis y recargados atuendos. Distintos grados de velocidad y primeros planos a los cuerpos y la piel construyen imágenes hápticas que guiñan la complicidad de una audiencia nicho que durante décadas ha sido ignorada por el dúctil y breve formato audiovisual del video musical.[8]

Aclaremos: Lemebel no se refirió por escrito a estos artistas. Sin embargo, como lo propondré al final de este capítulo, su influencia modeló ideas, estéticas y formas de cómo presentarse y confrontar una audiencia educada en el romance heterosexual. Veo a Lemebel, por tanto, como un eslabón que conecta dos momentos musicales: uno históricamente celebrado por su carácter político y, otro, en pleno desarrollo a la par de demandas por políticas de reconocimiento de derechos de la comunidad LGTBQ+. Qué mejor ejemplo de esta fusión de tradiciones musicales y literarias que la emergencia de un tercer

---

[8] El cine chileno ha sido otro espacio de representación de la disidencia sexual. Ver *Chilean Cinema in the Twenty-First-Century World*, editado por Vania Barraza y Carl Fischer.

"Manifiesto" (*Amiga*, 2016) de Álex Anwandter, una balada que evoca la lucha por el derecho a auto-determinar el sexo y la experiencia de una persona trans* rompiendo las rígidas nociones del sexo y el género en el Chile contemporáneo.

A continuación, a partir de la lectura de algunas crónicas, delinearé con más detalle cómo Lemebel elabora la experiencia de la NCC y la de sus precursores/as. Luego, exploraré el canto por la diferencia y sus referencias al proyecto de Lemebel principalmente a partir del trabajo de Álex Anwandter. Concluiré con algunas notas sobre la canción por la diferencia durante los acontecimientos y cambios políticos ocurridos en Chile a partir de octubre del 2019.

"El telón de fondo": La Nueva Canción chilena y Lemebel

Las citas a la música que Lemebel hace en sus crónicas está siempre vinculada a la cambiante cultura tecno-mediática y los devenires políticos de los últimos cincuenta años en Chile. Estos cambios son retratados vívidamente por sus *crónicas audiovisuales*, es decir, aquellos textos que hablan de canciones, géneros y formatos musicales, cantantes y sus vidas, y medios que difunden la música como la radio, la televisión y los "templos homo-dance".[9] El que una canción pase a formar parte o no, de la discoteca memorial de Lemebel, depende del modo en que el cronista la inscribe en su propia trayectoria artística. Repartidas a lo largo de todos sus libros las crónicas audiovisuales nos dan una muestra del telón de fondo que es la música según el autor.[10] De su lectura es posible derivar los parámetros con los que Lemebel midió la pertinencia de tal o cual melodía, siendo un factor positivo la expresión de cierta "rareza sexual".

Por ejemplo, en la crónica, "Cecilia. (El platino trizado de la voz)", Lemebel contextualiza la escucha de este ícono de la Nueva Ola chilena: "Corrían los sesenta, y el eco de las revoluciones hacía vibrar este hilo del mundo. De norte a sur, el cancionero radial era

---

[9] Así se refiere Lemebel a las discotecas en la crónica de *Loco afán* titulada "Nalgas lycra, Sodoma disco".

[10] En ocasiones, como en *Zanjón de la aguada*, las crónicas audiovisuales aparecen como "casetes literarios" insertos bajo musicales denominaciones "Nacarada Discorola" o "Tristeza tango chachachá" en *Serenata cafiola*.

el telón de fondo que animaba los cambios sociales, en un mundo pujante y sentimental hipnotizado por la utopía" (*Loco* 131). La figura emancipada de Cecilia logró traducir ritmos extranjeros en la música juvenil nacional de los años sesenta coexistiendo con el desarrollo de la NCC. Pese a la parodia que Lemebel hará de la Nueva Ola, Cecilia se salva gracias a su guiño lésbico: "De la noche a la mañana apareció travestida de Elvis Presley", y con ello ingresa a la discoteca de Lemebel como ejemplo de disidencia sexual (132).[11] Los demás integrantes de la Nueva Ola no corren la misma suerte en la crónica titulada "El romance musical de los sesenta (o "los dientes postizos de la Nueva Ola")" donde los llamó "estrellas gastadas" cuyo cantar "nunca se comprometió con los cambios sociales. [...] Tan apolíticos, que pueden sonar sus canciones en un orfeón militar o en el compac de la democracia" (*De perlas* 54). Lemebel contrasta esta escena musical apolítica con la escena de la NCC, cuyas demandas sociales desembocaron en el castigo mortal de sus artistas: "Así Víctor, el Quila, Rolando y tantos, pagaron con la muerte, el exilio y el olvido, la osadía de soñar un mundo más justo, una utopía social" (55). Además, Lemebel reflexiona sobre qué tan *nueva* puede ser una música que canta sobre el "cortejo asexuado y tímido" (55) versus un *neo-folclore* que se juega la vida en el canto.

Las crónicas citadas anteriormente evidencian cómo para Lemebel la NCC devino en un parámetro de escucha y cómo propulsó formas de conceptualizar el arte y el rol del artista. Dentro de ciertos límites, la NCC ofrece a un joven Pedro Mardones formas de concebir el arte musical como un proceso fluido, transformativo y colectivo cuyo impacto reformador se hace sentir en todo el cuerpo social.

La emergencia y desarrollo de la NCC es abordado en el libro, *La Nueva Canción chilena: El poder político de la música, 1960-1973*, de Joan Patrice McSherry. Ahí, la autora aborda la NCC como un proceso cultural vinculado a la masiva participación popular en el ámbito político durante los años sesenta y, a la vez, como resultado de la activa participación de artistas como agentes del cambio cultural

---

[11] Una suerte similar corre el cantante español Raphael en la crónica "Raphael (o la pose amanerada del canto)". Lemebel celebra la subversión sexual de su persona artística pese a que su música y letras "inflamadas de deseo" fuesen vistas como un "analgésico apolítico frente a Serrat, Paco Ibáñez y todos esos chascones de izquierda que querían cambiar el mundo" (*Loco* 127).

(42). La crítica a la Nueva Ola que establece Lemebel hace eco de la emergencia de la NCC en el espacio radial donde, según McSherry, "predominaba el *rock and roll* de Estados Unidos y la música chilena de similares características (La Nueva Ola) y la música 'típica' chilena (la música huasa)" (49). La música de la NCC expresó valores contrahegemónicos y fue un factor catalizador de la acción política y el cambio social, previo a y durante el gobierno de Salvador Allende. Artistas como Víctor Jara, Inti-Illimani y Quilapayún, siguieron las huellas innovadoras de Violeta Parra y Margot Loyola, fundiendo tradiciones folclóricas latinoamericanas y refiriéndose a las múltiples transformaciones sociales y políticas locales y globales.[12] McSherry señala que los artistas de la NCC encarnaron la concepción gramsciana del intelectual orgánico, ya que en sus canciones elaboraron en términos accesibles a la población los modos en los que se organiza el poder político dentro de una sociedad. Dicho esclarecimiento por parte del artista hacia su audiencia permitiría la posibilidad del cambio político a través de una participación cívica más informada.

Ubicado discursivamente desde el lugar del proletariado, Lemebel halla una impronta en este modelo de artista comprometido de la NCC. Más que un modelo fijo y homogéneo, la experiencia de Violeta Parra y la NCC deviene en un mapa del quehacer artístico que se identifica con una determinada comunidad y de la cual deviene en portavoz. Juan Pablo González señala cómo Violeta Parra y Víctor Jara "encarnaron la alteridad" en sus personas artísticas y canciones invocando "su[s] origen[es] campesino[s] y marginal[es] en su propia performance y en su actitud como artistas" (González 216). Esto queda plasmado en los primeros versos de "Yo canto a la diferencia" de Parra y el "Manifiesto" de Jara donde es posible observar al "yo" del artista definiéndose desde lugares particulares ("Chillán", la "tierra") y que es, desde esa posición, que su canto adquiere *sentido* y dirección opuesta a la fama.

---

[12] Entre ellas, la Guerra de Vietnam y las protestas de mayo de 1968. Las letras de las canciones elaboraron sucesos de la coyuntura nacional estableciendo así una estrecha conexión de los artistas con la contingencia política y social de la época. Piénsese en "Preguntas por Puerto Montt" (1969) que increpa a los responsables de la matanza de Pampa Irigoin en donde once pobladores son asesinados por la policía de Frei Montalva.

"Yo canto a la diferencia" Violeta Parra (1960)	"Manifiesto" Víctor Jara (1973)	"Manifiesto. (Hablo por mi diferencia)" Pedro Lemebel (1986)
Yo canto a la chillaneja Si tengo que decir algo Y no tomo la guitarra Por conseguir un aplauso Yo canto a la diferencia Que hay de lo cierto a lo falso De lo contrario no canto	Yo no canto por cantar Ni por tener buena voz Canto porque la guitarra Tiene sentido y razón Tiene corazón de tierra Y alas de palomitas	No soy Passolini pidiendo explicaciones No soy Ginsberg expulsado de Cuba No soy un marica disfrazado de poeta No necesito disfraz Aquí está mi cara Hablo por mi diferencia

En la tabla anterior copio los primeros versos de estos textos para apreciar de manera más evidente la influencia que estoy trazando entre Lemebel y la NCC. En contraste con Parra y Jara, en el "Manifiesto" de Lemebel, el artista se autorrepresenta desde el margen sexual y por vía negativa se desidentifica de los referentes globales de la izquierda homosexual. El "No soy un marica disfrazado de poeta" se construye con una rabia más cercana a la indignación de Parra, quien en constante exhortación a la audiencia construye su yo demandante de justicia: "Si yo levanto mi grito, / no es tan solo por gritar / Perdóneme el auditorio/ si ofende mi claridad". Para Lemebel, sin embargo, la audiencia no es cómplice de lucha, sino que un agente a quien enrostra e interroga en sus principios democráticos: "¿Qué harán con nosotros compañeros? / ¿Nos amarrarán de las trenzas en fardos / con destino a un sidario cubano?" (*Loco* 84).

Finalmente, los icónicos versos de Jara ("Canto que ha sido valiente / Siempre será canción nueva") establecen una fórmula que Lemebel traduce en relación a su propia utopía homosexual dirigida a la incierta figura de las nuevas generaciones de niños de alita rota: "Y yo quiero que vuelen compañero / Que su revolución / Les dé un pedazo de cielo rojo / Para que puedan volar." (90). ¿Existe la posibilidad de reemplazar ese *volar* por un *cantar* y que ese "loco afán" de la utopía lemebeliana se extienda hacia la música, su tan mentado talismán? El cotejar brevemente a Parra, Jara y Lemebel es una propuesta inacabada que invita a apreciar la interconexión entre el legado de la NCC que brindó a Lemebel una posibilidad simbólica, semántica y performativa para *pensarse diferente* y manifestarse como tal.

"Vértigo de pieles": videos musicales y el canto por la diferencia

Si la Nueva Canción chilena se constituyó como un parámetro con el cual medir la fuerza de la música y el rol de un artista comprometido políticamente, Lemebel recurrirá a diversos marcos interpretativos con los cuales lidiar con el género audiovisual del video musical. Breve, pero intenso en su fragmentario erotismo, el video musical emerge en la televisión intervenida por la dictadura. De mayor alcance aquí es una consideración que pudiera hablar con más detenimiento del "reparto de lo sensible" lemebeliano –al decir de Jacques Rancière– que revelaría la jerarquía de lo *auditivo-oral-femenino-radial-acompasado* por sobre *lo visual-imaginario-masculino-televisivo-apresurado*. Pese a ello, sabemos por Soledad Bianchi que la "pupila equis de la transición" ("La insoportable" 40) –o el "ojo copuchento" ("El ojo" 69) de Lemebel– sucumbió al embrujo cinematográfico de los videos musicales, atendiendo sobre todo al potencial valor rebelde de la imagen erótico-sexual.[13]

En "Barbarella clip (esa orgía congelada de la modernidad)", Lemebel ensaya una aproximación barthiana al discurso publicitario y los videos musicales. Siguiendo el ensayo de Roland Barthes, "Retórica de la imagen", Lemebel denuncia el discurso sexual de la televisión como una mera fantasía erótico-comercial que no se traduce en un veredero cambio en las concepciones sobre la sexualidad ni las prácticas eróticas. Lemebel arguye que la revolución sexual de los sesenta se transfirió a la pantalla de la televisión y que la sexualidad se congeló como "adjetivo visual" que devino lucroso señuelo para audiencias deseantes acopladas *videodromáticamente*[14] a las pantallas donde se:

> [...] sumergen en un pantano de cuerpos idealizados por el fluorescente que pestañea al pulso del rock concert. Se reproducen en un vértigo de

---

[13] A lo largo de su obra crítica, Bianchi ha desarrollado y re-elaborado estas ideas y conceptos a lo largo de distintos textos. Por ejemplo, la "pupila equis de la transición" proviene del texto "Pedro Lemebel, pupila *equis* de la transición" leído en la presentación del libro *La esquina es mi corazón* en 1995. La idea del "ojo copuchento" procede del ensayo *Errancias, atisbos, preguntas: Cultura y memoria, postdictadura y modernidad en Chile*. (2001), disponible en <http://www.lasc.umd.edu/documents/working_papers/new_lasc_series/07_bianchi.pdf>.

[14] Invento este adverbio para referirme al filme *Videodrome* (1983) del cineasta canadiense David Cronenberg.

pieles las canciones del ranking como onanismo visual, donde la música sólo cumple una función adjetiva que refuerza la imagen y su permanencia en el espectador. La música clip es el pegamento de lo observado, el ritmo ocular que sigue hipnotizando en el personal estéreo. (*La esquina* 89)

La televisión proyecta imágenes de estéticas idealizadas a un ritmo atropellado y con un lenguaje háptico construye un arsenal de cuerpos fragmentados. La música "adjetiva" parece perderse entre tanta imagen que, latente, perdura y acosa a los espectadores con sus sueños eléctricos y fantasmas tecnicolor. Lo que se instala, a juicio del cronista, es una "política voyeur de reemplazo al sexo, que se mira y no se toca" (92) y, por lo tanto, una experiencia musical individual y pasiva que contrasta radicalmente con las formas de participación colectiva que la NCC propuso en las décadas anteriores cuando la música fluía a través de las peñas, conciertos y casetes de la DICAP.[15]

El sexo como adjetivo, cuando se trata de imágenes de lo homosexual, también es problemático para Lemebel. El vínculo entre música y homosexualidad se hace evidente –sobre todo para las audiencias hispanoparlantes– en el video musical. En la crónica "Biblia Rosa y sin estrellas. La balada del rock homosexual", Lemebel se refiere a los videos musicales que animaron cierto loco afán, pero que devinieron en meros gestos para conseguir seguidores. Al fin de la crónica, frustrado, el cronista expresa un deseo musical por encontrar genuinos discursos alojados en la música –chilena, regional y anglófona – capaces de desmontar los sistemas hegemónicos y jerárquicos de opresión sexual:

> Quizás para América latina, el rock homosexual *tome* otro nombre que no *suene* a roca, demasiado áspero para nuestra garganta desnutrida. Otro nombre que *corrompa* la patriarcal estructura de rebeldía que nos dejaron los próceres de los tímpanos sangrantes. Al fin y al cabo, estamos naciendo en este lunático fin de siglo, con apenas un murmullo, un roce de pasiones ocultas, el *gemido de la seda* como acompañamiento de nuestra indigente balada homosexual. (*Loco* 104, énfasis mío)

---

[15] *Discoteca del cantar popular* (DICAP) fue el nombre del sello discográfico surgido en 1967 y que tuvo por objeto publicar el trabajo de jóvenes artistas sin acceso a los sellos multinacionales. Perteneció a las Juventudes Comunistas de Chile y lanzó, entre otros, los discos: *X Vietnam* (1968), por Quilapayún, *Pongo en tus manos abiertas* (1969), de Víctor Jara, y las grabaciones del Primer Festival Internacional de la Canción Popular en 1973.

Me pregunto hasta qué punto este deseo musical es uno que emerge de cierta convicción respecto al poder transformativo de la música que él mismo, como adolescente, experimentó durante los años de la efervescencia de la NCC. Con ese "quizás" tan subjuntivo con el que concluye muchas de sus crónicas, Lemebel nos incita a buscar, junto a él, aquella música que se aleje de la parafernalia fálica del rock, pero que mantenga su espíritu rebelde sin imposturas ni maquillajes para la pose comercial.[16] A lo largo de esta crónica y como lo hizo con la Nueva Ola chilena, Lemebel homenajea y a la vez deconstruye la pose ambigua de múltiples estrellas de la música anglófona y latinoamericanas como Queen, Lou Reed, Mick Jagger, Village People y las bandas argentinas Virus y Los abuelos de la nada. Pero más que denegarles la entrada a su discoteca memorial, Lemebel pareciera cuestionarles la incapacidad de sus portentosas canciones de instalar un cambio más sólido en el terreno de lo sexual.

El cronista buscaba cantantes cuyos proyectos musicales expresaran –como él mismo lo hacía en sus crónicas para la revista *Página Abierta*– genuinamente la desobediencia sexual y se frustró al ver que el proyecto democrático moderno no llegaba a Chile. Teniendo en mente la masiva y vociferada NCC, Lemebel se frustró al ver que la música homosexual, ad portas del siglo XXI, era apenas un "gemido de seda" que vagamente manifestaba su diferencia.

Y décadas más tarde, como cumpliendo ese deseo musical emerge la escena del "canto por la diferencia" desde un contexto cultural de democracia en el que la diversidad sexual ya forma parte de una agenda cultural y legal, gracias al trabajo de artistas y de la incansable labor histórica de numerosas agrupaciones de defensa de derechos de la comunidad LGTBQ+. Como ya mencioné, los proyectos musicales del canto por la diferencia se han difundido ampliamente a través de redes sociales donde se establecen vínculos virtuales con audiencias y los y las artistas construyen activamente sus personas

---

[16] Lemebel *ve* al rock desplegando una pose machista orientada netamente a la venta de la música. Ídolos de la videoteca quedan reducidos a la impotencia: la maquillada banda Kiss "con sus besos de rouge violados por la penetración del clavijero.", a Mick Jagger "succionando el micrófono como un pene", a Michael Jackson y "su engaño transexual de la farándula", a Robert Plant "agotado de subir "La escalera al cielo", con la culebra arrugada bajo el jeans" (*Loco* 99).

artísticas opinando sobre la contingencia social. Local y regional, la distribución de sus canciones ha sido favorecida por los servicios de música on-line y por la Ley de Música (19.928) que, promulgada en abril del 2015, obliga a las radioemisoras nacionales a incluir dentro de su programación un veinte por ciento de música chilena. A esto se suma una amplia oferta de festivales y conciertos nacionales e internacionales en Chile (Lollapalooza, por ejemplo) donde han presentado en más de alguna oportunidad. Sin embargo, es en los videos musicales en donde más se expanden las nociones en torno a la diversidad sexual; ahí se desarrolla una audiovisualidad que enlaza lo loca con culturas populares globales como el manga japonés, la música pop latinoamericana y las culturas *queer* difundidas por el cine y otras artes visuales.[17]

Álex Anwandter (1983) replantea las culturas *queer* en el Chile contemporáneo a través de un sólido proyecto que incluye música, videos musicales y cine. A Anwandter lo "audioveo" sintetizando, por una parte, la vocación política expresada por la Nueva Canción chilena y, por otra, el imaginario de la disidencia sexual inaugurado por Lemebel. En sus cuatro discos: *Odisea* (2010), *Rebeldes* (2011), *Amiga* (2016) y *Latinoamericana* (2018), el multifacético artista ha desarrollado progresivamente una perspectiva crítica que gira en torno de la diversidad sexual y las distintas expresiones de la violencia prevalente en la cultura chilena. En una entrevista que le realicé a propósito de su primer filme *Nunca vas a estar solo* (2016), Anwandter indicó que su proyecto audiovisual es un medio para desmantelar lo que él llama un "sistema de violencia" alojado en la "cultura hipermachista, hiperhomofóbica, hipersexista latinoamericana" (Márquez-Gómez).

En su primera película, desde este enfoque crítico, el artista se aproxima al caso del asesinato de Daniel Zamudio (1987-2012), donde se divorcia del relato biográfico para centrarse en el amargo viaje del padre de una víctima de homofobia que confronta una cotidiana y

---

[17] Ejemplo de ello, es el video musical de "Maricón Zara" de la banda Planeta No (dir. Cristian Pino Anguita, 2017) en cuya puesta en escena se mezclan referencias a *Flashadance* (1983) y a una pandilla de bailarines propios del cine *camp* e irreverente de John Waters. Por su parte, Anwandter usa fragmentos del filme de Jean Genet *Un Chant d'Amour* (1950) en el video de su canción "Intentarlo todo de nuevo" (*Amiga* 2016).

estructural red de violencia.[18] En la entrevista, Anwandter reconoce que el caso Zamudio motivó un giro radical hacia lo político en su proyecto audiovisual, uno que se hace evidente a partir de su tercer disco, *Amiga*.

La problematización de la homofobia, como manifestación de violencias estructurales históricamente legitimadas y reproducidas por diversas instituciones, es un aspecto ya notado por numerosos artistas en Chile, siendo el proyecto de Lemebel uno que logró establecer esa crítica a partir de la exploración de múltiples dominios artísticos como la performance y la crónica. Es imposible resumir aquí su impacto en la cultura chilena y latinoamericana contemporánea, baste con señalar que su trayectoria ha dado un marco de referencia para pensar, discutir y sentir aspectos relacionados con la disidencia sexual en Chile. Planteo, entonces, que Lemebel es referencia ineludible para proyectos como los de Anwandter y los otros artistas del canto por la diferencia. Mi intención no es la de cotejar cada una de estas referencias, sino que más bien plantear ciertos momentos comunes en los que Anwandter dialoga con el imaginario instaurado por Lemebel. ¿Es el proyecto de Anwandter el "homo rock" que tanto deseó Lemebel?

En *Odisea*, su primer disco como solista, Anwandter se sume en la experiencia urbana desde un cuerpo narcotizado y entumecido que progresivamente despierta para desplazarse por las calles. Una voz ambigua y un poco temerosa se vuelve crecientemente desafiante ante la rigidez de una arquitectura y vigilancia opresoras. Canciones como "Nuestra casa de violencia" y "Batalla de Santiago" recrean el demencial *soundscape* de sirenas, alarmas, tráficos y bullicio desde los que germina una viva voz que toma consciencia de su vulnerabilidad sexual. En los videos musicales de *Cabros* y *Casa Latina*, los tránsitos

---

[18] Daniel Mauricio Zamudio Vera (1987-2012) era un joven chileno de 24 años que fue brutalmente atacado y torturado por un grupo de cuatro jóvenes en el Parque San Borja de Santiago el 2 de marzo de 2012. Su familia denunció su desaparición y, luego de ser encontrado por la policía, fue trasladado a un hospital donde fue puesto en coma inducido debido a sus múltiples heridas. Falleció semanas después debido a un daño neurológico severo. El asesinato de Daniel Zamudio se convirtió en símbolo de lucha contra la violencia homofóbica, poniendo de manifiesto el vacío legal para este tipo de crímenes de odio en Chile. [Nota del editor.]

desde lo privado a lo público se median a través del cuerpo que baila y el *voguing* antídotos contra la estancada sociedad represora.[19]

La ciudad caótica de Anwandter encuentra su antecedente en la violenta crónica "Las amapolas también tienen espinas *(a Miguel Ángel)*" en la que la llamada *ciudad-anal* "en fin de semana transforma sus calles en flujos que rebasan la libido, embriagando los cuerpos jóvenes con el deseo de turno" (*La esquina* 161). El estricto concreto de las calles de la semana productiva-laboral deviene en flujo y deseo que se moviliza sin dirección al latido del pulsante fin de semana. Diversos lugares de ligue y socialización homosexual como parques, cines, discotecas son escenarios en los que Lemebel elaboró la compleja relación entre lo urbano y la disidencia sexual.

En "Nalgas lycra, Sodoma disco", la discoteca es un espacio que norma y "resta energía subversiva" a la liberación homosexual instalando "estilos de vida y una filosofía de camuflaje viril que va uniformando, a través de la moda, la diversidad de homosexualidades locales" (*Loco* 53). Por el contrario, la discoteca de Anwandter es un lugar que "suma a la liberación" dando un sustento comunitario en el que se negocian la raza, la sexualidad, el género y diversas formas corporales. En el video musical *¿Cómo puedes vivir contigo mismo?* (2012), representa la discoteca como un cálido lugar en el que se homenajea la escena de los "drag balls" retratados en el controversial documental de Jennie Livingston *Paris Is Burning* (1991). La canción discurre sobre las dificultades de revelar una identidad estigmatizada en una sociedad constrictiva: "Aunque digan que es malo / Oh-oh, oh-oh / Yo me siento en el cielo".[20] El baile desatado y la música *house* son eficaces contra los discursos religiosos retrógrados.[21] Anwandter parece sugerir que es únicamente en comunidad donde se fraguan las nociones de un yo capaz de manifestar su diferencia cuando canta: "No tengo puesto un disfraz / Ni tengo miedo de los juicios", un guiño evidente al "Manifiesto" de Lemebel.

---

[19] El *voguing* es un estilo de baile que emerge en el contexto de los bailes *drags* de los años ochentas en las comunidades afro-americanas y latinas de la ciudad de Nueva York. Esta escena de bailes de competición es el foco del documental *Paris Is Burning* (dir. Jennie Livingston, 1991). Madonna se apropió de este estilo de baile en su video musical *Vogue*.

[20] Las letras de esta canción siguen un curso similar al propuesto por la banda británica Pet Shop Boys en su canción "It's a sin" (*Actually*, 1987).

[21] En específico, la canción "Pump of the Jam" (1989) de los belgas Technotronics.

Amiga es, sin duda, el disco en donde Anwandter consolida una visión personal y la amalgama con las tradiciones musicales de la Nueva Canción chilena y las literarias representadas por Lemebel. No es casual entonces que de esta fusión emerja un tercer "Manifiesto" que combina las marginalidades de clase y sexuales en una canción que evoca la experiencia trans*. Instrumentalizada por un piano, esta balada es elocuente en el uso de la voz masculina que declama: "Hoy soy mujer, hoy soy mujer / El maricón del pueblo, / Aunque me prendan fuego". El contraste genérico de la voz dramatiza la autodeterminación sexual como acto fundamental de ruptura con el sistema sexo-género. A su vez, la voz se apropia del insulto en el pueblo chico –¿un insular y opresor Chile?– y desafía con el cuerpo mismo representado como un arma: "Yo quiero ser un manifiesto / Hecho cuerpo, sí un cuerpo, / que va a disparar". Aquí emerge el cuerpo refundante de la performance lemebeliana, aquel que peligrosamente interactuó con el fuego en performances como *Hospital del Trabajador* (1989) y *Desnudo bajando la escalera* (2014); ambas, como lo señala Javier Guerrero, vinculadas al impacto que causó en el performer la autoinmolación de Sebastián Acevedo[22] en noviembre de 1983 en la Plaza de Armas de la ciudad de Concepción (147).[23] De ahí que quizás emerjan otras rabiosas piromanías que Anwandter evoca en canciones como "Cabros" cuando exhorta a sus amigos a que "prendamos fuego a la Moneda". También, en el video de *Siempre es viernes en mi corazón* –cuando mientras la voz entona: "Si quiero prenderle fuego a algo/ Que sea a la iglesia y el congreso"– la "loca-obrero" (protagonizada por Anwandter) enciende un póster de Jaime Guzmán, redactor de la difunta Constitución de 1980 y homosexual de ultraderecha.

El retorno de Anwandter a la NCC es posible de notar a lo largo de todo *Amiga*, no sólo en el aspecto temático, sino también en la inclusión de instrumentos musicales andinos como la quena y el charango. *Latinoamericana*, su último disco, testifica una mirada crítica regional a la emergencia y consolidación de la extrema derecha y los nuevos conservadurismos.

---

[22] Sobre Sebastián Acevedo Becerra (1931-1983), véase la séptima nota a pie de página en el artículo de Rita Ferrer, "Ojo de loca no se equivoca". *[Nota del editor.]*

[23] Las referencias las recojo del libro *Arder* (2017), el cual ofrece un catálogo de fotografías de las performances de Lemebel.

Octubre 2019: virales melodías de un estallido social

¿Quiénes serán los y las artistas que testimoniarán la reciente revuelta de octubre del 2019 en Chile y la emergencia de la pandemia del COVID-19?, ¿Cómo lo habría hecho Pedro Lemebel si estuviera con nosotros? De la misma forma que Lemebel es referencia para los artistas del canto por la diferencia, lo es también para los millones de chilenos y chilenas que en murales, pegatinas y grafitis lo evocaron en las masivas protestas de la Plaza de la Dignidad, punto álgido de los violentos enfrentamientos entre los manifestantes y una brutal policía.[24] El dudosamente llamado "estallido social" que celebró el "despertar de Chile" evidenció el letargo de una democracia neoliberalizada, arrumada por el sueño de unos pocos y la pesadilla de muchos otros que viven al filo del endeudamiento y la precariedad. Durante meses, las protestas expresaron el rechazo contra legados políticos como la añeja constitución de 1980 creada bajo la dictadura y contra gobiernos corruptos e ineptos.

A pocas semanas del estallido social, dos canciones se viralizaron en las redes sociales: "#Cacerolazo" compuesta e interpretada por la cantante Ana Tijoux (1977) y la canción "Paco vampiro" de Anwandter. Como salidas de una ardiente barricada, estas canciones y respectivos videos musicales encendieron las protestas que aún persisten pese a las restricciones de la pandemia y se expandieron como quemante gasolina en las redes sociales. "#Cacerolazo" es una sincopada melodía hip-hop que "samplea" los ruidos urbanos de la protesta: las sirenas policiales, las vuvuzelas y el rítmico golpe a las cacerolas se mezclan con fragmentos del filtrado mensaje de voz de la primera dama chilena en el que advertía de un desorden social similar a una invasión alienígena. En el video musical se yuxtaponen imágenes de las pacíficas protestas con la cruda violencia policial, y otras animaciones y efectos visuales hechos en la urgencia de la lucha. La potente voz femenina sincronizada aviva el grito de las multitudes: "Quema, despierta / Renuncia Piñera". La canción evoca a los mártires de toda una generación de activistas: la ecologista Macarena Valdés y el mapuche Camilo Catrillanca. "Paco vampiro"

---

[24] La policía disparó a los ojos de manifestantes y se calcula que alrededor de trescientas cuarenta y tres personas fueron heridas de manera grave. Fabiola Campillai y Gustavo Gatica perdieron su visión.

por su parte, usa la forma despectiva de llamar a la policía en Chile ("los pacos") para confrontar su irascible violencia con el insulto en el coro de la canción "Paco vampiro, paco vampiro / Tienes sed de sangre / Paco vampiro, hasta tu mamá / Te dice concha de tu madre".

Estas dos canciones, junto a toda una banda sonora que incluyó a Violeta Parra, Víctor Jara, Los Prisioneros y otros, han sido como lo dijo Lemebel, *el telón de fondo* de un Chile alertado del robo armado del neoliberalismo y de la urgente necesidad de cambio. Al cierre de este capítulo, el 25 de octubre de 2020, se realizó un plebiscito donde la mayoría de los y las chilenas expresaron su deseo por reformar la constitución. Que el fuego de Acevedo, el de Lemebel y Anwandter arda y sirva para calcinar los ahora inútiles mamotretos que sustentaron por tanto tiempo la violencia en Chile.

Bibliografía

Álex Anwandter. *Amiga*. Disco compacto. Santiago de Chile: National Records, 2016.

_____ *Odisea*. Disco formato MP3. Santiago de Chile: Oveja Negra, 2009.

_____ "Paco Vampiro". Canción. Santiago de Chile: 5AM, 2019. <open.spotify.com/album/02ETw0EbNXJGl6LlBjgdUm>.

_____ *Rebeldes*. Disco compacto. Santiago de Chile: National Records, 2011.

Anwandter, Álex, director. *¿Cómo puedes vivir contigo mismo?* Video musical. Santiago de Chile: 5AM, 2012.

_____ *Siempre es viernes en mi corazón*. Video musical. Santiago de Chile: 5AM, 2016.

Barthes, Roland. "Retórica de la imagen". 1964. *Lo obvio y lo obtuso*. Barcelona: Paidós, 1995. pp. 29-47.

Bianchi, Soledad. "La insoportable levedad...?: imágenes y textos, postdictadura y modernidad en Chile". 1996. *Pliegues: Chile, cultura y memoria (1990-2013)*, editado por Soledad Bianchi. Santiago de Chile: Editorial Cuneta, 2014. pp. 7-65.

_____ "El ojo copuchento". *Lemebel*. Santiago de Chile: Montacerdos, 2018. pp. 69-84.

Blanco, Fernando A. "Porno activismo en democracia: los casos del Colectivo de Disidencia Sexual (CUDS) y José Carlos Henríquez (Camilo)". *Eventos del deseo: Sexualidades minoritarias en las culturas/ literaturas de España y Latinoamérica a finales del siglo XX*, editado por Dieter Ingenschay. Madrid: Iberoamericana / Veuvert, 2018. pp. 27-45.

González, Juan Pablo. *Pensar la música desde América Latina. Problemas e interrogantes*. Santiago, Chile: Ediciones Universidad Alberto Hurtado, 2013.

Guerrero, Javier. "La metástasis de la mariposa: Pedro Lemebel y el archivo analfabeto". *Cuaderno de Literatura*, vol. XXIII, no. 46, julio-diciembre 2019. pp.121-155.

Jara, Víctor. "Manifiesto". 1973. Canción. *Manifiesto*. Santiago de Chile: Warner, 2001.

Lemebel, Pedro. *Háblame de amores*. Santiago de Chile: Seix Barral, 2012.

_____ *La esquina es mi corazón. Crónica urbana*. 1995. Santiago Chile: Seix Barral, 2004.

_____ *Loco afán. Crónicas de sidario*. 1996. Santiago de Chile: LOM, 1997.

_____ *Serenata cafiola*. Santiago de Chile: Seix Barral, 2008.

_____ *Zanjón de la Aguada*. Santiago Chile: Seix Barral, 2003.

López Lugo, Daniela, directora. *#Cacerolazo*. Video Musical. Santiago de Chile: Victoria Producciones, 2019.

Márquez-Gómez, Arturo. "Entrevista a Álex Anwandter". Inédita, agosto de 2016.

McSherry, J. Patrice. *La Nueva Canción chilena. El poder político de la música, 1960-1973*. Santiago de Chile: LOM, 2017.

Parra, Violeta. "Yo canto a la diferencia". Canción. *Toda Violeta Parra (El Folklore de Chile, Vol. VIII)*. Santiago de Chile: Odeón, 1960.

Party, Daniel y Luis Achondo. "Canciones y cantantes en la obra de Pedro Lemebel". *La vida imitada. Narrativa, performance y visualidad en Pedro Lemebel*, editado por Fernando A. Blanco. Madrid: Iberoamericana / Vervuert, 2020. pp. 287-295.

Perlongher, Néstor. *Prosa plebeya. Ensayos 1980-1992*. Buenos Aires: Colihue, 1997.

Pino, Cristián, director. *Maricón Zara*. Video musical. Santiago de Chile: Planeta No, 2017.

Poblete, Juan. *La escritura de Pedro Lemebel como proyecto cultural y político: crónica, ciudadanía y literatura bajo el neoliberalismo*. Santiago de Chile: Cuarto Propio, 2018.

Tijoux, Ana. "#Cacerolazo". Canción. Santiago de Chile: Victoria Producciones, 2019. <open.spotify.com/album/6euGbbuB02jEZjxHykyLcE>.

IV. Cartografías

La poética de Pedro Lemebel: hacer sensible lo pensable y pensable lo sensible

Juan Poblete

> ... ninguna emoción solidaria puede ahondar en el descalabro de estos hechos, sin volver a mirar al país simuladamente democratizado en que se vive, sin volver a sentir que parte importante de su población, por miedo, inseguridad o indiferencia, se tapó los oídos, cerró los ojos y asumió la venda ...
>
> Pedro Lemebel[1]

EN UN ARTÍCULO PUBLICADO EN EL AÑO 2010 DIVIDÍ LA PRODUCCIÓN literaria de Lemebel hasta ese momento en tres etapas: en la primera había dos grandes libros de crónica: *La esquina es mi corazón: Crónica urbana* (1995) y *Loco afán: Crónicas de sidario* (1996); la etapa de transición estaba definida por la publicación de *De perlas y cicatrices* (1998) y *Zanjón de la Aguada* (2003); la última etapa incluía *Adiós mariquita linda* (2004) y *Serenata cafiola* (2008).[2]

---

[1] "Hacer como que nada, soñar como que nunca. (Acerca del video *La venda*, de Gloria Camiroaga)", *Zanjón de la Aguada*, p. 151.

[2] Estos eran hasta ese entonces los libros publicados por Lemebel. Luego se publicarían *Háblame de amores* (2012) y, ya póstumamente, *Mi amiga Glacys* (2016). Además de sus libros, el arte performativo de Lemebel merece ser reunido. Este va de su innovadora colaboración con Francisco Casas en el colectivo las Yeguas del Apocalipsis en los años ochenta tardíos y noventa tempranos del siglo pasado a sus últimas performances a la entrada del Museo de Arte Contemporáneo y del Cementerio Metropolitano en Santiago. Un primer e importante paso en este sentido ha sido dado por Gerardo Mosquera, Pedro Montes, Fernanda Carvajal y Alejandro de la Fuente que, en 2016, organizaron en Santiago dos exhibiciones sobre el trabajo performativo de Lemebel. Véase también el catálogo de las performances de las Yeguas del Apocalipsis en <www.yeguasdelapocalipsis.cl>.

En mi propuesta, el principio que organizaba estas tres etapas era el movimiento desde una forma de voz autorial basada en la figura de la loca a otra basada en la figura del autor literario de gran éxito comercial y alto reconocimiento nacional e internacional. En cada caso lo que definía la respectiva etapa era, también, la mediación entre lo local, lo nacional y lo global.

El primer Lemebel de la loca se fundaba en aquel personaje y su densa red de aventuras locales y recorridos fuertemente territorializados. Ese Lemebel proyectaba su atención sobre temas que ya tenían fuerte circulación y reconocimiento internacional (como el derecho a la diferencia en las minorías, la denuncia de la violencia sobre las minorías sexuales y los derechos humanos, la creciente marginalización de los pobres y los jóvenes), pero eran fundamentalmente ignorados en el ámbito nacional. El último Lemebel había, por otro lado, devenido figura nacional, un autor conocido en todo el país y reconocido en la calle por todos. Para este Lemebel, la salida anónima que caracterizaba y potenciaba antes a la loca se había vuelto un escape imposible, mientras que el autor se veía obligado permanentemente a autoperformarse como figura nacional y estaba siempre dispuesto a escribir sobre ella.

Si la forma de legitimidad de la loca era su externalidad, su condición foránea respecto a las coordenadas que dominaban el espacio nacional; el Lemebel autor de la segunda época asienta su legitimidad, o la legitimidad de su voz cronística, precisamente en la dimensión de alcance nacional de su reconocimiento en cuanto autor. Desde un punto de vista bourdieano podría señalarse que el primer Lemebel, quien carece entonces de cualquier capital en el campo literario chileno, sólo puede reclamarlo desde la ruptura (con frecuencia radical) con los lenguajes y convenciones dominantes en la escritura nacional. Ese Lemebel escribe en fuga tanto de los cánones políticos de la transición como de los literarios y comunicacionales dominantes, descubriendo una forma de marginalidad social que –en tanto había sido invisibilizada en la forma complaciente de democracia que regía a la sazón en el país– podía tener un alto potencial crítico. Es un Lemebel que con frecuencia explora simultáneamente la aventura del cuerpo y el deseo, en donde la voz y el ojo del autor, tornados recursos de la loca, recorren ansiosos las calles de Santiago.

Esta crónica *loca*-lizada emergía como una alternativa radical a la novela y se inspiraba tanto en una sospecha de lo literario, lo que Lemebel alguna vez llamó "todos esos montajes estéticos de la burguesía" (Blanco y Gelpí 97) como en el deseo de comunicar en un nuevo lenguaje literario capaz de circular más allá de la ciudad letrada. En vez del orden de la novela clásica, en vez de la coincidencia de cultura y estado en el territorio nacional, la crónica en Lemebel hablaba del desorden de lo social y de una ciudadanía disminuida y debilitada en tiempos neoliberales. La crónica aparecía, entonces, como una alternativa radical de escritura respecto a las formas literarias dominantes y a los estilos hegemónicos de la comunicación masiva. Lemebel hacía así de lo marginal doblemente *loca*-lizado, algo central para su producción cultural en al menos tres sentidos. Primero, lo tematizaba, en un contexto nacional que tendía más bien a su represión o negación. En segundo lugar, lo hacía por la vía de mejorar una forma y un vehículo, la crónica misma, capaz de ser literaria en los medios masivos y masmediática y de amplio público dentro de lo literario. Finalmente, creaba un lenguaje para darle vida a esas ambiciones anfibias: lo que aquí llamo el barroco popular de Lemebel. Este barroco combinaba una versión fuertemente localizada del español chileno vernáculo de clase trabajadora con un alto grado de estilizada formalización neobarroca.[3]

El segundo Lemebel en cambio, hablaba desde el centro mismo de su consagrado lugar nacional e internacional. Aquí no se trataba sólo de que biográficamente las salidas anónimas resultaran imposibles para una figura de renombre e inmediatamente reconocible, sino también de que la forma de autorización escritural de su voz estuviera directamente basada en esa nueva posición en el mercado de la literatura. Mientras el primer Lemebel de la loca, aunque definido por sus escapadas y líneas de fuga, colocaba de lleno en el centro de su intervención y de la discusión a los marginales sociales y sexuales que eran considerados exceso o surplus social por el régimen neoliberal, el último Lemebel, definido por lo autobiográfico y la memoria, se

---

[3] Para una exploración exhaustiva y relevante de la tradición discursiva barroca en América Latina y en España, véase Mateo del Pino ("Barroco constante"). Para un excelente análisis sobre cómo la imagen barroca, lo residual y el kitsch en Lemebel son parte de una estrategia comunicacional para resignificar los medios masivos de comunicación en el Chile de la transición de la dictadura a la democracia, véase Sierra ("Tu voz existe").

había vuelto el depositario de una misión de memoria y repetición más amplia, había devenido el mismo una suerte de memorial cuya función principal parecía ser, por un lado, el recuerdo, el testimonio; y, por otro, la afirmación de su propia centralidad tanto para la legitimación de su voz como para la prolongación de su proyecto literario.

En este capítulo, intento justipreciar la naturaleza (y las posibilidades) de esta transición en la obra del autor. Para ello me ocupo fundamentalmente de algunas crónicas en los libros *Zanjón de la Aguada*, *Adiós mariquita linda* y *Serenata cafiola*, y lo hago en cuatro secciones: la primera, sobre la figura del autor en su relación con la institución literaria; la segunda, sobre el lenguaje de la crónica en Lemebel y su relación con una poética de la visibilización. La tercera y cuarta sección, respectivamente, se ocupan de la reconceptualización de las relaciones entre oralidad y escritura, y de audibilidad y visibilidad en el contexto mediático y cultural contemporáneo.

La figura del autor y la institución literaria

> No necesito ese lugar, esa caverna platónica que necesitan los escritores. Ese silencio de catedral para reflexionar. Yo escribo con la bulla urbana.
>
> Pedro Lemebel[4]

Si Lemebel fue siempre el lugar de encuentro entre una sensibilidad y una lectoría populares con la institución literaria; si su barroco-popular quiso realmente producir un estilo simultáneamente literario y popular; cuando devino un escritor famoso, una de sus formas frecuentes de marginalidad fue la tematización de la institucionalidad literaria y cultural chilenas y de su propia relación con ellas. En este acceso vicario, desacralizador y risueño, pero altamente efectivo, a la institución cultural, Lemebel se parece a Condorito: es el roto inteligente y lenguaraz que se acerca a la ciudad desde los márgenes

---

[4] Cita de Lemebel en el documental *Pedro Lemebel, el artista de los bordes* dirigido por Florencia Doray y Cote Correa.

geográficos y sociales. Lo que Lemebel termina vendiendo como mercancía escrituraria es, en parte, su propia vida libérrima y sin trabajos fijos o responsabilidades estables. En este sentido, parte de lo que lo vuelve atractivo y popular es, precisamente, la promesa del hedonismo como principio organizador de la vida, la liberación respecto al trabajo, mezcladas con el humor, la actitud desafiante y la autoconciencia de sus orígenes con los pies en la tierra. Lemebel podría haber estado hablando de su propia autoría literaria y de sus contradicciones cuando describe, en *Zanjón de la Aguada*, la vida en el villorrio veraniego y alternativo de la Caleta de Horcones. Allí la feria de los artesanos locales, que ofrecen sus trabajos a los turistas que quieren algún contacto con la cultura alternativa, parece un ejemplo utópico de vida y trabajo: "porque aquí se cruzaron los oficios en el proyecto arte-vida de crear un microclima lanudo y rockerón [...] en la utopía somnolienta del laburo sin patrón, de la pega sin marcar tarjeta" (*Zanjón* 84). Artesanos, pescadores y traficantes de marihuana son aquí ejemplos de una negociación ético-política que la figura de autor literario en Lemebel describirá repetidas veces: "asume[n] la contradicción de vender y odiar al mismo tiempo la mano cliente que le[s] da de comer" (85). Vale la pena agregar que Lemebel lo hace desde una posición no sólo libertaria sino también crítica y autocrítica.

Por otro lado, Lemebel insiste una y otra vez en rescatar una memoria popular e histórica en cuya capacidad política cree firmemente. Sin duda alguna, el desparpajo de la desacralización cultural funciona como la posibilidad de la segunda función de memorialización y repolitización del pasado y del presente neoliberal y de las múltiples violencias que encierran. Es sólo porque Lemebel mantiene viva la figura de su propia autoría a través de sus numerosas participaciones mediáticas –de las crónicas publicadas en medios masivos como *The Clinic* o *La Nación* a las apariciones en la televisión o la radio– que puede seguir escribiendo y publicando a lo largo de su vida sobre lo que él mismo llamaba "sus desaparecidos", los familiares de estos, los abusos y corrupciones del mundo político y mediático en Chile, y los silencios y problemas de la transición posdictatorial.

Adiós mariquita linda, que es un libro bisagra entre las dos etapas de la producción cronística de Lemebel, comienza con "El Wilson", una crónica en que el autor trabaja metapoéticamente esta transición en relación con la figura del autor. El siguiente párrafo, algo largo, merece ser citado in extenso pues alumbra esa reflexión:

> Un día te dije que iba a escribir nuestra corta historia en el *Clinic*. Y aunque tú no lo creyeras entonces, te juré que serías el protagonista de esta crónica que escribo evocando tu inquieto mirar de pendejo sureño, cesante y peregrino por estas calles, por estos cementos ardientes de la tarde estival, cuando lo veo venir caracoleando la vereda con vaivén de leopardo morenón. Lo diviso apurado rapeando su elástico caminar directo a mi encuentro. En la Gran Avenida, a todo sol, a todo calor, ese verano conocí al Wilson. Y me paró de pronto preguntando con su cara morocha de engominado penacho punky: ¿Tú soi el escritor?, ¿tú saliste en la tele? Y antes de contestarle, me di el tiempo de medir sus largos muslos sopeados de transpiración... (*Adiós* 9)

Si antes el autor mismo era uno de estos marginales patiperros que se ganaba la vida en el mercado de las pulgas, vendiendo todo tipo de mercancías y se buscaba el amor en la calle, ahora ya mayor de edad, Pedro Lemebel es un conocido autor, una figura famosa siempre reconocible por el público, en general, y por los sujetos populares, en particular. Y aunque todavía busca el sexo en la vereda, ahora puede o debe pagar por él, directa o indirectamente, con dinero o con regalos, o, simplemente, permitiéndole al mortal común un encuentro con la celebridad. En un gesto característico, sin embargo, Lemebel reflexiona sobre esta transición y la hace el material de varias de sus crónicas. De hecho, las dos primeras secciones de *Adiós mariquita linda*, "Pájaros que besan" y "Matancero errar" podrían leerse como la simultánea construcción y explotación comercial de la figura del autor y su deconstrucción activa en el contraste entre la figura tradicional del autor literario y lo que Lemebel ofrece. En ambos casos, entre Lemebel (el autor), la loca (como figura diegética y voz narrativa) y el mundo popular, se han instalado como instancias mediadoras la autoría literaria y su fama. De la reflexión sobre esta mutación se alimenta, en parte, esta segunda etapa de la obra del autor.

"El Wilson" es la primera crónica de la sección "Pájaros que besan" y en ella Wilson viene del sur de Chile a la ciudad capital, mientras que Lemebel ya no es más, o no es simplemente, el *outsider*, sino el autor que ocupa un lugar importante, aunque *sui generis*, en la cultura del país. La fama media ahora sus relaciones.

Por ello, Wilson, invitado por Lemebel a la presentación de un libro del director de *The Clinic*, la publicación en que aparecieron estas crónicas originalmente, termina, primero, resistiéndose a entrar al bar elegante en donde se realiza el evento, para luego, adentro, empezar a robar las copas del cocktail. Cuando termina, declara: "Vámonos de aquí, Pedro, porque no entiendo ni güevas lo que habla esta gente" (*Adiós* 11). Meses después de que Wilson desapareciera de la vida del autor, llama por teléfono, ya de vuelta en Llanquihue, al famoso autor para contarle: "ahora leo el *Clinic* y estoy estudiando en la nocturna para entender lo que hablan tus amigos" (13). La crónica redime así al proletario, dándole visibilidad y existencia histórica en la escritura, mientras que el proletario redime al autor, reforzando su legitimidad basada en el contacto estrecho con la cultura popular y en su irreverencia hacia la cultura oficial.

José, en "Se llamaba José", es otro de esos chicos del sur que "llegan atraídos por esta luciérnaga de neón" (*Adiós* 14). Lemebel lo encuentra vendiendo en los buses del transporte público santiaguino: "En él creí ver una fiera depresiva jugándose sus últimos zarpazos en la riña gatuna de la city" (14). A partir de este momento, Lemebel usa la metáfora de la fiera enjaulada o libre para describir su relación con José. Por eso señala: "se dejó arrastrar por la red sinuosa de las palabras. Se dejó atrapar [...] ¿A dónde vamos?, se atrevió a preguntar. A mi casa, a mi corazón, que por esta noche relajó su tristeza la conocerte" (15). No es casual entonces que José, quien pide a Lemebel que lo lleve al zoológico, termine liberando un puma de su jaula. Para el autor, la experiencia es ambivalente: "En realidad, la visita al zoo no me ha hecho bien; [...] tenía la sensación de haber visitado la cárcel o un reformatorio como turista" (18-19). Lemebel reflexiona aquí, abiertamente, sobre la nueva mediación que la literatura ejerce entre él y el mundo popular. Sabe que él atrapa y seduce con sus palabras al joven sureño, pero también al lector o lectora de esta crónica; que él explota esta fiera momentáneamente enjaulada para gozar con su sexualidad salvaje y joven, y que la posición de *voyeur* la comparte con su público lector en la relación de goce con el sujeto verdaderamente popular.

"El Flaco Miguel" es otra crónica de la sección "Pájaros que besan" e insiste muy directamente en esta correlación entre satisfacción y explotación. Miguel es parte de un grupo de obreros que trabajan en la construcción de una carretera que pasa debajo del río Mapocho: "este mapa de cuerpos proletarios resulta ser la carne de cañón para el arribismo de urbe hipermoderna que ostenta Santiago" (21). Con agudeza, Lemebel hace explícita esta conexión entre una explotación y la otra: "Trabajar en la construcción es algo más que escribir esta crónica, es algo más que estetizar con bonitas palabras la dura jornada de la sobrevivencia..." (21). Pero, en un doblez característico, el autor que quiere seducir al obrero le ofrece ser su acompañante pagado ("Nada más acompañarme, solo acompañarme" (22) "¿Y yo voy a aparecer en alguna de tus crónicas?, dijo más calmado. [...] Seguro que sí, príncipe, te lo prometo" (23). De este modo, la crónica que leemos y cuyo interés radica en esta conexión explotación-satisfacción, alimentada tanto por la seducción de dos formas de "proyecto faraónico" (23) (la gran obra vial y el bello obrero) como por el deseo de los participantes, termina siendo, simultáneamente, una crítica a los sueños "Metro Golden Meyer [sic] del milagro económico chileno" (23) y una afirmación de la autoría literaria de Lemebel, capaz de criticar y ejercer la institución literaria y, a la vez, de conectarla con nuevos y expandidos circuitos lectores a través de nuevos vehículos como el semanario satírico *The Clinic*, cuyo perfil editorial coincide ampliamente con esta doble faz explotadora (del humor, especialmente sexual) y crítica (del neoliberalismo reinante).[5]

En la sección "Matancero errar" de *Adiós mariquita linda*, se exploran no las relaciones entre el autor y los sujetos populares, sino la relación entre Lemebel, *qua* autor popular, con la institucionalidad cultural misma. Las diferentes crónicas de esta sección empiezan así: "tengo que hacerte una invitación a Arica, es por una entrevista" (39); "Y ocurrió un día que me llegó la invitación de caligrafiada pluma municipal para presentarme en San Felipe" (44); "Y como siempre, todo partió con un llamado telefónico municipal que me invitaba a una presentación en esa ciudad nortina (49); "Fue hace unos meses que recibí una llamada de invitación a la ciudad de

---

[5] *The Clinic* es una publicación quincenal chilena fundada a fines de 1998 por Patricio Fernández Chadwick. El nombre hace referencia al hospital *The London Clinic*, donde permaneció Augusto Pinochet al comienzo de su arresto en Londres entre 1998 y 2000. [Nota del editor.]

Antofagasta" (54); "De salir corriendo a tomar el taxi al aeropuerto para asistir a un encuentro de escritores en el sur" (58); "Y fue por su cariñosa compañía que acepté este viaje a la feria del libro de Calama" (64). Todas ellas nos hablan, entonces, del famoso autor invitado a eventos culturales a lo largo de Chile. Dichas invitaciones del autor famoso para públicos diversos y masivos, o famoso por su polémica capacidad de decir lo que otros callan, o conocido por su tendencia a generar escándalos con dichas visitas, responden a un cierto capital cultural que Lemebel posee, precisamente, en tanto actúa como el *outsider* permanente o el *enfant terrible* de las letras chilenas. Ese mismo capital y esa fama son las que respaldan la escritura de crónicas en un medio como *The Clinic*. Lemebel usa cada una de estas ocasiones para incrementar dicho capital por esas mismas vías, pero también –y sin que esto implique más que una contradicción aparente–, lo hace a través de una defensa constante de su lugar en dicho contexto.

Esa es una de las paradojas de la autoría literaria de Lemebel, de su autorizada autoridad en ésta, su segunda etapa: se construye en directa oposición a las normas de la autoría tradicional y busca sus formas de legitimidad en el espacio heterónomo –no interno a la institución literaria, sino externo, político y popular.[6] La otra paradoja es más evidente: un autor que funda su propia autoridad y autoría literarias en la crítica descarnada y, a menudo, irreverente de la autoridad y la figura del autor literario chileno en el sistema de la cultura nacional.

El arte de hacer visible la diferencia y la igualdad

La poética de Lemebel, lo he dicho antes, puede resumirse en dos operaciones ético-estéticas: el compromiso con la igualdad que define a la política no puede considerarse cabal si no es capaz de incorporar no sólo los excluidos de clase, los pobres y marginados, sino también y a través, por ejemplo, de las locas lemebelianas, la diferencia sexual. Para desarrollar esa doble misión de visibilización de la exclusión,

---

[6] En este contexto es interesante la posición de Lemebel respecto a la piratería de libros que he tratado en "Book Piracy in Chile".

para reclamar justicia para todos en la afirmación de las diferencias, Lemebel dota su escritura de un compromiso ético inquebrantable con la utopía y la memoria de la violencia estatal (macropolítica) y cotidiana (micropolítica) y la empodera con una poética de la creación verbal afincada en su capacidad para procesar los códigos de la cultura popular chilena y latinoamericana junto con el lenguaje literario de su crónica. El barroco-popular, de diferente intensidad a lo largo de su obra, es el resultado de esta doble operación ético-estética y busca potenciar una escritura que debe luchar por la atención de públicos separados por diferencias de clase y educación, de gustos e intereses, pero siempre potencialmente unificable como entidad democrática. Por eso, Lemebel se identifica tan fuertemente con un grupo musical como Illapu, capaz, simultáneamente "de salvaguardar cierta porfía ética, cierto compromiso utópico, pero fresco..." (*Zanjón* 235) y de ser "el único grupo musical chileno que junta la nostalgia trágica de la Unidad Popular con el sida en su tema 'Sincero positivo'" (236). Es también lo que lleva a Lemebel a contrastar la actitud patriarcal y homofóbica del cubano Silvio Rodríguez –que no puede tolerar que "nosotros los homosexuales [chilenos] hemos hecho nuestra la canción del 'Unicornio Azul' pensando que se refiere a un amor perdido e imposible" (*Zanjón* 240)– con la estética "fronteriza de la utopía asalariada, pachuca, y sobreviviente" que encarna el cantante Manu Chao (*Zanjón* 251-252). Pues en este último la ideología política descansa, precisamente, en esa capacidad de encontrar lenguajes nuevos para expresar, afectiva y efectivamente al mismo tiempo, la diferencia y la igualdad, la utopía y la realidad:

> Esa noche fui testigo de la poética cancionera de Manu expresada en su gran amor por estos restos de mundo. Escuchando como entrelazaba metáforas rancheras y viejas voces de la canción latinoamericana, como Bola de Nieve, por ejemplo, pensé en voz alta: "Parece un dulce saqueo, una apropiación que hace este rapazuelo de nuestros códigos populares, orales y callejeros". "Pero él roba con el corazón" me contestó mi amigo [...] Por eso me dejé llevar por el frenesí de aquella noche... (*Zanjón* 252)

Estos son los temas que desarrolla temprana y cabalmente el manifiesto "Hablo por mi diferencia": primero, el reto disensual a través de una voz nueva –ni puramente política en el sentido tradicional) ni exclusivamente identitaria (en el nuevo sentido)– a un consenso que era, en la transición chilena a la democracia, tanto político como cultural. Luego, la reescritura de los límites de lo que sea política y político. Esto constituye lo que he llamado el primer gesto *proletarianizador* de la literatura chilena en Lemebel.[7]

Esas dos operaciones ético-estéticas: el compromiso con la igualdad y con la diferencia a nivel valórico y lingüístico-cultural se entienden mejor si se las lee a la luz de las relaciones entre estética y política propuestas por Jacques Rancière a lo largo de su obra.

La politicidad de la literatura, dice Rancière en *The Politics of Literature*, no radica en el mundo que representa (lo representado) ni en las posiciones políticas del escritor mismo (el autor). Tampoco consiste en la pura materialidad de las palabras como quiere una posición crítica posterior. Radica más bien en la original combinación de los poderes del lenguaje ordinario y del figurado para hacer visibles o audibles, es decir perceptibles, nuevos objetos y nuevos sujetos, y para interrogar los poderes que dichos sujetos tienen de nombrar las cosas y el mundo, y las posibilidades que amplían y las restricciones que pesan sobre sus voces y sus capacidades de acción. Eso es, precisamente, lo que reclama Lemebel en "Hablo por mi diferencia".

La escritura de Pedro Lemebel ofrece una economía contraria. Contraria, como vimos, a las formas establecidas de autoridad literaria, pero también contraria a las economías de la política y la economía dominante. A la especulación financiera basada en la abstracción cuantificadora (pero disimuladora) del verdadero proceso y de las verdaderas fuerzas de producción económica que invisibiliza, externalizando los costos humanos y ambientales que su operación genera; y al discurso político que ha congelado el perfil de los actores con derecho a voz, Lemebel opone, en su primera etapa, una economía de lo verbal concreto basada tanto en la viva materialidad del lenguaje barroco (popular y literario) como en la economía del goce, el placer y la experiencia que el cuerpo de la loca propone.

Para el segundo Lemebel, en cambio, la relación con la economía dominante ha pasado de la materialidad del texto y las acciones al orden de la temática o del asunto tratado. Mientras al nivel ideológico se denuncia reiteradamente la estructura patriarcal y clasista de la

---

[7] Véase *La escritura de Pedro Lemebel*, 125 y siguientes.

sociedad chilena, al nivel más profundo se acepta, no sin disectarla, dicha estructura como el marco valorizante o constitutivo de la moneda más transada en el mercado literario: la propia figura, fama y posición de Lemebel en dicho mercado literario y mediático.

En ambos momentos de la escritura lemebeliana hay formatos narrativos que dominan la estructuración de las crónicas: primero, la cotidianidad interrumpida por el evento y, luego, el rescate de lo excepcional en la calidad de lo cotidiano. Es decir, por un lado, un evento que interrumpe y demanda atención; por otro, una dimensión oculta de lo diario que puede ser rescatada. Un gesto ético repetido es no hacer juicios morales sobre los subalternos y los excluidos, los raros o los pobres, y en cambio abrirse a la percepción y comprensión de su especificidad localizada, a hacer el esfuerzo por imaginar sus razones, por entender sus expresiones y saberes concretos. Desde este punto de vista puede afirmarse que la crónica en Lemebel es menos un sueño de mundo posible o paralelo, como lo sería la literatura en una definición tradicional, y más la revelación de lo real en lo cotidiano, no el soñar mundos posibles sino el ver, sentir y pensar lo real en el mundo, desvelándolo.

Hay una crónica "Sola Sierra. O 'uno está tan solo en su penar'", en *Zanjón de la Aguada* sobre la activista de derechos humanos y esposa de un detenido desaparecido, que dramatiza bien las formas sociales de visibilidad e invisibilidad establecida de los sujetos con las cuales, y contra las cuales, luchó Lemebel. Un grupo de locas del Movimiento de Liberación Homosexual (Movilh), queriendo apoyar una marcha por los derechos humanos, "se había pintado y engalanado como si fuera a un carnaval" y terminó transformándose en el foco de interés de los medios de comunicación, felices de cambiar la rutina del activismo por los detenidos desaparecidos con su austera seriedad por la vistosa aparición de estas locas curiosas que, sin duda, harían mucha más noticia: "Y era claro que la prensa convocada al acto se vio seducida por el zoológico coliza" (139-140). Y así: "Al otro día todos los diarios le dieron cobertura a la marcha homosexual que tapó con su escandalera la denuncia sobre la impunidad" (140); "la prensa había utilizado la demanda homosexual para invisibilizar la causa de los detenidos desaparecidos" (141). En esta crónica –que se escribe como un homenaje posterior a la consecuencia de una postura ética de compromiso con la causa de los desaparecidos, por parte de Sola Sierra, quien devino luego una compañera de ruta en la lucha por mantener vivo "un caudal subterráneo que corre sin freno, carcomiendo los andamios de la pirámide neoliberal" (138)– Lemebel, el autor y activista homosexual, intenta entender la desazón de Sierra ante la dinámica mediática distorsionadora, pero sin perder de vista que esta activista, como buena parte de la izquierda chilena, tenía todavía que aprender que las luchas de los homosexuales también son luchas por derechos legítimos. La crónica se transforma, entonces, en el espacio de mediación y roce entre movimientos sociales distintos, con sus tácticas y técnicas de visibilización y lucha específicas y contrapuestas, pero también en el lugar en que se explora su eventual convergencia como aspectos de una misma lucha de dimensiones más generales. Es decir, la crónica se torna el espacio en que se explora la emergencia de diferencias específicas entre los afectados y desplazados políticamente por su invisibilización en la cultura dominante, al interior de una igualdad de nivel superior que les ofrece una identidad y agencia distintas.

ORALIDAD Y ESCRITURA

En "El abismo iletrado de unos sonidos", en *Adiós mariquita linda*, Lemebel propone indirectamente una suerte de poética de su literatura antiliteraria y una descripción de su barroco popular. Según esta, él escribe, entonces, para hacer explotar en la afectividad lo que la palabra escrita, devenida estilo y gramática de lo literario, es decir, convención e institución, se niega a expresar, decir y visibilizar pues ha sido parcialmente construida en contra de dicha oralidad cargada de afectos, y diseñada, en parte, para invisibilizarla y distinguirse, por contraste, de ella. La ocasión son los dibujos preincaicos en las paredes de la ciudadela chimú de Chan Chan, cerca de Trujillo en Perú. Para Lemebel dichos signos e imágenes son tanto expresividad como resistencia:

> Quizás más que conceptos organizados por un pensamiento unidireccional, estos dibujos contengan ruidos, voces apresadas en el barro, [...] representaciones de un silabario sonoro o partituras de un temblor vital [...] El habla y la risa en el rumoroso tumbar del corazón andino. La oralidad y el llanto. (98)

Estos dibujos contrastan en la crónica con la escritura alfabética y las formas de dominación colonial que las desplazaron: "Después vino la letra y con ella el alfabeto español que amordazó su canto"(98). Y aunque la literatura también prometió expresividad y representación a sus practicantes, en América Latina dicha promesa se insertó siempre en un contexto colonial o poscolonial: "Aparentemente, la página contiene la voz y su deseo expresivo. Pero esta premisa se funda con la introducción de la escritura castiza y católica en América. Ente letra y letra hay un confesionario, entre palabra y palabra, un mandamiento" (99).

Igual que los dibujos chimús, la escritura barroca y popular de Lemebel intentaba rescatar de y desde la institución literaria, una expresividad y una experiencia popular marcada por la subalternidad, por el borramiento cultural al que ha sido históricamente sometida y por la intensidad afectiva que la define. De ella también se podría decir lo que Lemebel dice de la oralidad andina:

> Pero más allá del margen hay un abismo iletrado. Una selva llena de ruidos, como feria clandestina de sabores y olores y raras palabras que siempre cambian de significado. palabras que se pigmentan con el corazón de quien las escribe. (99)

En su libro *Literature and Subjection. The Economy of Writing and Marginality in Latin America*, Horacio Legrás propone una tesis poderosa que puede ayudar a entender mejor lo que está en juego en el gesto lemebeliano. Dice Legrás: "La literatura es, simultáneamente, un poder institucional e instituyente" (4).[8] En tanto institución, la literatura es un conjunto de prácticas territorializantes que proponen una forma específica de reconocimiento estatal de y a los ciudadanos nacionales. En cuanto poder instituyente o creativo, la literatura es "la formalización del poder instituyente del lenguaje" (4)[9] que hace posible el vínculo social. En un cierto sentido, la literatura *qua* poder instituyente siempre precede a la literatura como institución, en tanto afirma el carácter interpersonal y mutuamente dependiente de lo social y lo personal ("the self"). Para Legrás, la literatura

---

[8] "literature is an institution and, simultaneously, an instituting power" (4). Las traducciones son mías.
[9] "the formalization of the instituting power of language" (4).

latinoamericana ha sido definida por lo que él considera su proyecto histórico:

> Desde el siglo XIX tardío la institución conocida como "literatura latinoamericana" ha tenido la obligación de mediar entre un emergente estado nacional y una población privada del derecho a voto ["disenfranchised"]. Desde esta posición intermediaria, la literatura ha intentado hacer consciente al Estado de su propia y vasta heterogeneidad constitutiva. Al mismo tiempo, ha tratado de hacer que esas heterogéneas poblaciones sean conscientes de su destino nacional. (14)[10]

De este modo, la literatura nacional tiene en su centro la idea de reconocimiento y este reconocimiento implica un doble compromiso: el Estado ético, involucrado en el proceso de formar y controlar a sus ciudadanos, le ofrecía a estos últimos un discurso auspiciado que los interpelaba como sujetos libres pero, a cambio, exigía de esos mismos sujetos un reconocimiento de su primacía: "El Estado proporcionaba reconocimiento a cambio del reconocimiento del Estado" (Legrás 22).[11] Este doble compromiso nacional dependía, a su vez, de un doble compromiso de lo literario. Mezclando sujeción con subjetivación, lo literario devino la práctica y el lugar para la institucionalización de la subjetividad en la modernidad. Esta subjetividad es tanto individual, autónoma y expresiva, como social, determinada y limitante. De esta forma, la literatura ha sido "una forma hegemónica de la universalidad" (Legrás 8).[12] A través de ella se afirma la completa conmensurabilidad de la experiencia del sujeto con su ubicación geocultural. La literatura deviene así una máquina perfecta de traducción e incorporación. A comienzos del siglo XX dicha máquina se aboca al reconocimiento de poblaciones previamente no reconocidas que aparecen entonces como representantes del calce perfecto entre la nación y lo popular. El criollismo, el negrismo y el indigenismo son algunas de sus variadas manifestaciones. Esta máquina latinoamericana del reconocimiento encontraría su límite y su final en la obra de José María Arguedas que

---

[10] "Since the late nineteenth century, the institution labeled 'Latin American literature' has been entrusted with mediating between an emerging nation-state and a disenfranchised population. From its intermediary position, literature has strived to make the nation-state conscious of its own vast heterogeneity. Simultaneously, it has tried to make heterogeneous populations aware of their national destiny" (14).
[11] "the state provides recognition in exchange for recognition" (22).
[12] "a hegemonic form of universality" (8).

tematiza directamente "el reconocimiento como núcleo de la sujeción política" (Legrás 19).[13] El énfasis de Arguedas en la intraducibilidad y la inconmensurabilidad entre la cultura popular de base oral y quechua y la cultura nacional peruana de base escrita y criolla destruye el mecanismo central de la máquina y hace colapsar la versión nacional literaria de la hegemonía universal.[14]

La posición ética y política de Lemebel en relación con la literatura chilena dominante es homóloga a la Arguedas en el contexto peruano. En ambos casos, como en Rancière, se trata de hacer decir a la institución literaria lo que no puede (¿aún?) realmente ver o expresar. De este modo y en la misma línea –pero en un contexto mediático y epocal diferente que hace posible su crónica– de la escritura de Lemebel se podría también afirmar lo que él señala sobre las relaciones entre oralidad y escritura en el texto sobre la cultura Chimú: "Más allá del margen de la hoja que se lee, bulle una Babel pagana en voces deslenguadas, ilegibles, constantemente prófugas del sentido que las ficha para la literatura" (*Adiós* 99). El barroco popular de las crónicas lemebelianas intentaba, en una contradicción sólo aparente, escribir literatura desliteraturizándola, escribir una palabra más pegada al cuerpo y al deseo, capaz de expresar y mover, para públicos ampliados, la afectividad reprimida por la cultura escrita dominante marcada por la invisibilización o control de lo popular.[15] Hablando de los testimonios contemporáneos y de Guamán Poma, Lemebel añade: "Estos y otros textos ejemplifican cómo la oralidad hace uso de la escritura doblando su dominio y apropiándose al mismo tiempo de ella" (100). El objetivo de esta literatura anti-literaria, de esta literatura penetrada por la oralidad popular, la razón última de la crónica en Lemebel, podría ser muy bien descrita por el párrafo descolonial que cierra esta crónica:

> Usar lo que omiten, niegan o fabrican las palabras, para saber qué de nosotros se oculta, no se sabe o no se dice. Ese silencio es nuestro, pero no es silencio; habla como una memoria que exorciza las huellas coloniales y reconstruye nuestra dignidad oral destrozada por el alfabeto. (100)

---

[13] "recognition as the center of political subjection" (Legrás 19).
[14] Desarrollo el tema en "La literatura nacional y la ciudadanía". Sobre el estado nacional, la representación y la crónica como género, véase el segundo capítulo de *La escritura de Pedro Lemebel*.
[15] Sobre el tema, véase Martín Barbero.

Contra la política de todos aquellos que dicen *nosotros* en su nombre y en nombre de otros que quedan, por definición y en la práctica, excluidos de esta forma limitada de universalidad, contra la política del consenso interesado y parcial que limita el orden de lo pensable y decible, el disenso o irrupción política –dice Rancière– opera a través de un acto de enunciación que invoca una universalidad e igualdad de orden superior que muestra, aunque solo sea por un momento fugaz, que otro orden es posible y pensable precisamente porque es sensible (puede ser sentido) e inteligible (puede tener sentido) ("Ten Theses on Politics" 36-39). Esta estética de la irrupción es algo constitutivo de lo político y surge contra las formas de solidificación o enquilosamiento de lo político que llamamos de lo social y su administración.

Lemebel se convierte en Lemebel irrumpiendo en las letras chilenas con una propuesta original de lo que sea –es decir, no simplemente es sino pueda ser– la literatura en general, y, en particular, la literatura chilena. Esta propuesta hace de la vida vanguardia y de la vanguardia vida. Su irrupción disruptiva es, en parte, esta estrecha conexión entre literatura y vida. La política es aquí tanto la forma estética del lenguaje literario como la actitud ética desafiante de la minoría sexual y de la subalternidad de clase. Una conexión establecida por el riesgo y la voluntad de experimentación. Cuando Lemebel se vuelve autor famoso, su figura pasa a depender de una fidelidad ética a ciertas causas directamente políticas: la crítica a la democratización limitada de la transición, a la timidez de la justicia y la búsqueda de la verdad sobre las violaciones a los derechos humanos en Chile, a la cultura del espectáculo como forma estética de política negativa. Lo que Lemebel rompe ahora, no es la forma de la voz literaria sino la complacencia del consenso político-social. Al hacerlo, nos permite considerar los límites de la irrupción o disrupción como forma de definición de la política y la estética en Rancière. Para el filósofo francés, la política y la estética, propiamente tales, son, por definición, sólo momentos fulgurantes en lo que es, por lo demás y en todos los otros momentos, una actividad de trabajo dentro de los límites relativos de lo sensible y pensable. Ruptura y acomodamiento, entonces, son parte integral de un vaivén constitutivo de las posibilidades de la política y la estética.

Rancière sugiere que la literatura moderna se vuelve el modelo de las ciencias sociales al insistir en leer de manera indiferenciada (sin respetar las jerarquías lingüístico-sociales de antaño) las cifras o signos del mundo contemporáneo, sus significados más profundos, en la materialidad de las cosas y los sujetos, inventando así una manera de decir o estilo literario (*Politics of Literature* 22-23). Entonces podríamos decir que Lemebel elije algunos de estos objetos (la música popular, los diarios, los barrios pobres y, por contraste, los ricos) y ciertos sujetos (los jóvenes populares, los detenidos desaparecidos y, por contraste, los políticos sin memoria y los oportunistas del lucro) para realizar su doble operación ético-estética. Podríamos decir también que, en las dos etapas de la obra del autor, el peso relativo de lo estético, por un lado, y de lo ético, por otro, cambian o se alternan en su capacidad para definir lo que podríamos llamar el lenguaje de su intervención literaria y cultural. Podríamos, por último, añadir asimismo que, tal vez los dos Lemebel –el que satisface primero a los literatos y críticos porque inventa un lenguaje, estilísticamente barroco, para hablar de objetos y sujetos nuevos o de nueva manera y el otro, el Lemebel de las crónicas posteriores, que trae, a través de un lenguaje popularmente barroco, la literatura a un público mucho más amplio– no sean incompatibles o contrarios, sino momentos de una trayectoria consecuente y comprensible en sus propios términos. Quizás sean más bien, dos caras de un mismo esfuerzo descolonial por intervenir en la literatura chilena y respondan a la misma energía democratizante.

A MODO DE CONCLUSIÓN: EL BARROCO POPULAR EN LOS MEDIOS MASIVOS

La irrupción de Lemebel –desde su manifiesto de 1986 hasta sus crónicas mayores, escritas a comienzos de los noventa y publicadas en dos libros magníficos y ahora clásicos: *La esquina es mi corazón* (1995) y *Loco afán* (1996)– es repentinamente escuchable por varias razones: en primer lugar, la voz de Lemebel resulta audible en el contexto de dos crisis: la crisis económica chilena que había reinstalado a partir de 1982 y hasta 1990 "la protesta" (la demostración del descontento popular en las calles) como forma popular y no oficial de participación política, y la crisis internacional del sida y la lucha de los activistas homosexuales alrededor del mundo. A ambas crisis debe sumarse la explosión de las demandas de las mayorías políticas por una representación y protagonismo que la dictadura había, paradojalmente, primero reprimido y finalmente estimulado, y la de las minorías sexuales y raciales en el mundo, más conocida como la explosión global de las políticas de identidad. En este contexto, otra de las razones profundas de la repentina audibilidad de la escritura de Lemebel es su barroco popular que combina alta estilización literaria con los lenguajes de la cotidianidad del pueblo bajo chileno, así como estéticas, situaciones y lenguajes que vienen de los medios masivos de comunicación, sus formatos y formas de comunicabilidad. Todos estos factores hablan de una interrupción de la política y la cultura normalizada, de una expansión de lo social más allá de los límites de lo establecido.

En "Los duendes de la noche", crónica de *Zanjón de la Aguada*, Lemebel desarrolla un buen ejemplo de esta redistribución de lo sensible por la vía de separar los diferentes discursos que se arrogan la capacidad de definir a los niños pobres. El texto comienza señalando: "Y no hay que abrir demasiado los ojos para verlos, para descubrirlos en la telaraña metálica y deshumanizada de la urbe..." (33), enfatizando el carácter estético, o sea sensible, del objeto que es preciso recalibrar para representarlo de mejor o de alguna manera. Y prosigue insistiendo en que, a diferencia de los discursos explicativos que los hacen hablar o ejemplificar una cierta problemática social, los niños pobres no son ni almas cristianas abandonadas, como quiere el discurso católico de la redención de los pobres, ni son ángeles o inocentes criaturas, como afirma el discurso de la responsabilidad social con los niños. No son tampoco los sujetos televisivos de alguna variante de esos discursos ya mencionados, a la búsqueda de las donaciones caritativas del público chileno. Son más bien los pordioseros, carteristas, vendedores ambulantes en el transporte público, los consumidores de pasta base y pegamentos que ahogan el hambre con sus adicciones y también "enanos viejos, acostumbrados al humor obsceno de la calle, al sexo lunfardo de las cunetas, y con solo doce años prostituyen su cuerpo lampiño en las rotondas" (34). Y aunque la crónica termina con un gesto sentimental que se abre a la radical inocencia de estos niños, la mayor parte del texto quiere recrear con realismo y de manera sensible, pero no sensiblera, los verdaderos sentidos de aquello que solo puede ser sentido cuando abre uno los ojos y se pasea por la ciudad neoliberal con una disposición sensible distinta. Esto es, cuando lo sensible estéticamente se vuelve sentido políticamente. Esa es la clave de la irrupción lemebeliana: el hacer sensible y perceptible –a través de un trabajo sobre la lengua y sobre la forma artística o el formato discursivo mediático para públicos ampliados y transversales– a sujetos y objetos que por ello se transforman en sentidos pensables políticamente, en la doble acepción del término, tanto capaces de ser sentidos y percibidos en el ámbito político, como de tener sentido políticamente hablando.

Este abrir bien los ojos para ver de otra manera, se contrasta –en el mismo libro en la crónica "La enamorada errancia del descontrol"– con "el ojo punitivo del sistema" (70) sobre los jóvenes populares en Chile, especialmente con la mirada negativa que sobre los integrantes de las llamadas barras bravas del futbol chileno, ejercen la policía, el gobierno municipal y los medios masivos de comunicación. En el contexto del Chile posdictadura, que se autoconcibe como un tigre económico en América Latina, "las pandillas barristas representan un excedente humano que altera la risa cínica del Chile triunfador" (70). Aquí Lemebel usa las barras para contrastar el sentido rearticulador de los significantes políticos que la presencia excluida, pero fuertemente sensible de los barristas futboleros en la ciudad –su descontento, su pasión, su emoción descontrolada– con lo que llama "el neo-ordenamiento" y "las nuevas formas de control social" (47-48) de la posdictadura chilena. Para Lemebel, el accionar de las barras del fútbol en las calles y las canchas (los estadios y los espacios poblacionales de juego) es un ejemplo de "la aventura de la transgresión" (48) que manifiesta en su pulsión libidinal por el desorden tanto el eje de la radical igualdad como el de la diferencia.

Por eso cuando Lemebel se dirige en su "Carta a la dulce juventud" –a los jóvenes cesantes, a los universitarios, a las madres adolescentes, "a tantos pendejuelos rockeros, raperos, metaleros, hip-hoperos" (*Zanjón* 88)– interpela también al "joven barrista que escucha desconfiado el palabreo de esta prédica" (89) y reconoce que:

> ...usted sabe más que yo de las promesas incumplidas del apaleo de la repre, y del canto frustrado de su esquina pastabasera, de su cancha de fútbol y las tardes tristes, ociosas, peloteando. Usted lo vivió, lo supo o le contaron lo que ocurrió en su paisito. (90)

Cinco años después de la muerte de Lemebel, "el paisito" acaba de votar, ayer precisamente, en un plebiscito sobre la constitución política, que intenta cambiar de raíz el orden posdictatorial, para hacer finalmente visible y pensable, y por ello, transformable, lo que ha sido invisibilizado durante treinta años.

Bibliografía

Blanco, Fernando A. y Juan G. Gelpí. "El desliz que desafía otros recorridos. Entrevista con Pedro Lemebel". *Revista Nómada*, N° 3, junio de 1997, pp. 93-98.

Blanco, Fernando y Juan Poblete, editores. *Desdén al infortunio: Sujeto, comunicación y público en la narrativa de Pedro Lemebel*. Santiago de Chile: Cuarto Propio, 2010.

Doray, Florencia y Cote Correa, directoras. *Pedro Lemebel, el artista de los bordes*. Serie de televisión *Réquiem de Chile*. Documental / 51 minutos. Santiago de Chile: CNTV/TVN, 2018.

Legrás. Horacio. *Literature and Subjection. The Economy of Writing and Marginality in Latin America*. Pittsburgh: University of Pittsburgh Press, 2008.

Lemebel, Pedro. *Adiós mariquita linda*. Santiago de Chile: Sudamericana, 2004.

_____ *De perlas y cicatrices. Crónicas radiales*. Santiago de Chile: LOM, 1998.

_____ *La esquina es mi corazón*. Santiago de Chile: Cuarto Propio. 1995.

_____ *Loco afán. Crónicas de sidario*. Santiago de Chile: LOM. 1996.

_____ *Serenata cafiola*. Santiago de Chile: Seix Barral, 2008.

_____ *Zanjón de la Aguada*. Santiago de Chile: Seix Barral, 2003.

Martín Barbero, Jesús *De los medios a las mediaciones*. Ciudad de México: Gustavo Gili, 1987.

Mateo del Pino, Ángeles. "Barroco constante más allá de…" *Ángeles Maraqueros. Trazos neobraroc-s-ch-os en las poéticas latinoamericanas*, editado por Ángeles Mateo del Pino. Buenos Aires: Katatay, 2013. pp. 9-68.

Poblete, Juan. *Literatura chilena del siglo XIX: entre públicos lectores y figuras autoriales*, Santiago de Chile: Cuarto Propio, 2003.

_____ "La literatura nacional y la ciudadanía: cien años de asincronía simbiótica". *Tiempos fundacionales. Nación, identidades y prácticas discursivas en las letras latinoamericanas*, editado por Andrea Kottow y Stefanie Massmann. Santiago Universidad Andrés Bello/RIL Editores, 2015. pp. 125-132.

_____ *La escritura de Pedro Lemebel como proyecto cultural y político: crónica, ciudadanía y literatura bajo el neoliberalismo*. Santiago de Chile: Cuarto Propio, 2018.

_____ "Book Piracy in Chile and the Proletarianization of Literature in Pedro Lemebel". *Piracy and Intellectual Property in Latin America: Rethinking Creativity and the Common Good*, editado por Víctor Goldgel y Juan Poblete. New York: Routledge, 2020. pp. 140-154.

Rancière, Jacques. *The Politics of Literature*. Traducido por Julie Rose. Cambridge: Polity, 2011.

_____ "Ten Theses on Politics". *Dissensus: On Politics and Aesthetics*. Londres: Continuum, 2010. pp. 27-44.

Sierra, Marta. "'Tu voz existe': percepción mediática, cultura nacional y transiciones democráticas en Pedro Lemebel" *Desdén al infortunio: Sujeto, comunicación y público en la narrativa de Pedro Lemebel*, editado por Fernando A. Blanco y Juan Poblete, editores. Santiago de Chile: Cuarto Propio, 2010. pp. 101-134.

Crónica y poesía en la escritura de Pedro Lemebel. Tensiones y discontinuidades de un género en *devenir*

Clelia Moure

> Escribir es un asunto de devenir, siempre inacabado, siempre en curso, y que desborda cualquier materia visible o vivida. Es un proceso, es decir un paso de Vida que atraviesa lo visible y lo vivido. La escritura es inseparable del devenir.
>
> Gilles Deleuze[1]

UNA PODEROSA IMPRESIÓN DE LECTURA INSISTE EN NUESTROS RECORRIDOS (nuestras errancias) por los textos de Pedro Lemebel: la condición poética de su escritura. El epígrafe de su primer libro de crónicas lo anticipa: errar y sumergirse en los olores y sabores, en las sensaciones de la ciudad es una vía de conocimiento,[2] y por lo tanto, un particular modo de experiencia que liga la escritura y el orden de los cuerpos.

Las crónicas de Lemebel son algo más que las particulares historias narradas, algo más que lo vivido por esos seres que hablan, sufren y desean en sus textos; la escritura lemebeliana se erige en compuesto de sensaciones cuyo vehículo es el lenguaje convertido en materia verbal plástica, musical. Nuestro autor pone la lengua a vibrar, y en esa vibración se produce lo que Antonin Artaud llamó una "comprensión energética del texto".[3]

---

[1] "La literatura y la vida", en *Crítica y clínica*, p. 11.
[2] El epígrafe de *La esquina es mi corazón* (1995) pertenece al poeta argentino Néstor Perlongher y reza textualmente: "Errar es un sumergimiento en los olores y los sabores, en las sensaciones de la ciudad. El cuerpo que yerra 'conoce' en/con sus desplazamientos" (7).
[3] En su ensayo de 1938, *El teatro y su doble*, Artaud postula como necesaria una nueva posición

El registro poético pone en tensión el límite entre lenguaje y acontecimiento. Por eso, lo narrado en las crónicas del escritor chileno no se *representa* en el sentido clásico de la palabra, por cuanto no hay representación posible del deseo, de la muerte, de la desesperada búsqueda de las madres que no encuentran a sus hijos, de la persecución homofóbica que a "lumazo limpio arremete la ley en los timbales huecos de las espaldas" (*La esquina* 26). Como vemos en este breve fragmento de "Anacondas en el parque", en el espacio de lo irrepresentable tiene su lugar la condición poética del discurso que conserva el bloque de sensación. En todo ese texto (el primero de su primer libro de crónicas) la condensación sensorial es lo distintivo, ordenada a provocar la fuerza visual, auditiva, sonora y táctil que vehiculiza un saber y un sentir, percepciones y afectos[4] que no podrían ser *narrados*. Las experiencias no pueden ser representadas según el verosímil de la narrativa realista o del relato testimonial, sino solo *transpuestas* a otro orden material, ligado a la energía de los cuerpos: el registro poético. La voz y el lenguaje poéticos actualizan el acontecimiento en una alianza original, profundamente renovadora de las series en las que interviene, un dispositivo eficaz para poner en discurso experiencias que fueron silenciadas y que el autor logra recuperar para la memoria colectiva.

Lo que acabo de señalar puede ser leído y percibido a lo largo de toda su obra, pero hay momentos particularmente intensos del agenciamiento crónica-poesía. Me voy a detener en algunos de ellos para dar cuenta de mi hipótesis de lectura.

---

de la palabra en el teatro, una poesía de los sentidos que penetre en la sensibilidad y tienda un lazo a los órganos. A este proceso llamó "una comprensión energética del texto" (99-111).

[4] Gilles Deleuze y Félix Guattari reelaboran las nociones spinozianas de poder de afección y *conatus*. En su ontología conservan el sesgo radicalmente inmanente de la Ética de Spinoza y proponen el concepto de territorialización como principio activo de la producción, regida por el deseo: "La producción como proceso desborda todas las categorías ideales y forma un ciclo que remite al deseo en tanto que principio inmanente" (*El Anti-Edipo* 14) Destaco: "la producción como proceso", no como finalidad. A ese proceso indetenible llamamos "devenir". Su régimen intensivo lo distingue de toda forma de representación en un sentido tradicional. Las intensidades superan el orden de la representación, dado que esta repone siempre la noción de identidad. En el régimen intensivo todo deviene, nada *es* definitivamente: lo existente es radicalmente dinámico por cuanto está ligado a los procesos de composición y descomposición que lo atraviesan.

1. La tensión crónica-poesía. Cuerpos y voces en el espacio textual

Como sabemos, la mayor parte de la obra de Pedro Lemebel pertenece al género que el propio autor, la crítica y el mercado editorial han denominado unánimemente como "crónica". Ha publicado sólo una novela, *Tengo miedo torero* (2001) y un muy temprano libro de cuentos del que renegó y al cual nunca reeditó en vida, *Incontables* (1986).[5] Por lo tanto podemos afirmar sin temor a equivocarnos que su opción por el género crónica ha sido clara y evidente. No obstante, me parece oportuno traer a esta reflexión una declaración pública del escritor que problematiza la aparente homogeneidad de su escritura.

La intervención a la que haré referencia es la primera entrevista publicada en un medio argentino, el matutino porteño *Página/12*, realizada por Andi Nachón, y recopilada en *Lemebel oral*. En ella nuestro autor se refiere a la poesía chilena en estos términos:

> La poesía a su manera sigue existiendo, sigue respirando en algunos textos. Con bastante vitalidad. Textos de mujeres jóvenes, muy fuertes. Pero también está la mirada de eso como exotismo. Que habita como exotismo y está escenificada como exotismo. Y se le da un lugar preferencial, para homenajearla, pero como a una señora vieja, latera, lírica y latera. Hay esa falta de respeto con la poesía. [...]
>
> Todos los próceres de la poesía chilena son falos coronados con laureles, por los laureles de la academia literaria. Quizás por eso, a lo mejor, yo hice el doblez. No me dediqué a la poesía porque era un territorio mucho más difícil para un homosexual evidente. No digo declarado, ni tan militante, ni tan fanático. En el fondo, una parada sexual que puede cambiar también. En el amplio abanico de las sexualidades, me tocó ésta en este momento. No sé en el futuro. El futuro puede devenir mujer. Puede devenir tantas cosas. Tantas sexualidades como personas conozca. (Nachón 138)

Lemebel habla de la poesía y, al mismo tiempo, se refiere a las determinaciones disciplinadas de la sexualidad heteronormativa, cruzando los dos campos: el literario y el sexual. En otras palabras, Lemebel conecta el nomadismo sexual que postula con su vida y su escritura, con el nomadismo del género literario que efectúa en sus

---

[5] Este libro de cuentos fue reeditado póstumamente en Chile por Seix Barral en el 2018. Al respecto, ver el ensayo "Mardones (clandestino, incontable)", de Cristián Opazo, en la sección "Itinerarios narrativos" de este libro. *[Nota del editor].*

crónicas. Sabemos que las fronteras entre los géneros literarios han sido siempre lábiles y su contaminación, sobre todo a partir de las vanguardias, ha dejado de ser la excepción para convertirse en norma. No obstante considero necesario señalar (y es uno de los propósitos de esta reflexión) que la crónica de nuestro autor es un género atravesado por –al menos– una triple tensión:

– poesía en el corazón de la crónica,
– oralidad que vocaliza la escritura,
– historia vivida que se sostiene y configura como un relato de ficción.[6]

La ficción y la poesía, el cancionero popular y las voces de la calle habitan la crónica y la configuran como un género en devenir, del mismo modo que fluyen en ella los puntos de pasaje, siempre dinámicos, en la indetenible "red de tránsitos" del nomadismo sexual.[7]

El texto "Corpus Christi (o 'la noche de los alacranes')" incluido en *De perlas y cicatrices* (93-94) denuncia en clave poética la ominosa crueldad de la masacre llevada a cabo por las fuerzas de seguridad de Pinochet, llamada por la C.N.I. "Operación Albania".[8] El texto

---

[6] Hayden White ha postulado y defendido (desde 1973 con su célebre *Metahistory* hasta sus últimos textos reunidos y publicados en castellano en 2003) el estatuto cognitivo del relato histórico no "a pesar" sino a causa de su configuración literaria.

[7] Cito a propósito a Néstor Perlongher en su ineludible ensayo "Avatares de los muchachos de la noche" quien impugna la consideración de la sexualidad como un repertorio de "identidades fijas" para postularla como una "red de tránsitos [...] puntos de calcificación de las redes de flujos (de las trayectorias y de los devenires del margen)" (*Prosa plebeya* 47).

[8] La Central Nacional de Informaciones (CNI) fue creada el 13 de agosto de 1977 por el Decreto Ley 1.878. Su objetivo fue continuar la labor represiva de la DINA, disuelta ese mismo año, y durante su existencia se transformó en el servicio de inteligencia del Estado dado que tenía atribuciones para: "reunir y procesar toda la información a nivel nacional, provenientes de los diferentes campos de acción, que el Supremo Gobierno requiera para la formulación de políticas, planes y programas [...] la adopción de medidas necesarias de resguardo de la seguridad nacional y el normal desenvolvimiento de las actividades nacionales y mantención de la institucionalidad establecida". El decreto, además, otorgó a la CNI una calidad de "organismo militar, integrante de la Defensa Nacional", vinculada con el gobierno a través del Ministerio del Interior. Por lo tanto, dependía del Presidente de la República. Contaba con atribuciones para "detener preventivamente" bajo estados de sitio o de emergencia. Así, realizó miles de detenciones de opositores al régimen, quienes eran llevados a los recintos secretos de la CNI, donde normalmente eran torturados; muchos de ellos fueron asesinados y sus cuerpos desaparecidos. La CNI fue disuelta por la ley 18.943 el 22 de febrero de 1990, días antes del traspaso del mando militar al gobierno democrático de la Concertación. Gran parte de su personal civil fue incorporado a la planta del Ejército, al cual también pasaron sus activos y pasivos.

de Lemebel consigue narrar lo inenarrable de esa "noche de lobos y cuchillos": en virtud de su condición poética, el discurso desafía y atraviesa la imposibilidad de relatar el horror. El múltiple asesinato fue registrado por el periodismo cómplice (*El Mercurio* y Canal Trece); según esos medios oficialistas los muertos eran el saldo del "enfrentamiento" de la "subversión armada y los aparatos de seguridad que protegían al país del extremismo". La crónica asume el otro punto de vista ("el relato clandestino") que está dado por la singular condensación poética del discurso:

> [...] el chorreo achocolatado de la masacre, la parapléjica contorsión de los doce cuerpos, sorprendidos a mansalva, quemados de improviso por el crepitar de las ráfagas ardiendo la piel, en la toma por asalto del batallón que entró en las casas como una llamarada tumbando la puerta, quebrando las ventanas, en tropel de perros rabiosos, en jauría de hienas babeantes, en manada de coyotes ciegos por la orden de matar, descuartizar a balazos cualquier sombra, cualquier figura de hombre, niño o mujer herida, buscando a tientas la puerta trasera. Allí, cegada por el alfilerazo de pólvora en la sien, la niña aprendiz de guerrillera, parecía danzar clavada una y otra vez por el ardor caliente de la metraca. Más allá, el joven idealista no alcanzó a beber de la taza en su mano, y cayó sobre la mesa hemorragiado de sangre y café que almidonaron su camisa blanca. Aún más blanca, en el ramalazo de crisantemos lacres que brotaron de su pecho. (*De perlas* 93)

El primer párrafo, en clave cromática, nos instala en un régimen de enunciación que pone en primer plano los signos materiales. El color de la sangre en relación metonímica con la mesa familiar (sangre-chocolate, sangre-café) sugiere la irrupción violenta de la patrulla asesina en la intimidad de la escena doméstica, subrayando el atropello a la inocencia y la indefensión de las víctimas. En el resto del fragmento citado predominan las imágenes auditivas y sobre todo, táctiles (*quemados* de improviso por el *crepitar* de las ráfagas *ardiendo la piel*, en la *toma por asalto* del batallón que entró en las casas como una *llamarada tumbando la puerta, quebrando las ventanas, en tropel* de *perros rabiosos, en jauría* de *hienas* babeantes, en *manada de coyotes* ciegos por la orden de matar, *descuartizar a balazos* cualquier sombra). Estos efectos se encuentran potenciados por la animalización del grupo comando, también muy saturada. La crónica de Lemebel se presenta a sí misma como la otra cara del periodismo cómplice, y lo hace con procedimientos propios del registro poético que "tiende un lazo a los órganos", en palabras de Artaud. Dicho en otros términos, se opera en esta crónica –y en muchas otras del escritor chileno– una transposición de un orden material (el campo vibratorio de los cuerpos) a otro no menos material y denso: el de la lengua poética.

Lo que acabo de afirmar implica una concepción de la poesía que la liga al orden pulsional reponiendo la bella definición de Paul Valéry: *Le poème, cette hésitation prolongée entre le son et le sens* (el poema, esa vacilación entre el sonido y el sentido). La poesía como experiencia de la letra (Agamben 2016, 134) se ubica en un no lugar entre lo exosomático y lo endosomático, y es vehículo de un saber intraducible a los significados de la lengua porque no se agota en ellos; la escritura de Lemebel lo *sabe* al efectuar esa transposición. Al respecto cito un pasaje luminoso de *¿Qué es la filosofía?*, el último libro que escribieron juntos Gilles Deleuze y Félix Guattari:

> Bien es verdad que toda obra de arte es un monumento, pero el monumento no es en este caso lo que conmemora un pasado, sino un bloque de sensaciones presentes que sólo a ellas mismas deben su propia conservación, y otorgan al acontecimiento el compuesto que lo conmemora. [...] No se escribe con recuerdos de la infancia, sino por bloques de infancia que son devenires-niño del presente. (169)

Los autores se preguntan por los "extraños devenires" que provoca "la música a través de sus *paisajes melódicos* y sus *personajes rítmicos*" (171, las cursivas son mías), puesto que el artista desborda los estados perceptivos y las fases afectivas de la vivencia para componer a través de ellos los *perceptos* y los *afectos*, "que no tienen más objeto y sujeto que ellos mismos" (172). En el mismo sentido Agamben afirma: "Poeta es aquel que, en la palabra, crea la vida. La vida, que el poeta crea en la palabra, se sustrae tanto a lo vivido del individuo psicosomático como a la indecidibilidad biológica del género" (2016, 167).

Traigo estas referencias teóricas y filosóficas a la lectura de la crónica lemebeliana porque entiendo que es ése el proceso al que asistimos. No se trata solamente de un sujeto que narra un episodio histórico de un pasado reciente y doloroso que ha sido silenciado por los discursos oficiales y oficialistas. La crónica actualiza el acontecimiento en su trágica densidad sensorial en virtud de una prosa poética que lo hace cuerpo otra vez ("la parapléjica contorsión de los doce cuerpos", "el crepitar de las ráfagas ardiendo la piel") potenciando su poder de significación. Es una nueva alianza entre la escritura y la historia por cuanto hace estallar las percepciones vividas en la superficie material de la obra –en este caso, en el lenguaje de la crónica– poniendo en tensión nuestros usos habituales de la palabra y nuestros modos de leer. En la condición indecidible de la crónica (poética y narrativa, histórica y literaria, escrita y oral) resuenan las voces que no tenían discurso: las víctimas hablan a través de este texto en su triple dimensión histórica, poética y política.

En todas las crónicas de este libro (titulado en clave afectiva y perceptiva: *De perlas y cicatrices*) se subraya, como una presencia opresiva, el olvido: esa suma de indiferencia social, perdón judicial y "reconciliado sopor" (92) que caracteriza los tiempos de la Concertación.[9] Lemebel saca a estas víctimas del olvido al que han sido confinadas y hace presente su historia en la composición heterogénea de su prosa; apela a los sentidos a fin de instaurar la visión y la audición de los hechos de un modo intransferible a otro registro y hace de su escritura el lugar de una presencia –de los cuerpos invisibilizados, de las voces silenciadas– en el *espacio* textual.

2. La insistencia de lo discontinuo

Las heterogeneidades y tensiones de la obra lemebeliana se expresan en una escritura que cartografía en su "patiperrear" la móvil territorialidad del espacio urbano y se detiene amorosamente en los rostros; aquellos rostros que muestran la orfandad, la indiferencia

---

[9] La "Concertación de Partidos por la Democracia" (conocida simplemente como "Concertación") fue una coalición de partidos de centro-izquierda que gobernó Chile desde el 11 de marzo de 1990 hasta la misma fecha de 2010. Nacida para enfrentar políticamente a la dictadura de Pinochet, aglutinó a la oposición y ganó el plebiscito nacional del 5 de octubre de 1988 como "Concertación de Partidos por el No". Se mantuvo unida y triunfó en todas las elecciones presidenciales desde 1989 hasta 2005. Los presidentes que llegaron al poder por la Concertación fueron cuatro: 1°: Patricio Aylwin, entre 1990 y 1994; 2°: Eduardo Frei, entre 1994 y 2000; 3°: Ricardo Lagos, entre 2000 y 2006; 4°: Michelle Bachelet, entre 2006 y 2010. Este colectivo político no significó un corte ni una separación radical respecto del período anterior. Más bien fue una transición complaciente y hasta cómplice con los protagonistas de la dictadura militar de los años setenta y ochenta, consolidando algunas de sus prácticas. Esta continuidad fue manifiesta y sigue vigente en muchos planos de la vida social y política de Chile y ha sido tema de intensos debates.

social y la persecución del poder político que los elimina, los abandona o los silencia; presta especial atención a los cuerpos marcados; visibiliza las huellas de la violencia física o simbólica; hace oír los deseos silenciados. Estos y otros muchos elementos particulares constituyen materiales devaluados o ignorados por el saber disciplinar y por los discursos oficiales. Nuestro autor comprende la urgencia y la necesidad de escribir la historia de los individuos y colectivos minoritarios y pone en vigencia para la escena latinoamericana el programa que Michel Foucault proclamara en sus estudios y conferencias a partir, sobre todo, de 1969. Esta breve reflexión sobre las crónicas de Pedro Lemebel asume con ellas los postulados de Foucault en ese período de su producción. En la introducción a *La arqueología del saber*, el pensador francés subraya la necesidad de que el discurso de la historia tome como objeto de análisis "lo discontinuo", los materiales devaluados, los "acontecimientos dispersos", las experiencias de los sujetos caídos del régimen social. En sus términos:

> Para la historia en su forma clásica, lo discontinuo era a la vez lo dado y lo impensable: lo que se ofrecía bajo la especie de los acontecimientos dispersos (decisiones, accidentes, iniciativas, descubrimientos), y lo que debía ser, por el análisis, rodeado, reducido, borrado, para que apareciera la continuidad de los acontecimientos. La discontinuidad era ese estigma del desparramamiento temporal que el historiador tenía la misión de suprimir de la historia, y que ahora ha llegado a ser uno de los elementos fundamentales del análisis histórico. (13)

Lo que ha sido "rodeado, reducido, borrado" a fin de dar una aparente continuidad a la heterogénea y siempre discontinua realidad histórica es aquella diferencia (lo particular, lo accidental, lo menor) que debe ser suprimido según el imperativo epistemológico de la racionalidad moderna (el cual regula la construcción de la historia en su forma clásica). Las crónicas de Pedro Lemebel "nomadizan" la temporalidad lineal y progresiva del idealismo histórico, por eso provocan, conllevan y son en sí mismas la insistencia de lo discontinuo. Esto le permite configurar lo que antes he llamado –parafraseando a Michel de Certeau– una nueva alianza entre la escritura y la historia. Por eso hemos de percibir los rostros particulares, y en cada uno de ellos las marcas, las mínimas formas que dan cuenta de una experiencia vivida que no tenía registro.

Al mismo tiempo nuestro autor interviene en la serie literaria al deconstruir las falsas dicotomías, poniendo en duda la pretendida "especificidad" literaria que desconoce o rechaza la interacción dialéctica entre la serie literaria y las "series vecinas" –al decir de Iuri Tinianov– y niega su contrapunto dialógico con los registros discursivos que prosperan en el intercambio social. La literatura es un campo problemático en tensión, y las crónicas de Lemebel lo postulan en virtud de su composición heterogénea y su atención a lo menor, a lo olvidado y silenciado, a lo devaluado o expulsado de la agenda oficial y por lo tanto, invisibilizado.

Me voy a detener en algunos textos que muestran los rostros y hacen visibles las marcas del olvido y el silenciamiento. En la crónica "Carmen Gloria Quintana (o 'una página quemada en la feria del libro')", una joven madre pasea con su hijo pequeño por la Feria del Libro de Santiago. El narrador la ve y la reconoce. Carmen Gloria Quintana, "la cara en llamas de la dictadura, parece hoy una magnolia estropeada en los ojos que la reconocen bajo el mapa de injertos" (88). Ella y Rodrigo Rojas de Negri fueron rociados con bencina y quemados como escarmiento por participar de una protesta, "por allá en los ochenta". La breve crónica, incluida en *De perlas y cicatrices*, narra paso a paso el macabro asesinato, y repone el presente vivo de la historia. El relato pivotea en dos tiempos; abre y cierra en el presente, una tarde apacible en la que el narrador y la protagonista se cruzan por azar en la Feria del libro; el otro tiempo es el de la escena ominosa del terrorismo de Estado "cuando Chile era un eco total de caceroleos y gritos" (88). El presente está signado por el rostro tatuado a fuego de Carmen Gloria, y por su contraparte: el olvido de aquellas jornadas de protesta y represión. Lemebel declara que "son muy pocos los que recuerdan", "son contados los que descubren su cara", "son escasos los que pueden leer en esa faz agredida una página de la novela de Chile". Cumplido el relato de violencia armada y fuego criminal, el cronista asume la primera persona y le imprime a su discurso un tono íntimo para subrayar el olvido ("Carmen Gloria ha sido tragada por la multitud"), que une a la protagonista de este texto y a su autor en un espacio común de soledad y nostalgia: "sigo viendo su cara como quien ve una estrella que se ha extinguido" (39).

Los rostros hablan, dicen, cuentan su historia, y quienes así lo decidan podrán *leer* en ellos un fragmento de la historia transpuesta a un registro que no es monumental ni documental, sino físico y personal. En ese registro se inscribe también la voz y la risa púber del joven ex-convicto perdido en el círculo sin salida de sus "papeles sucios". Me refiero al protagonista de "Solos en la madrugada (o 'el pequeño delincuente que soñaba ser feliz')" (*De perlas*). Allí el espacio y el tiempo están eficazmente connotados (la medianoche de un fin de semana de invierno en Santiago, una ciudad peligrosa, en la que "cada calle, cada rincón, cada esquina, cada sombra, nos parece un animal enroscado acechando" [147]); en esa condensación de oscuridad, silencio, peligro, miedo y soledad, las voces constituyen el registro en el que se produce el acontecimiento. La voz del narrador, inmediatamente reconocida por el joven que escuchaba el programa de Radio Tierra "en Canadá" ("en cana, en la cárcel, en la peni" [148]), produce un cambio en el registro narrativo, por cuanto a partir de ese reconocimiento que descomprime la tensión y diluye el miedo, el discurso literario da paso al diálogo espontáneo con marcas de oralidad informal. Pero lo decisivo es el reconocimiento: "yo te conozco, yo sé que te conozco. Tú hablai en la radio" (147). La voz produce la transformación, el cambio en la disposición del personaje ("Yo te iba a colgar, loco, agregó sonriendo [...] Te iba a hacer de cogote, pero cuando te oí hablar me acordé de la radio" [*Ibíd.*]) y modifica el destino de agresión y muerte probable que amenazaba al caminante. Este punto de inflexión se cristaliza en una imagen: "dijo soltando la risa púber que iluminó de perlas el pánico de ese momento". Las palabras de esta breve imagen condensada tienen una función: "la risa púber" evoca el sonido fresco y juvenil de la voz, la risa que disuelve por completo la tensión acumulada; "iluminó de perlas el pánico" imprime en la página un haz de luz con el brillo de los dientes jóvenes y abre un espacio de afecto y comunicación en la penumbra de la noche santiaguina.

La suma de estrategias literarias produce el efecto buscado: para comunicar la experiencia de ese encuentro, el discurso tiene que hacerse sensitivo. El joven ex-convicto aparece aquí con rasgos singulares y por ello no puede ser percibido como un "tipo", no es portador de una categoría social. Ese chico de "risa púber", "apenas un jovenzuelo de ojos mosquitos" –aunque dispuesto a "hacer de cogote" a su víctima– es sujeto de más de una contradicción: inocente y culpable, víctima y potencial victimario, libre de toda sujeción y condenado a la marginación. El texto de Lemebel lo singulariza y hace oír su voz, vehículo de un saber que no tenía discurso.

La voz marca también la oposición entre la violencia carcelaria y el refugio de la escucha en la intimidad de la cama ("la ponía bien bajito debajo de las frazadas pa' escucharla"); el personaje está humanizado, escapa por completo a la abstracción imaginaria y homogeneizadora de los estereotipos. La crónica nos acerca la realidad cotidiana del ex-convicto que vuelve circularmente a su práctica delictiva:

> Y qué otra cosa voy a hacer, me dijo triste. ¿Cómo voy a trabajar con mis papeles sucios? En todas partes piden antecedentes, y si me encuentran los pacos les tengo que mostrar los brazos. Mira. Y se levantó la manga de la camisa y pude ver la escalera cicatrizada de tajos que subían desde sus muñecas. Uno se los hace para que no te lleven preso y te manden a la enfermería. Pero cuando los pacos te ven las marcas, te mandan al tiro pa' dentro. No hay caso, no puedo salir de esto. Es mi condena. (*De perlas* 148)

El joven está libre ("salí hace poco") pero pesa sobre él la condena de la marginación sin salida. Los "papeles sucios" le cierran el ingreso al mercado laboral, las marcas de los tajos autoinfligidos para evitar ir preso lo conduce a la prisión que dibuja un círculo infernal e ineluctable.[10]

La fuerza del texto, su potencia, está dada por procedimientos literarios que permiten historiar el suceso, encarnado por un personaje que reconocemos como real (Pedro Lemebel, narrador en primera persona de esta crónica, creador y conductor del programa que el joven escuchaba a las ocho de la noche por Radio Tierra en la prisión) y un personaje cuya condición ficcional o real no se plantea como problema en la lectura. Participa de la condición "real" del escritor que lo incluye en un relato que parece ser autobiográfico; es sujeto de las contradicciones que han sido señaladas y, por lo tanto, es portador de una posición plena de sentido, de la visión particular de su mundo; dichas condiciones constituyen su verosimilitud propia y lo salvan de la objetivación totalizante, ideal e imaginaria propia del estereotipo.[11]

---

[10] Sugiero la lectura del excelente artículo de María A. Semilla Durán sobre esta y otras crónicas de Lemebel.

[11] En un lúcido artículo, Mateo del Pino se refiere a la complejidad de la figura del narrador que no puede ser clasificada según los estándares tradicionales de la crítica: "Un ojo deseante y deseado que recorre con lascivia la ciudad de Santiago. Urbe que en la pupila del narrador-testigo-cronista se convierte en un gran soma que se desnuda, se disfraza, se colorea y se traviste a su antojo. Cuerpo-ciudad que en manos de Pedro Lemebel se transforma en cuerpo-textual, cartografía de las fantasías sexuales y las apetencias eróticas de los ciudadanos. Discurso que apuesta por el poder subversivo del deseo y la función revolucionaria del erotismo: el placer no sólo como explosión corporal sino como crítica

3. Quiltro empapado, pájaro moquiento

> Sucede que el deseo tiende a instaurar un campo de inmanencia, de pura intensidad, un grado máximo de desterritorialización, donde el sentido va a ser dado por los estallidos del inconsciente, y la impulsión del que teclea no tiene por misión sino dejar pasar –cortándolos– los flujos de un eco de arroyuelo tenaz, que obsede en cierta forma vaporosa del éxtasis.
>
> Néstor Perlongher[12]

En un diálogo productivo con la escritura del poeta argentino Néstor Perlongher y al calor de la inspiración deleuzeana que la determina, Lemebel se inscribe en la estética de los flujos descodificados.[13] El código exige un sistema de acuerdos mediante el cual lo codificado debe ser decodificado y es del orden de la representación; a diferencia del flujo que es fuga, producción que escapa a las identidades fijas y, por lo tanto, es ajena al orden de lo representado, lo desconoce. Los flujos se perciben a través de sus efectos y su régimen es el de las intensidades aleatorias.[14] Dicho de otro modo, la producción deseante se "traduce" en unidades intensivas y no representativas en un sentido estricto. La escritura de Lemebel, al producirse como flujo descodificado, nos hace pasar por estados intensivos que arrastran al lector en su propia dinámica, territorializan su percepción y su sensibilidad y reorientan sus hábitos de comprensión.

Cuando Lemebel habla de sus hermanos chilenos, sobre todo cuando se refiere a las condiciones de vida de quienes están desprotegidos y olvidados, lo hace a través de ese estado intensivo

---

moral y política de la sociedad. Escritura que responde al tráfico constante de cuerpo-ciudad-texto, cuyo fin es siempre revelar el "otro lado" -el oscuro, el silenciado" (95).

[12] Perlongher, "Sobre alambres", *Prosa plebeya*, p. 140.

[13] A estos deslizamientos hace referencia la crítica Soledad Bianchi en su ineludible trabajo: "Un guante de áspero terciopelo".

[14] En una excelente entrevista realizada en Santiago de Chile por Fernando A. Blanco y Juan G. Gelpí, entre enero de 1996 y enero de 1997, Lemebel manifiesta una clara conciencia de su inscripción en esta estética de los flujos descodificados: "Los pobladores, las barriadas cariocas, los cinturones periféricos, los travestis callejeros saben lo que es el devenir. Lo practican a diario... pasar por el ojo de una aguja sin ser rico ni camello, deslizarse de un momento espinudo a otro [...] ellos manejan los códigos tránsfugas del devenir, experimentan conceptos como transformar, alterar, metamorfosear, transfigurar" (Blanco y Gelpí 96).

de la materia discursiva que estoy tratando de describir sin eludir las dificultades del caso. (El discurso crítico balbucea ante los flujos descodificados y las intensidades aleatorias, por cuanto estos rehúyen las condiciones que impone su episteme.)

La explicación teórica que precede se verá iluminada por la intensa fluidez del discurso lemebeliano. En la bella y triste crónica "La inundación" (*De perlas*) la escritura avanza sobre nosotros como el agua de los canales embarrados:

> ... la Punta, las Perdices, el Carmen o las Mercedes, que se revientan en cataratas de palos, pizarreños y gangochos que arrastra la corriente sucia, la corriente turbia que no respeta ni a los cabros chicos, los inocentes niños entumidos que con los mocos del resfrío blanqueando sus ñatas, se amontonan en los albergues temporales que, por lástima y culpa social, les proporciona la municipalidad. (140-141)

No es el "motivo representado" lo que atrapa nuestros sentidos y conmueve nuestra sensibilidad, sino aquello de lo que la materia se ha apropiado, una intensidad sin nombre que "nos toma en el compuesto".[15] El poder de apropiación y de conservación del afecto y el percepto construye la materialidad húmeda de esta crónica, que fluye de un modo transpersonal o transubjetivo porque es el principio activo de la obra más allá de la voluntad de cualquier sujeto individual.

Es evidente el propósito de denuncia que anima la crónica, y la fidelidad de su autor a la causa de los desprotegidos y engañados ("sólo basta un aguacero para develar la frágil cáscara de las viviendas populares que se levantan como maquetas de utilería para propagandear la erradicación de la miseria" [*De perlas* 140]); no obstante, la densa materialidad de la escritura supera la condición ideológica del discurso o más bien dicho, la desborda:

> Digo casa, pero la verdad son casas de cartón que al más simple chubasco se revienen con el agua y las pozas, y todo empieza de nuevo, otra vez de regreso al callamperío marginal, otra vez correr las camas y salvar

---

[15] "De todo arte habría que decir: el artista es presentador de afectos, inventor de afectos, creador de afectos, en relación con los perceptos o las visiones que nos da. No sólo los crea en su obra, nos los da y nos hace devenir con ellos, nos toma en el compuesto" (Deleuze-Guattari 1997, 177).

> lo poco valioso que se ha logrado comprar a crédito después de tantos años de esfuerzo. Otra vez poner las ollas y la bacinica para que reciban el insoportable tic-tac de las goteras. Otra vez, con el agua a las rodillas, sacar la mierda en baldes del alcantarillado que cada invierno se tapa, que cada lluvia se rebasa de mugres y toda la población se convierte en una Venecia a la chilena donde nadan los zapatos, las teteras y las gallinas en el chocolate espeso del lodazal. (140)

La crónica no narra "toda esa película trágica del crudo invierno chileno"; no representa el *tableau vivant* de la pobreza frente al "desamparo municipal". Lo que da al texto su eficacia es la existencia de las aguas sucias (de la corriente turbia, de los cabros chicos, los inocentes niños entumidos, de las gallinas nadando en el espeso lodazal) en el campo vibratorio del lenguaje. El tiempo es circular ("... todo empieza de nuevo, otra vez... Otra vez poner las ollas y la bacinica... Otra vez, con el agua a las rodillas... Cada invierno,..."), y en *este* invierno que el texto actualiza, el tiempo cronológico se diluye para ser fatalmente lluvia, barro, mierda, mocos y húmedos pañales. El espacio narrativo, por su parte, se subsume en el puro movimiento: los canales que revientan, los objetos que nadan en la corriente sucia, en la corriente turbia. Todo se ordena al universo táctil de la experiencia vivida; la escritura la atraviesa sin desplegarla en el marco de la representación. La escritura desborda lo vivido y lo impone en el presente como acontecimiento en curso, inacabado, incesantemente actualizado. Esto es, precisamente y nada menos, el efecto poético de la crónica.

4. Lo que puede un texto. (A modo de conclusión).

> Uno no deja de ser un polizón en la nave de las letras, pero hay que entrar y salir sin que se sepa por dónde y cuidar que no suenen las alarmas.
>
> Pedro Lemebel[16]

La reflexión crítica acerca de las prácticas poéticas contemporáneas se enfrenta a una exigencia ineludible: la de revisar los paradigmas clásicos de lectura –fuertemente atravesados por una pulsión categorizadora, clasificatoria y a menudo de corte reductivamente

---

[16] "Una náusea educada", entrevista de Flavia Costa, p. 145.

temático o biográfico– a fin de proponer una lectura afectiva capaz de cartografiar la condición dinámica de los discursos y de los actos poéticos. Inspirada en esa comprensión que conecta la literatura y la vida, entiendo la necesidad de restituirle a la reflexión crítica –sobre la literatura en general y sobre la poesía en particular– la apertura a la inmanencia en el sentido preciso que le dan a ese término Agamben (2007) y el último Deleuze (1995). Es en el contexto de esta concepción de la escritura y de la crítica que considero las crónicas de Pedro Lemebel como un compuesto discursivo heterogéneo. Sus textos se presentan y actúan como parte de un movimiento incesante en el concierto de las escrituras contemporáneas, y nos invitan a asumir esa dinámica en nuestra práctica crítica. He intentado demostrar que la poesía *está ahí* en un género al que no se le atribuye "normalmente" esa condición, que opera también –activa y productivamente– en las crónicas de un escritor singular que irrumpió en la escena literaria de fines del siglo veinte y comienzos del veintiuno para dinamizarla con su escritura desobediente y transformadora.

"Nunca sabemos *a priori* aquello de lo que un cuerpo es capaz" (Giorgi 22); del mismo modo no sabemos *a priori* de lo que el texto/cuerpo poético es capaz: depende de sus encuentros y de sus conexiones, porque la poesía es –como la vida– diferencia pura, intensidad diferencialmente infinita.

Bibliografía

Agamben, Giorgio. *El final del poema*. Buenos Aires: Adriana Hidalgo, 2016.

_____ *Infancia e historia*. Buenos Aires: Adriana Hidalgo, 2015.

_____ "La inmanencia absoluta". *Ensayos sobre biopolítica. Excesos de vida*, editado por Gabriel Giorgi y Fermín Rodríguez. Buenos Aires: Paidós, 2007. pp. 59-92.

Artaud, Antonin. *El teatro y su doble*. 1938. Buenos Aires: Sudamericana, 2005.

Bianchi, Soledad. "Un guante de áspero terciopelo". *Lemebel*. Santiago de Chile: Montacerdos, 2018. pp. 63-68.

Blanco, Fernando A. y Juan G. Gelpí. "El desliz que desafía otros recorridos. Entrevista con Pedro Lemebel". *Revista Nómada*, N° 3, junio de 1997, pp. 93-98.

Costa, Flavia: "Una náusea educada", Entrevista a Pedro Lemebel. [*Revista Ñ*, 14 de agosto de 2004]. *Lemebel oral: veinte años de entrevistas (1994-2014)*, editado por Gonzalo León. Buenos Aires: Mansalva, 2018. pp. 142-147.

De Certeau, Michel. *La escritura de la historia*. Ciudad de México: Universidad Iberoamericana, 1993.

Deleuze, Gilles y Félix Guattari. *El Anti-Edipo. Capitalismo y esquizofrenia*. Buenos Aires: Paidós, 1985.

_____ *Mil mesetas*. Valencia: Pre-textos, 1988.

_____ *¿Qué es la filosofía?* Barcelona: Anagrama, 1997.

_____ "La inmanencia: una vida..." (1995) *Ensayos sobre biopolítica. Excesos de vida*, editado por Gabriel Giorgi y Fermín Rodríguez. Buenos Aires: Paidós, 2007. pp. 35-40.

Foucault, Michel. *La arqueología del saber*. Ciudad de México: Siglo XXI, 1978.

Giorgi, Gabriel y Fermín Rodríguez. "Prólogo". *Ensayos sobre biopolítica. Excesos de vida*, Gabriel Giorgi y Fermín Rodríguez, comps. Buenos Aires: Paidós, 2007. pp. 9-34.

Lemebel, Pedro. "Anacondas en el parque". *La esquina es mi corazón*. 1995. Santiago de Chile: Seix Barral, 2004. pp. 21-27.

_____ *De perlas y cicatrices*. Santiago de Chile: LOM, 1998.

Mallarmé, Stéphane. *Cartas sobre la Poesía*. Córdoba: Ediciones del Copista: 2004.

Mateo del Pino, Ángeles. "Chile mar y cueca... arréglate Juana Rosa que llega Pedro Lemebel". *Espejo de paciencia*, Universidad de Las Palmas de Gran Canaria, N° 4, 1998, pp. 91-95.

Nachón, Andi. "Falos coronados con laureles". Entrevista a Pedro Lemebel. [Radar Libros, Página/12, 19 de octubre de 2003]. *Lemebel oral: veinte años de entrevistas (1994-2014)*, editado por Gonzalo León. Buenos Aires: Mansalva, 2018. pp. 137-141.

Perlongher, Néstor. *Prosa plebeya*. Buenos Aires: Colihue, 1997.

Semilla Durán, María A. "Las travesías del imaginario: la poética del des-borde en la obra de Pedro Lemebel". *La escritura de Pedro Lemebel. Nuevas prácticas identitarias y escriturales*, editado por María A. Semilla Durán. Saint-Étienne: Publications de l'Université de Saint-Étienne, 2012. pp. 93-108.

Valéry, Paul. Œuvres II. (1941) París: Gallimard, Bibliothèque de la Pléiade, 1960.

White, Hayden. *El texto histórico como artefacto literario y otros escritos*. Barcelona: Paidós, 2003.

Crónicas lemebelianas: cuerpo dime, carpe diem[1]

Eduardo Espina

RARAS VECES EL PASADO PIDE PERDÓN POR ANTICIPADO. TAMPOCO HAY que obligarlo. Si no quiere... Se presenta sin previo aviso y sin dar explicaciones de por qué a veces se marcha y, sin embargo, no se va del todo. Donde hubo fuego. Es lo que suele ocurrir con los recuerdos cuando no han sido olvidados por completo, o camino a la nada cambian de planes. La reminiscencia y sus sinónimos –*remembranza* es una de las palabras de más convincente sonoridad del diccionario– vuelven antes de que cante el gallo sin que nadie los haya llamado. Antes de que lo haga y recuerde yo una historia no olvidada en su totalidad, me vienen a la cabeza los primeros versos que memoricé estando aún en la escuela primaria:

> Recuerde el alma dormida,
> avive el seso y despierte
> contemplando
> cómo se pasa la vida,
> cómo se viene la muerte
> tan callando,
>   cuán presto se va el placer,
> cómo, después de acordado, da dolor;

---

[1] Siempre he creído que las *Crónicas marcianas* (1950), de Ray Bradbury, no fueron escritas para ser leídas como relatos *sobre* Marte, sino *desde* Marte. Escritura de otro planeta, pero sobre todo *desde* otro tiempo, ejercida a guisa de corresponsalía de extramuros. Sin que haya una trama fija que guíe la narración, la temporalidad fuera del tiempo secuencial es la premisa central que manejó Bradbury para hacer interactuar a los relatos, carentes de una línea de argumentos establecida. De igual manera, desde un "tiempo marciano", Pedro Lemebel ha escrito las crónicas de "su planeta", con todas las épocas que a lo largo del tiempo han ido expandiendo su galaxia personal.

> cómo, a nuestro parecer,
> cualquiera tiempo pasado
> fue mejor.

Jorge Manrique no fue un *man* cualquiera. Su poesía resulta apropiada para ocasiones varias, sobre todo si están salpicadas de nostalgia, incluso aquellas que parecían definitivamente perdidas y regresan de sopetón cuando uno menos lo espera. La ocasión a la que refiero con afán retroactivo sucedió en la ciudad de Córdoba, Argentina, a comienzos de este siglo, como veinte años atrás, lo cual, de acuerdo a los parámetros de temporalidad de la vida actual, en constante fase de vértigo, significa mucho tiempo, un montón: una eternidad completa no solo para los lepidópteros. No sé, realmente no sé, si "cualquiera tiempo pasado / fue mejor", pero el de aquella época con sus vivencias nuevo milenaristas, cargadas de entusiasmo y monopolio de las emociones, más dentro de la vida que de las redes sociales, fue un tiempo en el que las cosas tenían una menos perecedera continuación.

Fue aquella la vez cuando la ilustre profesora Mirian Pino me invitó a participar en un simposio organizado por el Departamento de Literatura de la Universidad Nacional de Córdoba, en el que yo formaría parte de un panel de lectura de obra creativa y de posterior reflexión sobre el acto de escribir, con preguntas y respuestas de los asistentes al final de la sesión.[2] Lo haría junto a Pedro Lemebel, a quien conocía solo de nombre, y la descripción es inclusiva, pues tampoco lo había leído. Antes de viajar a la ciudad argentina, y para no quedar mal parado enfrente de todos en caso de tener que opinar sobre la obra del otro invitado –con un micrófono en la mano la gente es capaz de preguntar cualquier cosa– en los días previos al viaje leí *La esquina es mi corazón: crónica urbana* (publicado por mi querida amiga Marisol Vera en Cuarto Propio) y comencé con la lectura de *Loco afán: crónicas de sidario*, obra que terminé de leer en el avión, pues de Dallas a Buenos Aires son varias horas de vuelo y cuando viajo, el insomnio viaja conmigo.

---

[2] Mirian Pino es profesora titular de Metodología de la Investigación Literaria en la Facultad de Lenguas de la Universidad de Córdoba, y es autora del ensayo "Enigma de (poe)sía; 'El burro' de Roberto Bolaño y 'Gas de los matrimonios' de Eduardo Espina", publicado en *Literatura y Lingüística*, N° 19, 2008, pp. 101-113. *[Nota del editor.]*

Tras el largo trayecto Norte-Sur, que incluyó espera en los aeropuertos y trasbordo al llegar a la capital argentina, me instalé en un agradable hotel céntrico de Córdoba que incluía desayuno y tenía vista a una plaza. A poco de llegar y acomodarme, mientras estrenaba en la habitación unas pantuflas compradas antes de partir, la profesora Mirian me informó que quizá se vería obligada a cambiar de fecha el panel planeado para la jornada estipulada. Al parecer había habido un problema con el avión en el que iba a viajar Lemebel desde la capital chilena. Desde el primer instante todo fue "al parecer". No pregunté a qué hora y qué día sería el acto, pues si uno se siente bien, y hasta muy bien, disfrutando de las circunstancias gastronómicas y geográficas en determinado sitio sudamericano, puede permanecer a gusto por tiempo prolongado, sin tener que hacer nada incluido en el programa, por ejemplo, leer en público para amables desconocidos y recibir algún que otro aplauso, así esté dirigido no a uno, sino a otro de los integrantes del panel o *co-panelista*, término que ya casi nadie usa.

"¿Cuándo llegará 'el otro' panelista?", fue mi pregunta inicial, la única que repetiría con moderada insistencia en las horas y días restantes de un simposio que salió fabuloso, más allá de que uno de los invitados faltara a la magna cita a último momento (y perdón por el *spoiler* de lo que he de contar a continuación). La primera respuesta emitida por la organizadora fue: "¿Cuándo? Seguramente pronto". Por su inexactitud, le tengo un miedo terrible a los adverbios terminados en "mente", los cuales suelen ser utilizados sin utilizar a la mente como corresponde. A ellos les tengo más miedo del que tienen los toreros al enfrentarse al animal que deben matar.

Dada la total aleatoriedad de las circunstancias, entre los organizadores nadie sabía a ciencia cierta cuándo arribaría Pedro Lemebel a la ciudad donde se originó la música de cuarteto con su alegre ritmo bailable, y a la gente le encanta comer empanadas. Al día siguiente, horas antes del aperitivo, Gancia y Campari, la situación pasó a ser literaria, con ribetes de realidad y ficción interviniendo en cuotas similares. Nada más entretenido que cuando la primera imita a la segunda y produce copias certificadas. Lo real al alcance exhibía evidencias. Camino al sitio bucólico enclavado entre sierras y alfajores donde era esperado, un prosista chileno había desaparecido. Y la escena no podría quedar completa hasta que hubiera certidumbre proveniente de alguna de las partes implicadas. Todos querían saber cuanto antes mejor, y algunos mucho más que otros. La curiosidad es universal y, a diferencia de los gatos, entre los humanos nadie debe morir por llevarla a la práctica. En el grupo asistente al simposio hubo un sorpresivo desplazamiento de expectativas. Los participantes, incluso aquellos que no sabían quién era Lemebel ni qué había escrito, pusieron de moda la pregunta, "¿cuándo llega el que falta?" Tal como se ha puesto en boga decir hoy en día, la pregunta "se viralizó" (no virilizó). Las imposturas de la camaradería son divertidísimas, sobre todo cuando vienen dosificadas por la inocencia asociada a la ignorancia.

A la mañana después, ante la alarma provocada por la falta de novedades en el frente, la pregunta de los asistentes ya no era "¿cuándo llegaría?", sino "¿y... llegará?" La tremenda ficción en trámite no pintaba para hacerse realidad. Los verbos en condicional ganaron protagonismo. Por algunas horas diarias, durante varios días seguidos, Lemebel se convirtió en una especie de avatar ilocalizable entre quienes habían asistido al simposio y se sintieron protagonistas de una historia más propia de Agatha Christie que del mundo académico, al que le encantan las intrigas. En la intriga proliferante de la trama cordobesa había un misterio de fondo implorando resolución. ¿Dónde estaba el invitado que seguía sin llegar? En los aeropuertos la gente pierde cosas, pero, ¿podía perderse tan fácil un escritor, así, con casi total impunidad?

A los sitios, así estén estos al otro lado de la inmensa cordillera, se llega casi siempre porque el viajero quiere. Para llegar a la literatura, en cambio, no es requisito. Al menos para Lemebel no lo fue: "Llegué a la escritura sin quererlo, iba para otro lado, quería ser cantora, trapecista o una india pájara trinándole al ocaso" (*Serenata cafiola* 12). Poco faltó para que los participantes se olvidaran de la literatura y de la verdadera razón por la cual habían viajado a esa ciudad argentina y dedicaran su empeño a tratar de conocer, lupa en mano, el paradero del escritor que permanecía ausente, como asimismo las causas que lo habían obligado a abandonar el simposio académico antes de haber arribado. Para los detectives en ciernes quedó claro que Lemebel no estaba en Córdoba de incógnito (otro rumor que pronto quedó descartado). La certeza en vías de desarrollo alcanzaría su clímax en las jornadas siguientes, al llegar la confirmación de que el autor esperado en vano hasta ese momento, no llegaría. ¡Era definitivo! Era, pasado. Tal cual suele ocurrir cuando una multitud de académicos se porta como la gente, todos coincidieron en el vaticinio de la sospecha, convertida por el colectivo insistir en conticinio. El silencio generalizado de las respuestas ante la confirmación de los hechos ganó la partida. En verdad, como no había habido partida, tampoco hubo llegada. Estaba más claro que el agua (no la marrón del Río de la Plata).

Las circunstancias me permitieron constatar una vez más que en los encuentros literarios multitudinarios, o con menos gente, las imposibilidades tienen un alto grado de probabilidad. Sin que nadie pudiera evitar notarlo, en el de Córdoba se fueron acumulando horas correspondientes al suspenso, cada una llena de minutos. Quien a la manera de Godot trasandino había dejado a todos esperando, logró imponer en ausencia un tiempo sin parangón que le pertenecía por venir de su literatura, mejor dicho, por parecerse a la temporalidad *desde* la cual escribía. Tanto fue así, que cuando quisimos acordarnos, habían transcurrido dos días y medio. ¡60 horas que lo esperábamos! Ya no era martes, ni miércoles, ni…, y los simposios siempre se acaban el día antes de los domingos, por consiguiente, la hora de la verdad era inminente. Ante la insistencia de mi solitaria pregunta, "¿cuándo viene el invitado que falta?", la para entonces muy abrumada profesora Mirian respondió tajante, siendo aún temprano viernes de mañana: "Pelao, ya no me preguntes, qué sé yo".

Como esos partidos de fútbol de resultado incierto hasta el final, en los que las agujas del cronómetro del árbitro corren a mayor prisa después del minuto ochenta, la espera en falso de Lemebel se convirtió en carrera perdida contra el tiempo que se acababa. Cuando llegaron los minutos del tiempo añadido, el misterio quedó resuelto: ni el escritor ni su valija cruzarían los Andes. Algunos de los presentes, que nunca antes lo habían visto, ni siquiera en fotos, pero igual lo llamaban "Pedro" como si fuera amigo íntimo de toda la vida, perdieron pronto las ilusiones de conocerlo en persona en una ciudad ideal para conocer gente por primera vez y probar juntos las especialidades culinarias del lugar, sobre todo los embutidos en modalidad de choripán con chimichurri. "¡Ay, qué lástima, con las ganas que tenía de conocerlo!", dijo una profesora venida de una ciudad estadounidense, quien acto seguido preguntó, levemente interesada, "¿Cuál es su novela más famosa?" Al instante, como por arte de magia, Lemebel quedó convertido en "Pedro", a secas. Los académicos allí presentes parecían Vilma llamando a su esposo, "ven Pedro" (Picapiedra).

El escritor ausente que había prometido estar en persona, no aparecía por ninguna parte. Las conjeturas respecto a su posible paradero se multiplicaron. Alguien dijo, y otros también, que al parecer el viaje aéreo entre Santiago y Córdoba había tenido complicaciones (aunque era un vuelo corto, de hora y pico no de pájaro de duración). No era un problema de *jet set*, sino de jet que no llegaba. Otras hipótesis –y cuando se juntan los críticos literarios son geniales a la hora de hipotecar su credibilidad por una hipótesis– señalaban un quebranto de salud como factor determinante. ¿Estaría la pieza que le faltaba al rompecabezas todavía en su pieza de la capital colocolina? En casos de discrepancia masiva, lo más seguro es que nadie sabe. Esa no fue la excepción. Al otro lado de la cordillera un yo dispuesto a hacerse esperar había mantenido los planes no intencionales de permanecer en su hogar. Ese mismo día, diez u once minutos antes de la cena grupal, banquete que le llaman –lo recuerdo pues el hambre contribuyó para olvidarme por un rato de donde estaba– me vino a la cabeza la canción de los Smiths, de 1984, que dice en una de sus estrofas finales:

> When you say it's going to happen now
> Well, when exactly do you mean?
> See I've already waited too long
> And all my hope is gone.[3]

¿A "cuándo" con exactitud se refería esa situación de espera y cancelación del encuentro sureño pactado? El hecho, con protagonismo central de lo que no sucedería –algo totalmente confirmado–, tuvo como corolario una evidencia. La situación al borde de lo inesperado sirvió para que me quedara sin conocer a Lemebel en vivo y en directo,

---

[3] "Cuando dices que va a suceder ahora / Bueno, ¿exactamente a qué te refieres? / Mira, ya he esperado demasiado / Y toda mi esperanza se ha ido". Se trata de la canción *How Soon Is Now?* (1984) de la banda inglesa The Smiths, escrita por el cantante Morrissey y el guitarrista Johnny Marr. El crítico musical Jon Savage señaló que la letra de la canción era evocativa de la cultura de los clubes gay de Manchester. [*Traducción y nota del editor*].

esa vez y las siguientes (hubo dos oportunidades fallidas más, las dos por falla mía), igual lo seguí leyendo, de la misma forma que, por ejemplo, nunca he dejado de leer al genial William Hazlitt, a quien tampoco conocí cuando estaba vivo, aunque en su caso no resultaba tan fácil trasladarse al siglo XIX. En el viaje de regreso al norte, que dura en avión un poco más que la ida, once horas que se pasan volando, comencé a leer *De perlas y cicatrices*. Con una lapicera verde subrayé dos frases que, por alguna razón, a 11 mil metros de altura, me llamaron la atención. La primera me hizo acordar del procedimiento general de adjetivación llevado a cabo por Néstor Perlongher, uno de los *trademarks* de su estilo, y que Lemebel emula a la perfección cuando la escritura se posesiona de todos sus recursos expresivos: "Seguramente nunca supieron de otro baile paralelo, donde la contorsión de la picana tensaba en arco voltaico la corva torturada. Es posible que no puedan reconocer un grito en el destemple de la música disco, de moda en esos años" (*De perlas* 8). Al llegar a Dallas, tras un vuelo con turbulencia desde el inicio, me faltaban pocas páginas para terminar de leerlo. Me dio tiempo para subrayar otras frases. De haber sido mi viaje como el de Marco Polo, a China y no a Texas en Boeing 777, podría haber empezado y concluido también *Tengo miedo, torero*, su "novela más famosa".

Por esas características tan particulares que tiene la imaginación humana, y cuyos mecanismos operativos por fortuna desconocemos, he leído la prosa de Pedro Lemebel desde una perspectiva de temporalidad en disolución, de realidad entre empírica y abstracta capaz de faltar a la cita sin anunciarlo, por más que siga haciendo acto de presencia en el tiempo que, de una manera u otra, está a punto de manifestarse en promesas postergadas. Cuál tiempo ha de ser ese, opulento y meticuloso, ¿el del deseo al escracharse contra el piso, antes incluso de haber partido a la busca del objeto deseado? ¿O será ese el tiempo de la memoria al quedar atrapada en dudosas certidumbres que no consiguieron apaciguar la duda respecto al lugar en que se vive y desde donde se da inicio al recorrido hacia uno mismo en el pasado? Se trata de un tiempo que permanece inquilino en su propio devenir en tránsito. Lo más parecido a la literatura, ha de ser eso. Una posibilidad de la que nacen otras, sucedáneas de suerte similar. Un sortilegio al que las palabras quieren ponerle nombre.

"How Soon Is Now?" (¿Qué tan pronto es ahora?), se llama la canción de los Smiths citada párrafos atrás y que por ser Córdoba, la ciudad donde yo estaba, me animé a tararear con una empanada de carne y humita aun tibia en la mano. De la noción que del tiempo tenemos, resulta tan inexacta como incompleta la incertidumbre que su presencia genera. Las trampas de la cronología impiden que, al momento de las mediciones, la exactitud sea empíricamente demostrable, más allá de que clepsidras, relojes de aguja o arena, y calendarios pretendan preponderar instantes determinados, fechas y momentos rescatados de apuro del olvido. El ahora nunca es tan pronto, ni tampoco demasiado tarde como para poder quedar completo en instantes anteriores "del después", sino que más bien significa una realidad en medio, un "entre" (entre realidades), que hace tropezar a las certezas respecto al verdadero lugar donde estamos y hacemos todo para conocer. El "tan pronto del ahora", afín a las catástrofes sin interjecciones del deseo, proviene de un tiempo que salió a la intemperie del pensamiento a demostrar su falta de parecido con algo que es parte de todo. En su apabullante fuga, el deseo marca la *errancia* del individuo en el calendario, convertido en mapa de los días de trasiego que puedan ir quedándole a la necesidad amorosa del encuentro:

> Como nubes nacaradas de gestos, desprecios y sonrojos, el zoológico gay pareciera fugarse continuamente de la identidad. No tener un solo nombre ni una geografía precisa donde enmarcar su deseo, su pasión, su clandestina errancia por el calendario callejero donde se encuentran casualmente, donde saludan siempre inventando chapas y sobrenombres que relatan pequeñas crueldades, caricaturas zoomorfas y chistosas ocurrencias. (*Loco afán* 55)

Cuenta el escritor neerlandés Cees Nooteboom, que al visitar la tumba de Ludwig Wittgenstein (1889–1951) en el cementerio de Cambridge, vio las lápidas de muchos hoy completos desconocidos que en algún momento de la historia fueron destacados investigadores y profesores en ese prestigioso centro de estudios. La muerte les había arrebatado el tiempo y la importancia que tuvieron durante sus vidas. Incluso allí, en ese lugar que todo lo nivela, tumba a ras de lo que la vida representa, el tiempo era diferente: hasta en el hogar de los muertos lo es. Mientras que el tiempo de Wittgenstein seguía vivo, el de quienes estaban enterrados en ese suelo, en cambio, había sido devorado por el anonimato. Hay ocasiones en que la temporalidad de la vida y la temporalidad de la muerte son lo mismo, moneda con dos caras idénticas suspendida en el aire. Tiempo sin tiempo, tiempo sin genealogía ni porvenir, secuencia ilusoria. En ese monumento temporal residimos: tiempo diastema, en discrepancia con su duración, instalado entre las varias vidas de un mismo individuo, tiempo que es lapso y separación, cesura respecto de su íntimo ser.

Ernest Jünger (1895-1998), maestro en el arte de escribir diarios y de vivir mucho tras haber sobrevivido balas y cañonazos, cuenta algo apabullante. Jünger, quien había sido gran soldado y guerrero de mil batallas, fue herido infinidad de veces, una de ellas cuando estaba en una trinchera durante la primera guerra mundial. La bala le perforó el estómago. Jünger pensó que moriría. Las cartas estaban echadas. Sin embargo, tal cual escribió luego con lujo de detalles, la casi mortal herida llegó librada de sufrimiento y trajo un alivio extraordinario. Una agonía paradójica. Dice Jünger que esos minutos (jamás supo en verdad cuántos fueron), transcurridos entre el instante en que resultó herido y el que perdió la conciencia, fueron los de mayor felicidad de su larga existencia (murió a los 102 años de edad). Con la certeza de que la muerte, final definitivo de todo, era inminente, tal cual sucede en el cuento "El hombre muerto" de Horacio Quiroga, desapareció la noción de tiempo. Jünger sintió que había dejado de pertenecer a la realidad del mundo de los vivos. El tiempo de la muerte y la vida de la literatura son ajenos a cualquier noción empírica de la existencia.

¿Es el tiempo "puro" un lugar fuera del tiempo? Tras haber perdido el sentido de espacio y temporalidad cuando actúan de manera unánime y al borde los acontecimientos, uno de los personajes de *Lost* se pregunta en uno de los capítulos finales de la última temporada de la serie televisiva: "Guys, where are we?" (Muchachos, ¿dónde estamos?) Sin tiempo no puede haber conciencia de espacio ni lugar determinado, aunque hay lugares, como el de la isla ignota de *Lost*, que pueden existir fuera de la temporalidad, al menos mientras no llegan los cortes comerciales y la vida vuelve a la realidad, acicateada por los objetos del deseo del marketing y la publicidad. Al leer las crónicas de Pedro Lemebel, lo mismo que la de otros que con su escritura han dejado rastro, y para los cuales el deseo es una condición insólita del tiempo cuando no cesa hasta conseguir su objetivo, puede prontamente constatar el lector que la cronología, mediante la cual el individuo presente ha construido la historia que lo abarca, es un sofisma que la escritura al hacer realidad viene a contradecir. El tiempo solo quiere para sí mayor cantidad de tiempo, todo el tiempo del mundo (tiempo del goce absoluto y de la perplejidad mientras prometa seguir encaramado a su constancia). Quiere dar cabida a una temporalidad parapetada por encima de todo aquello que le acontece a manera de porvenir inconcluso. También ahí la literatura existe por su cuenta.

El instante inconmensurable del cuerpo al no pedir rebajas corresponde al torrente de un tiempo invadido por el furor del deseo, por la suma de obligaciones somáticas que requieren cumplimiento inmediato, y de cuyo ritmo en la escucha la escritura da cuenta en todo su esplendor. Escritura "tocada de oído" a la que la prosodia agasaja, instándola a continuar. Por obra y gracia de sus componentes formales, gracias a los cuales puede hacer gala en su condición inclasificable, la crónica deviene prototipo de canción conteniendo en su interior una gama de géneros populares. Todos los recursos retóricos que le salgan al paso, del diminutivo de raigambre de telenovela, a la jerigonza con aroma a mariachi y chicano californiano, son bienvenidos. Música maestro:

> Y fue así, solamente un empellón carnal y el monigote hizo surfing en la pasarela anal. ¿Viste?, me repetía baboso en la oreja, era la pura entradita. Así, así nomás, tranquilito mi broder, decía en mi oído, al tiempo que alzaba y bajaba las caderas repitiendo aguante un poquito más adentro, mamoncito. Suave, muévete suavecito, balanceadito mi niño, niña, eres mío. Eres mío, niña, creí escuchar en el ensamble apasionado de su acezar. Eso parece una letra de rap, dije interrumpiendo el concentrado balance. (*Adiós mariquita linda* 27)

A manera de plataforma de repetición y síntesis de sensaciones, el tiempo del deseo es atajo para abandonar los acontecimientos empíricos y pasar a residir en una aritmética a la deriva, en fragmentos de temporalidad parcial. Somos el tiempo (para eso hemos creado las formas verbales) y éste nos necesita para existir y justificar su definición en el diccionario. "Tiempo. (Del lat. *tempus*.) m. Duración de las cosas sujetas a mudanza, 2. Parte de esta duración, 3. Época durante la cual vive alguna persona o sucede alguna cosa" (*Diccionario de la Lengua Española*, RAE). En la duración percibida en secuencias sucesivas se plantea el intento de reconciliación con la temporalidad;

hacemos concesiones, dependemos de intervalos de discontinuidad y aceptamos que la vida no es más (ni menos) que un concepto vivible a cuyas reglas debemos ajustarnos. También en esto tuvo razón San Agustín: "No obstante en seguridad digo, que si nada pasara no habría tiempo pasado, y si nada acaeciera no habría tiempo futuro, y si nada hubiere no habría tiempo presente" (San Agustín 341).

"Ay, el Tiempo, ya todo se comprende", escribió en uno de sus poemas Gil de Biedma, aunque en verdad, nada en esta vida se comprende en su totalidad, y menos el tiempo. "¿Quid ergo est tempus?" (¿Qué es el tiempo?) Se preguntaba en tono confesional el santo del párrafo previo para responder luego: "Si no me lo preguntan lo sé, si lo quiero explicar, no lo sé". Y si un santo, capaz de acceder a la atemporalidad mística, a un aura sagrada, no lo sabía, menos podremos saberlo nosotros. El tiempo, la temporalidad humana, es una referencia vaga, una abstracción a suerte y verdad a la cual le hacemos justicia no hablando de ella y menos preguntando, pues en algo habrá que hacerle caso a San Agustín, quien dio una valiosa pista al respecto. Siglos enteros, todos los que ha habido desde que en el planeta hay temporalidad, le llevó al ser humano intentar definir al tiempo (junto con el amor y la muerte las únicas grandes interrogantes carentes de respuesta).

Al hablar del Tiempo, son tan innecesarias las preguntas como las impostadas respuestas que llegan más bien de manera obligatoria motivadas por el pensamiento racional, que por sentido común ante la dificultad de la persistente cuestión. Conviene de nuevo recurrir a San Agustín: "Si me preguntan qué es el tiempo no lo sé, pero si no me lo preguntan entonces lo sé". Tal vez por eso el santo de Tagaste buscaba el acceso a lo sagrado, pues este vive en la eternidad, en un tiempo que desaparece por excederse en el interior de sus circunstancias. Dios vive fuera del tiempo, en la eternidad, y para Él no hay problemas. Pero cuando se puso a la labor de crear el mundo no tuvo más remedio que recurrir como todo el mundo a una semana terrenal, por lo que trabajó intensamente seis días, y el séptimo descansó (quizás fue su forma de decir que el tiempo existe para todos igual). El tiempo, ¿va hacia delante en forma recta como la flecha de Guillermo Tell antes de clavarse en la manzana, o sigue una singular circularidad donde la repetición no descansa? Los filósofos nunca se han puesto de acuerdo respecto a la respuesta definitiva, ni si la hay, y muchos dieron la suya, desde Platón hasta Heidegger pasando por Kant, quien creía el tiempo no es más que una categoría del pensamiento.

Cuando a la actriz Marilyn Monroe, filósofa del desnudo existencialista, le preguntaron por qué leía poesía, la amiga muy íntima del poeta Carl Sandburg, con quien se sacó fotos que contienen una cinematografía lírica indisputable, respondió: "I read poetry to save time" (Leo poesía para ahorrar tiempo). En poesía, como en el tiempo y en el deseo erótico, hay algo perenne que se queda sin ser "gastado". *What happened in Time stays in Time*. Lo que sucede en el Tiempo, se queda en el Tiempo. Y desde ahí conmina a ser utilizado a la mayor brevedad. Es proclive al uso continuo, al sincronismo de avances y retrocesos, de prolepsis y diacronía. El tiempo ha sido la escritura misma en la obra de autores que siguen siendo nuestros contemporáneos (por el uso que al tiempo le han dado): Marcel Proust, William Faulkner, Thomas Mann, John Dos Passos (en cuya novela *The 42nd Parallel*, de 1930, las simultaneidades temporales dejan de depender de relaciones correlativas), Alain Robbe-Grillet y Claude Simon, a quien le otorgaron el premio Nobel de literatura en 1985 porque, "en su novela combina la creatividad del poeta y del pintor con una conciencia más profunda del tiempo en la representación de la condición humana".[4]

Para la literatura moderna, de Flaubert y Baudelaire en adelante, el texto, en el género que sea, es visto por insistencia y conciencia como cámara de atemporalidad. Como entidad discontinua de fracciones secuenciales del pensamiento que se sabe saboteada por el espacio donde los hechos suceden. Cronos y topos enfrentados, acérrimamente incompatibles. La ilusión cronológica acepta una lógica alternativa, una sistematicidad caracterizada a fondo por desvíos e interrupciones. Lo mismo que los días de espera incesante en Córdoba, tiempo de espera para atrás en los que un personaje ausente al rato venía, pero al rato dejaba de venir, las crónicas de Lemebel –tiempo robado al tiempo, deseo haciéndole caso al deseo– muestran la inquietud pendular de un lenguaje literario al contar cómo en el interior de las horas ocurren cosas que escapan a la

---

[4] "who in his novel combines the poet's and the painter's creativeness with a deepened awareness of time in the depiction of the human condition". Mi traducción de *The Nobel Prize in Literature 1985*.

noción de acontecimiento y suceso. Para el escritor chileno, narrar es problematizar la temporalidad del deseo que quedó fuera de la cronología lineal y que desde una periferia cuestiona la validez de su secuencialidad. Reconfiguración, prefiguración espectral: en el espejo abovedado de la experiencia se mira irreconocible. El tiempo. Ante lo inasible de su acontecer apresurado, la duración pierde pronto de vista al mundo empírico, establece una dimensión paralela, de tal vez sí o mejor no, en la que la realidad del deseo en aras de su satisfacción, pero sin perder sus tintes oníricos, establece lo real al alcance, que solo encuentra confirmación al quedar escrito:

> En la mañana, el despertar solo y desmadejado sobre la cama revuelta me hizo pensar que todo había sido un sueño, pero encima del televisor encontré el guante vacío de un condón y su carga láctea. Pude llorar pero no lo hice. Otro amor perdido, me dije, mientras tomaba un vaso de agua para despejar el trasnoche. Otro amor perdido, me repetí tratando de recapturar su mirada amaranto estrellando la noche estival. Y recién entonces descubrí el papel donde estaba garabateado un teléfono y la frase de invitación: desde Laguna Verde no se ve Valparaíso. (*Adiós* 22)

En "Nocturno de San Ildefonso", su mejor poema (opinión mía y de él, tal cual me lo dijo en una carta), escribe Octavio Paz: "En mis preguntas me encuentro/soy mi propio tiempo". ¿Cuál es el tiempo correspondiente a cada individuo, hay manera de saberlo? Comentando sobre los éxitos que en la cancha estaba teniendo a los 39 años, edad en que otros deportistas pasaron a cuarteles de invierno, el futbolista sueco Zlatan Ibrahimovic dijo en septiembre de 2020: "Soy como Benjamin Button; nací viejo, pero moriré joven". Como sujeto de literatura que en su decir inexacto ha interpretado el papel protagónico de una escritura al momento de transcurrir, e igual que el personaje del cuento de F. Scott Fitzgerald ("El curioso caso de Benjamin Button", 1921), Lemebel envejece (Pedro es Peter, Pan) hacia un origen que actúa como coartada de sustitución. Campea en sus crónicas mucho de temporalidad lineal en sentido opuesto a la cronología, fusilada por un deseo de armas tomar, pues el éxodo de la memoria es a partir del tiempo que se construye en presente exclusivo, pero que ambiciona ir a la inversa o hacia los costados, todos los que pueda haber. En su diáspora residen sus aporías. El deseo de ser y de haber sido de semejante manera –según la memoria lo sugiere sin imponerlo–, se hace pasar por aquello que a la vida aun no le pasó, aunque hacia ese porvenir del habla se dirija, hacia un resultado en preparación: rumbo al acontecimiento en veremos que bien podría haber sucedido ya, hace mucho.

Al hacerse cargo de lo que le ocurre, la existencia lleva a cabo el intento por tratar de reunir la historia natural del tiempo, con aquello que pensamos de nosotros mismos al hacerlo literatura en un ciclo finito. En un abrir y cerrar de ojos –que es el tiempo específico de la crónica, objeto de lectura inmóvil al cual el tiempo se le escapa entre los párrafos– la escritura pasa a personificar un estar ahí que pronostica el presente, lo que está ocurriendo ahora mismo, pero mañana. En la película *El lado oscuro del corazón 2* (Eliseo Subiela, 2001), el personaje central, Oliverio, debe enfrentar el paso de tiempo. Mientras este discurre, constata el horror que significa aceptar que ya no habrá absolución para las cosas que han ocurrido, ni tampoco el deseo de ir hacia atrás garantiza la memoria del hoy. ¿Cómo puede prolongarse el instante de la intensidad suprema si por ahí ha pasado lo efímero en expansión, actuando y oxidando, arrastrando en su viaje hacia la nada a todos los seres vivos?

En las crónicas, ese dilema resalta exacerbado. Como si el recuerdo se hiciera presente antes que la promesa de realización, el ascenso a la nada posterior al goce viene acompañado de caída. Ícaro jamás debe haber imaginado que el periplo hacia abajo sería tan rápido. Su Big Bang es su Big Ben, reloj de lo irremediable cronometrando los instantes del cuerpo cuando el deseo perdió la cuenta y cae, sí, en picada. Esa sensación de fiesta pagana que siempre está a punto de acabarse, y sin embargo nunca termina, es, creo, el hilo y la libido que vincula todas las bifurcaciones en el interior de la telaraña. La "escritura Lemebel" asume su condición de doble inexacto de la vida al convertirse en manifestación apolínea de un yo al que le llegó antes la escritura, y por eso –en esto raras veces la casualidad interviene–, ha podido dotar a la palabra de una musicalidad atemporal, en la que el tiempo se expresa como si le sobrara el tiempo; habla, improvisa visiones personales, y desde una prosodia onomatopéyica, hecha de neologismos y deslindes de la sintaxis lineal, deja para mañana las horas neobarrocas que le van faltando:

> De ahí corrieron los días timbaleros, macuqueros, raperos, tomando y fumando cuetes hasta por las orejas. A toda hora se escuchaba esa música,

y me fui acostumbrando a su cardiaco y reiterado tum tum, casi se me hizo infaltable en las noches cuando su cuerpito de niño pringón era un garabato extenuado por la lucha entre las sábanas. Nunca antes había sacado la semana corrida de lunes a sábado en el dele que suene del ensarte jugoso. Nunca antes, lo juro, y de tanto darle al merecumbé anal me fui quedando abierta, cavernosa y estérea. Un pedo era nota de armonio en la catedral, el maullido cóncavo y estrepitoso de una ópera sinfónica donde la retreta del trombón resoplaba los follones retumbantes de la mil ochocientos doce... a todo tarro caquero. (*Adiós* 28)

En las crónicas, la palabra atraviesa las apariciones del cuerpo, invitándolo a ser espacio de correspondencia y autoconocimiento. Deja a su paso pistas distractoras más que convocantes. Opera con retraso, como el deseo —cuando ya no puede— al dar un paso al frente. En ese contexto de abundancia somática, el deseo deviene espejo en actividad ante el cual el tiempo se quita su atuendo para poder reflejarse. Sin embargo, no es ahí donde el sujeto consigue reconocerse, sino en su mismísimo reflejo, en una imagen caleidoscópica que rauda se desvanece, lo mismo que el núcleo temático de la narrativa, cambiando de posición según la perspectiva que la caracteriza. Ante la pregunta, "¿Qué nuevas posibilidades expresivas le dio la escritura en este formato de neocrónica?", Lemebel respondió:

La posibilidad de escribir desde muchos registros. El abanico de posibilidades que me ofrecía esta escritura me permitía entretejer una oralidad escritural más allá de la novela y el cuento, donde cabían otras hablas, que por supuesto no se referenciaban en las crónicas de los frailecitos de la conquista. El mío es un voyerismo invertido, porque puedo estar dentro y fuera del escenario, según me convenga. Más que una construcción literaria, mi escritura es una estrategia. Claro que eso lo hice por intuición. Igual que con la performance, al tiempo me dijeron que lo que estaba haciendo era crónica... (Neira 59)

Con o sin prefijo (a esta altura de los acontecimientos el "neo" aporta poco), la crónica es una forma de preguntarle al tiempo con el cuerpo, antes de que todo pueda ser olvidado a la velocidad de la vida cuando va de ida. Relata las vueltas de la existencia mucho antes de pegar la vuelta. En su paradójica actividad de desplazamiento, el deseo impide el ostracismo de la memoria. ¿Qué puede ser recuperado en la fugacidad temporal? ¿Hay algo salvable en la radical transitoriedad de todo? En *Odas* (Carmina), Horacio advirtió: "Dum loquimur, fugerit invida Ætas: carpe diem" (Mientras hablamos, el tiempo envidioso habrá huido: aprovecha el presente). Qué fue de aquellos otros que fuimos, se pregunta el poeta romano en el mismo poema: "¿Qué fue de tu belleza, las rosas de tu cutis y la nobleza de tu andar?". Lo mismo hizo Virgilio, al referir en *Geórgicas* a nuestro deambular por el tiempo que escapa, no sin antes conminarnos a huir en su compañía. El afán de la literatura al soltarse el pelo ante el acecho de la temporalidad es, tal como consta de sobra, asunto antiquísimo, habiéndose radicalizado en la época romántica, cuando el individuo que al vivir piensa qué significa estar vivo, entendió que el desafío del tiempo acontece como causa actuando con desapego, en una eternidad carente de pretérito, en un infinito habitado solo por un presente sin corregir y del que no puede esperarse consuelo.

El tiempo puede cambiarlo todo, pero los cambios que las crónicas lemebelianas conceden a la idea de estar vivo contienen momentos completos, maneras idénticas de pervivir en instancias temporales diferentes. El fluir continuo se apropia de los hechos que, a manera de telaraña invisible, cuelgan del aire en el absoluto de un desconcierto ante una procedencia por figurar, que se presenta íntegra en las partes que al relato le faltan, y que son aquellas en las cuales el tiempo se acorta. La mentada aporía de que no es el tiempo el que pasa, sino que somos nosotros, es puesta en tela de juicio. Las frecuencias acentúan la coincidencia del tiempo y del ser que habla sobre lo que le ocurre mientras es agobiado por la cronología. En los sucesos puede existir más tarde o más temprano, lo cual destaca que la percepción del paso del tiempo es dispersiva, etérea, inserta en una tolvanera anímica: "Mi crónica es un espejeo donde lo que cuento 'puede ser solo el viento sobre la nieve'" (Rojas 193).

Desacostumbrar al lector a la narrativa lineal que transita por las cláusulas de manera hegemónica siguiendo un eje variable a partir de estructuras indirectas, es una de las asignaturas puestas en práctica en las crónicas por Lemebel, quien declara: "Lo que yo hago es llevar la literatura a la oralidad, al habla como forma de comunicación anterior al libro" (*No tengo amigos* 40). El campo de acción de la palabra literaria establece sus accesos en lo divisorio, en las vueltas de tuerca que atentan contra los tres momentos contenidos en la estructura aristotélica aplicada a la ficción narrativa, de configuración, confrontación y resolución. El detonador del cortocircuito en la esfera del relato es un tiempo antagónico, que desorienta a la experiencia mediante una combinación de factores, mejor dicho, de efectos actuando al unísono sobre las causas, aunque no siempre de modo proporcionado. En ese entramado de perspectivas distintas del mismo individuo, los flashbacks y flashforwards funcionan como antídoto de la temporalidad secuencial, con su antes, durante y después.

La progresión y el retroceso temporal en el plan narrativo no solo se circunscriben a los "adelantos" y "retrocesos" en los que la realidad hasta cierto punto deviene estado aleatorio incapaz de saber elegir sus momentos de plenitud; ni los que vienen en camino, ni los ya despilfarrados cuando no había opción mejor y que aun, sin embargo, siguen sin pertenecer al pasado, pues el mecanismo que vino a rescatarlos no es el de la memoria disfrazada de nostalgia, sino el de un presente cargado de contraseñas y sitios inoportunos de la mente con su propia forma de parecerse a los que alguna vez fueron. Así pues, en las crónicas, el tiempo se involucra en la urdimbre de una subjetividad explayando condiciones sin especificar, al margen de lo que de veras podría ser, pues en verdad representa un seguir siendo; algo que viene de antes, por más que refiera a un *a posteriori* no necesariamente futuro.

Al ignorar las limitaciones de la cronología, la escritura trasciende el marco temporal específico, lo que a sería el relato de un plan evocativo de atrás hacia delante, siguiendo las pautas del vivir de acuerdo al deseo en estado de sublevación primero, y remembranza después. La linealidad cronológica es bombardeada por fragmentaciones, distorsiones, fusiones de instantes y entrecruzamientos que incluyen entradas y salidas del perímetro de lo empírico, pues la crónica, por tener raigambre lírica y parentesco cercano con la poesía, es la realidad vista a través de códigos vacilantes, que están y no están sujetos a la temporalidad. En las cláusulas, al pasarse la posta una a otra, los años terminan siendo días y estos, tiempo de sensaciones en estado de cesación que vuelven al ruedo, para circular y ser consideradas en el "a menudo" de una temporalidad sin pautar y que nadie sabe bien cuándo de veras pudo haber comenzado y que, además, se opone a ser argumentada.

Las crónicas de Lemebel existen en un intercalado de secuencias temporales cuyo espacio, aunque parezca lo contrario, no radica en ninguna parte en específico, ya que todas ellas conforman con cómplice accionar una temporalidad múltiple y ambulante de *tempus fugit* que salpica todo a su alrededor. En esa periferia el yo reside como estado en permanente consideración al que nada le falta para permanecer incompleto, a la caza de los detalles que la escritura busca traducir a un tiempo que aprovecha al máximo su ausencia de final. De este modo, alcanza a continuar (por donde sea la realidad de quien desea) y a multiplicar las similitudes respecto a todo aquello que fue y, por tanto, quedó eximido de un orden previo preciso. Para cada instante frecuentado por el lenguaje literario hay un tiempo diferente, cuya configuración no se resigna a ser solo cronología. Al hacerse deseo en cada ocasión que le toca, la escritura tiene el deber de recalcarlo. Hace todo por salir de la espera destinada a la repetición y al deambular por los sitios del habla que ha venido a inaugurar.

Pero no es todo. Se nota algo más. En las crónicas de Lemebel la inmortalidad del detalle resulta invariable, lo mismo que la prórroga de la duración. Solo cambia el espacio desde donde se ve, y en el que pueden preservarse algunas características de la vivencia original. El deseo arrasa, pues el *tempus fugit* que lo impulsa no tiene la oportunidad de bañarse varias veces en las mismas aguas. Así de veloz es su transcurrir en el trance de las frases, fiesta clausular. Entre el tiempo de la escritura y el tiempo del habla residen los minutos que al final a la vida terminan faltándole y que se reflejan en la percepción de la inmediatez somática. De ahí que el de la crónica sea un tiempo casi epistolar, de misiva dirigida a los minutos, en tanto contiene la temporalidad completa de una persona al quedar escrita en ese momento. Tiempo que emite el lenguaje del cuerpo cuando es mínimo el haz de sucesos que acontece fuera de su realidad, aunque la conciencia autoral indica otra cosa: "Siempre en mi crónica conviven incestuosamente la biografía y lo contingente" (Rojas 193).

Más que tiempo recobrado, tiempo recabado. La escritura es velocidad atravesada por "estrategias". La crónica: memoria en reversa hacia delante. En la persecución del hecho está el hallazgo. La memoria, lugar impío que activa mecanismos de reinicio, mediante los cuales hasta el propio recuerdo se transforma en bis actualizado del deseo al hacerlo por su cuenta. En esa temporalidad de vorágine y gesto combativo, la escritura de Lemebel reporta la biografía del deseo (y sus objetos cuando el propio deseo los desordena), el proyecto del yo al dialogar con las causas y efectos del sentido tensionado su verdadero alcance. "Creo que mi escritura siempre estará expuesta a los vaivenes y temporales de mi corazón, la literatura para mí es solo eso, una pizarra para mancharla de estrategias deseantes" (Mateo del Pino).

¿"Deseantes" o memorialistas? El autor aclara: "Lo que realizo es una recolección cronística de la memoria" (*No tengo amigos* 40). El género en cuestión es a las claras. Con presencia dilatoria inaugura un proyecto de afirmación y borramiento en proceso sucesivo, el cual queda terminado mientras está siendo hecho (la poética del deseo tiene idéntico actuar): "La crónica no la podía definir, como tampoco puedo definir la performance" (Rivadeneyra). En verdad, a partir de algo, ambas pueden ser definidas: "La performance me hace ser con mi cuerpo la crónica por la cual muestro mi realidad" (Cabrera 64). Bajo un formato que permite "ahorrar tiempo", la crónica aúna un fluir de hablas dispersas camino a los principios (como temporalidad y como ética) que posibilita. Origina un tiempo de libreto radial, de expansión radical en la brevedad. A lo que voy. Las palabras quedan flotando en el éter de la audición –una acústica visual– y desde ahí invitan a imaginar la realidad condensada en suposiciones en tránsito. Lemebel refiere a "una territorialidad movediza", desde la cual escribe, por ser tanto espacio de producción como de recepción. El lenguaje reside en el aire –desde donde resiste–, en el aire del tiempo con el cual conversan las palabras, no para entenderse, sino para crear pautas de encuentro y difusión de ideas y afectos.

Por consiguiente, al ser escritura "radial", dispuesta a disolverse en la sintaxis de la escucha, es asimismo oportunidad de entendimiento y reciprocidad. La crónica permite un trasvase de roles en el paréntesis de aconteceres que ensaya dentro de una zona intermedia de géneros, como asimismo de espacios de receptividad:

> [...] me interesa difundir mi escritura en medios masivos como diarios o programas de radio, antes que sacarla como libro. Me interesa ese otro recorrido, esa fugacidad de la letra impresa a otros destinos menos académicos. (Zerán, "La desnudez" 39)

La crónica posibilita encuentros y desencuentros en un espacio de desmarque, el cual, por su aleatoriedad implícita permite que todo pueda pensarse desde cero, fuera de la normatividad. "Ese otro recorrido, esa fugacidad", aluden a una escritura que al hacerse desaparece, y al mismo tiempo –uno mutante– hace aparecer cosas.

El escritor como cronista; la crónica como desdoble y pespunte. El autor ensalza la eficacia de su práctica fisgona: su mirada pertenece a la crónica (hecha de un ver que escribe), al paradigma entrecortado de una escritura interesada en el espacio de observación que va estableciendo, territorio de tiempo influido por su fluir, rumbo a regiones de ejercicio y marginación de las formas tradicionales de hacer literatura. Lemebel es afín a la poética que su escritura propone mientras define el rol autoral:

> Desde la escritura como excusa del panfleto político hasta llegar a las crónicas hay una estrategia para no caer en ninguno de estos lugares consagrados, y menos en la academia. Todos ellos para mí son lugares un poco momificantes. En ese sentido, la crónica me llegó como un par de alas para esta estrategia no fosilizante. (Zerán, "La desnudez" 36)

"Creo que el mayor sustento de mi literatura es mi día apurado", consigna el autor chileno (Zerán, "Abanicos" 100). A una velocidad a su antojo, esporádica y contradictoria, la crónica da el salto categórico, de un habla explícita a un secreto en ciernes. Transcurre de lo impreso a lo acústico, del micrófono radial a la página, como si en un acto de infinita bondad, el lenguaje le viniera a leer al tiempo al oído, para establecer instancias de tránsito hacia un no sé qué en construcción, que no llega a quedar detallado por todo lo que acontece a su alrededor y más bien se encripta en la envergadura del deseo que lo avasalla, en las circunstancias que ponen a este en la cima; no para recordar, sino para encontrarse con las palabras que han venido a sustituir al recuerdo. Presenciamos un tiempo metonímico en estado de pirueta, que sale de las sílabas tambaleándose, igual que aquel al que le cambiaron el trayecto a la marcha. Presenciamos una temporalidad que da razón a quien la piensa mientras el pensamiento, como sinopsis de sí mismo, atenta por reflejo contra la temporalidad que lo acecha. Lemebel: "Estoy en una carrera" […] Esta carrera contra el tiempo" (Guerrero del Río).

En esa lengua nómada, marca de estilo de una obra que es crónica y crítica de la imaginación al dejarle mensajes al deseo, el tiempo "se" escribe (tiempo monológico, egoísta) para pervivir sano en un constante despertar. La palabra abre y cierra los ojos: para no ver siempre lo mismo, para no tener que verse otra vez en lo ya dicho. Al respecto, la "poética Lemebel" resalta explícita en un largo párrafo cuyo inicio vale citar:

> Podría escribir clarito, podría escribir sin tantos recovecos, sin tanto remolino inútil. Podría escribir casi telegráfico para la globa y para la homologación simétrica de las lenguas arrodilladas al inglés. Nunca escribiré en inglés, con suerte digo go home. Podría escribir novelas y novelones de historias precisas de silencios simbólicos. Podría escribir en el silencio del tao con esa fastuosidad de la letra precisa y guardarme los adjetivos bajo la lengua proscrita. Podría escribir sin lengua, como un conductor de CNN, sin acento y sin sal. Pero tengo la lengua salada y las vocales me cantan en vez de educar. (*Serenata* 11)

En la ficticia inmortalidad de las cosas que a menudo suceden en un mundo material que no es para todos igual, la existencia, en tanto lenguaje que relata sus itinerarios, se carga de expectativas basadas en la incertidumbre, como si todos los relojes del mundo hubieran quedado sincronizados en la misma hora, pero dieran el tiempo de épocas diferentes. Con inaudita asiduidad, los factores predominantes de la literatura Lemebel completan la misma imagen de realidad expansiva, una según la cual la vida pasó a ser el tema principal. Es a ella, y a sus seres aparentes, a la que en definitiva le pasan cosas, aunque el tiempo nos quiera hacer sentir diferentes; en ese tiempo que al marcharse se queda –y si no se queda, vuelve–, la continuidad a consideración cambia de rapidez en la lentitud, promete efectos que solo se cumplen como posibilidad exenta de cumplimiento.

Tal como he reiterado, la prosa de Lemebel representa la catarsis de lo impredecible que se narra sin que haya un escenario central a ser visualizado, salvo el del tiempo que en este *corpus* del cuerpo ("necesito que lo que escribo haya pasado por este cuerpecito de alguna manera" [Lojo 183]), y para bien de la novedad, no se convierte en comodín del manido método de recrear lo que le ha ocurrido en señal de reciprocidad. En tanto género situado entre ambas orillas, la crónica es poesía que relata lo que pudo haberle pasado a las palabras en otro tiempo que casi siempre termina siendo anterior. Consigue afinar su dramatismo en la actividad zigzagueante del "orador", en el yo que a sí mismo se escucha. Para eso habla con todos, de todo. A partir de la tensión lírica que la escritura a su paso va produciendo, marcha hacia delante en reversa, apoyando el relato en fracturas narrativas internas, las cuales están ahí para establecer un paréntesis en medio de aquello que intencionalmente quedó expresado a medias. Por eso le creemos todo lo que no llega a decir del tiempo que le tocó habitar como ejemplo superlativo de realidades conocidas que carecen de vuelta de hoja. En esto de contar lo más posible con la imaginación de la memoria no hay tutía. Si bien convergen situaciones presentes –a fin de cuentas, nadie escapa al día en el que vive–, el tiempo no corre de manera paralela a la existencia.

Para cumplir con este objetivo, en las crónicas, Lemebel recurre al *dribbling*; para librar al relato de tener que configurar los acontecimientos de manera prematura. Saltando de un lado a otro sin previa advertencia, las visitas a la temporalidad omnipresente son de sospecha y conjetura. La memoria miente a medias, el deseo también. Pinocho dice la verdad. Como el autor en el simposio de Córdoba hace tanto, el tiempo de esta escritura (o escrituras, considerando la evolución del estilo que insiste en sus diseños) se hace esperar, representa la prórroga de lo que recién está a punto de ocurrir. Se establece una linealidad concéntrica, que nuclea y dispersa de manera pendular en un espacio carente de tiempo y cuenta regresiva. Ese hiato corresponde a la temporalidad del deseo una vez perdida la noción de instante puro. La estructura de uróboro de la poética en discusión indica que en cualquier momento puede aparecer una inexistencia sin procedencia, justo donde lo incierto se daba por existente, por corresponder a un tiempo de peregrinaje e infracciones en el pensamiento, caracterizado por la carencia de reciprocidad en el ahora mismo del suceso que hizo entrar en acción al deseo.

En las etapas intercaladas del carpe diem (¿o sería mejor hablar de "cuerpo dime ya mismo"?), la espacialidad del instante contiene todas las historias de un momento impostergable que no ha terminado de pasar, pero que ya pasó a ser propiedad del recuerdo, el cual se encamina a una verdad hipotética a la que le pasan cosas durante el desplazamiento de un nivel a otro. En ella "es", y "está", todo aquello que le pasa a quien escribe, y se pregunta sin dar muestras de atisbo; cómo procesar las debacles diarias del tiempo, ¿en el cuerpo, en la realidad, en el lenguaje, en el mundo complejo a mano? ¿Por dónde empezar la búsqueda del tiempo que se daba por perdido y que de pronto dejó de estarlo? Lemebel recurre a una práctica propia de Lewis Carroll, al hacer pasar a sus personajes a través de un espejo que separa realidades temporales divergentes del mismo instante subjetivo.

Los acontecimientos que por derecho propio se integran a la crónica pertenecen a una serie indistinta de problemas y soluciones, sucediendo de manera paralela a una realidad establecida más allá de la duda ante el sentido de duración y permanencia. Para Lemebel, escribir es investigar un período de ratos indemostrables por los que anduvo muy campante el deseo, aquellos en los que el individuo puede intervenir con sentido de afinidad y propósito. En los episodios presumibles que la escritura rescata acumulando, lo real a disposición del deseo (y por ende, del tiempo atemporal con el que está hecho) se transforma en ejemplo de un acontecer por encima o por debajo de la espacialidad relacionada al aquí y ahora, del que no se sale sacándose el reloj de la muñeca o quitando todos los espejos de la casa.

De pronto, y es otra de las "estrategias" utilizadas, la palabra hace un trueque con lo inaudito y sale ganando. A escena salta el pensamiento de lo impensado. "Cuando a uno le preguntan por el objetivo de mi escritura, es un poco complejo, porque siempre la escritura es un devenir, el objetivo siempre es movedizo", ha destacado el autor ("A mí los desafíos"). Al quedar eliminadas las restricciones del razonamiento lógico deductivo, la realidad del individuo se exaspera. Así como las mentiras de la aporía hicieron creer a la tortuga lo que no era y salió por ello corriendo a la velocidad de una flecha antes de ser disparada, también el lenguaje de la crónica deambula a la velocidad del tiempo que le habla. El suceder de la temporalidad entre las frases corrige una mentira carente de enmienda. No en vano, las novedades relativas a la temporalidad y a sus formas verbales llegan siempre en la segunda parte de algo a ser reconsiderado por la escritura, tan considerable, cuya finalidad es una posposición permanente de aquello que estaba a punto de ser expresado.

Según el diccionario de la *RAE*, la palabra "crónica" tiene siete acepciones. Las dos últimas son las siguientes: "6. F. Narración histórica en que se sigue el orden consecutivo de los acontecimientos; 7. F. Artículo periodístico o información radiofónica o televisiva sobre temas de actualidad". En idéntica veta de los grandes escritores de "crónica", de Hazlitt a Francisco Umbral pasando por Robert Louis Stevenson, Lebemel instala interrupciones en "el orden consecutivo de los acontecimientos". Autoriza la entrada de circunloquios inherentes a una conversación "radiofónica o televisiva", en la que el hilo de la conversación va bordando otros relatos que en un principio habían sido descartados del relato principal. En la anécdota, si acaso central, hay unas cuantas superpuestas. El lenguaje elegido para actualizar aún más los "temas de actualidad" se rodea de apariciones que por sí solas podrían ser la realidad que la realidad hasta ese momento no había tenido en cuenta.

Al tomar una posición lírica, de exactitud asimétrica, la palabra imposibilita que el olvido tenga lugar y deje a los lugares sin saber a quién pertenecen. Recobra historias de amor y deseo que iban a ser eternas, pero el tiempo decidió lo contrario. De ahí que las crónicas lemebelianas contengan un mundo que troquela. Cada nueva descripción sustituye a la anterior. A tales efectos, las frases en su escrutinio se imponen como réplica del tiempo cuando hace con los minutos lo mismo. Dan cabida a momentos susceptibles a una felicidad interrumpida, capaces de postergar su fecha de vencimiento. Son esos momentos del habla literaria cuando el deseo acicateado por el tiempo deja de describir lo que le ocurre, en la realidad y en el lenguaje. La impaciencia por decirlo todo al mismo tiempo, completa espacios propicios para acuñar una prosa con curvas y *detours*, a la que en sus mejores pasajes se hace fácil confundir con poesía, la que a su vez se pregunta en qué momento dejará de serlo para comenzar a ser prosa otra vez.

Con su constancia de tiempo meteorológico, las crónicas son la síntesis de una obra recorrida por pérdidas y recuerdos, los que por momentos amagan con querer olvidar todo lo vivido para poder empezar de nuevo, y tener más versiones hasta entonces desconocidas de sí misma. Lemebel se luce cuanto más control gramatical pierde de las frases (la memoria del deseo va para todas partes y en ninguna se queda mucho), y estas en su aparente desorden de sintaxis y coordinación pasan a pertenecer al estilo que las hace decir de tan peculiar manera, porque solo así la oralidad puede hacerse valer por escrito. Para que le presten atención, su aventura en la apoteosis retórica toma el camino menos largo, el cual, para paradoja del cuerpo y los sentidos, termina imponiendo una especie de *delectatio morosa*.

La actividad está enclavada en un furor continuo, sin embargo, la pulsión que guía la actividad de las palabras al someterse a los requisitos del deseo está ralentizada, sumida en una temporalidad hacia ningún sitio, similar al tiempo que durante el proceso de revelado le lleva a una fotografía terminar de mostrar las imágenes completas que contiene. En sus frases fotográficas, que van camino a lo que dirán, las crónicas de Lemebel se "revelan" en el acto categórico de no esconder nada, de ser como espejo que puede estar ahí todo el tiempo que quiera, con más instantes a favor, para continuar planeando argumentos, pero sin ir enseguida al punto, aunque las imágenes sobre las que vino a informar hayan quedado fijadas de sobra. La mente es una cámara; los deseos, las imágenes que han salido en busca de otras.

Las crónicas de Pedro Lemebel asumen la fisonomía de un habla entrecortada, a través de la cual el tiempo deja oír latidos y balbuceos. Entre fisuras, es así como al filtrarse las palabras que vienen al caso cuentan su enrevesada historia. Habría que desconfiar si no fuera compleja. Lo que atrae de ese entramado de goce neobarroco, confesional de manera incompleta, completo solo a partir de sus partes, es la velocísima índole de hechos condenados a repetirse fuera de toda métrica poética en particular (porque el tiempo no solo imita la duración de un endecasílabo o de un alejandrino, según le convenga). En ese todo (con tono) como combinación de fracciones de temporalidades dispersas, la ilusión de poder vivir la totalidad de tiempos posibles al mismo tiempo, de pensar todos los pensamientos habidos y por haber en forma simultánea, es admirablemente real. Las crónicas y el autor lo hacen posible. La búsqueda empírica del acto de escribir no es por consiguiente la de una eternidad inaccesible, de infinitos postergados. Va detrás de un ya mismo que podría situarse en un instante acontecido, quien sabe cuándo –ayer o un día que no ha de ser hoy–, pero que resulta improbable explicar con razones a largo plazo. De esa falta de poder de esclarecimiento a medias, que imita la velocidad de la vida y del olvido en tiempo real, el lenguaje es plenamente consciente. Es lo que ha venido a decirnos.

Bibliografía

Agustín, (de Hipona, Santo). *Confesiones*. Barcelona: Círculo de Lectores, 1971.

"A mí los desafíos me seducen siempre". Entrevista a Pedro Lemebel. *El Mercurio*, Espectáculos, 14 de septiembre de 2000, p. C15, <memoriachilena.gob.cl/602/w3-article-83064.html>.

Cabrera, Tatiana. "El silencio es una forma de ternura". Entrevista a Pedro Lemebel. [Revista *Cultura y Tendencias*, N° 10, febrero-marzo 1999]. *Lemebel oral: veinte años de entrevistas (1994-2014)*, editado por Gonzalo León. Buenos Aires: Mansalva, 2018. pp. 62-66.

Guerrero del Río, Eduardo. "Entrevista a escritores chilenos". *Revista Finisterrae* 10, diciembre de 2002, <bibliotecanacionaldigital.gob.cl/bnd/628/w3-article-275040>.

Lemebel, Pedro. *Adiós mariquita linda*. 2004. Buenos Aires: Seix Barral, 2014.

_____ *Loco afán. Crónicas de sidario*. 1996. Barcelona: Anagrama, 2000.

_____ *No tengo amigos, tengo amores. Extractos de entrevistas*. Editado por Macarena García y Guido Arroyo. Santiago de Chile: Alquimia, 2018

_____ *Serenata cafiola*. Santiago de Chile: Seix Barral, 2008.

Lojo, Martín. "Menos a nosotros". Entrevista a Pedro Lemebel. [*La Nación*, Argentina, 13 de marzo de 2010]. *Lemebel oral: veinte años de entrevistas (1994-2014)*, editado por Gonzalo León. Buenos Aires: Mansalva, 2018. pp. 181-187.

Mateo del Pino, Ángeles. "Cronista y malabarista… (Entrevista con Pedro Lemebel)". *Cyber Humanitatis* N° 20 (primavera 2001) <web.uchile.cl/publicaciones/cyber/20/entrev2>.

Neira, Elizabeth. "Identidades y ausencias". Entrevista a Pedro Lemebel. [*El Mercurio*, 21 de febrero de 1999]. *Lemebel oral: veinte años de entrevistas (1994-2014)*, editado por Gonzalo León. Buenos Aires: Mansalva, 2018. pp. 57-61.

Rivadeneyra, Dánae. "Pedro Lemebel: Una peruana en cuerpo de chileno". Entrevista a Pedro Lemebel. *Útero.pe*, 23 de enero de 2015, <utero.pe/2015/01/23/pedro-lemebel-una-peruana-en-cuerpo-de-chileno/>.

Rojas, Carolina. "Parece que fue ayer". Entrevista a Pedro Lemebel. [*Revista Ñ*, 17 de diciembre de 2012]. *Lemebel oral: veinte años de entrevistas (1994-2014)*, editado por Gonzalo León. Buenos Aires: Mansalva, 2018. pp. 191-196.

The Nobel Prize in Literature 1985. NobelPrize.org. Nobel Prize Outreach AB 2021, <nobelprize.org/prizes/literature/1985/summary>.

Zerán, Faride. "Abanicos y cosméticos". Entrevista a Pedro Lemebel. [Revista *Rocinante*, abril de 2001]. *Lemebel oral: veinte años de entrevistas (1994-2014)*, editado por Gonzalo León. Buenos Aires: Mansalva, 2018. pp. 99-105.

_____ "La desnudez de la pobreza". Entrevista a Pedro Lemebel. [*La Época*, 21 de septiembre de 1997]. *Lemebel oral: veinte años de entrevistas (1994-2014)*, editado por Gonzalo León. Buenos Aires: Mansalva, 2018. pp. 35-40.

V. Crónicas

Poética de la lengua: cuerpo, sida y clase en *Loco afán*[1]

Juan Pablo Sutherland

> *La plaga nos llegó como una nueva forma de colonización por el contagio. Reemplazó nuestras plumas por jeringas, y el sol por una gota congelada de la luna en el sidario.*
>
> Pedro Lemebel, *Loco afán*, epígrafe

Con la primera edición de *Loco afán, crónicas de sidario* en 1996, un año después de la edición de *La esquina es mi corazón*, Pedro Lemebel se instala como uno de los escritores más agudos y mordaces de la literatura chilena. *Loco afán* –conjunto de crónicas batallantes, políticas, barrocas, indias y mestizas– es el mapa o la genealogía del paisaje homosexual en medio de la llegada del sida al sur del continente. Crónicas que nos vuelven a recordar que las historias culturales y políticas de las minorías siempre han sido campos de batallas, a decir de Benjamin, no ha habido nunca un documento de cultura que no fuese a la vez un documento de barbarie.

Es interesante el gesto de reedición de un libro como *Loco afán*, gesto que se transforma en performance política en tiempos donde pareciera que la literatura se ha vuelto neutral y aséptica. Todos

---

[1] Pedro Lemebel le encargó al escritor Juan Pablo Sutherland que escribiera un texto para la presentación de la segunda edición de *Loco afán* en la editorial Seix Barral (Grupo Planeta), que lo había publicado en su colección Biblioteca Breve por primera vez en el 2009. Este texto hasta hora inédito fue leído por Sutherland el 24 de noviembre de 2013, durante la Feria Internacional del Libro de Santiago, en el Centro Cultural Estación Mapocho. Siendo el único presentador. [Nota del editor.]

sabemos que la escritura y obra de Pedro Lemebel no es neutra, es alevosamente ideológica, cultural, políticamente incorrecta en los tiempos que vivimos, y siempre la escritura de Pedro fue así. Conozco la obra de Lemebel desde el inicial despliegue escritural y me alegra mucho que *Loco afán*, vuelva a la calle, al público antiguo o nuevo, pues sigue siendo un texto completamente relevante para los cruces entre sida, imaginario marica, homofobia y de una aguda radiografía cultural y política del país. Incluso nos recuerda hoy al releer las urgencias del sida, los disminuidos esfuerzos de la prevención del VIH/SIDA en la política pública chilena.

Es un texto que viene nuevamente a insistir en su política de enfrentamiento no con la realidad, sino con develarla como correlato ético y político de un tiempo. Quizá, cuando el texto sea leído nuevamente, encontremos otros pasajes no vistos antes. Quizás la urgencia de la epidemia dejó a las militancias marcando ocupado en tiempos donde las locas caían como moscas por la epidemia. Este libro es el ACT UP[2] de la literatura chilena, es una barricada en la lucha por la emancipación marica, este libro es manifiesto de una urgencia, de una batalla cultural, de una geografía precaria ahogada por el toque de queda, por la homofobia, el neoliberalismo salvaje y por el sida. Geografía de nuevos nómadas barridas por la gran peste de los ochenta.

La reedición de *Loco afán* vuelve a recordarnos la crudeza, la violencia y persecución que trajo la llegada del sida a las comunidades homosexuales en sus inicios. El gesto de Pedro Lemebel será recordarnos que el cuerpo, la nación y los dispositivos culturales se cruzan en una extensa secuencia de vigilancia y control corporal; algo que Foucault ya había señalado y que tomará cuerpo político a inicios de la epidemia. Será, además, el mismo autor de *Historia de la sexualidad* (1976) uno de los primeros intelectuales que caerá tocado por el sida a inicios de los años ochenta.

---

[2] El autor se refiere al grupo de acción directa estadounidense ACT UP, que es el acrónimo de AIDS Coalition to Unleash Power (Coalición del sida para desatar el poder) y, como frase verbal del idioma inglés, *act up* significa actuar de una manera distinta de la que es normal o esperada: molestar, funcionar inapropiadamente (*Merriam-Webster Dictionary*, <merriam-webster.com/dictionary/act%20up>). [Nota del editor].

No es casual que la escritura de Pedro Lemebel se haya materializado en la fiesta funeraria del sida a finales de los ochenta y comienzo de los noventa, cuando los homosexuales fueron los primeros invitados privilegiados de esta nueva forma de colonización por contagio, según Lemebel. Con un ojo delineado por el dolor y la lucidez crítica, *Loco afán, crónicas de sidario*, se hace cargo de aquel carnaval de muerte inicial cuando la precariedad, la homofobia y discriminación hacían estragos en las comunidades homosexuales en Chile y Latinoamérica.

No es casual tampoco, que Pedro Lemebel inicie *Loco afán* con una emblemática crónica ya conocida por todos, "La noche de los visones (O la última fiesta de la Unidad Popular)". Crónica, por cierto, con parentesco con la historia nacional y asumida en el relato como el anuncio de la muerte, del golpe de estado y la gran noche larga que viviría el país durante la dictadura militar de Pinochet; pero no solo como operación de escritura testimonial, sino como aguda genealogía del humor negro de la loca, del olfateo de clase, de la crónica anunciando el aniquilamiento de la Unidad Popular y del propio país.

"La noche de los visones" es la punta de lanza de *Loco afán*, crónica que conjuga muchos de los elementos más característicos de la escritura de Lemebel. Aquí encontramos la historia del país con una mirada política y cultural de la clase. Los queridos personajes de esta crónica son testigos de la congestionada escena de los setenta, tanto de la algarabía que vivía el país como del fatal desenlace. Lemebel conjuga con precisión y cariño, un ramillete de locas que representan cierta jerga cultural, cierta pose, cierta genealogía domestica del imaginario marica que nunca falta. Tanto las locas pobres de Recoleta como las momias o cuicas del Copelia en la factura de Lemebel, nos llevarán de la mano para develar esa foto que el narrador señala como no muy buena, pero que en ojo del voyeur se convierte en el flash y retrato de una memoria viva, de una sátira, de una comedia negra y tragedia popular juntas.[3] El ojo agudo del voyeur develará

---

[3] La palabra "momia" en Chile es un apelativo despectivo para insultar a los políticos conservadores y reaccionarios que se oponían al gobierno de la Unidad Popular de Salvador Allende en los años setenta, y que mayoritariamente adherían a ideas de la derecha y de la clase alta chilena.

la gran performance de aquella noche, monumentalidad popular de una fiesta de locas que cuenta la historia del país, que juegan al oráculo fatídico de los tiempos que vendrán. Los visones serán el señuelo que nos deja el autor para retratar de mejor manera la fantasía travesti, el glamour de un jolgorio donde lo popular se enfrenta con sus estrategias y estéticas a parodiar la muerte, el hambre que vendrá y el halo de sombra que llegará con el sida.

Parentescos maricas y sida

Las crónicas de Lemebel, como diría Jean Franco, rescatan el ánimo de los tiempos, desde un género que no se subordina y es capaz de doblarle la mano a los poderes más recalcitrantes de cierta homofobia encubierta de buena onda, o a decir de Carlos Monsiváis, Lemebel se arriesga en el filo de la navaja entre el exceso, porque lo necesita y la cursilería, entre la genuina prosa poética y el desafuero. Sale indemne por su oído literario de primer orden sentencia Monsiváis.

El sida no nos llevó la memoria, al contrario, hizo emerger diversas y relevantes escrituras que cruzaron la epidemia, la homosexualidad operando como una gran bitácora de viaje. En ese éxodo que obligó a los homosexuales a correr entre hospitales, cárceles y precariedades miles, emergió cierto nomadismo biográfico en medio de la peste, encontramos, entonces, escrituras que dialogaron con los diversos momentos de la epidemia latinoamericana. Vemos una genealogía de las crónicas de Lemebel con los textos de Manuel Ramos Otero y su notable *El libro de la muerte* (1985), o con la impactante y crepuscular biografía de Reinaldo Arenas en *Antes que anochezca* (1992), o llegando más de cerca o cruzándose piel a piel con el neobarroco rioplatense de Néstor Perlongher y su devenir minoritario.

Jean Franco plantea, acertadamente, que "a diferencia de Arenas y Sarduy, Lemebel logra registrar el SIDA después de la epidemia que no termina en el apocalipsis sino en la anticlimática transformación que ocurre cuando el mercado neoliberal, la cultura gay de clase acomodada, se convierten en moda" (Franco 2009, 39-40). Será necesario entonces seguir esta pista para encontrarnos con la interrogación permanente de Lemebel a las políticas de lo gay norte-sur, del modelito Calvin Klein exacerbando la masculinidad como homo-norma e intentando borrar con el codo la memoria marica contenida en la historia de cuerpos afectados por la pobreza, por la represión política y, finalmente, por el sida y el neoliberalismo. Lemebel increpa:

> El "hombre homosexual" o "míster gay" era una construcción de potencia narcisa que no cabría en el espejo desnutrido de nuestras locas. Estos cuerpos, esos músculos, esos bíceps que llegaban a veces por revistas extranjeras, eran un Olimpo del Primer Mundo, una clase educativa de gimnasia, un fisicoculturismo extasiado en su propio reflejo. Una nueva conquista de la imagen rubia que fue prendiendo en el arribismo malinche de las locas más viajas, las regias que copiaron el modelito de New York y lo transportaron a este fin del mundo. (*Loco afán* 33)

Es quizá ese ojo de loca que no se equivoca, que vuelve a poner las tensiones internas de las políticas transnacionales del tráfico del deseo homo, de las importaciones hedonistas del cuerpo gay frente al caótico devenir de locas de pobres. Pero el sida, como dice el autor, será imparcial y un repartidor público ajeno a los prejuicios sociales, plaga que llegará del norte para locas regias y pobres nos dice Lemebel. Aquella noche de los visones anunciada en la monumentalidad oscura de la montaña de huesos, será la metáfora política de una tragedia. Golpe político, golpe de alma, de una escena que puede retratar fielmente la ferocidad del sida cruzada con la homofobia, la política y desprecio de la vida. Lemebel construye una retórica de lo popular conjugando poéticas de clase, estéticas de la ruina, arqueologías del saber popular en una noche épica en un barrio cualquiera del Santiago poniente. Ahí donde la retórica de Lemebel juega a la discursividad extrema, desplegando performativamente ese vuelo lingüístico que pone a su escritura a nombrar lo innombrable.

LAS POLÍTICAS DEL NOMBRE

En Lemebel, la marca hiper-identitaria (marica, cola, fleto) o post-identitaria (devenir minoritario o *queer*) juegan a intensificar aquel lugar precario y en fuga de la loca. Así se pudiese entender el habla marica condensada en la loca, figura arquetípica de la homosexualidad popular, que sale de los márgenes institucionales para nombrarse a sí misma en el juego teatralizado y neobarroco de Lemebel. En ese contexto encontramos a la loca multiplicada en poses de guerra, en estrategias de fuga y en la acción performativa de descargar la homofobia. Un texto ejemplar para este ejercicio crítico lo encontramos en la crónica "Los mil nombres de María Camaleón":

> Hay muchas y variadas formas de nombrarse, está el típico femenino del nombre que agrega una "a" en la cola de Mario y resulta "Simplemente María". También esos familiares cercanos por su complicidad materna; las mamitas, las tías, las madrinas, las primas, las nonas, las hermanas, etcétera. (86)

Así, Lemebel nos lanza un rosario de políticas del nombre, hiperbolizando la tragedia y volviendo parodia la marca de la lengua:

> La Desesperada
> La Primero de Mayo
> La Cuando No
> [...]
> La Faraona
> La Lola Flores
> La Sara Montiel
> La Carmen Sevilla
> La Carmen Miranda
>
> La María Félix
> La Fabiola de Luján
> La Loca de la Cartera
>
> La Palanca
> La Moderna
> La Freno de Mano
> La Patas Negras
> La Patas Verdes (87)

En esta extensa lista, el autor de *Loco afán* vuelve a intensificar cicatrices sociales, estéticas perdidas, lenguajes y hablas populares que construyen una estrategia. Las locas trabajan con la lengua (derribando los límites materiales y simbólicos en la afirmación o escape estabilizador de la identidad); es decir, la metalengua de las locas genera el exceso identitario, excedente multiplicador además de una carencia, de una pérdida, de una derrota. Las locas de Lemebel se nombran hasta la muerte y el sida será una llave abierta para hiperbolizarlas insistentemente, acción performativa que descarga la discriminación y la homofobia de la "peste" inicial.

La multiplicación de nombres de locas en las crónicas de Lemebel opera como una suerte de cadenas de sentidos extremos, donde el sida es la cicatriz que muestra la hiper-identidad popular, pobre, carnavalesca, oscura, irónica y festiva, batallante y descarada. En ese sentido, la política de los sobrenombres, de las plumas sobre la marca homofóbica, borra las sombras del castigo para afirmar un sí marica, afirmación que se fuga de la estabilidad identitaria y que juega "a marica de mil nombres", como si el "yo queer" se desplumara en un yo colectivo y migrante, que siempre se vuelve nómade. Lemebel intensifica los sentidos paródicos, en un carnaval más neobarroco que camp, más marica que gay, volviendo a resignificar, volviendo a dejar a la loca como estrategia discursiva en fuga. Así arremete Lemebel:

> La Zoila Sida
> La Zoila Kaposi
> La Sida Frappé
> La Sida on The Rock
> La Sui-Sida
> La Insecto-Sida
> La Depre-Sida
> La Ven-Sida" (88)

Esta operación de desdramatización y, a la vez, de exposición teatralizada, genera un efecto de política minoritaria que hiperboliza el lugar del castigo y lo eleva a un lugar político. Tal vez uno de los mayores aportes de Lemebel a la cultura latinoamericana sea recoger el guante de la ciudad letrada marica y develar las estrategias hegemónicas de las políticas de representación de la diferencia, en medio del blanqueamiento de las políticas homonormativas.

El Manifiesto: el legado político de *Loco afán*

El "Manifiesto (Hablo por mi diferencia)" es uno de los textos más relevantes y conocidos de Pedro Lemebel. Relevante políticamente pues despliega el inédito cruce que le reclama a la izquierda la inclusión de la homosexualidad batallante en la utopía política de la que quedó fuera. Lemebel vino a increpar cierta deuda de la izquierda latinoamericana con las sexualidades periféricas. Desde esa perspectiva, su "Manifiesto" es una suerte de memoria política de la diferencia que ajusta cuentas con la utopía de las izquierdas nacionales. Su potencia radica en la tensión de una moral revolucionaria que dejó fuera del sueño socialista a la utopía sexual, pregunta Lemebel:

> ¿Qué harán con nosotros, compañeros?
> ¿Nos amarraran de las trenzas en fardos
> con destino a un sidario cubano? (122)

Desencuentro que se instala como un deseo suspendido que se volverá a trabajar en diferentes textos latinoamericanos, como *El beso de la mujer araña* (1976) de Manuel Puig, *El bosque, el lobo y el hombre nuevo* (1991) de Senel Paz y el propio libro de Lemebel donde profundiza esa tensión, *Tengo miedo torero* (2001). Es pertinente reflexionar desde este lugar cómo las homosexualidades latinoamericanas han tocado la utopía social sin contaminar o permear los proyectos revolucionarios de los años sesenta y setenta, en ese halo posible de opción por los más débiles o los pobres del continente. Por lo menos en algo de ese discurso social podían entrar las locas, tortilleras, maricas. Sin embargo, aquella humanidad ya había sido expulsada en muchos de los momentos claves de la historia política latinoamericana. Lemebel toma el guante y revisita aquellos imaginarios donde la dignidad política y sexual son una sola, como repertorio ético de una mirada que habla desde la izquierda a la izquierda. Pues el "Manifiesto" es un acto político reparatorio de omisiones, o silenciamientos respecto a un correlato de pelea en la lucha social contra la dictadura y por la revolución social. El texto además critica la débil democracia chilena entrante de los años noventa, donde sus políticos y sus gestos reconciliatorios mantiene el proyecto neoliberal de la dictadura. El "Manifiesto" recoge ese ánimo de los tiempos repetido mil veces como performance en actos públicos y marcando un tiempo, un corte de época, con la sinuosa monumentalidad popular de la internacional como telón de fondo de una utopía reclamando a la otra utopía. Sexualidad y política unidas como un solo gesto. Retóricas y estrategias que Lemebel recorre en diferentes momentos de *Loco afán*.

Notas finales

Para ir cerrando, las crónicas de este libro se pasearon por los gestos e hitos más relevantes de la historia biográfica del cuerpo homosexual diezmado por el sida, acompañó culturalmente a las militantes maricas que se organizaban para batallar contra la epidemia, presionando a la salud pública, a los poderes del estado, para avanzar la lucha contra el ordenamiento moral, por la falta de recursos en momentos claves, escenarios que se repitieron en personajes como la muerte de la Madonna o el último beso de Loba Lámar.

Loco afán, crónicas de sidario, fue un farol en medio de la tormenta, un respiro cultural que dignificó la pelea de las locas, en tiempos donde lo que olía a SIDA era marica, pobre y fatal. *Loco afán* con su mirada política, con su insidia, con su retórica proletaria, sexualizada, neobarroca, postpunk e hiperidentitaria. Manifiesto que rescata el lenguaje popular de la homosexualidad más castigada y lo coloca dentro de las políticas e imaginarios maricas para construir una memoria colectiva. Ese mismo loco afán, que desfiló las historias de las locas corriendo por los hospitales en busca del escaso AZT en tiempo furiosos y de muerte. Ese mismo loco afán que elevo épicamente a las locas expulsadas de la ciudadanía y las convirtió en parias.

Pedro Lemebel ha develado épicamente una historia cultural y de batalla que ha sido contada por sus bellos y delirantes personajes, collar de locas que inauguran una política, una micropolítica presente en cada historia de este loco afán. Lemebel ha traficado la historia contra-canónica, la prostibular, la travesti, la política minoritaria como si quisiera enfrentarnos siempre con la máscara performativa del poder. Pero la loca siempre escapará, en el imaginario de Lemebel, para convertirse en un devenir que interroga la prepotencia del poder que las acecha.

Bibliografía

Benjamin, Walter. "Sobre el concepto de historia". *Obras completas.* Libro II. Vol. 2. Madrid: Abada, 2005. pp. 303-318.

Foucault, Michael. *Historia de la sexualidad. La voluntad de saber.* Ciudad de México: Siglo XXI, 1995. p. 86.

Franco, Jean. "Conocí a Pedro..." *Nuevo Texto Crítico*, vol. 22, N° 43-44, 2009, pp. 39-42.

_____ "Encajes de acero: la libertad bajo vigilancia." *Reinas de otro cielo. Modernidad y autoritarismo en la obra de Pedro Lemebel,* editado por Fernando A. Blanco. Santiago de Chile: LOM, 2004. pp. 11-23.

_____ "Pedro Lemebel el perpetuo enamorado". *Desdén al infortunio. Sujeto, comunicación y público en la narrativa de Pedro Lemebel,* editado por Fernando A. Blanco y Juan Poblete. Santiago de Chile: Cuarto Propio, 2010. pp. 57-63.

Lemebel, Pedro. *Loco afán, crónicas de sidario*. 1996. Santiago de Chile: Seix Barral, 2009.

Monsiváis, Carlos. "Pedro Lemebel: Del barroco desclosetado". *Revista de la Universidad de México*, N° 42, agosto de 2007, pp. 5-12.

Un mapa del cine y un mapa de las estrellas: Lemebel y la escritura cinematográfica

Macarena Urzúa Opazo

"Mirábamos al Pacífico y yo citaba a Deleuze: 'El mar es como el cine, una imagen en movimiento'. Tú me decías: 'No te hagas el intelectual, machito. La única imagen en movimiento es el amor'". Dice Beatriz, hoy Paul Preciado, en "Perlas y cicatrices para Pedro Lemebel" su texto homenaje despedida.

La escritura de Pedro Lemebel utiliza referencias de la cultura pop, así como también del cine o de la música, elementos que en sus textos van desplegándose y se vuelven extensiones de su pluma, se desdoblan para significar la imaginería que él quiere entregarle a sus crónicas. Me enfocaré, en este ensayo, en el uso de la escritura del/sobre el cine y el *star system* que lo rodea, un imaginario que alude, inevitablemente, al hecho de cómo el cine desde sus orígenes, apuntó por un lado a la masividad y, por otro, a soñar con la vida de las estrellas de Hollywood, una emoción, que como desarrollaré más adelante pone en movimiento a esta escritura del cronista.

De esta manera, analizo algunos de esos textos como una suerte de bitácora, cartografía cinematográfica, la que puede analogarse a esa escritura/mirada, tipo cámara que realiza Lemebel, de registro de lo cotidiano, pero también desde ahí ilumina a ese otro mundo, el del cine y sus divas. De esta manera, sus crónicas, son una escritura que traspasa la pantalla, la pluma, sus plumas, la persona y los límites de la página de la ciudad en sus crónicas urbanas. El uso de lo cinematográfico, como recurso respondería a esa idea de ser un interlocutor, como figura, de todos quienes lo leen, tal como lo es la radio o la televisión. Esta idea la plantea, Viviane Mahieux, en su estudio sobre la crónica en América Latina y específicamente, con relación a las crónicas de Carlos Monsiváis:

> Por tanto, la crónica parece haber perdido parte de la vulnerabilidad que caracterizaba a los intelectuales accesibles de los años veinte. Pero si la crónica ya no es un género efímero situado al margen de la cultura literaria, todavía sigue valiéndose de las estrategias discursivas que caracterizaron la retórica de la accesibilidad e incluso exacerba algunas de sus principales características, tales como la hibridación, la fragmentación, el humor, el enfoque de acontecimientos que en general han sido descartados como menores, una irreverencia por las jerarquías culturales y una complicidad con un público lector que es concebido como amplio y diverso, pero también familiar. (164)[1]

Esta afirmación, es totalmente extrapolable y nos abre puertas para leer a Lemebel en la diversidad de temáticas y percepciones que atraviesan su escritura de crónicas y a cómo, en cierto sentido, esta literatura deja de tener puramente su condición de efímera, desde la crónica modernista, logrando fijar una memoria, hecha de fragmentos, pero también de la hibridez y el humor, que en Lemebel aparece como una marca de su pluma.

De esta manera, Lemebel se configura como un interlocutor que habla de todo y para todos sobre historia, cultura, intimidad, memoria, critica social, moda, música, teatro y cine. En donde el mundo de las divas de Hollywood resuena en el mundo del "loquerío", trayéndolo a los lectores en la crónica "Los mil nombres de María Camaleón":

> Toda una narrativa popular del loquerío que elige seudónimos en el firmamento estelar del cine. Las amadas heroínas, las idolatradas divas, las púberes doncellas, pero también las malvadas madrastras y las lagartas hechiceras... La poética del sobrenombre gay generalmente excede la identificación, desfigura el nombre, desborda los rasgos anotados en el registro civil. (*Loco afán* 55)

Con el verbo *"hacer crónica"*, Lemebel construye una poética similar a la del documental: revelar, recordar, preservar. Estas instantáneas, donde narra su sentir de los tiempos, hablan de la

---

[1] "The chronicle thus seems to have lost some of the vulnerability that characterized the accessible intellectuals of the 1920s. But if the chronicle is no longer an ephemeral genre located on the margins of literary culture, it still draws from the discursive strategies that characterized the rhetoric of accessibility and even exacerbates some of its main characteristics, such as hybridity, fragmentation, humor, a focus on happenings that have generally been dismissed as minor, an irreverence for cultural hierarchies, and a complicity with a readership that is imagined as broad, diverse and yet familiar." (Mahieux 164) Todas las traducciones en este ensayo son mías.

ciudad, del deambular con la pluma como si fuera ésta una cámara en mano que registra y hace de la escritura su modo de grabar. Por este lente, ojo, lápiz, pasan: películas, música, radio, boleros, divas del cine del Hollywood de los cuarenta y los cincuenta, y cuanto hay de referencias pop y populares en las que todos reconocemos un pedazo de algo que nos llama y despierta. En este conjunto de su lectura es que creo ver un archivo de los afectos, que se compone de numerosos elementos, desde el cine y su memoria de algunas divas, que escogerá a modo de espejo, de doble o de interlocutora imaginaria o real. De esta manera, por ejemplo, registra su encuentro con la famosa actriz del filme *Doctor Zhivago* (1965) en la crónica "Geraldine Chaplin" de la sección "De misses top, reinas lagartijas y otras acuarelas" del libro *De perlas y cicatrices* (1998):

> Tal vez fue este detalle, lo que me hizo preguntarle: Geraldine, ¿sabes si el Doctor Zhivago atiende sida? Entonces ella hizo un paréntesis en los autógrafos, y me clavó sus ojos inteligentes en las sombrías cuencas. Se quedó un momento pensando y, con sonrisa de doble filo, me contestó: tendrías que preguntarle a él. Así, la Chaplin, por un instante, revivió a la hermosa Tonya del film, arrebolada de plumas blancas en la noche glacial de Moscú. Quiero decir, simuladamente ruborizada, porque me confesó que nunca pasó frío en la filmación de Zhivago. [...] En fin, de la película *Doctor Zhivago* me quedó la tristeza de Tonya, su mal querido amor por Yuri, la oscura melancolía de sus ojos que nos dejó Geraldine al terminar la presentación del libro en la editorial Lom ese invierno del 94, cuando se fue, con su abrigo negro, nevado de pelusas, como extraído de la ropa americana, confundida entre las mujeres sencillas que se la llevaron, entumida de frío, como una pluma de nieve bajo la tupida lluvia de Santiago. (77)

El abrigo, la memoria de Tonya, vestida de pieles en una Rusia imaginaria y devenida en sencilla ciudadana de a pie, con un resabio de aquella famosa actriz son descritos en esta crónica, que se hace también pregunta e ironía. De esta manera, la escritura de Lemebel narra, escenifica y nos presenta como una toma del cine, volviéndose una suerte de seguidilla de imágenes en movimiento, que siempre apelan a nuestra memoria colectiva visual, mezclando en un texto como este la fantasía rota del cine, junto a la interpelación a esta memoria, con la pregunta formulada sobre la enfermedad y lo político.

En una entrevista al diario argentino *La Nación*, en el 2010, Lemebel señala: "Me di cuenta que no podía escribir cuentos cuando la realidad estaba quemando mi acontecer. Por eso me dediqué a la crónica que me quedó como anillo al dedo" (Lojo 183). Es decir, decidió –en lugar de mostrar una narrativa– mostrarnos una imagen, una suerte de clip documental, preciso y fundamental, una fuente que leeremos como historia y testimonio. Digo documental, porque pienso en la poética del cine. Leemos en Lemebel un archivo afectivo de sus pasiones, canciones, películas, libros, y también su propio mapa de la ciudad. Y claro, las divas que también fue y encarnó: Frida, Dolores del Río, María Félix, o a las que les habló directamente en alguna de sus crónicas, como por ejemplo, en "Querida Liz" o "Carta a Liz Taylor (o esmeraldas egipcias para AZT)": "*Cleopatra*, donde apareces divina entrando a Roma en un altar tirado por cuatro mil esclavos" (s/n). La crónica apareció originalmente publicada en 1996 en *Loco afán*. Una segunda versión apareció en el diario chileno *La Nación*, en la sección "Ojo de loca no se equivoca" el 8 de abril de 2007, como precisa él mismo en la segunda versión.[2] En esta, Lemebel, le pide a Liz Taylor, un diamante de su corona para ayudar a los enfermos de sida y que luego dio a una seguidilla de crónicas en respuesta, durante al menos tres domingos, ya que el público lector pensó que, efectivamente, era el mismo Lemebel quien estaba enfermo.

La lectura del "Manifiesto (Hablo por mi diferencia)" escrito en 1986 para ser leído en un acto en la Estación Mapocho, ese poema/crónica/cuento/manifiesto al fin, nos lleva a imaginar la escena, en donde leyó de taco alto y, como describe Óscar Contardo, "con una hoz de maquillaje que le nacía en los labios y se extendía por la mejilla, como un travesti revolucionario enfrentándose a una muchedumbre de izquierda poco habituada a tomar en cuenta esa clase de reclamos" (Contardo, s/p). En este perfil escrito por Contardo, Lemebel recuerda lo que ocurrió después de esa lectura: "Un tipo me dijo, al final, que era como la Plegaria del Labrador, una canción de Víctor Jara, pero en este caso del maricón". Me interesa destacar acá las

---

[2] La cita que aquí aparece no está en la primera versión de "Carta a Liz Taylor (o esmeraldas egipcias para AZT)", se encuentra en la crónica de *La Nación* del 8 de abril de 2007, archivada por mí. En la siguiente entrega de *La Nación*, "Siga participando" del 15 de abril de 2007, explica el origen de la crónica: "Y todo empezó la semana anterior. En el apuro por llenar este espacio, me decidí a reponer una crónica añeja sobre un enfermo de sida que le pide una joya a Liz Taylor para su tratamiento. Como en Semana Santa no se trabaja, solamente le hice algunas correcciones técnicas sobre el VIH, como que ahora nadie habla de AZT, sino de triterapia, además de otros afeites estéticos, y salió publicada con un lindo dibujo descriptivo" (s/p).

filiaciones con las que podemos leer a Lemebel, el amplio registro que lo emparenta con la canción de Víctor Jara, tal vez una de las más recordadas, tanto por su contenido poético y por ser una de las más combativas y emblemáticas, pero que sin embargo, apela a nuestras emociones y afectos, razón quizás de por qué ambos manifiestos son tan emblemáticos, sinécdoques de los setenta uno y el otro de fines de los ochenta y comienzos de la democracia.

En el caso de Lemebel es el sentimiento enarbolado, no únicamente a partir de la discriminación, sino más produndamente desde la experiencia de la exclusión, del dolor solapado junto a la ironía, que permite que este texto se sitúe en un espacio entre la literatura y nuestros afectos. Propongo volver a la idea de emoción, para leerla junto con la de afecto, siguiendo a Sarah Ahmed:

> En vez de recurrir al afecto para explicar la manera en que las emociones van más allá de los sujetos, volví a la emoción. Partiendo de la etimología de la palabra, me interesé en las emociones en tanto nos mueven, así como en la relación implícita entre movimiento y vinculación, ser movido por como una conexión [...] estoy muy preocupada por la manera en la que un cuerpo, al sentir, es movido... (314)

Es decir, el término emoción viene etimológicamente de la misma raíz que mover, moción, el efecto que tiene en un cuerpo, es asimilable a lo que mueve a la palabra fuera de sus límites. Así también, las imágenes en movimiento del cine provocan una emoción y, por ende, una escritura de esta reacción y relación afectiva con el cinematógrafo. Es entonces, siguiendo a Ahmed, a través de la experiencia del cuerpo en movimiento, que se figura una respuesta a la intensidad de la emoción, las emociones incorporan así, diferentes movimientos hacia y entre otros, dando forma a los contornos de lo social.

Escenas de un documental

Hay una particular poética en las crónicas de Lemebel y esta puedo asimilarla a la del documental. Para el teórico del cine Michael Renov, la poética del documental opera en distintos planos y adquiere diversas funciones, entre ellas distingue las siguientes: "Registrar, revelar o preservar, persuadir o promover, analizar o interrogar, expresar" (21).³ Se puede afirmar que estos mecanismos son los mismos que utiliza la memoria al recolectar ciertas historias; la memoria ordena las imágenes que se pasean por la mente de los retratados en el documental. El director enmarca estos registros para darles un sentido y, en la terminología de Renov, para *revelar, analizar, interrogar*. Podemos analogar aquí la figura del escritor, en este caso del cronista, al ver las escenas que sugerentemente Lemebel graba para nosotros en su pluma y con su tinta: un niño en el paseo Ahumada en el centro de Santiago, en su crónica "El Paseo Ahumada (La marea humana de un caudaloso vitrinear)", compilada en *De perlas y cicatrices* (1998):

> Y el niño tiene que conformarse con mirar de lejos esos colores verde menta, morado mora, rosa frutilla o amarillo bocado que ofrecen las heladerías. Muy adentro, en su enano corazón, él ya sabe que pertenece a esa muchedumbre conformista que mira las vitrinas tocándose las monedas para el Metro. (180-181)

Asimismo, esta escritura documental se percibe en las crónicas de *Zanjón de la Aguada* (2003), donde Lemebel escribe una suerte de autobiografía que cartografía los orígenes del autor en los márgenes de Santiago y documenta, por una parte, la historia de este espacio geográfico, situando el origen de su escritura en este espacio periférico y, por otra, realiza una biografía de la génesis del niño escritor.⁴ Este conjunto de textos se abre con la crónica "Zanjón de la Aguada", separada en tres actos:"La arqueología de la pobreza", "Mi primer embarazao tubario" y "La nostalgia de una dignidad territorial", en donde se ve no solo el nacimiento y los orígenes de filiación del escritor, sino también el mapa afectivo del escritor y personaje Lemebel antes de ser quien hoy escribe, en esta cartografía que devela, situada en el "Zanjón":⁵ "Para mejor vivir la escarcha indiferente

---

[3] "to record, reveal or preserve, to persuade or promote, to analyze or interrogate, to express [...]" (Renov 21)

[4] El "Zanjón de la Aguada", un lugar ubicado en los márgenes de la ciudad de Santiago, conocido por su pobreza y precariedad, en donde quienes no tenían vivienda formaron campamentos durante los años cincuenta y sesenta. Es una de las primeras barriadas populares que surge de la autogestión de la toma de terreno de sus habitantes.

[5] Raúl Zibechi se refiere al origen del Zanjón de la Aguada y su nacimiento a base de la gestión comunitaria: "La noche del 29 de octubre de 1957 un grupo de pobladores del Zanjón de la Aguada, un cordón de miseria de 35.000 personas, de cinco kilómetros de largo y cien metros de ancho en el centro de Santiago, se dispuso a realizar la primera toma

de estos tiempos, vale dormirse soñando que el Tercer Mundo pasó por un zapatito roto, que naufragó en la corriente del Zanjón de la Aguada, donde un niño guarisapo nunca llegó a ser princesa narrando la crónica de su interrumpido croar" (*Zanjón* 15).

Las crónicas de Lemebel pueden leerse como una escritura que construye una cartografía íntima y afectiva de la ciudad y de sus lecturas de su escucha. Esta escritura es un medio de memoria, el escritor es el médium entre lo descrito y nosotros. De manera que, el recorrido por la ciudad de las crónicas de Lemebel son un mapa íntimo, del amor y de los afectos en el Chile posdictatorial y neoliberal. En una entrevista de finales de los noventa, Fernando A. Blanco y Juan G. Gelpí le preguntan por la presesencia de algún fondo de ojo permanente en sus crónicas, a lo que Lemebel responde: "[Pero] creo que te refieres al ojo descriptivo que paisajea mis crónicas, tal vez el ojo que recorta fragmentos de esta realidad consumada y consumida en la fragua visual de la TV. No sé" (95).

Giuliana Bruno, en *Atlas of Emotion*, se refiere a los conceptos de cartografía y mapa, los que se van transformando por el cine y la literatura: una historia puede ser dispuesta como una trayectoria experiencial o un mapa geográfico ya existente, o como un palimpsesto que transformará a ese mapa en el proceso. Como el cine y sus géneros limitados espacialmente, muchos libros son construidos alrededor, y también a través de un mapa de lugares específicos; de este modo, por medio de sus narrativas, reinventan y revisitan los sitios trazados por la cartografía emocional: "El plano de una topografía inconsciente en la que las emociones pueden 'movernos', pues están organizadas como un curso" (245).[6] De este modo, podemos leer estos espacios transitados desde una clave afectiva, de acuerdo a lo planteado por Bruno, lo que se observa es un plano, traspasado por el ojo, la emoción de lo ya visto, sea calle, ficción o memoria personal.

---

masiva y organizada de tierras urbanas. A las ocho de la noche comenzaron a desarmar sus casuchas, juntaron tiras de tela con las que cubrir los cascos de los caballos para evitar el ruido y, siguiendo las consignas de los más decididos, reunieron 'los tres palos y la bandera' con los que habrían de crear la nueva población. Sobre las dos y media de la madrugada llegaron al lugar elegido, un predio estatal en la zona sur de la ciudad" (Zibechi 42).

[6] "the plan of an unconscious topography in which emotions can 'move' us, for they are organized as a course" (Bruno 245).

Para Jean Franco, la escritura de Lemebel será la de un "escritor performer" y la crónica aquello que responde al sentir de los tiempos ("the mood of the times") (Franco 205). Así, Lemebel recorre y muestra la ciudad neoliberal a través de este mapa afectivo y su cartografía emocional. En una entrevista en el periódico *El Mercurio*, en 1999, expresó que no le preocupan las ventas ni el éxito obtenido. Acerca de su escritura señala: "Simplemente, nací con el maquillaje de la provocación" (13). Esta provocación lo hace referirse de manera natural a temas que tal vez nadie pondría en una crónica, Lemebel utiliza ese maquillaje al escribirlas, aquél que a un mismo tiempo atrae, repele y provoca. El maquillaje, la ropa y la pluma. La escritura de Lemebel siempre está coqueteando con el espectáculo, incursionando así en el arte de la performance, cuyo registro ha quedado en numerosas fotografías, pasando a formar parte de la historia del arte contemporáneo en Chile.[7] Un pastiche de lo que le rodea, un paneo de lo que esta afuera. Así su pluma opera como la cámara de un director, del nuevo cine latinoamericano, una mezcla entre Passolini y Aldo Francia, sin dejar de lado a las divas como Hedy Lamarr, Bette Davis, Geraldine Chaplin, entre otras.

Soledad Bianchi confirma el efecto del maquillaje y del disfraz, que construyen una poética del exceso que es también una declaración en Lemebel: "Disfraz es, también, abundancia frente a moderación, es exceso en oposición a control. No hay mesura-por ejemplo en los guantes largos de Rita Hayworth-Gilda... Agarra el guante, Pedro Lemebel que con 'un guante de áspero terciopelo' también desviste y desnuda... con su escritura" (Bianchi 67).

Aquí quisiera detenerme en una imagen del documental *Lemebel*, dirigido por Joanna Reposi. En este filme, se repasan muchas de sus performances, a través de diversas imágenes fotográficas que son proyectadas a lo largo de diversas entrevistas de la documentalista con Lemebel. Para mí, la escena que se fija parece un montaje más dentro de la película: uno en el que suena por la radio la canción "Corazón de poeta" de Jeannette, tema que aparecerá reiteradamente durante

---

[7] Véase el *Archivo Yeguas del Apocalipsis*, una plataforma web en inglés y español que recoge parte del trabajo de investigación desarrollado por Fernanda Carvajal y Alejandro de la Fuente sobre las acciones artísticas de las Yeguas. Asimismo, véase el interesante artículo de María José Contreras Lorenzini sobre las últimas performances de Lemebel, que ahonda en la materialidad de estas acciones, particularmente desde el uso del neoprén.

la película, mientras se proyecta la imagen de una performance, en donde aparece en primer plano el rostro de Lemebel con un vestido rojo y también con una especie de tocado que completa el atuendo. Como una conversación entre muchas, se oye a la distancia a Pedro decir, mientras revisan fotos e imágenes, proyectadas en la pared, imperceptible, al pasar: "....ah sí Doctor Zhivago esa es espectacular..." (Reposi) Así, maquillaje, pose, cine y disfraz se reúnen como una constante no sólo en la escritura de estas crónicas, donde Lemebel "agarra el guante", como dice Bianchi, sino que también se agrupan en la biografía y en un subtexto de los afectos del autor por el cine con divas y luces.

Tal vez, como un guiño a la película argentina *Los muchachos de antes no usaban gomina* (1937), Lemebel escribe la crónica "Encajes de acero para una almohada penitencial", en donde habla de los hombres violados en las cárceles y utiliza la cita como un pastiche, un collage, revelándose el texto como un tejido de citas: "Es así, que en apariencias, la vejación en las cárceles de hombres sería la más traumática [...] Pero las apariencias engañan, 'los muchachos de antes también usaban vaselina' y los padres de la patria ya no tienen patio trasero que defender" (*La esquina* 68). Probablemente esta crónica propone un eco lejano con la película dirigida por Manuel Romero, en la que se muestra el Buenos Aires de esos años y los salones en donde se exhibe la resistencia por aceptar el tango. Elogiada por los críticos en su momento, el filme presenta el personaje de La Rubia Mireya, mujer fiel, pero víctima del elitismo de esa época.[8] La película evoca, en cierta forma, la juventud del director y muestra recuerdos de la noche porteña de principios del veinte.[9]

El uso del cine y lo cinematográfico en Lemebel responde en algunos casos a mostrar una resistencia, una emoción, una

---

[8] Incluso Joaquín Edwards Bello tiene una crónica sobre la película, la que llevó como título "Los muchachos de antes no usaban gomina" (1938).
[9] Sobre la obra de Romero, Domingo Di Núbila sostiene: "Fue una brillante y colorida evocación del Buenos Aires noctámbulo de principios de siglo, ese mundo de farras, tango, champagne, broncas y percantas donde cometió sus pecados de juventud y atesoró inolvidables recuerdos toda una generación porteña, la misma a que pertenecía él. [Romero] Tuvo calor ambiental, riqueza de tipos, sabor de época, gracia y encanto dentro de un argumento que, pese a su línea central melodramática, llegó a conmover por la acendrada nostalgia, el cariño, la alegría y el dolor que sin duda sintió Romero al hacer esta reminiscencia de un periodo de su vida" (Di Núbila 154).

petición (como en las cartas a Elizabeth Taylor, y la crónica-diálogo con Geraldine Chaplin) y también a revelarnos su imaginario, su propio mapa de las estrellas. También emerge de las imágenes de la performances de las Yeguas del Apocalipisis, particularmente en *Lo que el Sida se llevó* (1989). El registro de esta acción de arte está compuesta por treinta fotografías que muestran el modo en que Francisco Casas y Lemebel "escenifican en sus cuerpos" a ciertos actores y figuras como: Marilyn Monroe, Buster Keaton, las hermanas de *La casa de Bernarda Alba*, entre otros.[10] Así vemos estos cuerpos fijados por la fotografía, pero movidos por esta performance en un movimiento *e*-mocionado desde lo cinematográfico, y que nos vuelve a llevar a leer esta relación entre el cine y el *star system* como un modo de comprender ciertos rasgos del propio Lemebel, pero también de la sociedad que lo rodea. De manera que toma sentido la afirmación de Carlos Ossa cuando señala: "El cine imita el balanceo de las multitudes, se llena de él y lo exhibe al modo de una suerte de ekphrasis: describe la energía delirante de un tiempo urbano donde máquina y producción son las metáforas de una sociedad pequeña" (37). En esta misma línea, en cuanto a pensar en el cine como un movimiento que es también emoción y signo de reunión con una comunidad, se hace pertinente referirse al interesante estudio de Jason Borge, *Avances de Hollywood*, en donde hace un recorrido de la relacion entre el cine de Hollywood (desde 1915 en adelante) y la literatura latinoamericana, así como también de la crítica surgida en torno a él, particularmente resuena al leer a Lembel, la siguiente cita del poeta cubano Eugenio Florit: "gracias a los prodigios de la cinematografía, soñamos viendo" (cit. por Borge 29).

Esta idea de "soñar viendo" permite leer al cine en clave afectiva, como un dispositivo que que apela directamente a nuestra memoria medial y colectiva, conectándonos con un imaginario atemporal. De esta manera, Lemebel nos muestra su propio archivo afectivo del cine. Así nos recuerda también a esa lectura del cine a la que nos llevó Manuel Puig en *El beso de la mujer araña* (1976), en donde esas películas completan la historia de los dos presos, generando un correlato y varios niveles de lecturas. Wolfang Bongers al referirse al "Star System" profundiza en esta idea del imaginario que suscita la

---

[10] Véase el registro fotográfico de la performance citada en <yeguasdelapocalipsis.cl/1989-lo-que-el-sida-se-llevo>.

vida de las actrices y los actores de Hollywood y señala: "Emplazada en un sitial inalcanzable, rodeada de una atmósfera de realidad y ensueño, la estrella lejana y cosmopolita parece ser más aprehensible en el discurso: se habla de ella, se escribe y se lee de ella, no importa si lo dicho trata de su nueva mascota, su divorcio o su rutina diaria" (104).

Sin embargo, esta escritura va más allá de solo recrear o comentar la lejana vida de las estrellas de cine, Lemebel convierte a estas crónicas en su propio archivo del cine lemebeliano, como una *playlist* que alguien grabó para nosotros, junto a los flashes de las imágenes de las referencias fílmicas, junto a las fotografías de las performances de divas realizadas por las Yeguas del Apocalipsis. Una pluma, cámara, o como dice Bianchi: "A diferencia de los ojos-cámaras, además de enfocar, Pedro Lemebel ilumina. Como un 'parpadeo estroboscópico', como esas luces que recortan y encuadran, es su mirada" (68).

Una última escena de este documental imaginario del archivo fílmico afectivo de Lemebel, el cual se completa con otra de sus performances, *De la nostalgia*, la cual tuvo lugar en Santiago de Chile, el 19 de agosto de 1991, según la descipción que aparece en el Archivo Yeguas del Apocalipsis:

> Las Yeguas del Apocalipsis realizaron un homenaje en la última función del Cine Arte Normandie en su antigua sede en la Alameda, el día 19 de agosto de 1991. La performance se llevó a cabo durante los créditos de la proyección del film "Las aventuras el Barón Munchausen". Tras presenciar la función con el resto del público, Pedro Lemebel y Francisco Casas se trasvistieron de encajes, vestidos y maquillaje para intervenir la sala. Despidieron el cine que cerraba sus puertas, llorando lágrimas articiales inducidas y escenificando el modelo norteamericano de la industria cinematográfica y sus celebridades. Al retirarse de la sala Pedro Lemebel y Fransicso Casas orinaron sobre un par de estrellas previamente dibujadas en el suelo. Posteriormente, como si se tratara de una red carpet, abandonaron el lugar, saludando desde la parte trasera de un vehículo. (<yeguasdelapocalipsis.cl/1991-de-la-nostalgia>)

Una despedida, a modo de performance con el disfraz de la nostalgia para retratar aquello que inevitablemente va dejando una ruina neoliberal, pero sin dejar de lado el glamour del imaginario del cine, imitando justamente a unas divas no solo trasvestidas, sino también modernamente radicales.

Una escritura caleidoscópica compone a sus crónicas, y tal como él ha definido, en parte la métrica y ritmo de su escritura:

> Puedo tratar de definir lo que hago como un calidoscopio oscilante, donde caben todos los géneros o subgéneros que posibiliten una estrategia de escritura, así la biografía, la carta, el testimonio, la canción popular, la oralidad, etc. Creo que escogí esta escritura por las distintas posibilidades que me ofrece o que puedo inventar, para decirlo en lenguaje travesti es como tener el ropero de Lady D. en el computador. (Mateo del Pino s/p)

Etimológicamente *caleidoscopio* es mirar y observar formas hermosas, como todas estas imágenes del cine y de las estrellas que pasan ante nuestro ojos lectores y que reavivan este imaginario, álbum personal y colectivo de su imaginario.

Epílogo

Una tarde del año 2005, creo, en la librería Metales Pesados, estaba él y me puse a conversarle, lo había visto otras veces sentado ahí o en El Toro y nunca me animé. En esa época estaba escribiendo un trabajo para la universidad sobre Edwards Bello y Lemebel, y quise su opinión.[11] Me dijo que le gustaba Edwards Bello y de ahí pasamos a hablar de las crónicas de José Martí sobre Estados Unidos, luego de Susana Rotker, y de Tomás Eloy Martínez, quien era mi profesor en ese momento. Me pidió que le pasara su último libro a Tomás, lo compré y lo llevé de vuelta a Rutgers, donde yo estudiaba el doctorado. Nunca supe si Tomás lo recibió porque ya se había enfermado, también de cáncer. Me gusta pensar en esta idea del libro que fue volando, y que supongo llegó a las manos de su destinatario. Quiero creer que, en mi rol de lectora, pude conversar con un escritor a quien admiraba, una pluma en la que reconocemos afectos, calles, recorridos y miradas.

En "Contadores de patrias", prólogo a *Chile o una loca geografía*, Gabriela Mistral caracteriza la escritura de Benjamín Suberscaseaux y la de Edwards Bello del siguiente modo:

> Ustedes son los limones agrios de mi tierra. Sigan dando su ácido y no entren en combinaciones con el pote de miel que, por las moscas que acarrea,

---

[11] Este trabajo fue publicado como artículo años más tarde: "La loca y el inútil: escritura de la chilenidad desde las crónicas de Edwards Bello y Lemebel".

resulta un socio de la muerte. [...] Los sabores acres afirman el paladar, igual que la sal afianza la calidad en los cueros. Las patrias precisan hoy más que nunca de paladares viriles y tratamientos enérgicos. (26)

Para Mistral, la escritura de Edwards Bello le hace bien a Chile. Asimismo, agregaría que la escritura de Lemebel, escribe a Chile desde otro paladar: una mezcla entre un pote de miel seguido de moscas maridado con una escritura enérgica, ácida, dulce y mordaz, a la vez; dejando a un lado la adjetivación viril para dar paso a una reescritura de una soterrada diferencia, lectura punzante y deleitosa, al mismo tiempo. También, dijo Mistral de Edwards Bello que era un tábano reprendedor que le había salido a la patria; con casi un siglo de distancia, podemos leer a un escritor y artista como es Pedro Lemebel bajo el mismo adjetivo. La Mistral, por su parte, aún leída con el temor de ciertos guardianes celosos de que el archivo se despliegue como quiera leerse, o que a este le salgan plumas y vuele. Lemebel seguirá siendo leído, adivino, por generaciones y generaciones. Nosotros (los profesores), y hablo desde acá, seguiremos experimentando emoción, reviviendo el atrevimiento y provocación de la lectura de sus crónicas, cuando enseñemos en nuestras clases por primera vez un texto como "Biblia rosa y sin estrellas (La balada del rock homosexual)", el "Zanjón de la Aguada" o su "Manifiesto". Un efecto similar ocurre con mis alumnos cuando leemos por primera vez un ensayo mistraliano tan célebre y pertinente para nuestra actualidad como "Menos cóndor y más huemul".

Tábanos, moscas, pequeñas picaduras y mordidas que van carcomiendo papeles, pero que también hacen hendiduras en el gran texto, ese texto de otros Chiles de los miles de archivos que se desplegarán: un mapa de las estrellas, de las calles y de los afectos, que Lemebel y su escritura plagada de imágenes de la memoria nos ha dejado para siempre.

Bibliografía

Ahmed, Sarah. *La política cultural de las emociones*. Ciudad de México: PUEG-UNAM, 2015.

Blanco, Fernando A. y Juan Poblete, eds. *Desdén al infortunio. Sujeto, comunicación y público en la narrativa de Pedro Lemebel*. Santiago de Chile: Cuarto Propio, 2010.

Blanco, Fernando A. y Juan G. Gelpí. "El desliz que desafía otros recorridos: entrevista con Pedro Lemebel". *Revista Nómada*, N° 3, junio de 1997, pp. 93-98.

Bianchi, Soledad. "Un guante de áspero terciopleo". *Lemebel*. Santiago: Montacerdos, 2018. pp. 63-68.

Bongers, Wolfgang. "Star System". Industria y espectáculo. *Archivos i letrados. Escritos sobre cine en Chile: 1908-1940*, editado por Wolfgang Bongers, María José Torrealba y Ximena Vergara. Santiago de Chile: Cuarto Propio, 2011. pp. 104-106.

Borge, Jason. *Avances de Hollywood: crítica cinematográfica en Latinoamérica, 1915-1945*. Rosario: Beatriz Viterbo, 2005.

Bruno, Giuliana. *Atlas of Emotion: Journeys in Art, Architecture and Film*. Nueva York: Verso Books, 2004.

Carvajal, Fernanda y Alejandro de la Fuente, coordinadores. *Archivo Yeguas del Apocalipsis*. Santiago de Chile: Proyecto financiado por FONDART, 2018, <www.yeguasdelapocalipsis.cl>.

Contardo, Óscar. "Pedro Lemebel. El corazón rabioso del hombre loca". Entrevista a Pedro Lemebel. *Centro de Investigación Periodística (CIPER)*, 23 de enero de 2015, <ciperchile.cl/2015/01/23/pedro-lemebel-el-corazon-rabioso-del-hombre-loca>.

Contreras Lorenzini, María José. "El neoprén como materialidad intertextual en las dos últimas performances de Pedro Lemebel: *Desnudo bajando la escalera* y *Abecedario*". *Revista Estudios Avanzados* N° 25, 2016, pp. 92-110.

Di Núbila, Domingo. *La época de oro del cine argentino*. Buenos Aires: Ediciones del Jilguero, 1998.

Franco, Jean. "What's Left of the Intelligentsia? The Uncertain Future of the Printed Word." *Critical Passions. Selected Essays*. Durham: Duke University Press, 1999. pp. 197-207.

Lemebel, Pedro. *De perlas y cicatrices*. 1998. Santiago de Chile: Seix Barral, 2010.

_____ *La esquina es mi corazón. Crónica urbana*. 1995. Santiago de Chile, Seix Barral, 2019.

_____ *Loco afán. Crónicas de sidario*. 1996. Barcelona: Anagrama, 2000.

_____ *Zanjón de la Aguada*. Santiago de Chile: Seix Barral, 2003.

_____ "Nací con el maquillaje de la provocación". *El Mercurio*, 14 de agosto de 1999, sección C, p. 13.

_____ "Ojo de loca no se equivoca. Querida Liz". *La Nación* (Chile), domingo 8 de abril de 2007.

_____ "Ojo de loca no se equivoca. Siga participando". *La Nación* (Chile), domingo 15 de abril de 2007, <letras.mysite.com/pl270407.html>.

Lemebel, Pedro y Francisco Casas. *Lo que el SIDA se llevó*. Performance. Santiago de Chile: Instituto Chileno Francés de Cultura, 1989.

Lojo, Martín. "Menos a nosotros". Entrevista a Pedro Lemebel. [*La Nación*, Argentina, 13 de marzo de 2010]. *Lemebel oral: veinte años de entrevistas (1994-2014)*, editado por Gonzalo León. Buenos Aires: Mansalva, 2018. pp. 181-187.

Mahieux, Vivianne. *Urban Chroniclers in Modern Latin America: The Shared Intimacy of Everyday Life*. Austin: University of Texas Press, 2011.

Mateo del Pino, Ángeles. "Cronista y malabarista..." Entrevista a Pedro Lemebel. *Cyber Humanitatis* 20, primavera 2001, <uchile.cl/facultades/filosofia/publicaciones/cyber/cyber20/entrev2.html>.

Mistral, Gabriela. "Contadores de patrias. Prólogo". *Chile o una loca geografía*, de Benjamín Subercaseaux. Santiago de Chile: Editorial Ercilla, 1956. pp. 13-26.

Ossa, Carlos. "El vigía y la flapper". *La butaca de los comunes. La crítica de cine y los imaginarios de la modernización en Chile*, editado por Claudio Salinas y Hans Stange. Santiago de Chile: Cuarto Propio, 2013. pp. 31-44.

Preciado, Paul B. "Perlas y cicatrices para Pedro Lemebel". *El estado mental*, 25 de enero de 2015, <elestadomental.com/especiales/cambiar-de-voz/perlas-y-cicatrices-para-pedro-lemebel>.

Renov, Michael. "Toward a Poetic of Documentary". *Theorizing Documentary*, editado por Michael Renov. Nueva York: Routledge, 1993. pp. 12-37.

Reposi Garibaldi, Joanna, directora. *Lemebel*. Largometraje documental / 96 minutos. Santiago de Chile: Banco Estado; Compañía de Cine; Solita Producciones, 2020.

Romero, Manuel, director. *Los muchachos de antes usaban gomina*. Largometraje / 90 minutos. Buenos Aires, Argentina: Lumiton, 1937.

Urzúa Opazo, Macarena. "La loca y el inútil: escritura de la chilenidad desde las crónicas de Edwards Bello y Lemebel". *Chasqui*, vol. 42, N° 1, 2013, pp. 131-43.

Zibechi, Raúl. *Territorios en resistencia. Cartografía política de las periferias urbanas latinoamericanas*. Buenos Aires: Lavaca editora, 2007.

La intempestividad de Lemebel: la batalla por la memoria cultural chilena en *Adiós mariquita linda* y *Serenata cafiola*

Ignacio López-Vicuña

> ... con ese resentimiento yo escribo, es la tinta de mi escritura.
>
> Pedro Lemebel[1]

> Para mí Lemebel es uno de los mejores escritores de Chile y el mejor poeta de mi generación, aunque no escriba poesía.
>
> Roberto Bolaño[2]

UNA DE LAS FIGURAS MÁS SIGNIFICATIVAS EN EL CAMPO LITERARIO chileno de fines del siglo pasado y comienzos del presente, el escritor, presentador radial y artista de *performance* Pedro Lemebel fue un intelectual público que alzó la voz para desafiar la versión blanqueada del Chile neoliberal desde una perspectiva homosexual y disidente. Constituyéndose en un personaje incómodo y provocador en el período de la transición a la democracia, con sus plumas y tacos de aguja Lemebel movilizó una serie de afectos inconformistas para renovar un compromiso con la justicia social y con la izquierda, una trayectoria que se extendió hasta las primeras décadas de este siglo. Lemebel desmintió el mito de Chile como un país exitoso y plenamente democrático, haciendo presentes los rasgos autoritarios de una sociedad clasista y desigual. En sus crónicas se opuso tanto a la cultura individualista y exitista del neoliberalismo como a

---

[1] *No tengo amigos, tengo amores*, p. 55.
[2] *Entre paréntesis*, p. 76.

las múltiples exclusiones de género, clase, raza y sexualidad aún prevalentes en la sociedad chilena.

En un momento en que Lemebel ha alcanzado un alto reconocimiento internacional y una mayor difusión mediática a través del documental *Lemebel* (Joanna Reposi, 2019) y el film de ficción *Tengo miedo torero* (Rodrigo Sepúlveda, 2020) basado en su novela homónima, cuando corre el riesgo de transformarse en un nombre más en el canon de la literatura chilena, es importante recordar la dimensión rebelde e intempestiva de sus obras y de sus intervenciones artísticas. La reciente polémica en torno al documental de Reposi parecería apuntar, de alguna manera, hacia una disputa en torno al legado de Lemebel. Si bien el documental tiene la virtud de "explorar zonas personales de Lemebel que su figura pública había dejado en el trasfondo" (Ruffinelli 261), también fue criticado por lo que se percibió como una imagen despolitizada del escritor: "El documental de Reposi tuvo una enorme audiencia con más de once mil espectadores en sus primeros meses de exhibición. Sin embargo, no estuvo exento de polémica. La crítica más recurrente fue la obvia invisibilización de la amistad y complicidad mantenidas con la ex Secretaria del PC chileno, Gladys Marín" (Blanco 23n8). La polémica involucró también a amigos cercanos de Lemebel tales como su colaborador en las Yeguas del Apocalipsis, Francisco Casas, quien señaló que Lemebel nunca militó en ningún partido político (León), y el activista Víctor Hugo Robles, quien por su parte afirmó que Lemebel "siempre tuvo su sangre roja y su corazón en la izquierda" (Robles, "El Che de los Gays responde").

Si los textos de Lemebel exploran las dimensiones afectivas de lo político, así como sus intersecciones con la disidencia sexual, los volúmenes de crónica *Adiós mariquita linda* (2004) y *Serenata cafiola* (2008) son lugares útiles para pensar estas convergencias y tensiones. Sin abandonar jamás su compromiso con la justicia social y con la denuncia de un sistema económico y político excluyente, Lemebel se permite en estos textos dar un giro más personal y melancólico donde es posible discernir una cierta política de la amistad y de los afectos. A través de una exploración del recuerdo y de la nostalgia, Lemebel busca desenterrar y reactivar afectos rebeldes que le permitan recrear una visión alternativa de la nación.

Sus crónicas desmienten versiones heterosexistas y patriarcales de la historia mediante la incorporación de voces que han sido desdeñadas, tales como las de mujeres y de homosexuales cuyas vidas han estado marcadas de una u otra forma por lo político. Aunque su crítica se hace siempre desde una postura homosexual o *queer*, Lemebel nunca olvida el contexto histórico mayor. Según Fernando A. Blanco: "Nada hay en su obra que no responda a un profundo entendimiento del valor de la historia y sus efectos en la articulación de plataformas de resistencia política y social" (14). En este sentido, las crónicas de Lemebel se escriben contra un horizonte social chileno que oculta y olvida:

> la transición política y sus pactos de silenciamiento de torturas y responsabilidades castrenses y civiles durante la represión [...] los procesos migratorios detonantes de la más flagrante xenofobia de los blancos del Cono Sur, los abusos sistémicos en contra de las mujeres y minorías sexuales desprotegidas del baluarte de clase, en fin, la entrada de Chile en el umbral del primer mundo vía la hipoteca del futuro de estudiantes, profesores y trabajadores. (Blanco 13)

Aun después de que alcanzó la fama y el reconocimiento crítico, Lemebel nunca abandonó su pluma ácida, ese resentimiento que, según él, impulsaba su escritura. Lejos de asimilarse a la cultura mediática dominante, asumió el rol de un tábano sobre la sociedad chilena, recorriendo aquellos lugares incómodos de la memoria y protestando contra el silencio del consenso neoliberal.

Algo inolvidable en sus crónicas es su indignación moral, la "rabia" y el "resentimiento" que Lemebel esgrime para denunciar las obscenas continuidades entre la dictadura y la limitada democracia chilena, a la que Lemebel llama sarcásticamente la "demos-gracia". Pero la dimensión afectiva de sus textos no se limita a la indignación y a la denuncia. Igualmente, fuerte es su cariño y su lealtad por aquellos que encarnan ideales de justicia social y de disidencia ante el orden establecido. Al rescatar sus historias, Lemebel configura un diseño de la memoria nacional heterogéneo, pero unido en su resistencia contra el modelo dominante de acumulación económica y éxito individual. Si sus textos están llenos de melancolía, también celebran el humor, la irreverencia y la dignidad. Al reconstruir la historia reciente de Chile desde ángulos inesperados, Lemebel nos recuerda que relatar el pasado puede ser un acto rebelde si nos permite imaginar un futuro diferente.

Transformar el espacio público desde lo minoritario

Lemebel juega constantemente con las posibilidades del lenguaje, combinando la expresión vernácula con la creatividad neobarroca. Su estilo es transgresor, irreverente y, finalmente, transformador. Si con el auge del neoliberalismo en Chile surge la llamada Nueva Narrativa Chilena, una producción literaria de fácil consumo y exportación, las crónicas de Lemebel son viñetas que capturan episodios y personajes profundamente locales mediante un lenguaje concentrado y resistente a la traducción.[3] Soledad Bianchi lo sitúa en la tradición del neobarroco latinoamericano, junto a autores como José Lezama Lima, Severo Sarduy y Néstor Perlongher: "concibo el estilo de Pedro Lemebel como *neobarrocho*, por un barroco que llegando acá pierde el fulgor isleño y la majestuosidad del estuario trasandino al empaparse y ensuciarse en las aguas mugrientas del río Mapocho que recorre buena parte de Santiago" (49-50).

En el prefacio a *Serenata cafiola*, Lemebel hace una defensa de su estilo barroco y áspero, contrastándolo con una literatura "clarita" escrita para "la globa":

> Podría escribir clarito, podría escribir sin tantos recovecos, sin tanto remolino inútil. Podría escribir casi telegráfico para la globa y para la homologación simétrica de las lenguas arrodilladas al inglés. Nunca escribiré en inglés, con suerte digo go home. [...] Podría guardarme la ira y la rabia emplumada de mis imágenes, la violencia devuelta a la violencia y dormir tranquilo con mi novelería cursi. Pero no me llamo así, me inventé un nombre con arrastre de tango maricueca, bolero rockerazo, o vedette travestonga. (11-12)

Barroco, diferencia sexual y rabia se entremezclan en una escritura hecha de "recovecos" y "remolinos," llena de "rabia emplumada" y "violencia devuelta a la violencia". Si la escritura de Lemebel marca una diferencia frente al consumo y a las exigencias de inteligibilidad

---

[3] La Nueva Narrativa Chilena incluye a autores como Gonzalo Contreras, Alberto Fuguet y Jaime Collyer. También puede considerarse parte de este grupo a autores que escriben sobre temática gay como Carlos Iturra y Pablo Simonetti.

del mercado global, su evocación del *go home* alude al tono combativo, antiimperialista de una tradición latinoamericana casi olvidada.[4]

El lenguaje literario de Lemebel es no sólo transgresor por sus referencias a la sexualidad y a la marginalidad, sino también por su elaboración barroca de la dicción popular chilena. Pero Lemebel no es un mero costumbrista. Sus crónicas apuntan siempre a cuestiones mayores y, si desafían el estatus quo, lo hacen para instalar una demanda democrática. La disonancia que introducen frente al discurso literario dominante en Chile se constituye así en una interpelación del espacio público, en un deseo de intervenir y transformar. Dicho deseo de intervenir artísticamente en un espacio colectivo está ya presente en las primeras acciones de arte realizadas por el grupo Yeguas del Apocalipsis (conformado por Pedro Lemebel y Francisco Casas), quienes utilizaban la *performance* para invadir, contaminar y transformar ciertos espacios públicos. En *Refundación de la Universidad de Chile* (1988), por ejemplo, las Yeguas ingresan al campus de la Universidad de Chile, "desnudos y montados en una yegua junto a las poetas Carmen Berenguer, Carolina Jerez y Nadia Prado" y así "parodian y erotizan la iconografía viril del militar/conquistador y hacen referencia a la homosexualidad masculina", jugando con la referencia a la leyenda de Lady Godiva (Carvajal y de la Fuente).[5]

Asimismo, en su intervención en un acto político de la izquierda en 1986, Lemebel lee su ahora célebre "Manifiesto: Hablo por mi diferencia" (*Loco afán*, 83-90). Sus palabras no apuntan a delinear un territorio homosexual autónomo ni a exigir una tolerancia liberal hacia la homosexualidad, sino que constituyen una demanda de

---

[4] Irónicamente, los libros de Lemebel se transformaron en éxitos de venta en el mundo hispano y el autor fue publicado por Seix Barral y por Random House Mondadori. Quizá tomando en cuenta o anticipando su mayor circulación internacional, Lemebel incluyó, al final de *Adiós mariquita linda*, un "Glosario del autor" que define muchas de las palabras vernáculas chilenas utilizadas en sus crónicas. Hasta la fecha, su único libro traducido íntegramente al inglés es la novela *Tengo miedo torero* (*My Tender Matador*, trad. Katherine Silver, Grove Press, 2004), aunque algunas de sus crónicas han aparecido individualmente en publicaciones académicas en inglés.

[5] Según Dieter Ingenschay: "Resumiendo, los temas de las veinte performances de las Yeguas, en todas ellas se reitera el aspecto histórico, presente en trabajos como *La conquista de América* (1989) y *Refundación de la Universidad de Chile* (1989), ambas de clara connotación poscolonial" (204).

participación en un espacio político común. Más aun, su crítica de la izquierda ortodoxa se plantea desde una mirada abierta hacia el futuro (en un momento aún de lucha contra la dictadura de Pinochet), subrayando cómo la homofobia excluye a homosexuales de un proyecto de cambio político que debería ser común.

Lemebel rescata así la dimensión política, pública y radical de una sexualidad disidente, no-heteronormativa, que implícitamente rechaza un modelo de acumulación predicado sobre normas patriarcales y la santificación de la familia heterosexual. Carl Fischer ha analizado el discurso de la excepcionalidad chilena desde este punto de vista, argumentando que, si bien Chile pretende distinguirse de sus vecinos latinoamericanos por su modernidad y eficiencia para la acumulación capitalista, su mito de excepcionalidad depende de estructuras heterosexistas y patriarcales:

> La situación económica y política supuestamente excepcional de Chile [...] se construye, a menudo de forma bastante agresiva, junto con modelos de comportamiento masculino y heterosexual. Depende de familias heterosexuales e incluso de dinastías [...] cuyo "patrimonio" se expresa en términos de lo que Judith Butler (1990) llamó la "matriz heterosexual". [6]

El crítico propone que esta tensión les ha permitido a artistas *queer* como Lemebel desautorizar los soportes machistas del sistema económico neoliberal y participar en la creación de un espacio alternativo. Fischer también afirma que, al adoptar una perspectiva homosexual, las obras de Lemebel van más allá de un discurso melancólico para orientarse hacia un futuro posible.[7] Las crónicas

---

[6] "Chile's supposedly exceptional economic and political status [...] is constructed, often quite aggressively, in tandem with models of masculine, heterosexual comportment. It hinges upon heterosexual families and even dynasties [...] whose 'patrimony' is safely couched within what Judith Butler (1990) called the 'heterosexual matrix'" (5). La traducción me pertenece.

[7] "*Loco afán* brought a queer perspective to a larger, more politicized memory process, and enriched postdictatorship thinking by moving the reader's frame of reference from a retrospective mode (mourning) to a more utopian one (futurity)" ["*Loco afán* aportó una perspectiva queer a un proceso de memoria más amplio y politizado, y enriqueció el pensamiento posdictatorial al mover el marco de referencia del lector de un modo retrospectivo (duelo) a uno más utópico (futuro)" (Fischer 198; traducción propia)]. Véase también el análisis de Sifuentes-Jáuregui, quien sugiere que *Loco afán* puede verse, en parte, como un trabajo de duelo por las *locas* que murieron víctimas del sida, muchas veces olvidadas o inadvertidas por la historia oficial (*Avowal*, 115-34).

de Lemebel equilibran la mirada retrospectiva, nostálgica, con una mirada utópica, descubriendo un Chile diferente escondido entre los pliegues de historias y voces minoritarias ignoradas por la historia oficial.

Yo acuso

> *En política jamás transó y eso era/es admirable en este mundillo latigudo y pegajoso [ae] "la izquierda y la derecha unidas".*
>
> Soledad Bianchi[8]

En *Serenata cafiola*, escribe Bianchi, "encontramos rasgos y características ya habituales en sus textos [...] como el despliegue y la denuncia de injusticias múltiples, como la adhesión incondicional a ciertas causas y situaciones" (88). Ya en el volumen *De perlas y cicatrices* (1998), "libelo acusatorio de la complicidad e impunidad de ciertos protagonistas de los medios de comunicación y la farándula" (Blanco 14), Lemebel había dedicado varias crónicas a la denuncia de figuras del espectáculo que eran cómplices o simpatizantes de la dictadura militar chilena. En *Serenata cafiola*, de nuevo la afectividad del recuerdo se combina con la acusación, llevando al lector por parajes sombríos de la historia nacional reciente. Se trata de textos marcados por la melancolía agridulce del que no puede ni quiere olvidar, ni perdonar. Basándose en datos conocidos, pero también en historias oídas, rumores y sospechas, Lemebel nombra a ciertos personajes del ambiente cultural, creando una especie de historia íntima de la infamia.[9]

En "Guitarreando con la CNI", su blanco es el cantautor Tito Fernández, conocido artista de música folklórica, quien estuvo en una época asociado al movimiento de la Nueva Canción Chilena. En un gesto que recuerda al *escrache*, Lemebel nombra y denuncia a Fernández por su cercanía con Corbalán, miembro de la Central

---

[8] La cita pertenece al libro *Lemebel* de Bianchi, p. 16. La referencia es al artipoema-artefacto de Nicanor Parra: "La izquierda y la derecha unidas jamás serán vencidas" (*Artefactos*, 1972).

[9] En este sentido, algunas de sus crónicas se asemejan a textos de Roberto Bolaño, en especial a la novela *Nocturno de Chile* (2000). De hecho, esta novela se inspira, en parte, en la crónica "Las orquídeas negras de Mariana Callejas" (*De perlas y cicatrices*, 14-16)

Nacional de Informaciones (CNI) bajo el régimen de Pinochet. Lemebel sugiere que el cantante, arrestado poco después del golpe militar, se habría amistado con los militares y, gracias a la protección de Corbalán (que admiraba su música), pudo tener una carrera exitosa durante esos años de violenta represión: "Álvaro Corbalán, uno de los jefes de la organización de la tortura, era adicto al folclore y tocaba la guitarra con cantantes protegidos del régimen" (82). Fernández era "un cantor del machismo doméstico que nunca tuvo una producción musical interesante ni comprometida [y que] pasó colado la censura cantándole a la tradición familiar" (82). Aunque Fernández intentó minimizar su cercanía con el régimen diciendo que Corbalán era amigo de muchos artistas, Lemebel anota tajantemente que todos sabían quién era Corbalán. "Nunca más", dice Lemebel, "se acordó [Fernández] de la Peña de los Parra, donde de seguro conoció a Víctor Jara y le dieron trabajo cuando llegó a la capital siendo un desconocido" (82-83).

No es un detalle menor que esta crónica contraponga el folklore del "machismo doméstico" de Fernández con el arte socialmente comprometido de Violeta Parra y Víctor Jara. En su batalla por la memoria cultural chilena, Lemebel reconoce a la Nueva Canción Chilena como un punto de referencia insoslayable. En la crónica "Piedad con la burguesía, María", el autor hace otra referencia al folklore al relatar un desencuentro que tuvo cuando fue a leer algunos de sus textos a una casa burguesa en Providencia (un evento organizado por su editorial). Lemebel cuenta cómo al llegar se encuentra a boca de jarro con uno de los Huasos Quincheros, "los folcloristas de Pinochet" (*Serenata* 213). Los Huasos Quincheros fueron (y son) un grupo de música folklórica asociado con la derecha política en Chile que cantan sobre la belleza del campo chileno de manera idílica y mítica, encarnando justamente el tipo de folklore que artistas como Parra y Jara rechazaron. Lemebel se da cuenta de que está rodeado de un público rico, conservador y hostil; su lectura no es bien recibida, y en cambio sus oyentes le hacen preguntas agresivas, a las que responde con indignación creciente. Cuando le preguntan, con ironía, si escribirá sobre este encuentro, Lemebel contesta: "Y ustedes creen que este basurero feudal da para una crónica, cómplices de la dictadura, fachos con cara de yo no fui" (215). El autor concluye declarando su antipatía sin fin hacia la burguesía chilena y su cultura neofeudal: "No doy ni pido explicaciones, sólo digo que me asquea el fétido siutiquerío nacional" (215).[10]

La intransigencia de Lemebel, que opta por manifestar y hacer estallar los antagonismos sociales antes que minimizarlos, se vuelve comprensible cuando tomamos en cuenta la prevalencia de la cultura derechista en Chile, tal como la expone el autor en algunas de sus crónicas en *Adiós mariquita linda*. En "Volando en el ala derecha", por ejemplo, relata –como observador participante– un encuentro desagradable con una ex-magistrada del gobierno de Pinochet, ocurrido en el aeropuerto de Pudahuel. Dificultades técnicas causan un atraso en el embarque del avión. Mientras espera, Lemebel escucha una voz que habla por teléfono celular, "una voz de vieja asegurada en la prepotencia de su tono paltón," la voz de "la magistrada Bulnes … esa mujer que aparecía seguido en la televisión junto a Pinochet, cuando el dictador inauguró su Constitución en los ochenta" (54).[11] Grosera y prepotente, la señora comienza a hostigar a una de las azafatas que atienden el mesón, diciéndole que la hará responsable si llega a perder su vuelo. A codazos, se abre camino hasta el comienzo de la fila. Disgustado, Lemebel le exige que respete su lugar. "[A]sí que en este país ahora los maricones tienen privilegios", le escupe la jueza (55). Lemebel la llama "vieja de mierda", le echa en cara los privilegios que tuvo con los militares y le recuerda que fue "cómplice de tantos crímenes impunes". Escandalizada y furiosa, la magistrada pide ayuda, diciendo que "este degenerado" la ha insultado. Así es como aparece un diputado derechista con un equipo de seguridad:

> … en un minuto aparece Melero,[12] […] con ese pasaporte de permisividad que llevan los fachos en esta democracia, con esa desfachatez de trotar en el espacio público como quien pisotea un cementerio. No puedo negar que sentí pavor frente a ese equipo de rugby del Tercer Reich, sobre todo cuando la magistrada Bulnes me apuntó con su uña apolillada gritando: ahí está ese homosexual que me insultó … (56)

---

[10] *Siútico*: "que presume de fino y elegante, o que procura imitar en sus costumbres o modales a las clases más elevadas de la sociedad" (*Diccionario de la Real Academia Española*).
[11] Se refiere a Luz Bulnes Aldunate, miembro de la comisión constitucional establecida en 1980.
[12] Se refiere al diputado Patricio Melero, del partido de ultraderecha, UDI.

La historia termina de manera tragicómica pero chocante. Lemebel se esconde detrás del mesón junto a las azafatas, logra protegerse de las amenazas y de la posible golpiza y, desde ese lugar, es capaz de contestarles un par de cosas a sus atacantes. Pero posteriormente reflexiona: "Nunca después de la dictadura me sentí tan desprotegido como en esa ocasión", sobre todo porque los hechos ocurrieron "frente a la mirada impávida de los guardias y de los pasajeros que se quedaron mudos, sin decir nada" (57). La escena captura perfectamente la impunidad, el abuso y la intimidación que persistían, junto con la pasividad de los ciudadanos, en el Chile posdictatorial todavía a comienzos de este siglo.

Ante una sociedad paralizada entre la melancolía y el silencio, Lemebel busca provocar no la reconciliación, sino la disonancia y la incomodidad. No obstante, junto con la indignación y la denuncia, sus crónicas también abren un espacio para recordar momentos de dignidad y de rebeldía que expresan fidelidad con las luchas del pasado y con un proyecto renovado de justicia social.

Espacios de memoria y de deseo

La otra cara de la indignación que expresan las crónicas de Lemebel es el profundo cariño que el autor manifiesta por aquellos que se han mantenido fieles a la lucha por la justicia. Frente a la historia de la infamia hay también una historia de la dignidad, plasmada en crónicas dedicadas a personas como Ana González e Isabel Parra (y en otros libros a Sola Sierra, Gladys Marín y otras mujeres cercanas a la izquierda).[13] Estos recuerdos personales y afectivos, marcados por la amistad, van configurando una especie de contra-narrativa. "Muchas veces", afirma Bianchi, "sus remembranzas son huellas que pertenecen –o deberían pertenecer– a la memoria colectiva" (92). Se trata de recuerdos fragmentados, pero unidos en su capacidad de interpelar al presente, de brillar en un momento de peligro, para parafrasear la frase de Walter Benjamin ("On the Concept of History" 391).

---

[13] *Zanjón de la Aguada* (2004) contiene varias crónicas sobre mujeres de la izquierda chilena tales como Carmen Soria, Sola Sierra y Gladys Marín, entre otras. Una serie de textos sobre Gladys Marín fueron recopilados en el libro póstumo *Mi amiga Gladys* (2015).

"A su linda risa le falta un color" (*Serenata cafiola*) constituye un homenaje a Ana González de Recabarren, dirigente de la Agrupación de Familiares de Detenidos Desaparecidos, quien perdió a varios miembros de su familia como resultado de la represión del gobierno militar. Lemebel la conoció desde que era niño, ya que vivía en el mismo barrio del Zanjón de la Aguada. Esbozando un retrato de González, la imagina en esos años previos al golpe militar, sonriente y entusiasta, dándole la mano al futuro presidente Salvador Allende y organizando a los pobladores de la zona. En ese tiempo era "hermosa, radiante e iracunda batallando con la mezquina justicia social. Su risa de entonces le arqueaba las cejas, sonrojaba sus mejillas, y puedo verla sin la trizadura amarga que después del golpe de Estado le arrebató su mejor color" (70). Lemebel evoca su lucha incansable por la justicia: "Por años vimos a la Anita en la calle, en los tribunales, y marchamos con ella portando las fotos de la desaparición. Su rostro y su porte emblemático hicieron pública su demanda de justicia" (70). Y si bien Lemebel declara que "no hay razón, ni hay derecho, ni Dios que permita tanto dolor para el maltratado corazón de nuestra Ana González" (71), lo que el texto quiere realzar no es su victimización sino el coraje y la resistencia de su "brava amiga" (71), su fuerza y su alegría a pesar de todo. De manera más personal, el autor manifiesta su cariño por la amiga que lo llamó tras la muerte de la madre de Lemebel, invitándolo para que no pasara solo las fiestas de fin de año. Uniendo lo personal y lo político, Lemebel incorpora a Ana González en un retrato (personal y colectivo) de la historia cultural del país.

En otro texto relata una experiencia de la cantautora Isabel Parra. En un viaje de regreso a Chile en avión, "tal vez regresando del exilio, desde Cuba o París, no lo tengo claro", en el momento emocionante de acercarse al hogar y de ver la cordillera nevada, Isabel siente una profunda incomodidad al darse cuenta que está rodeada de gente de derecha (*Serenata 73*). Escuchando sus voces pitucas que hablan como si todo estuviera bien en Chile, no resiste levantarse de su asiento y escribir con un plumón rojo, sobre "la gran pantalla donde se proyectaba la cordillera azulina en todo su esplendor," las palabras, que a su vez dan título a la crónica, "QUIÉN MATÓ A VÍCTOR JARA" (74). Ante la reacción atónita de los pasajeros, muchos de los cuales prefieren ignorar los atropellos de la dictadura, Isabel desfigura esa imagen blanqueada, purificada, de la patria representada por la cordillera. Su intervención estético-política interrumpe el placer del retorno al hogar, señalando que el hogar es problemático porque está marcado por una herida que no se ha cerrado:

> Así fuera una pregunta implícita, el graffiti de plumón rouge ensangrentó el albor patrio. La letra del gesto rasguñó la nieve al estampar con amor la tersura del nombre. En cada letra iba un verso, en cada entreletra otro nombre, los mil nombres del asesinato y la desaparición. (74)

La transgresión de Parra, así como la sonrisa y la valentía de Ana González, plasman gestos rebeldes que integran una contra-narrativa de la historia chilena reciente.

Si otro peligro del momento actual es la despolitización de las identidades, incluidas las identidades sexuales, para Lemebel es imperativo interrogar las tensiones y cruces entre la homosexualidad y lo político. Consistente con su proyecto de interpelar el espacio público desde lo *queer*, en sus crónicas a menudo retrata la historia nacional vista por los ojos de personajes homosexuales, especialmente por homosexuales afeminados o *locas*. Sus crónicas desmienten la idea de una identidad homosexual desvinculada de su entorno social y político, y buscan integrar a los homosexuales dentro de una narrativa mayor.[14]

En "Éramos tantas tontas juntas", Lemebel evoca el entusiasmo de los jóvenes homosexuales del período de la Unidad Popular, quienes se reunían en el edificio construido para la conferencia de la Unctad en Santiago en 1972 (y luego ocupado por el gobierno militar).[15] Hay aquí un interés en recuperar el jolgorio y el despertar político de las locas, rodeadas por hippies y revolucionarios: "Confundidas en el unisex de esa moda, una veintena de locas revoloteaba en los aires emancipados de la Unidad Popular" (*Serenata* 105). Es precisamente

---

[14] En sus últimos años Lemebel inició un proyecto que quedó inconcluso, una suerte de historia de Chile vista a través de sus intersecciones con la homosexualidad. Este libro inédito se iba a titular *Nefando, crónicas de un pecado*: "Un amigo historiador me mostró archivos, expedientes, las cartas que mandaban los curas soplones al Rey de España, y ahí hay datos donde la homosexualidad había incidido en la historia chilena" (*No tengo* 50).

[15] El nombre viene del inglés: United Nations Conference on Trade and Development (UNCTAD). Como sede del gobierno militar, se conoció como edificio Diego Portales. Fue reinaugurado en 2010 como el Centro Cultural Gabriela Mistral (GAM). Lemebel también menciona este lugar en "La noche de los visones" (*Loco afán* 11-23).

el aire de emancipación política, sugiere Lemebel, el que permite el doble despertar, sexual y político, de los homosexuales que usaban ese espacio:

> Un edificio tan moderno, con esa plaza de esculturas donde las felatios a los estudiantes de arte prolongaban los chorros líquidos de las fuentes. La Unctad III fue el primer lugar donde los homosexuales progres encontraron un alero para juntarse a joder, loquear y copuchar algunas ideas de organización. (106)

Destaca aquí la preferencia de Lemebel por la apropiación y transformación, desde lo homoerótico, de espacios comunes y públicos, en contraste con el desdén que expresa, en otros textos, por aquellos espacios que pretenden encajonar lo homosexual dentro de un gueto. Ya en *Loco afán*, Lemebel criticaba las discotecas gay que se popularizaron en los años ochenta (bajo la dictadura) como espacios que imponían "estilos de vida y una filosofía del camuflaje viril que va uniformando, a través de la moda, la diversidad de las homosexualidades locales" (53).

Una vez que, ya entrado el siglo veintiuno y tras varios años de democracia, la liberalización de las costumbres y la visibilización de la homosexualidad dan lugar a la aparición de una especie de "barrio gay" en Santiago, Lemebel reflexionará sobre los pros y los contras de esta realidad. En "El gay town de Santiago" (*Adiós mariquita linda*), Lemebel se muestra más positivo, aunque todavía irónico y escéptico, ante la posibilidad de un territorio homosexual propio en la ciudad. El uso irónico de la frase *gay town* indica ya un rechazo de la pretensión de ser *como* el Castro en San Francisco o Chelsea en Nueva York. La crónica se refiere al barrio Bellas Artes, en torno a la calle Miguel de la Barra, que va del cerro Santa Lucía hasta el comienzo del barrio bohemio de Bellavista. Usando expresiones como "barrio coliza" y "territorio marica" (154) para burlarse de las pretensiones cosmopolitas de los homosexuales santiaguinos, Lemebel sin embargo no puede evitar sentir cierto afecto por este lugar. Se pregunta acerca de los homosexuales que se han mudado allí: "¿Qué orfandad de barrio los hizo ubicarse en este rincón del centro, que no es el barrio alto, pero tiene estilo […]?" (155). Por su cercanía a Bellavista, un barrio de juerga y bohemia, mantiene un cierto "transochado ardor" que evoca el ambiente de mezcla social de las grandes metrópolis. Sin embargo, no evita recordarnos que el mismo concepto de "barrio gay" es problemático. La famosa calle Castro en San Francisco era "un territorio poblado por minorías chicanas en los años sesenta" que luego del aburguesamiento del barrio causó la partida de las minorías étnicas. "Ojalá que no ocurra algo similar con el gay town santiaguino" (155), advierte Lemebel. Consistentemente, Lemebel se resiste a pensar *lo gay* como algo separado de otras exclusiones de raza y de clase.

Su reserva frente al posible aburguesamiento de la cultura homosexual en Chile debe situarse dentro de un rechazo de la transformación de Santiago en un lugar contradictorio, primermundista en la superficie, pero opresivo por su clasismo y xenofobia. Aunque Santiago participa de un discurso triunfante de la modernidad neoliberal, Lemebel explora cómo la experiencia misma de la ciudad está marcada por formas de marginación y discriminación palpables. Es por eso que se siente atraído por aquellos lugares y por aquellos cuerpos a los que la modernidad parece haber dejado de lado. "No dicen que somos el sueño latinoamericano, ejemplo de desarrollo", escribe, pero "[e]l pueblo mapuche es vejado en su propio suelo" (*Serenata* 137). Esta negación del excepcionalismo neoliberal lo lleva a sospechar de los discursos nacionalistas. Así como en algunos textos de *Adiós mariquita linda* expresa respeto y admiración por Cuba y manifiesta solidaridad por Bolivia, denunciando el "verso neopatriótico de algunos chilenos", el cual "me da vergüenza, sobre todo cuando hablan del mar ganado por las armas" (*Adiós* 95); en *Serenata cafiola*, compara desfavorablemente a Santiago con Lima, rechazando el mito racista de la superioridad chilena.[16] Describiendo un encuentro que tuvo con un muchacho cafiolo limeño, un "morenazo de piel aceituna" (124), Lemebel habla del bienestar que siente en esta ciudad más relajada y más latinoamericana que la capital chilena.[17] Comenta que los santiaguinos se han puesto "demasiado higiénicos, con el auge económico han perdido hasta el olor" (126). Hablándole al muchacho, le dice: "¿Sabe, Joel, por qué me gusta tanto venir a Lima? [...] Porque aquí no siento vergüenza de tener los ojos achinados"

---

[16] Véanse por ejemplo los siguientes textos en *Adiós mariquita linda*: "Canción para un niño boliviano que nunca vio el mar" (93-95), "Cubana de Aviación" (69-71) y "La Habana Vieja" (72-73), entre otros.

[17] La crónica es "Aquí estuvieron los Rolling Stones" (*Serenata*, 123-26). *Cafiolo*: "(lunfardismo) taxi boy" (*Adiós mariquita linda*, Glosario del autor, 187).

(126). Una referencia a los rasgos indígenas que ambos comparten. De esta manera, Lemebel descubre dimensiones eróticas y familiares en esta ciudad hermana, trazando una línea de fuga frente al discurso excepcional y exitista chileno.

En sus crónicas, Lemebel combina una celebración de lo profundamente local, encarnado en un lenguaje vernáculo, con una sospecha ante el nacionalismo, abriéndose a un discurso de lo minoritario que trasciende las fronteras establecidas. Su esfuerzo de cruzar una práctica de memoria con disidencias de género y sexualidad y de imaginar un espacio público contaminado por lo homoerótico, le permiten desafiar no solamente el heterosexismo implícito en el proyecto neoliberal, sino también la manera en que diversos grupos (incluyendo la izquierda tradicional) han narrado la historia nacional. Lo que emerge es un proyecto de izquierda que cuestiona y reimagina su concepción de la comunidad nacional y que amplía sus posibilidades afectivas.

Lemebel nos da una visión más heterogénea de la cultura popular chilena, construyendo su propio mapa de la cultura nacional. Aunque no haya militado en ningún partido político, sus textos dejan en claro que Lemebel, en las palabras de Robles, "siempre tuvo su sangre roja y su corazón en la izquierda". Junto con el afecto por aquellas figuras que se han mantenido fieles a la lucha social, y junto con la denuncia de aquellos personajes que fueron cómplices del régimen militar o que todavía se benefician de la violencias del privilegio y la exclusión, también hay en *Adiós mariquita linda* y *Serenata cafiola* un esfuerzo por discernir, preservar y proyectar la energía de los actos de rebelión, la alegría de la lucha social, y la ironía y el humor ácido que sirven como armas para desafiar al poder.

La batalla por la memoria cultural chilena es también una batalla por cambiar los parámetros afectivos y sensibles que permiten construir discursivamente la comunidad, el territorio y lo político. En ese sentido, la reconstrucción heterodoxa del recuerdo que hace Lemebel tiende un puente entre el pasado y el futuro. Un elemento crucial en este proceso es su lucha por abrir un espacio para que los homosexuales puedan participar activamente, junto con todos, en la construcción de una sociedad más justa e igualitaria, como lo concibió en su ya citado "Manifiesto", que escribió en plena dictadura:

> Y no es por mí
> Yo estoy viejo
> Y su utopía es para las generaciones futuras
> Hay tantos niños que van a nacer
> Con una alita rota
> Y yo quiero que vuelen, compañero
> Que su revolución
> Les dé un pedazo de cielo rojo
> Para que puedan volar.
>
> (*Loco afán* 89-90)

Sin duda Lemebel, con sus palabras y con su persona, ha contribuido a imaginar y a crear ese futuro.

Bibliografía

Benjamin, Walter. "On the Concept of History." *Selected Writings vol. 4, 1938-1940*, editado por Howard Eiland y Michael W. Jennings. Cambridge: Harvard University Press, 2003. pp. 389-400.

Bianchi, Soledad. *Lemebel*. Santiago de Chile: Montacerdos, 2018.

Blanco, Fernando A. "A modo de prólogo". *La vida imitada: Narrativa, performance y visualidad en Pedro Lemebel*, editado por Fernando A. Blanco. Madrid: Iberoamericana/Vervuert, 2020. pp. 13-25.

Carvajal, Fernanda y Alejandro de la Fuente. "Descripción de la Acción *Refundación de la Universidad de Chile* de las Yeguas del Apocalipsis". *Archivo Yeguas del Apocalipsis*. Santiago de Chile: Proyecto financiado por FONDART, 2018, <yeguasdelapocalipsis.cl/1988-refundacion-dela-universidad-de-chile/>.

Fischer, Carl. *Queering the Chilean Way*. New York: Palgrave Macmillan, 2016.

Ingenschay, Dieter. "La práctica de la performance de Pedro Lemebel". *La vida imitada: Narrativa, performance y visualidad en Pedro Lemebel*, editado por Fernando A. Blanco. Madrid: Iberoamericana/Vervuert, 2020. pp. 203-215.

Lemebel, Pedro. *Adiós mariquita linda*. 2004. Barcelona: Mondadori, 2006.

_____ *De perlas y cicatrices*. Santiago de Chile: LOM, 1998.

_____ *La esquina es mi corazón. Crónica urbana* Santiago de Chile: Editorial Cuarto Propio, 1995.

_____ *Loco afán. Crónicas de sidario.* Santiago de Chile: LOM, 1996.

_____ *No tengo amigos, tengo amores: Extractos de entrevistas.* Macarena García y Guido Arroyo, eds. Santiago de Chile: Alquimia, 2018.

_____ *Serenata cafiola.* Santiago de Chile: Seix Barral, 2008.

_____ *Tengo miedo torero.* Santiago de Chile: Seix Barral, 2001.

_____ *Zanjón de la Aguada.* Santiago de Chile: Seix Barral, 2003.

León, Gonzalo. "Francisco Casas: 'Pedro Lemebel no era comunista'." *La Tercera*, 28 de junio de 2020, <latercera.com/culto/2020/06/28/francisco-casas-pedro-lemebel-no-era-comunista/>.

Robles, Víctor Hugo. "Las letras rojas de Lemebel". *El desconcierto*, 6 de septiembre de 2019, <eldesconcierto.cl/opinion/2019/09/06/las-rojas-letras-de-lemebel.html>.

_____ "El Che de los Gays responde a Francisco Casas por Lemebel: 'Pedro siempre tuvo su sangre roja y su corazón en la izquierda'." *El desconcierto*, 8 de octubre de 2019, <eldesconcierto.cl/nacional/2019/10/08/el-che-de-los-gays-responde-a-francisco-casas-por-lemebel-pedro-siempre-tuvo-su-sangre-roja-y-su-corazon-en-la-izquierda.html>.

Ruffinelli, Jorge. "La Loca cuerda: Lemebel y el cine". *La vida imitada: Narrativa, performance y visualidad en Pedro Lemebel*, editado por Fernando A. Blanco. Madrid: Iberoamericana/Vervuert, 2020. pp. 247-285.

Sifuentes-Jáuregui, Ben. *The Avowal of Difference*. Albany: SUNY Press, 2014.

El despertar insurgente y polifónico de los recuerdos en *Háblame de amores*

Tamara Figueroa Díaz

El grito ¡VIVA LA FUNA! recorre *Háblame de amores* (2012) de Pedro Lemebel, una obra donde queda plasmada la lucha del autor contra la corrosiva impunidad en la que vive hasta hoy la sociedad chilena.[1] Surgen así, voces polifónicas que, al compás de una nostálgica melodía, convierten la escritura híbrida del autor en un viaje por la memoria. Pifias y abucheos vehementes irrumpen el imaginario literario, producto de tanta exasperación e impotencia acumuladas. Los actos de denuncia, a través de la militancia del cuerpo y de la también llamada en Chile *funa*, se transforman en una retórica colorida y justiciera que proyecta en el espacio literario la imperiosa necesidad de visibilizar el abuso. Y es así como, desde una escritura que brota desde la marginalidad, se logran representar las insurgentes transformaciones a los espacios públicos en los diversos periodos vividos en Chile.

La primera parte de este ensayo titulada "Resistir en dictadura", analiza la irreverencia performática callejera bajo el régimen militar de Augusto Pinochet (1973-1989). Y la segunda parte llamada "Endeble democracia", estudia la *funa* como acto de resistencia durante el periodo posdictatorial.

---

[1] *Funa* proviene del idioma mapudungun donde significa *podrido* o *que se echa a perder*. Similar al "escrache" argentino, la *funa* es el nombre que se le da, en Chile, a una manifestación pública donde los activistas se dirigen al domicilio donde se encuentra la persona que se quiere señalar y denunciar por delitos que han quedo impunes. Es una forma de protesta que se basa en la acción directa para visibilizar reclamos de justicia en la opinión pública. Las primeras funas se inspiraron en los escraches de la agrupación argentina HIJOS (Hijos e Hijas por la Identidad y la Justicia contra el Olvido y el Silencio). Usualmente es conjugado como verbo (*funar*), mientras que una persona que recibe una funa se le conoce como *funado* o *funada*. [Nota del editor.]

Resistir en dictadura

Diversas son las crónicas de *Háblame de amores* donde existe una resignificación de los espacios públicos, la que adquiere diferentes formas en función del período histórico evocado por el autor. Para comenzar este análisis, me parece relevante considerar el concepto de los *no lugares* de Marc Augé, para quien las sociedades actuales generan un nuevo sistema de comunicación. Hay otros códigos de comportamiento donde la inmediatez y lo volátil edifican dichas relaciones. Por ello, si un espacio no puede definirse como identitario, ni relacional ni histórico, da origen a un *no lugar* (100). Se trata de zonas vastas, caóticas y superpobladas, por donde circulan individuos errantes y solitarios, símbolos de la *sobremodernidad* en donde el individualismo se acrecienta.[2] Entonces, cuando estos espacios fugaces e itinerantes dejan de serlo para convertirse en zonas donde convergen la solidaridad y la resistencia grupal, se logra la subversión callejera y comienza así la lucha contra la inercia judicial, política y social. Tal es el caso descrito por Lemebel en la sección titulada "La política del arte relámpago" (conformada por las crónicas "El Coordinador Cultural", "Un árbol de piernas" y "Vamos todos por el paro"), donde se evoca el surgimiento de un colectivo llamado el Coordinador Cultural, conformado por jóvenes opositores al régimen militar chileno de Augusto Pinochet. En la clandestinidad de la noche y desafiando la sangrienta represión que vivía el país, un grupo de actores, pintores, poetas y otros artistas, disponían actos de sedición callejeros contra la dictadura. Se observa así, la imagen de una protesta realizada en los inicios de los años ochenta, un 11 de septiembre, fecha en que las calles permanecían aun más controladas para evitar cualquier tipo de insurrección.

En medio de este contexto coercitivo, Lemebel rememora la arriesgada irrupción de esta agrupación con cerca de cien

---

[2] Dicho en otras palabras, se trata de una sociedad basada en los excesos (de tiempo, de espacio y de ego) donde existe una superabundancia de productos tecnológicos, de comunicaciones y, a la vez, hay una escasez de interacción real entre seres humanos. Este concepto muestra el espacio en el que vivimos, donde impera un empecinamiento en las grandes ciudades por construir lugares públicos colosales, los que propician la falta de encuentros profundos y cercanos entre los individuos. Además, sumado a la actual comunicación instantánea contribuyen a desarrollar una forma de movilidad *sobremoderna* que se acrecienta cada día.

participantes en medio del espacio público. Se trataba de un trabajo colectivo, minucioso y que debía hacerse raudamente para no ser apresado: "el lugar y la hora a intervenir se guardaba hasta último minuto, las indicaciones corrían solo de boca en boca, evitando las instrucciones escritas y telefónicas" (*Háblame* 127). Este acto relámpago y subversivo al cual se hace alusión en la crónica, se lleva a cabo en una plaza en pleno centro de la capital chilena, lo cual representaba un peligro inminente debido a la gran ocupación militar. Por lo mismo, debían ser protestas breves y pujantes que fueran capaces de transformar (en breves minutos) un *no lugar* en un escenario donde las víctimas de represión pudieran sentirse identificadas. En medio de esa fugaz transición, emanaban las denuncias colectivas por los asesinatos cometidos. La voz y el cuerpo se convierten así en protagonistas y portadores de un mensaje impetuoso y urgente:

> A mí me encargaron de teñir la fuente de agua que está en la placita del frente. Las bolsas de tierra roja las disimulé en una mochila floreada y las saqué en una nube de polvo que tiré al agua, pero la tintura se aposentó en el fondo sin lograr el efecto sangriento. A mi lado, un barredor de la municipalidad miraba todo esto alucinado. Préstame la escoba, le dije, arrebatándole el palo y revolví de una vuelta el tinte rojo. Momento justo para salir soplado, ya que en el centro de la acción la gente de la danza trataba de elevar un cartel con un montón de globos que no logró subir, y al sonido de un pito tuvimos que evacuar rápido el lugar. (128)

Este acto faccioso que venía a romper la perturbadora quietud, producto del pánico generalizado, da cuenta de las arriesgadas expresiones grupales contra la impunidad y la violencia del Estado llevadas a cabo durante la dictadura. Hay aquí, en la escritura, una visión de conjunto donde se encuentran subyacentes las utopías comunes. También existe una necesidad de traspasar el límite de lo permitido, derrumbar el muro paralizante del miedo y enfrentarse a la tiranía. Son minutos de angustia donde el escritor chileno logra transmitir esa tensión al lector, quien puede percibir cómo la respiración se agita vertiginosamente en los participantes del colectivo. Hay, sin duda, en ellos un temor latente de ser arrestados por las autoridades y terminar como tantos otros miles de chilenos torturados y desaparecidos. Sin embargo, se actúa desde la convicción de querer combatir la injusticia, por eso se trata de una resistencia ineludible que se origina en medio de utopías naufragadas. La dictadura militar buscaba poner fin a los sueños compartidos de una generación de jóvenes chilenos ávidos de libertad y con una gran conciencia social.

Esto último explica, a su vez, por qué muchas de las agrupaciones culturales se comenzaron a gestar durante el gobierno de Salvador Allende (1970-1973). Precisamente, Grínor Rojo hace hincapié en la transformación que la cultura sufrió durante la dictadura. En efecto, las nuevas directrices entre cultura y educación se explicitan en la llamada *Política Cultural del Gobierno de Chile* (1974). Para Rojo, estos cambios se construían a partir de un discurso radical: "Los tópicos son los consabidos: el argumento a favor de una cultura que arraiga en la 'tradición occidental y cristiana', pero que al mismo tiempo se confiesa férreamente nacionalista y que por eso abomina del 'extranjerismo'" (260). Bajo esas premisas, lo que se pretendía era erigir un espíritu nacionalista donde los símbolos de las Fuerzas Armadas fueran la base identitaria del nuevo Chile. Para ello, se instauró la prohibición de todo proyecto cultural que estuviera contra estas directrices. Se estableció un apagón cultural, a través de la quema de libros considerados como sediciosos, supresión de obras teatrales, censura de canciones contrarias a la dictadura. En definitiva, se puso fin a todo aquello que pudiera atentar y/o perturbar la hegemonía del régimen pinochetista.[3] Para Rojo, esta idea de suprimir cualquier atisbo de rebelión hace alusión a una metáfora médica basada en "extirpar quirúrgicamente el cáncer del cuerpo social enfermo" (161).

En este sentido, resistir en medio de una sociedad donde la orden era limpiar las calles de los llamados subversivos, era sin duda no sólo un acto de hidalguía descomunal, sino también de desesperación desenfrenada frente a tanta arbitrariedad. Un contexto sangriento y temerario frente al que se debía resistir o morir. Tal como alude Lemebel a lo largo de la sección "La política del arte

---

[3] Lo que se pretendía despojando al pueblo chileno de los bienes culturales, tenía un propósito que, para Rojo, iba más allá de derrocar al gobierno socialista de Allende. Lo que se anhelaba realmente era volver a implantar en el sector público, cultural, económico y político de la sociedad chilena, lo que había sido el sistema oligárquico del siglo XIX. Es decir, "una sociedad respetuosa de los escalafones, en la que cada uno de sus miembros cumple disciplinadamente con la función (…) asignada por sus superiores" (Rojo 256).

relámpago", la que que es claramente una remembranza al amor por la libertad, por la justicia y por la vida. Un grito visceral para demostrar que se sigue de pie en la lucha. En la crónica "Un árbol de piernas", por ejemplo, se evoca otra de las acciones del arte callejero y comprometido del Coordinador Cultural. Esta vez, el lugar es un parque de la capital chilena donde en plena luz del día, algunos miembros dejaron de manera intempestiva una barricada de fuego que paralizó el tránsito, mientras otros fueron los encargados de dar inicio al acto en medio de la calle:

> [...] apresurados secando las medias rellenas de papel que parecían piernas. Las medias color carne que parecían extremidades cercenadas. Muchas piernas rescatadas de alguna fosa dictatorial. La idea era colgarlas de un gran árbol que había en el parque, como si fueran frutas humanas pendiendo de las ramas. Un gran lienzo con un poema combativo coronaba la acción (no recuerdo el verso). Todos encaramándose al tronco, todos desesperados amarrando las piernas de pantys. El árbol esa mañana de invierno había florecido de pantorrillas y muslos y pies. (*Háblame* 131)

Esta instalación en el espacio urbano, descrita por Lemebel, se realizaba bajo el temor de que en cualquier momento pudieran llegar "los servicios secretos de Pinochet y balearnos en plena calle" (*Ibíd.*). En cosa de minutos, convertían la vía pública en verdaderos campos combativos de denuncia colectiva, a través de panfletos que volaban por los cielos, gritos de resistencia en medio de la muchedumbre y bocinazos para atraer la atención de los transeúntes. Un activismo político y cultural que a la brevedad era desmantelado por las fuerzas del orden. Sin embargo, permanecía anclado por mucho más tiempo en la memoria de cada uno de los ciudadanos que observaba en silencio y de reojo la valentía de ese grupo de jóvenes militantes. Ese árbol de donde en vez de surgir flores, nacían y colgaban fragmentos que simulaban ser extremidades humanas, muestra un escenario trágico y apocalíptico de una patria enferma como la describe Lemebel. Denunciar el horror y, al mismo tiempo, el silencio cómplice de la mayoría de los medios de comunicación de la época, eran el foco de esta agrupación.

Mientras el escritor relata este acto callejero, evoca en medio de la acción al cantante chileno Víctor Jara, quien fue torturado y asesinado a las pocas horas de perpetrarse el golpe de Estado. A través de la canción *Te recuerdo Amanda* –y en particular un el verso: "la vida es eterna en cinco minutos"–, se hace alusión al sentir de estos jóvenes insurgentes que irrumpen las avenidas con mensajes de protesta y para quienes el tiempo se desdibuja. Todo se confunde en medio del caos. Pero, no por eso los hace dudar ni siquiera un segundo de continuar con su acción. Los espacios públicos se transforman así en esta crónica en un elemento inacabado, constantemente repensado y resignificado por el escritor, debido a su imperiosa necesidad de plasmar el horror. Una idea similar a la planteada por Augé en su concepto de los *no lugares* y que he explicado al inicio de este artículo.

Cabe destacar que estos imaginarios apocalípticos donde ocurre la violencia y represión propia de una dictadura, a menudo, suelen transformar las utopías colectivas con el pasar del tiempo. Por eso resulta interesante, como asevera Kumar Krishan, considerar la importancia de la utopía como acto de pensar y repensar a diario mundos posibles que conlleven a una reconstrucción social. Los fines utópicos tratan de "inventar y de imaginar mundos para nuestra contemplación y nuestro deleite. Abre nuestro criterio ante las posibilidades de la condición humana" (Krishan 260). Por ello, para generar un cambio se necesita nutrir la continua evolución de las utopías. Otra de las ideas interesantes respecto a este tema, radica en la visión de Jorge Larraín, quien sostiene que en el Chile de hoy sigue habiendo gente que cree y que también lucha por utopías colectivas. Por eso que no existe tal fin de las utopías.[4] En ese contexto, es necesario entender que compartir un objetivo común nos conlleva inexorablemente a un pacto colectivo que es vital para concebir la literatura como un acto social en sí mismo.

A propósito de la implicación en la escritura, *Háblame de amores* es un verdadero canto de compromiso de Lemebel en la lucha por los derechos humanos, la diversidad sexual, la causa feminista, los pueblos indígenas y todo aquello que signifique denunciar el abuso

---

[4] La idea de las sociedades distópicas está intrínsecamente relacionada con el posmodernismo, lo que implica para Larraín un tipo de sociedad más escéptica. No obstante, esto no significa que desaparezcan por completo las concepciones y aspiraciones grupales, puesto que también estas últimas se conectan con ideales futuros, como señala Larraín: "La identidad no solamente tiene que ver con lo que somos o fuimos sino también con lo que queremos ser en el futuro (...) entonces, el mayor individualismo traído por el neoliberalismo no significa que no existan utopías y proyectos de futuro" (Figueroa Díaz 128-129).

y la injusticia. Me parece crucial evocar aquí a Fernando A. Blanco, en cuanto a que la vida de Lemebel está marcada por "un sentido doble, político y erótico" que hizo que su poética de la resistencia traspasara sus libros (Blanco 2020, 78). Se trata de concebir el acto literario, como decía Jean-Paul Sartre, a partir de la importancia de la universalidad, puesto que cuando un autor sabe transmitir su visión comprometida de la sociedad que lo rodea, su obra literaria adquiere un carácter ecuménico[5] (Sartre 19). Es una suerte de transmisión de herencia que implica derechos, pero también responsabilidades.

Además, se trata de que la literatura asuma y cumpla con su compromiso de ser autónoma y subversiva frente a los poderes autoritarios reinantes. Es precisamente esta labor del escritor, planteada por Sartre, la que se plasma en la pluma de Lemebel. Por eso, existe en la obra del chileno una denuncia constante a una clase gobernante que hasta el día de hoy sigue siendo indolente y cómplice de la injusticia. La misma que se empeña en una mirada amnésica frente a los horrores del pasado. En ese sentido, la acción de recordar resulta esencial en la crónica "Un árbol de piernas":

> Cuando uno tira el hilo de la memoria van apareciendo episodios que en su tiempo no se querían recordar por seguridad. Tal vez, el Coordinador Cultural duró lo que dura un rayo en la tormenta. Y nunca nadie documentó esas acciones de tomarse la ciudad con la demanda del arte público, el arte politizado, el arte inconforme en su infracción teatrera. Tampoco teníamos cámaras de filmación y las sofisticaciones técnicas que hoy abundan. Las fechas no las tengo claras, pero eran días clave para la izquierda. (*Háblame* 132)

Por medio de la escritura, el recuerdo genera espacios transgresores y también da lugar a la cohabitación de sobrevivientes y vencidos. Los primeros, pasan a ser aquí los únicos testigos, quienes rearman poco a poco esa historia escindida y nebulosa por el paso de los años. El bodrio de estos hechos y la vulnerabilidad del ser humano genera una dislocación del tiempo, creándose un

---

[5] Para el escritor francés, en *Qu'est-ce que la littérature?*, este compromiso debe contribuir e inducir a cambios en las sociedades, con la idea de mejorar las condiciones de vida de los seres humanos. Se trata de una conciencia profesional que contribuye a que la literatura vuelva a tener una función social. El pensamiento sartreano es un emplazamiento a los escritores a concebir la literatura como un actor preponderante en la concepción de la realidad, lo que en el caso de Lemebel se cumple en mi opinión cabalmente (Sartre 19).

abismo desde donde emanan sin descanso los recuerdos. Respecto al acto de rememorar y sus reacciones traumáticas, Judith Lewis Herman establece que ocurren cuando no se puede resistir y hay una sensación de vulnerabilidad en donde el cuerpo se ve abrumado y desorganizado. Todo aquello genera cambios profundos en las emociones, en la cognición y la memoria, e incluso los traumas pueden producir miradas anestesiadas, vacías. Existe aquí una imagen errante y fantasmagórica, de esos sobrevivientes o muertos en vida que transitan, a menudo, también la obra lemebeliana.

Mujeres combatientes

Cabe mencionar que Lemebel destaca en varias de sus crónicas, el importante papel de las mujeres durante los períodos represivos en América Latina. Tal es el caso de la crónica "Hortensia de invierno". El autor rememora una llamada telefónica que tuvo con Hortensia Bussi, la viuda del ex presidente socialista, Salvador Allende. El autor describe una imagen ya cansada, invernal, casi espectral de esta mujer, dejando entrever en esta crónica su pronta partida, y cuya vida estuvo marcada por la pérdida y el legado de su marido. Hay una comunicación nostálgica que se da en medio de la vía pública. Lemebel aparece sentado en un banco de una plaza, cuando una mujer llamada Adita, quien cuida a la señora Tencha (apodo por el cual se le conoce), lo ve en la calle y le habla de la admiración de Bussi por sus libros que le pide leer todas las noches. Es Adita quien organiza la llamada telefónica: "su voz me sonó cansada, como el metal de una campana temblorosa en el adiós de su repicar. Por el ruido de la calle, casi no podía entender lo que decía, pero me quedó sonando el eco cariñoso de sus palabras. Señora Tencha, quiero llevarle mi último libro, dije emocionado" (*Háblame* 76).

Esta breve conversación basta para hacer renacer en el imaginario literario una serie de eventos históricos, como cuando se rememora la figura silente y digna de la viuda de Allende al momento de sepultar a su marido, a pocas horas del golpe de Estado. Una despedida solitaria, en medio de un ambiente sangriento y amenazador. Algunas líneas más adelante, veremos la evocación también de la muerte de la misma señora Tencha en el ex Congreso

Nacional, como una suerte de doble funeral. Puesto que, con su partida, se va también la voz que iba quedando de Allende a través de la lucha infatigable de su mujer, quien viajó por el mundo entero denunciando las atrocidades que se cometían en Chile: "Quizás, la primera dama más linda de la revolución en libertad, una página de la historia, y la historia le dio esa lejanía gloriosa que mantuvo en los andares del exilio, en los actos de derechos humanos" (76). Una mujer valiente, tal como se recuerda en esta crónica "Hortensia de invierno", que hasta sus últimos días continuó la búsqueda por la verdad y la denuncia por la impunidad de los criminales de la dictadura chilena. En el exilio de Bussi, evocado por Lemebel, la batalla por restituir en el país los derechos fundamentales era una aspiración compartida por la mayoría de quienes tuvieron que exiliarse. En ese sentido, la labor en el extranjero de la señora Tencha, de alguna manera, lograba reunir esa diáspora de compatriotas y representar la desolación que compartían desde tierras lejanas.

En cuanto a esta temática, me parece oportuno evocar la idea de Michel Maffesoli, en "De l'identité aux identifications", para quien la acción de un individuo puede ser percibida como una acción colectiva (148). Es decir, la entidad de grupo es superior, jerárquicamente hablando, respecto al individuo, lo que empuja a una uniformidad de la percepción de la realidad. En la metáfora de la creación de *tribus* propuesta por Maffesoli, se explica precisamente que el desarraigo de los individuos errantes o excluidos de una sociedad puede llevarlos a compartir un sentimiento y, por ende, crear una nueva realidad desde la distancia. Se crean así microgrupos que dan origen a nuevas tribus y a múltiples identidades, como aquellas que surgen desde el exilio. Además, cada grupo comparte emociones con los otros miembros de la tribu como la de la injusticia y de la impotencia frente a tanta represión, tal como se evoca en gran parte de *Háblame de amores*.

Otra imagen de mujeres resistentes durante los periodos de opresión, aparece claramente en la crónica "Aloma ya no vive aquí", donde una mujer uruguaya, al igual que Hortensia, sobrevivió una de las épocas más lúgubres de la historia de Uruguay.[6] Una triste

---

[6] Me parece interesante destacar la referencia que hace Graciela Sapriza en cuanto a las casi dos décadas de atraso que tiene Uruguay, en relación a los países de la región, respecto

similitud que las une en este texto en ese año oscuro para las libertades de ambos países que se inicia en 1973. Dos mujeres resistentes que desde el exilio siguieron su lucha. Aloma, nos lleva a su historia combativa y de clandestinidad, donde tuvo que llamarse Rosa. Nuevamente los recuerdos son el hilo conductor para reconstruir su propia historia como sobreviviente, puesto que ni siquiera hay fotos que puedan ayudarla a reposicionarse en el pasado: "en los tiempos duros quemamos todas las fotos, para olvidar caras" (73). En medio de la vorágine de su partida en plena dictadura, Aloma rememora al hombre que amaba y cómo durante años vivió con el dolor pensando que estaba muerto:

> Y nos vimos arrancando por los techos, esquivando la balacera para no caer en sus manos. Aloma, arranca por aquí, yo los distraigo, me dijo esa última vez que lo vi arriesgando todo. Después estuve clandestina y pregunté por él, pero nadie sabía nada. Y me pasé el resto de la vida creyendo que estaba muerto. (74)

Estas dos mujeres muestran esas historias de amor truncadas por el hecho de haber vivido en dos países marcados por la represión. Pese a todo, nada les quitó la fuerza para seguir clamando justicia por sus pueblos, impidiendo que los olvidos individuales y grupales ganaran más terreno amnésico en la historia.

La figura de la mujer combativa está a menudo presente en los libros de Lemebel. Para Gilda Luongo, el protagonismo de las mujeres en la obra lemebeliana resulta muy atractivo y seductor, y al mismo tiempo, significativo para la propia subsistencia del autor. Puesto que las mujeres de su vida (su madre y sus grandes amigas) fueron siempre el gran y quizás el único anclaje de su existencia errante. Al respecto, Luongo escribe: "En la cercanía, supe de tus afectos y complicidades con mujeres de carne y hueso, cuerpos

---

a los informes creados para recabar testimonios de las víctimas de la dictadura y así reconstruir la memoria histórica. Para ella, existe en la actualidad un juego de signos que son rápidamente reciclados y que no deja tiempo para hacer nada más que una mención al pasar de la historia: "La memoria es más de lo que se ha producido hasta ahora; las políticas de la amnesia hacen necesario reintegrar fragmentos del pasado en una nueva estructura interpretativa, haciendo que el pasado diga lo que no era conocido anteriormente revele lo desconocido o lo que fue silenciado, produciendo reconceptualizaciones de lo sucedido de tal forma que permitan rescatar y registrar las omisiones que hasta ahora toleramos" (Sapriza 66).

femeninos de diverso tono, estilo. El amor amoroso. Te nutrías de ellas, sobre todo de aquellas que para ti cultivaban una vertiente estético-política en su estar vivas en la lengua filosa" (157).

El papel de la mujer en Chile adquiere a menudo una connotación especial en la obra de Lemebel, lo que se constata cada vez que se evoca la intrínseca conexión entre la ciudad y el ejercicio militante/transformador de las mujeres durante la dictadura. Para Luongo, si bien durante el régimen de Pinochet la ciudad se convirtió en un espacio que propició la "explotación capitalista, la violación del cuerpo, la muerte y la desaparición" esto no detuvo a las mujeres guerreras que siguieron luchando por un cambio (173).

En definitiva, las diferentes formas de resistencia callejera contra la dictadura de Pinochet evocadas en *Háblame de amores*, fueron una suerte de último grito de libertad y de esperanza en medio del horror.

La endeble democracia

En esta segunda parte del ensayo, analizaré la *funa* como acto de insurgencia durante el período posdictatorial en Chile. Para ello, comenzaré describiendo la crónica "Compañera Camila" donde aparece Camila Vallejo, actual diputada por el Partido Comunista, que se transformó en todo un ícono del movimiento estudiantil de Chile en 2011, siendo reconocida nacional e internacionalmente como una de las líderes de la juventud chilena. A través de multitudinarias manifestaciones callejeras, Vallejo exigía una reforma del sistema educativo para terminar con el lucro, lo que hizo temblar las bases neoliberales del primer gobierno de Sebastián Piñera (2010-2014). La figura femenina potente de Vallejo, con un contenido ideológico consistente, sedujo la pluma de Lemebel quien, en esta crónica, la delinea como la mujer que logró remecer "el reinado Piñerín" (57) a solamente un año de su elección:

> Camila es creíble y todos los chicos le creen y la multitud respalda su discurso cuando va con ella agotando las banderas, gritando por las calles coloridas en la marcha pendeja; la marcha carnaval que exige a todo tarro educación gratis y de calidad para el pobre, para el voleo, para el que sufre,

para el que no tiene y sabe que nunca tendrá lo que tienen los poderosos en sus colegios con nombre inglés. Educación digna, especialmente para quienes nunca la tuvieron, al menos para tratar de ecualizar el desmadre cruel del mercado caníbal donde se columpia el presidente millonario como una araña feliz. (57)

La evocación a Vallejo, nos conduce inexorablemente a la transición de la dictadura hacia una democracia mentirosa en Chile, tal como la describe Lemebel. Se trata de la constatación de la presencia enraizada de cimientos económicos y sociales establecidos bajo Pinochet todavía vigentes. La escritura crea así un escenario democrático que queda pendiente. Por eso, la conocida *funa* surge con fuerza como expresión popular en medio de las reivindicaciones sociales, frente a un gobierno que permanece ajeno a las demandas y necesidades del pueblo. Lo que resulta interesante es la figura impetuosa de Vallejo en esta crónica, quien no solamente se enfrenta a la clase política dirigente, sino también a una sociedad intrínsecamente machista que no duda en mirar con recelo la capacidad de liderazgo, de agudeza y de credibilidad de una mujer.

Se trata de una situación de la que ni siquiera está exento su propio partido político y Lemebel no duda en denunciarlo porque "ser mujer, joven, inteligente y además hermosa" (59) es, sin duda, una mixtura que conlleva inapelablemente a la sospecha y el prejuicio social. Es más, el escritor imagina en esta crónica incluso una conversación entre Camila y los propios dirigentes de su partido, como una manera de mostrar el machismo imperante: "Tal vez, ha recibido consejos de no ser tan protagonista. 'Es mal visto en la izquierda que una mujer sea tan visible'" (59). Sin embargo, la vehemencia de la protagonista de esta crónica no desvanece y se presenta como una "impertinente primavera" (59) que sigue firme y convencida de la necesidad imperiosa de seguir luchando. Su imagen representa de alguna manera la necesidad de romper con una suerte de cadena de opresión poscolonial en el Tercer Mundo, tal como afirma Gayatri Chakravorty Spivak, donde las mujeres constituyen el último eslabón de la explotación capitalista (317).[7]

---

[7] Cabe mencionar que cuando el acto performático hace que el cuerpo deje de ser un símbolo de pecado y de culpa, indica el inicio de una construcción contingente de la mujer, pues tal como afirma Judith Butler, "el tema de las mujeres ya no se ve en términos estables o constantes", sino más bien en una transformación incesante (46).

En ese sentido, me parece imperioso destacar aquí el carácter visceral de todos los actos performáticos callejeros que buscan revalorizar el cuerpo femenino. Hay aquí una idea interesante sobre la fracción de los cuerpos cuando se enfrentan a muros que se han endurecido con el tiempo, los que representan esas normativas sociales enraizadas y castigadoras contra la mujer. Para Sara Ahmed resulta fundamental desarrollar una orientación diferente de esa rotura. Es decir, apreciar esos cuerpos rotos y "entender la rotura, no únicamente como la pérdida de la integridad de algo, sino también como la adquisición de otra cosa, sea lo que sea esa cosa" (246). Y en ese contexto, es trascendental pensar en un cuerpo para el cual avanzar sea como lanzarse contra un muro, cuyo impacto lo desintegra en múltiples pedazos. Ese cuerpo fragmentado que no ha perdido su base estructural, busca generar el cambio y crear espacios distintos, nuevos refugios feministas para permitir la supervivencia (253). Esta revalorización de la figura, es precisamente lo que logra la escritura de Lemebel donde el cuerpo es biográfico y disidente, transformándose en un acto militante que propone una reflexión sobre la salida del anonimato de esas zonas marginadas. Un escritor que, sin duda, fue y será un gran impulsor en Chile de la resistencia callejera en favor de las libertades bajo todas sus formas. Tal como, la lucha por la diversidad sexual, a través de imágenes travestidas e insurgentes.

En este contexto, me parece interesante destacar la crónica "Caceroleo gay", donde se evoca la adhesión de la comunidad LGBTQI+ contra el lucro en la educación chilena durante las grandes marchas de 2011. A través de ella, se muestra la solidaridad que se dio de manera transversal en todo el país con el movimiento estudiantil: "Y fueron cientos de manos lésbicas y homosexuadas que golpearon las ollas con rabia al ritmo del corazón escarlata que habita la zona. Fue emocionante sentir el tamboreo de la patota gay sumándose al pulso del descontento" (*Háblame* 229). Hay aquí nuevamente una lucha común contra un modelo neoliberal, reforzado por el gobierno de Piñera, que ha empobrecido no solamente los bolsillos del pueblo chileno, sino también el alma de muchos que han perdido la esperanza después de tantos años de injusticia y dolor. Y en medio de la decepción generalizada por el abuso, se abren paso las locas para alegrar las marchas y reinstalar el entusiasmo: "En las esquinas se juntaban las locas bailando el reiterado zumbar de la palangana, la sartén, la paila y la cacerola" (229). La urbe se transforma así en un espacio desmedido, donde las diferentes colectividades se toman las calles. Las locas irrumpen así en la escritura con sus plumas, lentejuelas y pestañas postizas desencadenando un carnaval colorido, diverso y de desborde.

Multitud enfunecida

Las reivindicaciones públicas para *funar* al presidente millonario en su primer gobierno, como se vio anteriormente en la crónica "Compañera Camila", resuenan como una suerte de premonición futura. Es como si Lemebel hubiera presentido que Piñera sería reelecto y que las revueltas sociales serían aún más potentes. En la sección "Susurros con vitriolo", hay diferentes crónicas que aluden al despliegue de actos punitivos contra símbolos tiránicos que permanecen en Chile, a través de los cuales surge la *funa* como forma de escarmiento social. Hay un deploro por la impunidad omnipresente en el país y también por la ostentación de la clase dirigente que encabeza Piñera. Se puede leer lo siguiente en la crónica "Se remata lindo país": "Me parece obscena esa glotonería de tanto tener. Me causa asombro que más encima quiera dirigirnos la vida desde La Moneda. Muy barata quiere rematar esta patria, don Piñi" (*Háblame* 189). Lemebel emplaza a "don Piñi" para recordar a ese ínfimo porcentaje de empresarios chilenos que acapara las riquezas. Un puñado de individuos dueño no solamente de las tierras y de los recursos del país, sino que también se empeña en preservar, cueste lo que cueste, el *status quo* de una sociedad anestesiada por el trauma dictatorial. Este mismo grupo dirigente, como se alude en esta crónica, que piensa que "las heridas se parchan con dólares" (189) como delinea tan claramente Lemebel.

Existe aquí una crítica explícita a un presidente que pareciera encontrarse en el banquillo de los acusados, y que frente a él tiene a un cronista sedicioso que le recuerda su complicidad y la de su *patota facha* con la dictadura pinochetista. Una perspectiva que transcurre en medio de un ayer y un hoy que siguen irreconciliables por la enraizada impunidad chilena:

> O sea, usted se pasa de listo don Piñi, quiere hacernos creer que siempre fue demócrata, pero lo recordamos clarito sobándole el lomo a la dictadura, amigote de la misma patota facha que ahora le anima su campaña. Los peores, la orillada del terror [...] son los mismos de entonces, soberbiamente gozando los privilegios de la democracia que conseguimos nosotros, y solo nosotros, porque no existe la certeza que el plebiscito usted votara por él no, simpatizando con la derecha. (190)

Además, lo acusa de haber llenado sus arcas en plena dictadura mientras miles de otros chilenos, los que ahora dirige, sufrían por la represión brutal que se vivía en el país. Una imagen potente de una clase gobernante completamente desconectada del sentir del pueblo y de sus necesidades, tanto en el pasado como en la actualidad. Los recuerdos vuelven a tomar un papel preponderante en el texto, sobre todo, cuando Lemebel habla en nombre de un pueblo chileno abatido, pero no por eso completamente desmemoriado: "A usted ni a sus yuntas de pacto les conviene el pasado, por eso miran turnios y amnésicos al futuro" (190).

En su crónica "Viva la Funa", Lemebel evoca precisamente un acto de insurgencia callejera contra uno de esos "compinches" de Piñera, como Cristián Labbé, exalcalde de Providencia (una comuna de Santiago de Chile) y ex miembro de los servicios de inteligencia de la dictadura. En esta crónica, se relata la irrupción de un grupo de familiares de víctimas del terrorismo de Estado en medio de un homenaje de Labbé a Miguel Krassnoff, este último condenado por crímenes de lesa humanidad.[8] Lemebel rememora la *funa* justiciera de todos los que se apostaron en el lugar para repudiar el accionar del edil, dando paso a abucheos y a gritos de furia por tal acto de deshumanización. La *funa* se muestra en esta crónica como "un respiro de alivio ante la impunidad en que se ha levantado esta 'demos-gracia'" (196). Un llamado desesperado a frenar tanto festín y alabanza a un periodo tan sangriento de la historia chilena:

> Mojaron los calzoncillos los torturadores de puro susto, de puro miedo casi se cagaron los puercos ante la avalancha majestuosa de la Funa en

---

[8] Durante la dictadura, Labbé fue agente de la Dirección Nacional de Inteligencia (DINA) donde se cometieron torturas y asesinatos. Recién en 2019 Labbé fue condenado por casos de tortura y violaciones a los derechos humanos y sus cargos fueron ratificados en 2020, debiendo cumplir apenas tres años de cárcel efectiva.

> el pirulo Club Providencia, ahí donde se llevaría a cabo el homenaje al monstruo Krassnoff, aquel agente del bigotito asesino, el bigotito sarcástico cuando sonreía ordenando la tortura, ordenando patear a la niña embarazada para hacerla abortar con la bota en el vientre, con la lustrosa bota reventando la bolsa de sangre y el feto a pedazos que cayó en la fría loza del cuartel. (195)

Gracias a este acto de resistencia callejera, Lemebel rescata el ímpetu de los jóvenes que organizaron una afrenta a los torturadores en memoria de tantas víctimas para quienes nunca ha habido ni verdad ni justicia. El miedo aparece aquí como un sentimiento que ahora experimentan los victimarios, ya envejecidos y sin las fuerzas de las que hacían aspavientos mientras torturaban: "se mearon de susto mientras llovían los piedrazos y la multitud de la Funa, enfurecida y enfunecida" (196). La furia invade las calles chilenas en medio de un desconcertado gobierno piñerista que se encuentra en la siguiente encrucijada: ¿Apoyar a esos antiguos militares que reivindican su pasado glorioso de valientes soldados? ¿O, por el contrario, aplicar la coloquial *vuelta de chaqueta* y defender la memoria de los caídos? En medio de tanta confusión y efervescencia, lo único claro es que un *VIVA LA FUNA* aparece como un grito impetuoso y se transforma en un arma poderosa contra la impunidad.

A modo de conclusión, la resignificación del espacio público en *Habláme de amores* a partir de actos colectivos de subversión callejera, tanto en el período totalitario como en la postdictadura en Chile, transforman los *no lugares* en oasis de conciencia y de raíces disidentes. Lo anterior, contribuye a mantener viva la contumaz y ferviente memoria por aquellos a quienes un día se les silenció la voz.

Bibliografía

Ahmed, Sara. *Vivir una vida feminista*. Traducido por María Enguix Tercero. Barcelona: Bellaterra, 2018.

Araujo, Kathya. "Individuo y Feminismo. Notas desde América Latina". *Íconos: Revista de Ciencias Sociales*, N° 33, enero de 2009, pp. 141-153.

Augé, Marc. *Non-lieux. Introduction à une anthropologie de la surmodernité*. París: Le Seuil, 1992.

Blanco, Fernando A. "'La Frida no envejeció. Yo soy la Frida envejecida.' La última performance de Pedro Lembel". *La vida imitada. Narrativa, performance y visualidad en Pedro Lemebel*, editado por Fernando A. Blanco. Madrid: Iberoamericana / Vervuert, 2020. pp. 73-84.

_____ "Memento Mori: El acto de honrar a los muertos". *Latin American Literature Today*, vol. 1, N° 2, 2017, <latinamericanliteraturetoday.org/es/2017/april/memento-mori-el-acto-de-honrar-los-muertos-de-fernando-blanco>.

Butler, Judith. *El género en disputa. El feminismo y la subversión de la identidad*. 1999. Traducido por María Antonia Muñoz. Barcelona: Paidós, 2007.

Chakravorty Spivak, Gayatri. "¿Puede hablar el subalterno?" *Revista Colombiana de Antropología*, vol. 39, enero-diciembre de 2003, pp. 297-364.

Figueroa Díaz, Tamara. "Los excluidos de la sociedad chilena". Entrevista a Jorge Larraín. *Anomia y militancia corpórea en América Latina: La resistencia de la Loca barroca de Pedro Lemebel*. Barcelona: Egales, 2019. pp. 125-132

Krishan, Kumar. "El Apocalipsis, el milenio y la utopía en la actualidad". *La teoría del apocalipsis y los fines del mundo*, editado por Malcolm Bull. Ciudad de México: Fondo de Cultura Económica, 1998. pp. 233-260.

Lemebel, Pedro. *Háblame de amores*. Santiago de Chile: Editorial Planeta Chilena, 2012.

Luongo, Gilda. "¿La ciudad de las mujeres? Una ética-política en tus crónicas, Pedro Lemebel". *La vida imitada. Narrativa, performance y visualidad en Pedro Lemebel*, editado por Fernando A. Blanco. Madrid: Iberoamericana / Vervuert, 2020. pp. 155-176.

Lewis Herman, Judith. *Trauma and Recovery*. Nueva York: Basic Books, 1992.

Maffesoli, Michel. "De l'identité aux identifications". *L'individu hypermoderne*, editado por Nicolas Aubert. París: Érès, 2006. pp. 147-157.

Meruane, Lina. *Un Sena de palabras: meandros entre literatura y realidad - Lina Meruane y Juan Villoro*. Conferencia. París: Festival Paris ne finit jamais, 18 de junio de 2020.

Rojo, Grínor. "La dictadura y la postdictadural chilena y su contrarrevolución cultural". *América sin Nombre*, N° 23, 2018, pp. 255-268.

Sánchez de León, Margarita. "Tomen, esto es mi cuerpo..." *Movimientos sociales, resistencias y universidad. Sobre la incidencia social del conocimiento*, editado por PISoR grupo de investigación. Ciudad de México: Gedisa, 2018. pp. 229-246.

Sapriza, Graciela. "Memorias de mujeres en el relato de la dictadura (Uruguay, 1973-1985). Violencia / cárcel / exilio". *DEP, Rivista telematica di studi sulla memoria femminile*, N°11, 2009. pp. 64-80.

Sartre, Jean-Paul. *Qu'est-ce que la littérature?* París: Gallimard, 1985.

Zambra, Alejandro. "Presentación del libro *Poeta chileno*". Conferencia. Guadalajara: Feria Internacional del Libro de Guadalajara, 29 de noviembre de 2019.

VI. Itinerarios narrativos

Mardones (clandestino, incontable)

Cristián Opazo

LA GATITA Y LA NUTRIA

AL IGUAL QUE EN "LA NOCHE DE LOS VISONES" DE PEDRO LEMEBEL, aquí, "la foto no es buena, no se sabe si es blanco y negro o si el color se fugó a paraísos tropicales" (14): en primer plano, un hombre de miembros enjutos y cejas depiladas estrangula un tríptico de papel estraza con las manos sudadas. En una de las solapas, el tríptico enseña el dibujo de una gatita negra cogida por unas manos igual de mojadas. En el reverso, están impresas las letras que ese hombre atropella en su lectura. Está leyendo a viva voz, sin duda: tiene las rodillas apretadas y los labios engrifados como la campana de una trompeta. Crispados, los músculos del cuello acusan que la severidad de su recitado le está desgarrando las cuerdas vocales. Con él, tan distinto, su acompañante: por el cabello revuelto y la guitarra que empuña, parece un blusero sudaca o un guerrillero que recién se quitó la capucha. No se ve mucho más: con la yema de su dedo índice, el fotógrafo pasa a llevar el lente. Por detrás, quizá, él mismo garabatea una leyenda: "21 de noviembre de 1986" (además de torpe, el fotógrafo tiene mala letra: el 21 podría ser un 29).

Quien lee es Pedro Segundo Mardones Lemebel; y, el músico acompañante, Luis Mauricio Redolés Bustos. Entonces, Mardones apenas ha escrito media docena de cuentos bajo el alero del taller Soffia que guía la narradora feminista Pía Barros. A la par, Redolés todavía afina una veintena de demos *rockabilly* rimados en *spanglish*. Esa tarde, Mardones presenta su primer volumen de relatos breves: *Incontables*; y, en el acto, Redolés le corresponde con un conciso encomio al que le sigue la interpretación de una de las canciones que publica, meses después, en su casete de ética pirata, *Bello barrio* (Alerce 1987).

La foto no es buena, no tenía cómo serlo: en el barullo, lo que recita Mardones es "Ella entró por la ventana del baño", un cuento de 723 palabras y ni un solo punto aparte, donde un púber poblacional confiesa que, a sus catorce años, confunde el morbo de su despertar sexual (viola a su polola) con las tiernas masturbaciones en que frota su pubis contra el cuerpecito de una gatita callejera; lo que canta Redolés, por su lado, es "Nutrias en abril", un blues donde *el* hablante lírico, *la* Pabla Alejandra, suicida de señas travestis, halla el amor interespecies, y también el socialismo, en las orillas de un canal tipo Zanjón de la Aguada. A esas alturas, las palabras son lo de menos: como animales en celo, Mardones agita sus párpados embetunados con sombra de ojos, mientras Redolés se lengüetea el labio superior. Parapetados en las escalinatas del Museo de Arte Contemporáneo de Santiago (MAC), Mardones y Redolés escandalizan a la fortuita audiencia: poseída por el soroche, una monja se santigua; cogida por el asco, una rubia ceniza da aviso la policía. Que se vayan, que "ahuequen el ala" –les soplan– ya que "pueden llegar los pacos [policías]" y mandarlos presos (Redolés). La advertencia no fue exagerada: para ponerlos tras las rejas, hubiese bastado con que los uniformados esgrimieran los artículos 373 o 374 del Código Penal, relativos a "hechos de grave escándalo" y exhibición de "canciones, folletos u otros escritos" que "ofendieren el pudor".[1]

Esta convulsionada presentación de *Incontables* transcurre en la Sexta Feria Nacional del Libro de Santiago (Parque Forestal, 20 nov.-8 dic. 1986). Asombrada por los cuentos de Mardones, Barros se vale de sus redes de cooperación –un par de libreros independientes– para hacerle un hueco en el programa del evento. Dado que ese año la feria congregaría 68 estands y 250 mil visitantes, Mardones, que nunca quiere pasar desapercibido, le pide a Barros que, de paso, persuada a Redolés de actuar de presentador. Mardones precisa el contacto de Barros, pues, él no es más que un anónimo profesor de artes plásticas

---

[1] Vigentes desde 1874, los artículos otorgan el marco que autoriza la sanción de las personas que lleven a cabo prácticas o manipulen textos sancionables como proselitismo de homosexuales; el intercambio de una caricia o de un libro pueden ser castigados con "penas de reclusión menor en sus grados mínimo y medio".

exonerado de tres escuelas públicas en los brevísimos cuatro años que dura su ejercicio profesional (1979-1983).

La admiración es secreta: aunque jamás se ha cruzado con Redolés, Mardones es un fiel escucha de las composiciones de este militante comunista recién llegado de su exilio londinense. Pero el encanto resulta breve: esa jornada, Mardones quiere abofetear a Redolés. De acuerdo con los formulismos editoriales, Barros prepara un guion sencillo (tras sus palabras de bienvenida, el encomio de Redolés, la lectura de Mardones y, en el cierre, la interpretación musical del propio Redolés). En la antesala, Barros presenta a los desconocidos y, ante ellos, repasa el guion. Para romper el hielo, Redolés le comenta a Mardones lo mucho que gozó "Ella entró por la ventana del baño" y que, por eso, al finalizar su encomio, quisiera leerlo en voz alta. Mardones estalla: "¡cómo te atreves!", "es el lanzamiento de mi obra", "te lo prohíbo" y —muy agudo— "es el cuento que yo escogí para mi presentación… ¡no!" (Redolés).

La foto no es buena, ni siquiera existe: de ese escándalo, apenas subsiste un puñado de testimonios que aluden a una fecha imprecisa (21 o 29 nov. 1986).[2] Con las pistas extraviadas, comienzo imaginando una instantánea de la *performance* de la gatita y la nutria porque, a partir de ella, puedo recomponer la circunstancia en que el escritor Pedro Mardones construyó su *corpus incontable*: serie de catorce relatos manufacturados con materiales desechables, multiplicados con tecnologías de reproducción caseras y distribuidos de mano en mano entre el 82 y el 89.[3] Como bitácoras de un proceso creativo,

---

[2] Redolés dice que el lanzamiento fue en noviembre. Durante ese mes, la feria abrió de 21 a 30 (el 20, el único evento fue la inauguración). Los datos relativos a cantidad de estands y número de asistentes son recogidos por la prensa. Del lanzamiento de *Incontables*, nada. Ya que ningún periódico de circulación nacional lo documenta, mi metodología consiste en construir esta instantánea sobre la base de textos formalmente publicadas de Jaime Lepé, Mauricio Redolés y Sergio Parra: la fecha y los hitos que narro son consignados, de manera coherente, por, al menos, dos de los referidos. De esa edición de la feria, eso sí, se conserva una fotografía que parece el negativo de la mía: en las mismas escalinatas del MAC, posan los invitados de honor (de izquierda a derecha, N. Parra, J. Donoso, J. Teillier, E. Lafourcade, P. Huneeus, V. Cox, J.M. Varas, E. Campos Menéndez, E. Gómez, F. Coloane y J.L. Rosasco). En los bordes, ellos inscriben sus firmas. Esta imagen de Ilonka Csillag fue reproducida en *Las Últimas Noticias* (29 jul. 1995, p. 39).

[3] El *corpus incontable* —más amplio que el volumen homónimo— comprende, al menos, catorce piezas publicadas: cuatro cuentos aparecidos en medios de escritores emergentes, "Porque el tiempo está cerca" (1982), "Melania" (1984), "Gaspar" (1986) y "El Wilson" (1989); tres microcuentos incluidos en la revista de Barros y Jorge Montealegre, *La Castaña* (1982-1987)

las formas de tales relatos prueban que, en la década en que se apellida Mardones, Pedro aprende a sacar la voz apuntalado por dos colectivos: el taller Soffia y la editorial Ergo Sum de Barros, por un lado, y la pandilla que conforma con uno de sus primeros "amores", el teatrista Andrés Pavez, por otro. Premunido de los rudimentos de subsistencia que con ellos aprende, en su fugaz carrera, Mardones forja el archivo popular que, después, el otro Pedro, Lemebel, sabría ventilar en la escena transicional.[4]

El Lalo y el Wilson

En el taller Soffia, Mardones permanece desde el 79 hasta el 89 y, allí, aprende el oficio de escritor callejero.[5] Efectivamente, consientes de su posición marginal en relación con la academia, la crítica y la industria, Mardones y sus compañeras dan por hecho que sus lectores no se hallan en las librerías de la plaza, sino en enclaves marginales

---

-"Calendario", "Jack" y "El tuerto"-; y los siete relatos del citado volumen *Incontables* (1986) -"Ella entró por la ventana del baño", "Una noche buena para Santa", "Bramadero", "Espinoza", "El camión de guardia", "Monseñor" y "Bésame otra vez, forastero"-. En casi todos estos cuentos, una voz omnisciente cede la palabra a sus protagonistas: prostitutos adolescentes que no distinguen el hambre del placer ("Porque el tiempo está cerca", "Espinoza" y "El Wilson"); púberes que aprenden que pedofilia y violación son estadios del desarrollo ("Ella entró por la ventana del baño", "Una noche buena para Santa" y "Monseñor"); y, veteranos mutilados por la crueldad del mercado y la violencia de Estado ("Bramadero", "El camión de guardia", "Bésame otra vez, forastero", "Melania" y "Gaspar").

[4] Juan Poblete distingue dos etapas en la trayectoria de Lemebel, cada una, caracterizada por un modo de enunciación: en la primera, quien enuncia es la *loca*, voz "foránea" que, en los límites de la crónica, se traslapa con las de aquellos "que sobran en los acomodos de la transición" (137); en la segunda etapa, quien dice *yo* es una *persona* literaria profesional que, cual celebridad, se refiere siempre a su centralidad en el campo cultural (138). A partir de lo dicho por Poblete, formulo mi propia tesis: si la escritura del Lemebel de la segunda etapa gira sobre ese "centro mismo de su consagrado lugar nacional e internacional" (137), la expresión del Lemebel de la primera etapa sería una reconstitución de las peripecias de esa loca cesante que fue Mardones.

[5] Fundado como taller en el 77 y consolidado como sello editorial Ergo Sum en el 85, Soffia sesiona lunes y miércoles (7:30 y 9:00 p.m.), en el departamento de Barros (Av. Vicuña Mackenna 6, Providencia). Las parroquianas -casi todas mujeres feministas- comienzan comentando algún cuento asignado con antelación (Cortázar y García Márquez se repiten), siguen con su rescritura desde la experiencia cotidiana y cierran con las lecturas en voz alta de sus esbozos. Por la carencia de *gadgets* que faciliten la reproducción económica de impresos, se obsesionan con las ventajas de la declamación y la escucha, al punto que rara vez se leen entre sí.

donde la lectura reposada es una forma vedada de consumo literario. Por lo mismo, en la antesala de ferias artesanales o de recitales poéticos semiclandestinos, acostumbran a confeccionar trípticos de papel estraza que les permiten manipular sus textos con la facilidad de un cancionero y ofrecerlos con la coquetería de un afiche que anuncia una fiesta.[6]

Con esta guía, en las sesiones del taller, Mardones escribe una veintena de borradores (con lápiz pasta, cuentos larvarios de entre diez y mil palabras). De ellos –recuerda Barros–. reescribe doce: "[y]o se las transcribía... con copia para mí y....[él] se las llevaba para escribir en sus bordes y rearmar las historias" (Barros 13). Luego, guiado por la escucha de las compañeras, de los doce, salva siete: "Ella entró por la ventana del baño", "Una noche buena para Santa", "Bramadero", "Espinoza", "El camión de guardia", "Monseñor" y "Bésame otra vez, forastero". A las consideraciones verbales, subyacen las gráficas: él también debe entregar textos provistos de imágenes macizas que puedan ser ilustradas, impresas y embutidas en artefactos de papel estraza. Con su divismo escondido, acaba negociando el ancho de la caja y los saltos de columna con los dibujantes que lo secundarán en la manufactura.[7] La primera tirada del volumen comprende 300 sobres con siete trípticos cada uno (en total, debió doblar 2100 trípticos sin más herramienta que sus manos). Con estas artesanías, asalta la calle: las dispone sobre una estera de *plush* en alguna vereda de Bellavista y las va voceando (Parra ctd. en Bahamondes). Y, para Mardones, tríptico y voceo no son estilizaciones de la miseria cuyo destinatario es la audiencia letrada familiarizada con la jerigonza de la Escena de Avanzada. No, para él estas son estrategias de contrabando que le ayudan a internar "literatura sucia" en las poblaciones. Concisos

---

[6] Entre los espacios de lectura de impresos en papel estraza más recurrentes de las miembros de Soffia, se cuentan la sede de la Sociedad de Escritores de Chile (calle Almirante Simpson 7, Providencia), el Centro de Arte y Cultura La Capilla, contiguo al restaurante El Alero de los de Ramón, propiedad de los folcloristas Raúl de Ramón y María Eugenia Silva (Av. Las Condes 9889, Las Condes), y la Casa Museo La Chascona, centro de operaciones de la Fundación Neruda (calle Fernando Márquez de la Plata 0192, Providencia).

[7] Los artistas son Patricio Andrade ("Ella entró..."), Mena ("Una noche..."), Guillo Bastías ("Bramadero"), Luis Albornoz ("Espinoza"), Rufino ("El camión..."), Hernán Venegas ("Monseñor") y Gustavo Brstilo ("Bésame..."). Todos ellos son reputados actores de la escena gráfica santiaguina y, además, cercanos a Barros. Con frecuencia, colaboran en los precarios libros-objeto que publica el taller.

como el volante de una mentalista u obscenos como el anuncio de un *topless*, sus trípticos quieren colarse en los bolsillos de *péndexs, taxi boys* y dueñas de casa sin cuarto propio.⁸

De manera sugerente, el primer y el último cuento circulados por Mardones –bajo el alero de Soffia– "desnudan", precisamente, *taxi boys*: "Porque el tiempo está cerca" y "El Wilson".⁹ Juntos, detallan cómo dos adolescentes –burgués, uno; proletario, otro– acaban bailando como *strippers* para hombres secretamente homosexuales.¹⁰ Con dieciséis años y contexto de perpetuo adolescente (apenas, pesa 50 kilos), Eduardo/Lalo –niño bien de Providencia, devoto de "Pink Floid [sic]" (133)– lleva veinticinco noches durmiendo con el primer "viejo" de "glúteos celulíticos" que le provea "gin", "pepas" y "departamento" –en ese orden, para poder "tragar el asco"– (130). *In extrema res*, el narrador ata cabos: al negociar el divorcio, los padres resuelven la orfandad del Lalo. Excitada con el *boom* económico y las libertades de la menopausia, la madre instala una boutique y un piso para dos en Copacabana; constreñido por el *qué dirán*, el padre impotente solo exige deberes que el chico no puede cumplir ("acostarse temprano y estudiar" [133] a favor de la discreción). De edad y contexto similar ("dieciocho años", "puro hueso" [76]), el Wilson se va a "parar a esa esquina vértice de las estrellas fáciles", para "bailar en pelotas" (76), "cimbreando las caderas" (75), sobre "la tarima borracha… de la disco, [de] los martes femeninos" (75). En diez frases, el mismo narrador se explaya: si el padre es detenido desaparecido y la madre rematada cesante, "¿para qué seguir

---

⁸ El lunfardismo *péndex*, apócope de *pendejo*, es un préstamo rioplatense extendido en el habla popular chilena. Como sustantivo común, designa a púberes y adolescentes. Cada vez que Mardones echa mano a este vulgarismo, lo hace para destacar la complexión asténica de los muchachitos poblacionales que despiertan el deseo de quienes los miran, casi siempre, como mercancías libidinales.

⁹ "Porque el tiempo está cerca" data de 1982. Ese año, Mardones lo envía al Concurso de Cuentos de la Caja de Compensación Javiera Carrera y resulta ganador. Enseguida, la Caja incluye el cuento en el volumen del certamen. En 1984, Soffia publica una antología con trabajos de sus miembros, *Cuentos*. Allí, reaparece esta pieza. De "El Wilson", la primera noticia habida es la de su lectura en un recital organizado por la SECH (8 oct. 1987). El 89, también es incluido –con ilustración de Patricio Andrade– en el libro objeto (sobre con trípticos), *Cuando no se puede vivir del cuento*, de los talleristas de Ergo Sum, ex Soffia.

¹⁰ A menos que se indique lo contrario, todas las citas de los cuentos pertenecen a la reedición póstuma de *Incontables*, publicada por Seix Barral en 2018. En concordancia con el criterio de Seix Barral, en la bibliografía los textos de aparecen listados bajo el apellido Lemebel.

estudiando?", "mejor hacerse el tonto", ceñirse el "calzoncillo de tigre" y las "muñequeras con clavos", y dejar que, por un "billete", "la mano tarántula" le "estrangul[e] el sexo" (76).

En ambos relatos, las intrigas son los recursos que permiten al narrador consumar su afán: como Paquita la del Barrio o como el portero de la *boîte* que nos tienta con un volante fotocopiado, él nos invita a pecar con los ángeles caídos de una ciudad que, como una precaria discoteca, en lugar de bola de espejos, tiene "una araña espesa de cuchillos y picos" colgando del cielo oscuro ("Wilson" 71). La retórica casi pornográfica así lo rubrica: al Lalo, el narrador le devora, con la lengua, "su piel blanca y sus 17 años de púber" (134), mientras, al Wilson, lo frota, "de perfil, de frente, de pie", "hasta transformarlo en un pico de cuerpo entero" (76). Bajo las luces de neón centellantes de Santiago/Babilonia, "todo está permitido, hasta que a él [sea el Lalo o el Wilson] lo besen unos bigotes" ("Porque" 135). Con estos epítetos y un puñado de citas al Apocalipsis, el narrador/cronista del fin de los tiempos plasma al epítome de su creación: su Lucifer es un *twink* cuya piel se llena de acné al imprimirse sobre el grano del papel estraza.

El anglicismo no es trivial. De origen incierto, la voz *twink* alude a jóvenes preeminentemente caucásicos cuyos caracteres sexuales secundarios se hallan apenas desarrollados: "ligeramente musculoso, bien afeitado... generalmente rubio o de piel clara, a menudo visto como no particularmente inteligente..." (Tortorici 205).[11] Llevado a la industria de la pornografía, el coloquialismo funciona como un tropo visual que, con sesgo "racista", permite codificar el deseo homosexual como blanco y adolescente: "la fetichización de la juventud y la raza se fusionan para crear la fantasía del 'estudiante jovencito' y del 'skater blanco'" (Tortorici 207).[12] Precisamente, este es el tropo que el narrador de los relatos de Mardones subvierte: cuando la corrupción del orden cívico-militar lo corroe todo, los hombres condenados a la penumbra de los cines porno devoran con rabia los cuerpos de los púberes como si fueran decepcionantes sucedáneos

---

[11] "slightly muscular, clean-shaved... usually blonde or light skinned, often seen as not particularly intelligent..." (205). Salvo que se indique lo contrario, las traducciones del inglés al español son del editor.
[12] "the fetishization of youth and race fuse to create the 'twink student' and the 'white skater boy' fantasy" (207).

de sus prohibitivas fantasías *gringas*. En un flamante restaurante de hamburguesas, a uno lo "agarran del brazo" y "aletea como pollo" mientras "lo violan" ("Porque" 134); en una disco, al otro, le "sacan la ropa a tirones" ("Wilson" 76). Estos *twinks* son diferentes de los de los filmes *coming-of-age*, *The Outsiders* (Francis F. Coppola, 1983) o *Stand by Me* (Rob Reiner, 1986): allí, River Phoenix o Christopher Thomas Howell no tienen ni las cutículas carcomidas ni acné en las narices respingadas. El Lalo y el Wilson, en cambio, tienen "los ojos demasiado viejos" ("Porque" 130) y las uñas prematuramente gruesas de tanto rasguñar "en este país de largos sudores fríos" ("Wilson" 77).

En las calles, ni siquiera la sintaxis escapa a esta suerte: "[v]*adeando* la Alameda" con "el cafiche degenerado que él creyó su amigo" ("Porque" 130) o con una "un viejo lleno de anillos" baboso "*lamiéndole* el esqueleto" ("Wilson" 76). Mediante los mismos gerundios que luego patenta Lemebel, este narrador consigue compaginar la forma y contenido de sus frases con su soporte material, el tríptico de papel estraza: en el anverso, el carácter no finito de la forma verbal señala que las caricias de los clientes no cesan de ajarles la piel ni al Lalo –que va *sintiendo* que "le quema la pelvis" (136)–, ni al Wilson –que las va *sufriendo* como una "fiebre de vaselina" (76)–; y, en el reverso, las estrías propias del papel van *acumulando* la grasa, el piñén y el semen de los dedos que, tras intercambiarlos en las escaleras de los *blocks*, los manipulan en sus masturbaciones cotidianas.

La guacha y el péndex

La superposición de relatos tampoco es un capricho mío: como los trípticos en los sobres, las frases mezclan cuerpos y espacios de miseria. Así le ocurre al narrador de los cuentos de púberes: "Ella entró por la ventana del baño" y "Una noche buena para Santa".[13] Sin nombre propio, la edad es el signo común de estos chicos estropeados

---

[13] La primera versión de "Una noche..." aparece en el N° 10 de la revista literaria *A Contramar* (*circa* 1985). A su vez, en 2011, "Ella entró..." es publicado como novela gráfica por Milan Boyarski (adaptador) y Ricardo Molina (ilustrador). Allí, el protagonista sí tiene nombre propio, Toño, y, en pleno 83, es un púber rebelde que, con idénticos catorce años, resiste, de manera consciente, la disciplina castrense.

por la dictadura: en el primero, un *péndex* "con siete años en cada suela" (19); y, en el segundo, una guacha con idénticos catorce.

En su año fatal, el *péndex* del primer relato no sabe si las vecinas devotas de la TV están sobrecogidas por las súbitas (des)apariciones de sus maridos o de la Virgen del Carmen.[14] Porque, si las vecinas oran por un iluminado que dice llorar lágrimas de sangre al ver a la inmaculada, ¿acaso no habrían de implorar por él cuando, en una misma frase abigarrada, confiesa cómo se le enredan, en el *bajón* de la marihuana o del neopreno, su gatita regalona, la Chola, con la colegiala que lo excita, la Marcelita?:

> "¡[a]y, Cholita", y me retorcía con ella en los espasmos, rodábamos en la cama, mientras yo soñaba con sus tetillas de gata, con sus resoplidos de hembrita virgen, escuálida, estrecha que me dice que le duele, que es muy grande, que mejor otro día, que viene gente, que no quiere, porque el dolor le borró la calentura". (21)

No menos ominosa ni equívoca es la Navidad de ese año para la guacha del segundo relato: privada de caucásicas muñecas Barbie y vestidos con cintas de raso, solo "siente que su estómago es una bolsa hinchada de fermentos que gruñe comida" (29). Hambrienta, la huérfana de ojos lagañosos, recibe, justo a media noche, la visita de un mendigo senescente barbado como Santa Claus. Eso sí, las ilustraciones de Mena son implacables: a ese Santa lo bosquejan descalzo y con la uña del dedo gordo del pie crecida tal como si fuera el Viejo del Saco. Pero, ella, lidiando con la inanición y la peste, no tiene tiempo para disquisiciones iconográficas: "Don Santa, como sea, no tengo casi nada que ofrecer, solamente mis catorce años que sirven para masturbar a viejos como usted" (27).

Además de fundir a la gatita con la hembrita y a Santa Claus con el Viejo del Saco, el narrador de ambos relatos apela a su lector –habituado a los folletos– con fábulas que arma sobre la base de ese tipo de anécdotas de desmesurada bestialidad que se intercambian en

---

[14] Las alusión es a Miguel Ángel Poblete, el vidente de Peñablanca. Entre el 83 y el 88, Poblete reclama ser visitado por la Virgen y su delirio es manipulado por los medios para distraer la atención del pueblo que ya se vuelca a las calles para derrocar a Pinochet. En *Loco afán*, Lemebel incluye una crónica que desarrolla este temprano cameo: "La transfiguración de Miguel Ángel (o la fe mueve montañas)".

la fila del almacén del barrio: en "Ella entró por la ventana del baño", un tal Melo agarra a la Chola de la cola, la empapa en un grifo y la azota contra los cables de alta tensión –solo después de recoger a la gatita agonizante entre sus brazos, el *péndex* inicia su relato sobre la violación de la Marcelita–; en "Una noche buena para Santa", el viejo del saco sufre un paro cardiaco mientras la guacha lo masturba sobre su carreta/trineo –la pederastia que acusa la niña es el puñado de frases que orla el coito prohibido–.

A través de la arquitectura coloquial de los relatos, el narrador avisa que cuando no hay un guion de familia plausible, las de la guacha y el *péndex* son formas de crecimiento *reptantes*, esas que adecúan el cuerpo a la certeza de que su final inminente será "con el costillar al aire" ("Ella" 19). Para quienes viven condenados a reptar, los charcos de orina ofrecen el reflejo hiperrealista de las imágenes que proyectan las pantallas de TV dispuestas en las vitrinas de las tiendas de departamentos: en las aceras polvorientas de su población, el *péndex* remeda los video clips de Alice Cooper o Kiss, pero con sangre auténtica que brota del himen desgarrado de la Marcelita "que [le] mancha los pantalones" (21) y le ahoga sus "espermios rotos" (23). O, en las antípodas de las muñecas parlantes, la guacha va "cantando en las micros con su voz ronca de tabaco y de semen" (27). En la calle sucia, la pandilla de los amigos se va haciendo afín a los gatos callejeros y perros quiltros: de ellos, el *péndex* y la guacha aprenden a esconderse como "animal agazapado" ("Noche" 23) y a ver las estrellas inalcanzables "en [los] ojos egipcios" de la fauna callejera ("Ella" 23). Ni la lengua de esto púberes escapa a la condición reptante: sin destino, las oraciones ruedan como madejas de complementos circunstanciales, gerundios errados y frases yuxtapuestas. La lengua –deduce el lector– no puede resplandecer de otra forma "[c]uando la estrella de Belén es un cigarro mal apagado en el suelo" ("Noche" 29).

La madre y el hijo

Quizá por su lugar de origen, entre los trípticos también se cuelan inesperados ejercicios de rescritura de narrativa hispanoamericana que parecen abandonar la calle. Irónicamente, en esos ejercicios de cita con la tradición, los *twinks* y los *péndex* ceden su protagonismo a los veteranos: unas veces, con estampas tremendistas –"aunque [Mardones] se indignaba cuando le enrostraban el parentesco con la tradición española" (Barros 13)–; otras tantas, con cuadros de realismo mágico –a Mardones también lo estremecían "las imágenes que sonaban tan lindas y eran terribles de García Márquez" (Barros 12)–. De esos ejercicios, el más notable es "El camión de guardia": en él, el narrador se da maña para extremar el legado de un clásico del cuento criollista chileno, "El padre" (1924), de Olegario Lazo Baeza (1878-1964), célebre por sus dos volúmenes de *Cuentos militares* (1922 y 1924).

En "El padre", el narrador fabula la relación entre un padre inquilino de un fundo con su hijo teniente de ejército. En un contexto rural (economía agraria cuasi feudal), el padre exhibe las señas de la miseria naturalizada por el criollismo: "[es u]n viejecito de barba blanca y larga, bigotes enrubiecidos por la nicotina, manta roja, zapatos de taco alto, sombrero de pita y un canasto en el brazo" (85). A su vez, el hijo se desenvuelve con la inseguridad del mestizo que osa mutar de gañán a uniformado: "chico, moreno, grueso, de aspecto vulgar" (86) reacciona con "con tono despectivo" (87) cuando se sabe auscultado. En tres fragmentos –cabrían en las mismas columnas de un tríptico–, el narrador explica que el hijo "no quería venirse a[l regimiento de] este pueblo", pero que "[m]i patrón lo hizo militar [a la fuerza]" (86); que, a cinco años de su ingreso a la milicia, el padre peregrina al cuartel para ofrendarle un abrazo y una gallina dispuesta para convertirse en cazuela; y, que, compungido por el qué dirán, el hijo lo desconoce. Melodramático, el desenlace escenifica el abatimiento del padre en cuatro frases (dos del narrador, dos del protagonista): "tembloroso... sacó la gallina del canasto y se la dio al sargento [de turno]", "'para ustedes solos'", "'se fue arrastrando los pies".... [p]ero desde la puerta se volvió... con lágrimas en los ojos", "'[a]l niño le gusta mucho la pechuga. ¡Delen [sic] un pedacito!'" (88).

Sesenta años después, "El camión de guardia" replica la estructura de "El padre", aunque con algunas inversiones en los géneros. El narrador precisa que el paisaje rural ha sido desertificado al punto que la patrulla militar "e[s] lo único verde que se v[e] en kilómetros" (47). Sin embargo, mantiene los mismos hitos geográficos: un camino de tierra, un regimiento y un pueblo vecino, Basaure. E, igualmente pobre que el padre de su antecedente, aquí la protagonista es una madre soltera reconocible por "su falda de ordinarios cuadros azules" (45) que camina al encuentro de su hijo veinteañero. Con estos materiales levemente actualizados, el narrador pervierte la fábula del cuento criollista: a esta madre, una institución castrense también le arrebata a su guacho; aunque, esta vez, la decisión no es instigada por un patrón, sino por un decreto de ley que fuerza la conscripción de los adolescentes sin abolengo (Decreto de Ley 2 306, agosto 2, 1978). Habiendo rozado una utopía que su precursor de "El padre" ignoró –la Unidad Popular atesorada en la memoria precoz de su infancia–, el muchacho acaba militando en la insurgencia. Y, por insurrecto, a este muchachito de 23 años, tal desacato le termina valiendo "diez boquerones de lana quemada en su chaleco" (46). A sabiendas de que "[e]l odio se desborda una sola vez" (46), esta madre marcha al cuartel, pero con menos resignación melodramática que sed de justicia radical.

En el remate del cuento, el narrador se traviste de artista de *performance* que apunta el guion de su intervención con la misma *reticencia* que despliegan sus pares del realismo mágico cuando refieren el horror con gracilidad: "[el muchacho] caía hecho pedazos como un acróbata trágico que jamás tocaba fondo" (47). Pues bien, en este registro, el narrador apunta una paradoja: a la madre menopáusica, la noticia del hijo muerto va "abultándola [en el vientre] de rabia e impotencia" (47). Y, para representarla, indica que esa madre marcha por la huella de tierra que conduce al regimiento preñada con un cinto de granadas que su hijo sustrajo del cuartel en que cumplió con el servicio militar. Con un embarazo de TNT a cuestas, la mujer se sienta en la calzada a la espera de un convoy militar de paso diario. A la hora señalada, los conscriptos de turno la ven parturienta y la suben a la tolva del camión envuelta en "un hedor a cuerpo y metal caliente" (50). A bordo, la silente activista jala los seguros de los explosivos e inicia su plegaria: "quince segundos que contó asignándoles uno a cada hombre ahí sentado [diez soldados en total]: los otros cinco [segundos] se los dejaba a la justicia divina", hasta que "la llamarada le cortó el aliento" (50).

Nótense las maniobras del narrador: cita el argumento y el espacio del más tradicional de los cuentos militares chilenos, dispone la referencia en plena dictadura, invierte el género del protagonista y, en la escena final, sustituye el registro del melodrama por el de la *performance* (ojos lacrimosos del padre por cuerpo inflamado de la madre). Precisamente, al convertir al padre obsecuente en madre activista, el narrador tributa los actos de resistencia de las madres y los padres dispuestos a dar la vida en las protestas contra las violaciones a los derechos humanos perpetradas sobre sus hijos: Ana González (quien sufre el destierro tras llevar su denuncia a la sede de la ONU en Nueva York [17 nov. 1977]), o Sebastián Acevedo (quien se inmola en las escalinatas de la Catedral de Concepción [11 nov. 1983]). Por si fuera poco, el relato está precedido por un epígrafe tomado del poema "El barco" (1959) de Pablo Neruda. Precisamente, desde la década del 80, los activistas de Amnistía Internacional adoptan el texto de Neruda como declaración de lucha: "[d]espués el mar es duro/y llueve sangre". La cita rubrica la tesis que subyace a la enunciación de Mardones: cuando los derechos humanos están suspendidos, la literatura tiene el deber ético de desbordar la página y devenir *performance*.[15]

Y, si Mardones aprende a producir literatura callejera en Soffia, esta conciencia de *performer* la forma con Andrés Pavez: "el verano del 84", Mardones queda flechado con quien, "con cuatro palos y unos trapos multicolores", lleva "la magia del teatro pobre" a festivales vecinales (La Legua o L.E. Recabarren), peñas clandestinas (Partido Comunista [PC] o Frente Patriótico Manuel Rodríguez [FPMR]) y playas populares (El Quisco o Cartagena) (Lemebel, "Dónde" 200-3). Ya entrado el 86, a Mardones, el propio Pavez lo deslumbra con la estrategia que depura para vocear textos en la vía pública. "En la escuela de teatro [de la U. de Chile]", a Pavez, le "enseñaron a utilizar... [el] aparato vocal y sus resonadores". Pero, allí, "solamente se enseña a trabajar los resonadores [del] diafragma", que solo dentro de "sala[s], funciona[n] perfecto" (Pavez). Al aire libre, en cambio,

---

[15] Los guiños teatrales de los relatos de madres de Mardones contienen el germen de las *performances* del Pedro de las Yeguas del Apocalipsis: cuerpos feminizados que hacen de la herida el signo de la ausencia. La silueta de la madre de "El camión de guardia" es la sombra iluminada de las dos Yeguas que bailan descalzas la "Cueca sola" sobre un mar de cristales rotos en la sede la Comisión Chilena de Derechos Humanos (*La conquista de América*, 12 oct. 1989). O, esa misma silueta, es el reflejo del cuerpo de Lemebel, cuando se cubre de neopreno incandescente en el campus de la U. de Concepción (*Homenaje a Sebastián Acevedo*, 1 dic. 1991).

Pavez descubre "otro resonador que es la pelvis, que es casi genital". Mientras la resonancia del diafragma equivale a una rutina atlética, la de la pelvis imita el acto sexual. Pavez aprende este saber obsceno con Juan Edmundo González, director, también callejero, afanado en producir versiones abreviadas de clásicos griegos dirigidas a las barriadas periféricas. Movido por la urgencia, González da con un tipo de enunciación que le permite emular a los vendedores ambulantes que se hacen oír entre motores de autobuses. Al evocar a su maestro, Pavez remata: "gracias a él yo tengo voz", ya que, "[e]l callejeo fue… [un mecanismo] transmisor de técnicas" para las artes y los amores populares (Pavez). Por esto, especulo que, con estas lecciones sabidas, Mardones se presenta en el lanzamiento de *Incontables*. Por eso, rechaza la lectura con voz de cantante varón orgulloso del tamaño su diafragma que le ofrece Redolés. Por eso, la tarde del 21 o 29 de noviembre del 86, y las que siguieron, él lee siempre empinado sobre su cintura: no hay foto que no lo muestre declamando con el rictus de quien goza/padece al controlar la eyaculación. Sin esta escuela, ¿Mardones podría haber sido el precursor de ese otro Pedro del que se dice que "la calidad oral de [su] escritura… difícilmente se separa de su calidad teatral" (Epps 124)?

Pedro y Pedro

Más allá de estas asociaciones callejeras, huelga decir que el paso de Pedro a Pedro, se funda en una serie de calculadas "mentiras". En 1982, la carrera literaria de Mardones se inicia con una. En el volumen del Concurso de Cuentos de la Caja de Compensación Javiera Carrera, que contiene su citado debut, "Porque el tiempo está cerca", la ficha de autor dice: "Pedro Mardones nació el 21 de noviembre en 1924. Es casado y tiene dos hijos, Jorge, de 31 y Pedro, de 26. Trabaja como profesor de Artes Plásticas". La errata es mayúscula, pero se explica por un percance. Según Mardones, "cuando fueron a avisar a mi casa que me había ganado el premio… yo no estaba". Sin hallarle, los mensajeros "[p]reguntaron por Pedro Mardones que es como se llamaba mi padre". Ajeno a la naturaleza de esta clase de galardones, el padre "creyó ganarse un refrigerador… y les dijo que sí, que era él [el Mardones requerido]". Por eso, "apareció en la foto como ganador" (ctd. en Contardo). La explicación es verosímil, pero falaz:

si los emisarios de la organización hubiesen confundido al padre con el hijo, el error estaría solo en el retrato fotográfico; sin embargo, nada, salvo la acción premeditada del autor, explica el pastiche de datos biográficos.

Con moderada consistencia, Mardones ahonda en el ardid: "[d]espués de eso [el 82] comencé a usar el apellido Lemebel, que es el apellido de mi madre..."; el otro, "es como nombre de gasfíter [plomero], ¿no crees tú?" (ctd. en Contardo). Y, con leve cuota de ambigüedad cronológica, refrenda: "creo que en ese momento –86/87 [sic]– me empezó a cargar el nombre legalizado por la próstata del padre" (ctd. en Blanco y Gelpí 152). Pese a sus afirmaciones, Pedro emplea el apellido Mardones hasta marzo de 1991. Así lo atestiguan las notas de prensa que cubren las primeras acciones de las Yeguas del Apocalipsis en la primavera del 88; también, una carta de adhesión a la huelga de los trabajadores del Instituto Chileno-Francés de Cultura, firmada de puño y letra el 27 de octubre de 1989. Como dice una periodista aludiendo a la ansiedad de gremialistas y socialistas renovados, *Lemebel* será "su nuevo apellido en democracia" (Cento Taibe 32).[16]

Si una argucia abrevia la existencia de Mardones; otra, aumenta la de Lemebel. En el origen de esta, se halla su "Manifiesto (Hablo por mi diferencia)". Tras publicarlo en la revista *Página abierta* (1991), lo integra en *Loco afán: crónicas de sidario* (1996). En la primera aparición, acompaña el texto con una fotografía en blanco y negro que lo retrata con el rostro cruzado por una hoz y un martillo. En la segunda, agrega una nota: "este texto fue leído como una intervención en un acto político de la izquierda en septiembre de 1986, en Santiago de Chile" (90). Desde ahí, el mito empapa la biografía: "en 1986 el escritor [Lemebel] leyó [el manifiesto] frente a una junta del Partido Comunista[, l]levando tatuado en su mejilla el signo de la hoz y el martillo" (Mena 20). No solo "lo hizo con su ronroneo [vocal] de chamán barriobajera [sic]" (Moreno 54). Esa fue, también, "[l]a primera vez que... usó taco alto...", nada menos que "en una reunión

---

[16] *La Época* (21 oct. 1988) consigna la intervención de Las Yeguas del Apocalipsis en la ceremonia de entrega del Premio Pablo Neruda a Raúl Zurita: "el narrador Pedro Mardones y el poeta Francisco Casas... dijeron que cada uno era dueño de darle la interpretación que quisiera" a la unción del poeta como Cristo de las letras (33). Y, *La Tercera* (15 mar. 1991) presenta a "Las Yeguas: un dúo que sacude cimientos", "formado por Francisco Casas y Pedro Lemebel (*su nuevo apellido en democracia*)" (Cento Taibe 32).

de los partidos de izquierda en la Estación Mapocho" (Contardo). A esto, agréguese que una copia de la fotografía reproducida en *Página abierta*, dispuesta en una caja de luz (55 x 120 cm), y una grabación sonora del manifiesto (11 min) se hallan el Museo Nacional Centro de Arte Reina Sofía de Madrid. La descripción curatorial de la pieza confirma: "[el manifiesto] fue leído en público por vez primera en 1986, en la estación de ferrocarril Mapocho… mientras estaba teniendo lugar una reunión clandestina de disidentes izquierdistas" (Hinojosa).

El ardid de Lemebel se superpone al de Mardones. Si Lemebel lanza su manifiesto en septiembre del 86 empinado sobre descomunales tacos, ¿por qué en el lanzamiento de *Incontables*, en noviembre de ese año, no hay rastro ni de esa supuesta *performance* ni del texto declamado ni del apellido que le sirve de consigna? Las dudas se multiplican: la propia Barros habla de "nuestra memorable irrupción en las Jornadas [Literarias] Pablo Neruda, donde te di mi espacio de lectura para que leyeras tú 'Manifiesto'" (13). Además de las contradicciones, las condiciones de posibilidad de tal *performance* son escasas: ese septiembre, el FPMR perpetra su atentado fallido contra Pinochet (7 sep. 1986) y, en las semanas siguientes, imperan el estado de sitio, cuatro asesinatos selectivos contra personas vinculadas con el PC o con el Movimiento de Izquierda Revolucionaria (MIR), y el cierre temporal de la prensa de oposición de alcance nacional. De hecho, con fusiles en sus nucas, los editores de las revistas *Apsi* consignan jornadas de protesta sofocadas por comandos militares, pero no documentan ningún acto de izquierdas (3). Menos, en la Estación Mapocho que, para el 86, recibe trenes con regularidad: su clausura como terminal ferroviario ocurre el 87 y su conversión en centro cultural, el 91. Por añadidura, varias líneas del mismo manifiesto contribuyen a la incerteza: "sospecho de esta cueca democrática", "porque a esta altura del partido/la izquierda tranza su culo lacio/en el parlamento" (89). El 86, la izquierda está tramando cómo recuperar la democracia; las cuecas y las tranzas, al igual que el apellido, son asuntos tangibles recién el 91.

Como la loca –*gestus* que es sinécdoque del cuerpo travesti–, Pedro Segundo Mardones Lemebel muta el nombre propio y oscurece las pistas sobre su nacimiento (ya sea por vanidad o requerimientos del oficio). Es cierto que la "primera ceremonia de refundación de la identidad" de la loca es el "acto de desafiliación" en que rechaza "el nombre heredado como definitivo con nombres de paso" (Richard 68). Pero, aunque efectiva, la aserción no debe eclipsar que la transitoriedad del nombre adoptado es una estrategia de supervivencia inversamente proporcional al estigma que corrige (por ejemplo, clase, etnia o condición seropositiva). Aquí, la iteración de los apellidos Mardones/Lemebel es la maniobra que permite que el escritor/loca simule cumplir con los requisitos de ingreso al mundo del trabajo letrado remunerado –mundo que, en Chile, incluso después de la promulgación de acuerdos de vida en pareja homosexual (2015), sigue excluyendo a las personas no binarias o transexuales–. Mardones es el profesor exonerado que, con cejas depiladas y voz de pito, escribe cuentos *ad honorem* en dictadura (por los rumores que acompañan su despido, la vida se la gana como vendedor ambulante de papelería). Lemebel, en tanto, es el cronista asalariado que, sin domicilio conocido, colabora en la prensa alternativa de la transición.

Pero, no se trata de un acomodo, sino de una contorsión. Cuando las industrias culturales bailan la "cueca democrática" al ritmo del libre mercado y exigen la producción de individualidades, Pedro *a secas* responde con una operación irónica: la producción de su propia autobiografía, el género dilecto de las *celebridades* (Poblete 136). Eso sí, mientras la autobiografía seriada se construye sobre la base de metáforas amnésicas que edulcoran el pasado, aquella que escribe el autor/loca hace de la mentira su "tropo del débil". *Mintiendo*, él mismo va figurando a su *persona* pública, Lemebel, como el sobreviviente que desafió a los dos ejércitos de la Guerra Fría en una contienda incontable cuya última batalla habría sido en la Estación Mapocho. Sin esa promesa de chismes de veterana anunciadas en su "hoja de vida", ¿quién habría querido oír a una loca que, alejada de sus pupilos colegiales, voceaba historias de gatitas y nutrias, de *twinks* y *péndexs* con acné, en las escalinatas del MAC? Y, de no ser por las mentiras, ¿cómo este escritor/loca podría haber llegado a poner en letras de molde aquello que le ocurre a él o a los suyos, boca abajo o con los ojos vendados, "[e]n los sótanos sexuales donde anduve" ("Manifiesto" 86)?

La trayectoria clandestina e incontable de este escritor de trípticos enseña que la mentira es cosa seria. Al mentiroso que las concibe como tropo, los hechos le dejan yagas en la piel, como cristales en los pies, como neopreno ardiendo en el bajo vientre. De ahí su afán por torcerlos. Al fabulador de patrañas, en cambio, lo que ocurre más allá de sus narices no le interesa, pues está protegido por los cristales impolutos de la pantalla o la vidriera: en virtud de lo anterior, "una patraña es peor enemiga de la verdad que las mentiras", porque el fabulador de patrañas lanza sus engaños de espaldas a la realidad; en cambio, "alguien que miente y alguien que dice la verdad están jugando en lados opuestos... en el mismo juego" (Frankfurt 60)[17] –el juego de remendar una realidad que los interpela–. ¿Por qué mientes, *mariquita linda*? Porque a diferencia de las farsas que tejen la farándula de las celebridades, las mentiras enunciadas por Pedro Segundo Lemebel Mardones son la horma de esas verdades que "la Comisión de Derechos Humanos/no recuerda" ni juzga ni siquiera en la medida de lo posible ("Manifiesto" 85).

Bibliografía

"200 mil pericos no temen a los libros". *La Cuarta*, 3 dic. 1986. s/p.

"Aniversario sin permiso". *Apsi*, N° 188, 1986, p. 3.

Bahamondes, Pedro. "*Incontables*: al rescate del primer libro de Lemebel". *La Tercera*, 31 de mayo de 2018, <latercera.com/culto/2018/06/01/incontables-al-rescate-del-primer-libro-lemebel>.

Barros, Pía. "Incitación a la lectura de los cuentos de Pedro Mardones". *Incontables*. Santiago de Chile: Seix Barral, 2018. pp. 11-15.

Blanco, Fernando A. y Juan G. Gelpí. "El desliz que desafía otros recorridos: entrevista con Pedro Lemebel". *Reinas de otro cielo: modernidad y autoritarismo en la obra de Pedro Lemebel*, editado por Fernando A. Blanco. Santiago de Chile: LOM, 2004. pp. 151-59.

Cento Taibe, Claudia. "Las Yeguas: dúo que sacude cimientos". *La Tercera*, 15 de marzo de 1991, p. 32.

"Con 68 stands partirá la Ferina Nacional del Libro". *La Tercera*, 18 de noviembre de 1986, p. 8.

---

[17] "... bullshit is a greater enemy of the truth than lies are" y "[s]omeone who lies and someone who tells the truth are playing on opposite sides... in the same game" (60).

Contardo, Óscar. "Pedro Lemebel: el corazón rabioso del hombre loca". *CIPER*, 23 de enero de 2015, <ciperchile.cl/2015/01/23/pedro-lemebel-el-corazon-rabioso-del-hombre-loca/>.

Frankfurt, Harry G. *On Bullshit*. Princeton: Princeton University Press, 2005.

Hinojosa, Lola. "Manifiesto. Hablo por mi diferencia. De Pedro Lemebel. Santiago de Chile, Chile, 1952-2015". Museo Nacional Centro de Arte Reina Sofía, <museoreinasofia.es/coleccion/obra/manifiesto-hablo-mi-diferencia-0>.

Lazo Baeza, Olegario. "El padre". *Cuentos de cabecera*, editado por Hernán Poblete Varas. Santiago de Chile: Zig-Zag, 1997. pp. 85-88.

Lemebel, Pedro. "Dónde vamos a encontrar otra Pavez". *Adiós mariquita linda*. 2004. Santiago de Chile: Seix Barral, 2015. pp. 200-203.

_____ "El camión de guardia". *Incontables*. Santiago de Chile: Seix Barral, 2018. pp. 44-51.

_____ *Ella entró por la ventana del baño*. Adaptado por Milan Boyarski [Sergio Gómez Cáceres] e ilustrado por Ricardo Molina. Santiago de Chile: Ocho Libros, 2011.

_____ "Ella entró por la ventana del baño". *Incontables*. Santiago de Chile: Seix Barral, 2018. pp. 18-23.

_____ "El Wilson". *Incontables*. Santiago de Chile: Seix Barral, 2018. pp. 73-77.

_____ "La noche de los visones". *Loco afán. Crónicas de sidario*. Santiago de Chile: LOM, 1996. pp. 11-23.

_____ "La transfiguración de Miguel Ángel (o la fe mueve montañas)". *Loco afán: crónicas de sidario*. Santiago de Chile: Lom, 1996. pp. 155-62.

_____ "Manifiesto (Hablo por mi diferencia)". *Loco afán. Crónicas de sidario*. Santiago de Chile: Lom, 1996. pp. 83-90.

_____ "Una noche buena para Santa". *Incontables*. Santiago de Chile: Seix Barral, 2018. pp. 24-29.

Lepé, Jaime. "El siempre creyó en el *amol*". *La Noche*, N° 76, 2015. p. 12.

Mardones, Pedro. "Ella entró por la ventana del baño". *A Contramar*, N° 10, 1985, s/p.

_____ *Incontables*. Santiago de Chile: Ergo Sum, 1986.

_____ "Porque el tiempo está cerca". *V Concurso Laboral de Cuento y Poesía*. Viña del Mar: La Caja, 1982, s/p.

_____ "Porque el tiempo está cerca". *Cuentos*, editado por Pía Barros. Santiago de Chile: Taller Soffia, 1984. pp. 130-36.

Mena, Catalina. *Pedro Lemebel*. Santiago de Chile: Hueders, 2019.

Ministerio de Justicia, Gobierno de Chile. *Código Penal*. 1874. Versión 21 de julio de 2020, <bcn.cl/2kdmp>.

Moreno, María. "Lemebel engordado". *Loquibambia: sexo e insurgencia*. Santiago de Chile: UDP, 2019. pp. 46-58.

Neruda, Pablo. "El barco". *Revista Nacional de Cultura*, N° 134, 1959, s/p.

Pavez, Andrés. "Santiago es una ciudad gris y paranoica". Entrevistado por Jaime Lepé. *La vida... así de simple y compleja,* 2 de enero de 2008, <lavidaasidesimpleycompleja.blogspot.com/2008/01/andrs-pavz-santiago-es-una-ciudad-gris>.

Poblete, Juan. "De la loca a la superestrella: cultura local y mediación nacional en la época de la neoliberalización global". *Desdén al infortunio: Sujeto, comunicación y público en la narrativa de Pedro Lemebel*, editado por Fernando A. Blanco y Juan Poblete. Santiago de Chile: Cuarto Propio, 2010. pp. 135-56.

Redolés, Mauricio. "No contaban con su astucia". *The Clinic*, 2 feb. 2015, <theclinic.cl/2015/02/02/columna-no-contaban-con-su-astucia>.

Richard, Nelly. *Masculino/femenino: prácticas de la diferencia y la cultura democrática*. Santiago de Chile: Francisco Zegers, 1993.

Tortorici, Zeb. "Queering Pornography: Desiring Youth, Race and Fantasy in Gay Porn". *Queer Youth Cultures*, editado por Susan Driver. Albany: SUNY Press, 2008. pp. 199-216.

"Una corona de espinas y un cristal roto para el poeta". *La Época*, 21 de octubre de 1988, p. 33.

La economía emocional de *Tengo miedo torero*

Judith Sierra-Rivera

En una conversación que tuvo Nelly Richard con Pedro Lemebel, a dos años de la publicación de *Tengo miedo torero*, ambos esbozaron lo que significó esta novela para la obra del escritor, la audiencia, el mercado y la academia norteamericana. Al compararla con el primer libro de crónicas, *La esquina es mi corazón* (1995), Richard sentenció: "Tu brillo sagaz y mordaz de cronista se empaquetó en un traje literario que, para mi gusto, vuelve torpe al impulso narrativo" (Richard 2003, 51). La siguiente pregunta cerró la reseña crítica: "¿Pero tú quedaste conforme como autor?", y la repuesta tambaleante del autor, "No, jamás… aunque quizás algo" (51), nos recordó una vez más cómo Lemebel libró la danza escritural entre experiencia, deseo, arte, mercado y política. En esa combinación del categórico *jamás* y la leve promesa del *quizás*, se ubica nuestro inacabable placer por los textos lemebelianos.

Si algo puede decirse sobre *Tengo miedo torero* es que radicalizó la circulación de ese placer y, específicamente, de las emociones materializadas en la obra y la figura de Lemebel. A diferencia de los libros anteriores, la novela generó interés de un público más amplio, número de ventas, visibilidad del autor, y con todo ello, una exposición incrementada y acelerada de aquello que Luis Cárcamo-Huechante identificó como "ciudadanías económicas, sociales y culturales de raigambre popular" ("Las perlas" 96). Así, la novela implicó, además, una astucia mayor por parte del nuevo novelista al tratar con los medios más conservadores, ante los cuales siempre había sido muy crítico (Franco 39-42; Skarmeta 94). Sin embargo, para

Juan Poblete, el paso de "la diva" a "la superestrella" en Lemebel se había dado ya en sus antologías de crónicas. Tanto en *La esquina* como en *Loco afán* (1996), Poblete identifica un lenguaje radical que rompe con las "convenciones dominantes en la escritura nacional" (81). Mientras que *De perlas y cicatrices* (1998) y *Zanjón de la Aguada* (2003) son, dentro de este argumento, libros conectores entre la diva y la superestrella, *Adiós mariquita linda* (2004) y *Serenata cafiola* (2008) representan el devenir de La Loca en la superestrella, que ahora "habla desde el centro mismo de su consagrado lugar nacional e internacional" (81). Por su parte, Cárcamo-Huechante halla una explosión de la obra de Lemebel en el mercado desde *La esquina*, pues fue ese primer libro uno de los mejores ejemplos, no solo en Chile, sino en América Latina entera, de "la manera en que lo minoritario (gay, homosexual, travesti) ingresa a las tramas de los mercados nacionales y transnacionales" ("El valor", 90). Desde ese momento, vemos la explotación de la "imagen" del autor de "la diferencia" como una figura o personaje metido "en el espectáculo del mercado literario" ("El valor" 90). Puede ser que Lemebel, como performance, haya sido consumido desde la aparición de *La esquina* o que su voz autorial encontrara mucho más claramente una autorización de su discurso literario en esa figura performática de sí mismo desde *Adiós mariquita linda*. En donde podríamos coincidir es en que la novela solo puede existir gracias a todas las experimentaciones del artista visual y performer, el cronista y ese paso tambaleante que dio *la diva* hacia *la superestrella*. En toda esa historia artística y literaria, se visibilizan y valorizan *las ciudadanías de raigambre popular*. Con ellas, como lo he estudiado antes, han ido de la mano sus libros y demás proyectos impregnados por un nudo emocional que combina el amor, la rabia y la melancolía (Sierra-Rivera 93-132).

Sin embargo, a diferencia de sus libros de crónicas, la novela no había convencido a la crítica y esto hacía que apareciera desinflada por la desilusión dentro del consumo académico. Más aún, por mucho tiempo, me parece, se convirtió en un objeto de enojosa decepción que también demarcaba a su autor, precisamente por ser un éxito comercial:

> Tu novela ... estuvo durante un tiempo en el ranking chileno de los libros más vendidos que publicara *El Mercurio*. ¿No te han incomodado estos

índices de consumo masivo tramitados por el lugar común facilista del éxito? (Richard 2003, 51)

Mi primera lectura del libro también diagnosticó el esfuerzo novelístico de Lemebel como una extensión infructuosa de su arte cronista. A mi parecer de entonces, este texto no nos invitaba a un mundo complejo o inexplorado que se abre a la lectura en arte narrativo. Como bien lo han visto otras voces críticas, hay poses de simulacro que evocan a *El lobo, el bosque y el hombre nuevo* (1991) de Senel Paz, *El lugar sin límites* (1966) de José Donoso y *El beso de la mujer araña* (1976) de Manuel Puig, que no intentan ocultar el homenaje que se les rinde.[1] Por otra parte, también se ha propuesto como una nueva experimentación sobre la denominada "novela de dictador" en América Latina (Poblete 147; Manickam 39-49). Por mi parte, tras leerla por primera vez, la trama anudada por Carlos del Frente Patriótico Manuel Rodríguez[2] y La Loca (también) del Frente –que nos recuerda a la escena recurrente del cuerpo heterosexual masculino y La Loca en las crónicas– y el lenguaje neobarroso de Lemebel, me hizo pensar que *Tengo miedo torero* había sido la mejor de las formas para deshacer la mistificación del género de la novela y abrirle paso en ella al hibridismo de la crónica. Todavía pienso que hay algo de eso.

A diecinueve años tras la publicación del libro, su versión fílmica, dirigida por Rodrigo Sepúlveda, se estrenó en el Festival Internacional de Cine en Venecia (septiembre 2020). Unido a este hecho, he regresado a la novela y la entrevista que tuviera Lemebel con Richard para detenerme sobre la contestación del autor ante la increpación por su lugar exitoso en el *ranking* de *El Mercurio*. Después de balancearse entre la valoración del *jamás* y el *quizás* sobre su texto, Lemebel abrazaba mejor otro éxito que percibe en su novela:

> ¡Creo que el libro era para película! El intento de escribirlo respondió a un desafío frente a los New Cowboys de la novela chilena. Pero fíjate que, a la gente corriente de la calle, le gusta el libro: al taxista, la vieja que vende

---
[1] Al respecto, véase Ruffinelli 78; Espinoza Mendoza 81; Da Silva Alves 184; Epps 111; López Morales 79-102; y Hosiasson 144-45.
[2] Sobre el Frente Patriótico Manuel Rodríguez, véase la segunda nota a pie de página que aparece en el artículo "Amor y política: el resplandor de la lengua en *Tengo miedo torero*" de Raquel Olea, que aparece a continuación en este mismo volumen. [*Nota del editor.*]

cebolla en la vega. Ahora también, uno nunca sabe, ¡puede ser que ésta sea la misma gente que vota por Lavín, el niño-símbolo de la derecha! Yo me enfrento con esa gente en el día a día, en el cara a cara del doméstico reconocimiento pellejo de la calle. No alcanzo a tener la lepra del escritor público. Sin caer en una excesiva sencillez, debo decir que a mí la gente de la calle me identifica más con el personaje bizarro de la tele que con el escritor. (Richard 2003, 51)

Más que una intención en la escritura, según esta cita, el deseo por una película parece llegar después de valorar la recepción de la novela. Donde había sido acogida con gran entusiasmo, según el escritor, era entre la comunidad que había formado parte del *corazón de la esquina*: la *gente corriente de la calle*, que reconoce a Lemebel por la televisión, no por su escritura *sagaz* y *mordaz*, de la que hablaba Richard al valorar las crónicas. Lemebel piensa la película para ese consumo de su figura mediática, para quienes hayan comulgado con el nudo emocional que el autor mismo cargaba en su cuerpo televisado. Al pensar la vida y obra de este escritor desde la tradición del archivo, Javier Guerrero nos recuerda la importancia de ese cuerpo que se dio en arte y política, y que hacia el final de su vida, cargaba y exhibía las heridas de la enfermedad, y sin embargo: "El archivo de Lemebel ... se rebela contra una temporalidad signada tanto por la linealidad de la propia vida como por la propia constitución de archivo" (152). Tras describir el archivo de Lemebel como "analfabeto", Guerrero abunda: "el archivo analfabeto no solo traspasa la muerte sino la vida misma, puesto que la muerte se desdibuja como marca fija, por ya no poder ser infranqueable" (153). Su tambaleo entre lo culto y lo popular, lo mediático y lo artístico, retó todos los binarismos. Su obra y su vida perduran en más de un imaginario.

Entonces, si bien podemos hablar mucho de su valor económico en relación con la venta de libros, hay un valor atado a la circulación de esta novela que excede el registro financiero. Por ejemplo, a las ventas, habría que añadir los préstamos y las reproducciones ilegítimas. Es así que, cuando en el título de este ensayo propongo ver lo emocional como una economía, me refiero explícitamente a un carácter material: ¿cómo lo emocional se ata al consumo y recepción del libro, el cuerpo del escritor, los cuerpos y objetos en la trama? En esto, sigo la filosofía de Sara Ahmed, quien ha conceptualizado las emociones a partir de sus efectos sobre las acciones de nuestros cuerpos y la forma que adquiere nuestra corporeidad. Nos extendemos o encogemos, acercamos o alejamos, según nuestras emociones, hacia determinados cuerpos-objetos. Lo emocional, para Ahmed, es siempre relacional. Es así, por ejemplo, que los cuerpos-objetos emocionales (banderas, himnos, fronteras territoriales, extranjeros o inmigrantes, entre tantos otros) son fundamentales para designar un "nosotros" frente a un "ustedes" o "ellos" en los discursos nacionales. Más aún, estos cuerpos-objetos circulan, como la moneda, y generan, en su caso, una economía emocional: "las emociones pueden moverse mediante el movimiento o circulación de los objetos. Estos objetos se tornan pegajosos, o saturados, con afecto, como sitios de tensión personal y social. ... La circulación de los objetos de la emoción involucra la transformación de otros en objetos de sentimiento" (11).[3] Por lo tanto, no es que las emociones se muevan entre nosotros, sino que la circulación de estos objetos-cuerpos emocionales nos agita y nos (con)mueve de cierta manera. Es decir, según su circulación, nos acercamos, alejamos, extendemos o encojemos con ellos.

Es importante notar que la circulación del cuerpo de La Loca –entre la intimidad protectora de su casa y la ciudad inflamada de la contienda política– pone en movimiento otro tipo de amor revolucionario en ese contexto de Chile en 1986. La lectura de la novela, desde la mirada de Carlos, nos refiere irrevocablemente a un amor revolucionario de izquierda, siempre extendido hacia el porvenir. Se trata del sacrificio del presente por la utopía futura. Para La Loca, sin embargo, el amor revolucionario solo puede entenderse en su deseo por querer a Carlos en la cotidianidad. El cuerpo de La Loca se extiende del adentro (su casa) al afuera (las calles) por ese amor de aquí y ahora, sin proyectos para el porvenir. Por lo tanto, si esta novela se nos abre como una interpretación histórica que nos deja en un final melancólico con ese mantel tirado al mar; y si a final de cuentas, la historia de Chile ya la conocemos en lo que devino después de 1986, entonces ¿qué significa narrar el mismo relato desde ese *otro* amor revolucionario de La Loca? Esta es la pregunta que aquí persigo.

---

[3] "emotions can move through the movement or circulation of objects. Such objects become sticky, or saturated with affect, as sites of personal and social tension. ... The circulation of objects of emotion involves the transformation of others into objects of feeling" (Ahmed 11). La traducción me pertenece.

Para ensayarla, me fijo en el arte del fragmento del que nos habló Roland Barthes en *La preparación de la novela*. Es decir, esta novela es de las pocas que exhiben su hacerse, sus costuras, para dejarnos en un instante inacabado. Continúo pensando, como en mi primera lectura, que Lemebel quiso alargar el efecto de sus crónicas en la novela. Sin embargo, no lo hizo como si escribiera una versión larga de la escena primaria en su obra (el encuentro entre La Loca y el macho). Lo hizo deshilvanando una serie de instantes –acaso ecos de sus crónicas– y colocándolos estratégicamente como objetos emocionales que, además del propio cuerpo de La Loca, cargan su amor revolucionario por Carlos a lo largo de la trama.

La agitación del instante en la novela lemebeliana

La circulación de los afectos dentro de la novela de Lemebel, al igual que con sus libros anteriores, comienza desde la dedicatoria. A través de esos paratextos, donde el discurso poético del autor siempre sobresalió, circulan además hacia un afuera del texto, tanto por a quienes se interpela como por la lectura de quienes se allegan. En sus dedicatorias, Lemebel marca un esfuerzo colectivo en el hacer posibles sus libros. Las nombradas son casi siempre mujeres todas, constituidas por la familia sanguínea, como su madre, o una familia adquirida por relaciones afectivas. En las dedicatorias lemebelianas, la escritura y la lectura se hacen clan que mueve nudos emocionales de profundo amor, goce y dolor. En este caso, dice así:

> Aquí entrego esta historia y se la dedico con inflamado ardor a Myrna Uribe (La Chica Myrna), pequeño epicentro esotérico, que con su relajado poético alejó la tarde del coyote. A Cecilia Thauby (La Ceci), nuestra heroína enamorada. A Cristian Agurto (El Flaco). A Jaime Pinto (El Julio). A Olga Gajardo (La Olga). A Julio Guerra (El Pato), se me aprieta el corazón al recordar sus ojos mansos y su figura de clavel estropeado, aguijoneado de balas por la CNI en el departamento de Villa Olímpica. A Oriana Alvarado (La Julia). A la vieja del almacén, copuchenta como ella sola, pero una tumba a la hora de las preguntas. Y también, a la casa, donde revolotearon eléctricas utopías en la noche púrpura de aquel tiempo. (7)

No hay poder interpretativo de la lectora que sea capaz de asignar significados exactos a las palabras del autor en esta dedicatoria.

El paratexto se construye en clave secreta que solo Pedro, Myrna, Cecilia, Cristian, Jaime, Olga, Julio, Oriana, la vieja del almacén y la casa pueden descifrar, en vida o en muerte. Aun así, o precisamente porque así es, ese secreto se hace público incluso antes del inicio de la lectura de la novela. Desde esa entrepuerta que es la dedicatoria, se seduce a la lectora y se le inicia en una conspiración que nunca entenderá del todo: la de la preparación de la novela.

En la serie de seminarios dictada bajo el título *La preparación de la novela*, Barthes nos lleva a considerar la novela como un acto de amor. Distinto del lírico (el "yo" habla de sí mismo al estar enamorado), este proyecto de narración habla de la gente a la que se ama. Para Barthes, aquellas novelas que nos llevan a un estado de agitación –el erotismo en un constante punto de desborde, sin nunca cumplirse– son las que mejor nos regalan la fotografía del instante, es decir, "encontrar ... el Tiempo enseguida = concomitancia de la nota (de la escritura) y de la incitación: fruición inmediata de lo sensible y de la escritura, uno gozando por la otra ... una escritura (una filosofía) del instante" (91).

El discurso de Barthes, no obstante, nos lleva a estas consideraciones a través del estudio del haiku, irreproducible, según él, en las estéticas occidentales. El carácter fragmentario de esta forma poética, como las notas de preparación, que anuncian la novela imaginada, nos hablan de una nostalgia por lo que ha sido: lo que ha aparecido y desaparecido en un flash, interrumpiendo la paradigmática continuidad del tiempo. La escritura fragmentaria del instante nos revela, además, la agitación de ese momento por ser atesorado, recordado. Más allá de la anotación en fragmentos, el instante es irreproducible e irrecobrable, pues no puede alargarse. Entonces, para Barthes, en la extensión de la novela, los instantes del haiku aparecen de pronto, a través de lo tangible: "la presencia de palabras, en un texto narrativo o intelectual, de palabras que tienen como referentes cosas concretas: objetos; digamos *grosso modo*: cosas que podríamos tocar, *tangibilia*" (100). En la atención a objetos tangibles, se percibe inesperadamente aquella nota fragmentaria, acumulada en la preparación de la novela y que guardaba el deseo por un texto específico (el imaginado y soñado) y el placer que devendría para quien escribe al acabarlo. Sería atestiguar algo: "como un germen, una virtualidad de fantasma = argumento breve, enmarcado, en el que entro en estado de deseo, de placer *proyectado*" (101). Ese deseo siempre queda inacabado, pues la novela escrita no es la que entreveíamos en las notas de preparación; no es la que deseábamos. Igual, nos agita.

Dentro del mundo escritural de Lemebel, sus crónicas funcionan como haikus. El brillo sagaz y mordaz, identificado por Richard, señalaba una forma de practicar la crónica que atentaba contra lo que hasta ese momento había sido el género más inestablemente atrevido de la producción literaria en América Latina. Al leer cualquier crónica de Lemebel, se percibe una escena, más que un evento. La descripción barrocamente detallista nos regala un flash del momento que ha sido, es decir, que fue vivido, desapareció y sigue siendo un efecto en trozos inconmensurables sobre el presente. El estado de incitación en sus crónicas se consigue por la persecución de un deseo inacabado o grotescamente girado hacia otra forma de sublimación. Específicamente, esto se logra mediante la combinación de La Loca y el péndex que regresa, una y otra vez, en distintas escenas urbanas del presente o de esa memoria enamorada que nos narra el pasado a través de esta pulsión. A veces, la pareja consigue un inacabado alivio bajo el ojo autoritario de la ley sobre el espacio público. Otras veces, el encuentro termina replicando la violencia dictatorial y de la lógica neoliberal. En todas las instancias, la lectura se recuerda más por escenas quebradas que por una historia a recontarse.

En vez de un flash único, un momento de agitación solitario que ha sido insoportablemente revivido en su crónica-haiku, en *Tengo miedo torero*, Lemebel nos bombardeó con un incansable disparo de su cámara. Es en esos instantes fotográficos, hechos palabras, donde se siente la agitación por lo que está a punto, pero no se da todavía. Quiero estudiar tres de estas escenas, que se unen por la materialidad o lo tangible del mantel diseñado y confeccionado por La Loca. El mantel puede reforzar la conexión de esta novela con *El beso de la mujer araña*, como recuerda Brad Epps, ya que el tejido de La Loca del Frente reacomoda memorias e historias, vinculándose así, además, con las figuras míticas de Aracne y Penélope (112-114). En las escenas del Cajón del Maipo, la casa de doña Catita y la playa de Viña del Mar, me fijo más en cómo el mantel deviene un objeto afectivo, aquello que es tangible y nos (con)mueve hacia lo que pudo haber sido o podría ser, un instante fotografiado que anticipa no solo la historia que fue.

El mantel es el objeto que carga toda la experiencia y las emociones ocurridas en la salida al campo, propuesta por Carlos y embellecida por La Loca. Ese embellecimiento comienza tan pronto como la invitación se da y transforma algo aparentemente súbito e informal en un día mediado por la fantasía de un día de campo:

> Podrías acompañarme mañana al Cajón del Maipo. [...] Ella se quedó sonámbula, encandilada, así tan niña frente a un prado de flores amarillas. Y mucho después que Carlos se hubo ido, contestó que sí quiero ir, que por supuesto. Que debería cocer un pollo y huevos duros para el picnic, y llevar ese mantel divino bordado de pájaros y angelitos, y comprarle pilas a la radio para escuchar música, y quizás una pelota para que Carlos se entretenga chuteando. Y también un libro. No, mejor una revista para hojearla distraída y ociosa en esa gran alfombra verde. Casi una pintura ... (23)

La fantasía deviene escena pormenorizada en detalles que la transforman, a su vez, en una pintura. La comida, la radio, la revista y el mantel, aparte del sombrero de ala ancha, llegarán a asentarse sobre la hierba en el Cajón del Maipo. Así, y tras el lente fotográfico de Carlos, la fantasía se encuadra en un recuerdo: "Congelado ese momento para recordarlo en el futuro, para pajearse con la vulnerabilidad del recuerdo suspendido en el vuelo de ese pájaro ..." (28) Al igual que la fantasía, el recuerdo será fugaz y, a la vez, estará abierto a las ediciones del deseo. La "alucinada fantasía barroca" de La Loca tiene un "modo de adornar hasta el más insignificante momento," y luego, el mantel pasa a ser la mantilla de "una maja llovida de pájaros y angelitos" (32). Ante los ojos de Carlos, La Loca deviene una mujer como ninguna otra:

> Nunca una mujer le había provocado tanto cataclismo a su cabeza. Ninguna había logrado desconcertarlo tanto, con tanta locura y liviandad. No recordaba polola alguna ... capaz de hacer ese teatro por él ... Ninguna, se dijo, ... Intentando recobrar el pulso de su emoción. (33)

Si para Carlos el camuflaje de la fantasía de La Loca encubría su planificación del atentado contra el dictador, en tan solo un instante, la fotografía de la fantasía de La Loca será lo que sobreviva como un deseo inacabado para él también.

El mantel, como el cuerpo de La Loca, transita entre lugares privados (íntimos) y públicos (políticos) por la ciudad. Mandado a hacer por doña Catita, la esposa de un general y la "clienta más antigua, la más regia" de La Loca, este objeto artesanal de lujo nace de un encargo por dinero (48). Su valor de cambio, asignado en el acuerdo entre La Loca y doña Catita, requiere, además, que el mantel (objeto) y su artesana (cuerpo) circulen entre el barrio popular donde se fabrica y el barrio de clase alta donde se consume y exhibe. Sin embargo, esta transacción capitalista ha sido interrumpida por otra circulación: la del deseo. El mantel, no solo ya contiene el valor de cambio monetario, sino también la mistificación del fetiche. La Loca deberá decidir, entonces, entre el dinero y el deseo. Ya en la casa de doña Catita, dispuesta al cambio monetario, la fantasía del deseo de la artesana deviene pesadilla:

> … sacó de la bolsa plástica el mantel y lo desplegó como una vela de barco sobre el flamante mesón. Una claridad áurea encendió la sala al tiempo que la loca alisaba los pliegues y repartía por las orillas el bordado… […] Y allí se quedó embobada imaginando la cena de gala que el 11 de septiembre se efectuaría en ese altar. […] En su cabeza de loca enamorada el chocar de las copas se transformó en estruendo de vidrios rotos y licor sangrado… El vino rojo salpicaba el mantel, el vino lacre rezumaba en manchas de coágulos… (59-60)

Lo grotesco de la escena la llena de pavor, emoción que la impulsa a "huir de allí … recoger el mantel de un tirón, doblarlo rápido y salir … hasta la puerta de la calle. Sólo ahí pudo respirar …" (61). El recuerdo de la escena del Cajón del Maipo se guarda en el mantel, tanto en lo que fue como en lo que pudo haber sido, en ese deseo inacabado, en el instante cortado por una foto, en la agitación de lo que todavía se anuncia, que podría pasar en la realidad y que vive incumplido en la fantasía de La Loca, justo porque ella lo quiere retener así: límpido. Entregar el mantel por dinero a doña Catita sería manchar su amor por Carlos, tal como desfogar su deseo en un acto físico con Carlos sería también ensuciar ese amor. Tal como las manchas de vino ahogando a los pajaritos y angelitos del mantel blanco había sido el golpe de estado terminando la utopía de Unidad Popular aquel 11 de septiembre de 1973. Hay que salvar este amor revolucionario del miedo y dejar que sea, por ese amor mismo, que se rescate un instante de potencialidad de ese pasado en el presente, como al mantel que guarda el recuerdo del día de campo en el Cajón del Maipo.

El mantel hace su aparición final en la playa de Viña del Mar, cuando La Loca y Carlos se encuentran en la huida, tras el atentado al dictador. Con otro escenario natural, se recrea el instante del Cajón del Maipo: "... desplegando la nívea bandera del mantel bordado de pájaros y angelitos. Carlos [...] se quedó embobado mirando el mantel, las servilletas y el ramo de flores silvestres que las manos de La Loca habían arreglado en unas conchas de mariscos" (187-189). Pero aquí ya son otras las emociones. Cuando Carlos le propone a La Loca que se vaya con él a Cuba, ella rechaza esa propuesta. Los instantes fugaces, las imágenes de los fragmentos hechos recuerdos del Cajón del Maipo o la playa de Viña del Mar son los que nutren el deseo de La Loca. Por eso, si la promesa de Cuba se hubiera dado, habría acabado con la fantasía de *lo que pudo ser* de La Loca. Tal como salvó el amor del miedo en casa de doña Catita, La Loca aquí salva su revolución de "cierta vergüenza en sus ojos de macho marxista [Carlos]" (190). Si bien La Loca había vencido el miedo por el amor a Carlos, él nunca podría vencer la vergüenza de su amor por ella. Por eso, "lo que aquí no pasó, no va a ocurrir en ninguna parte del mundo" (193). Y por eso, precisamente, es que La Loca decide dejar atrás el mantel al emprender su vida sin Carlos: "Mientras atrás en la playa anochecida en terciopela oscuridad, la marea se encrespaba arrastrando el albo mantel olvidado en la arena" (194). Este amor tiene más fuerza en la fantasía barroca de La Loca, en su agitación que se queda en el potencial del deseo.

Considero que la trama –anudada por la relación entre La Loca y Carlos– se hace posible gracias a las intermediaciones. Por una parte, el revolucionario aquí se presenta como una masculinidad intermedia entre el arrebato de la masculinidad de la izquierda –muchas veces tóxica– y la que se deja seducir por juegos con su sexualidad, en ocasiones, sin vergüenza. Por otra parte, La Loca vive un intermedio en su amor por Carlos: de las "tretas sucias de la calle", ha pasado a un amor ideal y sublime que nunca quiere consumar. En el momento que se consuma, bien lo sabe La Loca, la intermitencia que habitan Carlos y ella se acabaría. Del todo consumido, se pasaría a la nada del abandono; y el recuerdo no perduraría en las fotos inacabadas del Cajón del Maipo y Viña del Mar que quiere ella conservar prístinamente.

Asimismo, el amor revolucionario de Carlos, siempre extendido hacia un futuro –"después te explico"–, deviene fronterizo al encontrarse con ese amor distinto de La Loca que se ancla en el presente. Para La Loca, su deseo es querer a Carlos en la cotidianidad, por ejemplo, al celebrarle su cumpleaños. Precisamente, en esta frontera, es que el amor de La Loca viene a ser el verdadero amor revolucionario, el que ha roto el miedo por su deseo sexual, por su querer en el aquí y el ahora. Lo que se obra en el presente diegético de la novela no guarda promesas. Se logra algo, se pierde algo y no se guarda nada para la espera o para explicaciones futuras. No hay una utopía aguardando en el futuro; no hay que sacrificarse en un amor por la felicidad perfecta que nos aguarda. Por eso, La Loca le dice no a la Cuba propuesta por Carlos.

Del adentro al afuera en el amor revolucionario de La Loca

En *Tengo miedo torero*, el afuera siempre está percudido por el miedo. Es la ciudad secuestrada por el horror de la dictadura. El adentro, la casa de La Loca, es el refugio, donde el preciosismo modernista, llevado hasta la estética melodramática, exalta el goce. Es en esa casa donde Carlos se permite relajarse hasta perder la rigidez del macho marxista, y es en la relación con Carlos que La Loca se permite soñar. La relación entre ambos es, pues, otro adentro, otro refugio. En ese adentro, se tocan dos amores. El de él que pertenece al orden de lo político y el de ella que maniobra a través de las políticas de la intimidad. ¿Qué pasa entonces cuando ese adentro circula en el afuera?

A diferencia de la mirada del cronista en las antologías de Lemebel, aquí La Loca rara vez quiere abandonar su casa para caminar por la ciudad. Prefiere contemplarla en paisaje desde sus ventanas o terraza, o en movimiento desde el transporte por el cual se desplaza. Esto nos habla del peligro inminente para cuerpos como el suyo en el contexto dictatorial. Sin embargo, cuando debe caminar la ciudad, sus micropolíticas de la intimidad – sobre todo, la cultivada con Carlos en la realidad y la fantasía– pueden incidir sobre el espacio público de lo político. No solo el paisaje urbano refleja las emociones de La Loca (sombrío en casa de doña Catita, soleado cuando regresa del Barrio Alto o perturbado cuando ansiosamente espera por noticias de Carlos). También, su cuerpo se convierte en ese objeto emocional del que nos habla Ahmed, y en torno a él, se organizan los demás. Así, atraviesa una barrera policíaca aparentemente impenetrable (118-119), se lleva parte de esa violencia policial en un insulto y golpe en la espalda (146-147) y se une a una manifestación de mujeres por los detenidos desaparecidos (147-148). Valentía y terror se turnan en cada escena, a cada paso de La Loca, cuyo cuerpo logra, a veces, confundir y burlar a quienes desearían exterminarlo. Si el atentado del amor revolucionario de Carlos y los del Frente contra el dictador había sido el gran evento para la historia, son las acciones cotidianas e íntimas de cuerpos como el de La Loca los que mueven de un lado a otro esa ciudad convulsa de la década de los ochenta. En esto, sí, la novela sigue la pauta planteada por la crónica de Lemebel. No es la mirada panóptica del gran gesto que espera por un mejor futuro lo que ejerce un cambio radical. La mirada de la caminante urbana es la que escucha e hilvana rumores, la que lleva y trae, la que contiene la táctica del presente improvisado, donde se guarda la potencialidad pequeña y acumulativa para otro mundo posible.

Esos precisos instantes, además, no solo nos remiten al deseo revolucionario e innovador de la novela en preparación, sino también a la visión de una película. En este sentido, me parece que Lemebel preparó su novela como un espacio intermedio entre lo literario y lo fílmico. No solo digo esto porque recién se haya estrenado la cinta de Sepúlveda, sino también, porque a lo largo de la novela aparecen constantemente indicaciones cinematográficas. La mirada sobre la ciudad es, especialmente, detallada en tomas de cámara y filtros para el lente, por ejemplo, cuando La Loca transita Santiago sola:

> La ciudad, zumbando en la película de la ventanilla, le pareció más cálida al descender del Barrio Alto como en un tobogán de acarreo humano por el laberinto de avenida. De nuevo a la Alameda con sus edificios grises ahumados de smog, de nuevo el centro y su hormigueo acelerado de gente, y otra vez Mapocho en su humareda de pescado frito y vendedores de fruta en mangas de camisa, agarrándose el bulto en relajado comercio de tornasolada vitalicad. (163)

También, el mismo día del atentado, la mirada panóptica –descrita como si fuera una anotación para la toma aérea– se entrecruza con la mirada fragmentaria y apresurada de La Loca, detallada en metonimias y sinécdoques de los lugares y en rumores entrecortados de los de a pie (157). Finalmente, cuando debe despedirse de Santiago, la voz narrativa precisa la toma de cámara que ha de tomarse, de plano ancho o paneo (175-176). En cada uno de los momentos referidos, la preparación de la novela-película se une por la emoción que carga la relación entre el cuerpo de La Loca y su ciudad.

Por otra parte, hay un guiño al teatro a través del personaje de La Loca del Frente, sobre todo en el espacio interior de su casa. Como bien ha señalado Epps, la novela de Lemebel, a diferencia de sus crónicas, resalta más el espacio interior que el público de la ciudad (114-115). La casa aparece puntillosamente descrita desde el mobiliario sencillo, que ya se percibe como utilería escasa sobre un escenario principalmente vacío, hasta los apuntes meticulosos sobre la luz sobre los personajes. Me parece que es en esas instancias, además, donde puede detectarse mejor una intertextualidad con *El lugar sin límites* de Donoso; pero más que nada, con la teatralidad de la Manuela, a quien, en La Loca del Frente, se le otorga amor y se le depara un final digno y prometedor. El ahínco por embellecer la precariedad de los cuartos, el preciosismo que hilvana los pensamientos de La Loca, el cancionero romántico y la estética melodramática refuerzan el homenaje, la conexión y la corrección de los textos latinoamericanos que han tenido a las mujeres trans como sus protagonistas (Ruffinelli 78; Da Silva Alves 181). Si bien Cristian Pérez Guerrero la ha descrito como un teatro de crueldad (303-316), coincido más con otras voces críticas que han visto el rescate de la tradición literaria de la travesti en esta novela como una continuidad lemebeliana de la politización del cuerpo de La Loca (Lewis 181-220), que también deviene metonimia de la ciudad de Santiago y de su historia *queer* (Garabano 50-51).

Yo ubico una mirada melancólica justo en el centro de ese preciosismo del mundo interior, que transita libremente entre la estética alta del modernismo y la popular del melodrama. Se trata, no de una nostalgia romantizada desde la izquierda por un momento que fue, sino de un amor vivo en el cuerpo de La Loca por Carlos que continúa siendo en los tejidos de la memoria y sus representaciones.

Así, es una mirada melancólica que se rehúsa a comprometerse con un final, tanto para la historia de amor del interior como para el proyecto de un mundo exterior distinto. Ambos espacios quedan atados en el cuerpo de La Loca. Por lo tanto, si bien concuerdo con Epps en su aserción sobre la primacía del espacio de la casa, según mis ideas y las descripciones que he anotado antes, pienso que la ciudad regresa mediante la errancia de este cuerpo: la "locagrafía" de las crónicas es una continuidad entre crónicas y novela (Mateo del Pino 17-28). Aquel momento de la playa en Viña del Mar, como aquel momento de desestabilidad dictatorial y su modelo neoliberal en 1986, todavía viven en la mente melodramáticamente preciosista de La Loca. Todo lo que sigue siendo posible, porque no ha terminado, queda materialmente representado en el mantel devenido en la inconmensurable extensión y profundidad del mar.

Me parece entonces que, después de este análisis, podemos decir que la novela es una familiar incómoda de las antologías de crónicas que la antecedieron. Después de todo, ya Lemebel era un autor *raro* (Poblete 147) cuya producción siempre había rehuido clasificaciones genéricas, tanto humanas como artísticas (Richard 2018, 75). *Tengo miedo torero* es, pues, parte de una familia textual y corporal forjada emocionalmente entre escrituras y lecturas. Es por esto que incluso le debe más a la circulación emocional que a la del mercado editorial.

Bibliografía

Ahmed, Sara. *The Cultural Politics of Emotion*. Nueva York: Routledge, 2015.

Barthes, Roland. *La preparación de la novela: notas de cursos y seminarios en el Collège de France, 1978-1979 y 1979-1980*. Ciudad de México: Siglo XXI, 2005.

Cárcamo Huechante, Luis E. "Las perlas de los 'mercados persas' o la poética del mercadeo popular en las crónicas de Pedro Lemebel". *Revista Casa de las Américas*, Nº 246, enero-marzo 2007, pp. 95-102.

_____ "El camp(o) de lo gay y lo travesti: Jaime Bayly y Pedro Lemebel en el mercado". *El valor de la cultura: arte, literatura y mercado en América Latina*, editado por Luis E. Cárcamo Huechante, Álvaro

Fernández Bravo y Alejandra Laera. Buenos Aires: Beatriz Viterbo Editora, 2007. pp. 87-111.

Da Silva Alves, Wanderlan. "Fronteras del deseo: melodrama y crítica social en *Tengo miedo torero* de Pedro Lemebel". *Castilla: Estudios de Literatura*, vol. 3, 2012, pp. 181-204.

Epps, Brad. "Nostalgia de la oscuridad: acción clandestina y amor furtivo en *Tengo miedo torero* de Pedro Lemebel". *La vida imitada: narrativa, performance y visualidad en Pedro Lemebel*, editado por Fernando A. Blanco. Madrid: Iberoamericana / Vervuert, 2020. pp. 109-127.

Espinoza Mendoza, Norge. "Puig, Paz, Lemebel: la sexualidad como revolución". *Revista Casa de las Américas*, N° 246, enero-marzo 2007, pp. 80-87.

Franco, Jean. "Conocí a Pedro…". *Nuevo Texto Crítico*, vol. 22, N° 43-44, 2009, pp. 39-42.

Garabano, Sara. "Lemebel: Políticas de consenso, masculinidad y travestismo". *Chasqui*, vol. 32, N° 1, mayo 2003, pp. 47-55.

Guerrero, Javier. "La metástasis de la mariposa". *Cuadernos de literatura*, vol. 23, N° 46, julio-diciembre 2019, pp. 121-155.

Hosiasson, Laura Janina. "*Tengo miedo torero*, de Pedro Lemebel: Pasodoble e melodrama". *Literatura e Sociedade*, N° 29, enero-junio 2019, pp. 141-149.

Lemebel, Pedro. *Tengo miedo torero*. Barcelona: Anagrama, 2001.

Lewis, Vek. *Crossing Sex and Gender in Latin America*. Nueva York: Palgrave Macmillan, 2010.

López Morales, Berta. "La construcción de 'la loca' en dos novelas chilenas: *El lugar sin límites* de José Donoso y *Tengo miedo torero* de Pedro Lemebel". *Acta literaria*, N° 42, 2011, pp. 79-102.

Manickam, Samuel. "La sexualidad desafiante frente al dictador en *Tengo miedo torero*". *Hispanófila*, vol. 159, 2010, pp. 39-51.

Mateo del Pino, Ángeles. "Chile, una loca geografía o las crónicas de Pedro Lemebel". *Hispamérica*, vol. 27, N° 80-81, pp. 17-28.

Pérez Guerrero, Cristian. "Reficcionalizar la crueldad". *Revista Chilena de Literatura*, N° 99, abril 2019, pp. 303-316.

Poblete, Juan. *La escritura de Pedro Lemebel como proyecto cultural y político: crónica, ciudadanía y literatura bajo el neoliberalismo*. Santiago de Chile: Cuarto Propio, 2018.

Richard, Nelly. *Abismos temporales: Feminismo, estéticas travestis y teoría queer*. Santiago de Chile: Metales pesados, 2018.

_____ "Como una tiara de rubíes en la cabeza de un pato malandra… Una conversación con Pedro Lemebel." Entrevista con Pedro Lemebel, *Revista de Crítica Cultural*, vol. 26, 2003, pp. 50-54.

Ruffinelli, Jorge. "Lemebel después de Lemebel". *Revista Casa de las Américas*, N° 246, enero-marzo 2007, pp. 73-79.

Sierra-Rivera, Judith. *Affective Intellectuals and the Space of Catastrophe in the Americas*. Columbus: Ohio State University Press, 2018.

Skármeta, Jovana. "La obra literaria de Pedro Lemebel en los medios de comunicación: irrupción del escritor marginal". *La vida imitada: narrativa, performance y visualidad en Pedro Lemebel*, editado por Fernando A. Blanco. Madrid: Iberoamericana/Vervuert, 2020. pp. 85-96.

Amor y política: el resplandor de la lengua en *Tengo miedo torero*[1]

Raquel Olea

DESDE SUS PRIMEROS LIBROS DE CRÓNICAS, EL LUGAR DE HABLA de Pedro Lemebel se sitúa en un borde de sentido que le permite construir una semiótica exhibicionista que va abriendo formas de lenguaje a una nueva cultura que posibilita contener lo sancionado, rechazar lo consensuado e inscribir lo prohibido por la moral burguesa; deseos y políticas de los cuerpos y la sexualidad son narrados en las lógicas de una verdad que no puede callarse. Su lenguaje, descubre y llama la atención sobre todo aquello que el mercado del éxito elude y calla. En ese "parloteo" (palabra de Lemebel), que conjuga lo sentimental y lo político, trabaja una estética excesiva: lengua barroca y mestiza, incisiva e insistente en hacer(se) notar por lo que molesta y perturba a los acuerdos y consensos del bien decir. Esa habla ruidosa (feminizada) imposible de desatender lo instala allí donde lo que Lemebel sabe y habla no ha sido sabido antes. Es otra de las formas de su política de escritura, atraer la mirada hacia lo que no se desearía ver.

En la constitución de un sujeto homosexual llamativo, estridente y caprichoso, despliega una estrategia de lengua "loca", que apela a una complicidad del lector que acepta y desea advenir a ese lugar de saber que su discurso propone y que otros no saben. En tonos extremos: acusador y copuchento, se expone, se hace cargo políticamente de

---

[1] Una primera versión más extensa de este artículo apareció publicada en el libro *Variaciones: Ensayos sobre literatura y otras escrituras*, de Raquel Olea, bajo el título "'Como abejorro zumbón': formación de una lengua loca en Pedro Lemebel". *[Nota del editor.]*

lo que antes, en dictadura, se acalló y ahora, en democracia, solo se dice a medias, produciendo complicidades entre cronista y lector, en el afuera de cualquier modo de decir oficial.

En el contexto de *Pedro Lemebel, belleza indómita*, me interesa leer las particularidades de su producción de "lengua loca" en su única novela *Tengo miedo torero* (2001), que lo consagra como autor de mercado masivo. La novela agotó la primera edición en diez días y se mantuvo por más de dos meses en el primer lugar en los índices de los libros más vendidos en Chile. A partir de ese momento, Lemebel se vende en las cunetas de las calles de Santiago, en ediciones pirata, participa en las ferias nacionales e internacionales y es constantemente entrevistado. Sin transar sus posicionamientos políticos, adquiere el lugar de un escritor y artista mediático.

El atentado a Pinochet ocurrido el 7 de septiembre de 1986, en que el dictador saldría ileso, referencia y contextualiza históricamente el mundo de la novela. La situación que podría dar al relato el estatuto de sátira de época, sirve de soporte a una estructura narrativa que se articula en una polifonía de hablas locales: la fascista del dictador, la anodina y muy estúpida de su esposa, la amorosa de la Loca del Frente, la revolucionaria del guerrillero, junto a un coro de hablas populares que circundan los acontecimientos narrados. La política discursiva de la novela se centra en la construcción de un amor folletinesco, de un melodrama marcado de aventura política, en el contexto de una referencia exacta y excepcional: la de la planificación y realización del atentado al dictador (hecho real que se autoadjudicó la organización política Frente Patriótico Manuel Rodríguez [FMPR]).[2] En el contexto de una sociedad en estado de sitio, donde reina la represión, la desconfianza y el miedo al otro, Lemebel pone en la escena pública un nuevo sujeto social, "la loca". La novela construye la figura del homosexual romántico, participante activo del barrio en

---

[2] El Frente Patriótico Manuel Rodríguez (FPMR) fue una organización guerrillera marxista-leninista. Se fundó, de manera oficial, el 14 de diciembre de 1983 e inicialmente fue parte del Partido Comunista de Chile. Su nombre hace homenaje al héroe homónimo de la independencia chilena. Tenía como objetivo derrocar a la dictadura del general Augusto Pinochet por la vía armada. La "Operación Siglo XX" tenía como objetivo ajusticiar, asesinar a Pinochet cuando éste regresaba de su residencia en El Melocotón, a 40 kilómetros de Santiago. Se realizó el domingo 7 de septiembre de 1986, pero fue un atentado fallido que terminó con 5 muertos y 11 heridos. *[Nota del editor.]*

que vive, quien por amor se verá involucrado en la acción política del FPMR.

Un primer nivel de lectura lo constituye la oposición paródica del poder y su contrapoder; representado, de un lado, por la pareja del dictador taimado e indolente, y su esposa desmesurada e incontinente en el ejercicio de un habla inútil y sonsa. Del otro lado, la pareja ágil, dinámica, activa de "la loca" y el guerrillero; ella con un proyecto amoroso, él con un proyecto político. Simultáneamente, el juego de analogías e inversiones entre los lenguajes de "la loca" y del guerrillero, las subjetividades de género y los códigos de las formas de relaciones de ambas parejas (heterosexual/homosexual; poderosa/minoritaria; familiar/clandestina; sedentaria/nómade) construye una estética de oposiciones y paradojas en lo excesivo y lo carente como forma de comprender las relaciones entre deseo y política, entre hablas oficiales y performatividades identitarias. Lemebel opta por una forma contemporánea del relato donde los múltiples cruces entre cultura tradicional, popular y de masas, en una sociedad estratificada y rígida, producen formas de lenguaje que interviene y pervierte la forma novelesca para proponer particulares complicidades y aperturas políticas en sus políticas del relato.

El deseo amoroso de la "Loca del Frente" (el nombre aglutina el significado de vivir en la vereda del frente y, a la vez, circular ligada al Frente Patriótico) por Carlos, el guerrillero, constituye el motivo estructurante de una narración formalmente lineal que se desenvuelve en la simplicidad de lo causal folletinesco, en tensiones previsibles propias del género. La innovación que Lemebel opera en este relato político-sentimental se da en la producción de un sujeto homosexual público, aún no realizado en la literatura chilena. La novela construye, en la representación de "la loca" y su relación con el guerrillero, en su subjetividad dislocada de las exigencias sociales, el síntoma nostálgico de la experiencia amorosa en el marco de la experiencia política; una aventura de amor guerrillero que late como experiencia épica imposible en una sociedad vigilada. Más allá de las referencias literarias alusivas a la construcción de una tradición homosexual en la literatura latinoamericana (Puig, Donoso, entre otros), el lenguaje legitima la intensidad de un cuerpo de deseo sin lugar fijo, que escenifica un discurso amoroso de doble clandestinidad: en el régimen de género y en el régimen político.

La "Loca del Frente" retoma, en la literatura posdictatorial de principios de siglo veintiuno, la representación de "la loca" hecha por José Donoso en su construcción de la Manuela, en su novela *El lugar sin límites*, publicada en 1966.[3] Lemebel intensifica la legitimidad del sujeto homosexual en la asunción de prácticas homosexuales: políticas amorosas, ciudadanas, en la confirmación de su estatuto de figura de circulación pública. Si en la novela de Donoso se había restringido el actuar público de la Manuela a la nimiedad de un lugar (im)propio como el prostíbulo rural, la Loca del Frente se representa de un modo en que tanto su corporalidad, su identidad privada y pública, como su lenguaje agencian modos de convivencia social que la comportan y la contienen –aunque sea precariamente– inserta en el tejido social, como una forma de ciudadanía. La Loca del Frente transita del adentro al afuera, sale del closet, circula, callejea, se desplaza por la ciudad, la habita. Se enamora. En el cruce de las distintas situaciones en que participa políticamente en lo social, "la loca" moviliza su acción. Lemebel construye un cruce de género (masculino/ femenino) en que toda fijeza identitaria se licua y desmorona, queda obsoleta. Él/ella, ella/él alternan y alteran la lengua y el mundo social.

La loca enamorada

Déjame estar triste, es la única forma que conozco de estrujar la felicidad, para que después no me pene.[4]

Tengo miedo torero trabaja paródicamente el despliegue de códigos del discurso amoroso del folletín y la novela sentimental. Sus recursos más visibles son la ironía, la exageración, las exacerbaciones de la sentimentalidad popularizadas en la música y letras del bolero y otros géneros del "cancionero" del corazón. Enamorada, la Loca del Frente

---

[3] En *Tengo miedo torero*, Lemebel escenifica una política desidentitaria, la figura de "la loca" hace ingresar a lo público la comparecencia de un cuerpo proliferante, en figuraciones de género múltiples: vecino del barrio, tío de los niños, costurera y amiga de sus amigas, transita y deambula con una proliferación identitaria que desarticula la unidad del sujeto. En la novela de Donoso, Manuela transcurre su existencia como maricón pobre, bailarín fetichizado en su traje de española; objeto de deseo y entretenimiento de los hombres, en el prostíbulo local. Su deseo lo experiencia ambiguamente en la abyección, la burla y, finalmente, el sacrificio.

[4] *Tengo miedo torero*, p. 98.

se mueve en escenas y lenguajes constituidos por la disponibilidad desmesurada de un posicionamiento femenino, dispuesto a servir el deseo del otro. Es esta pluralidad de recursos lo que hace funcionar una conjunción de códigos románticos rezagados y ya poco creíbles, que marcan lo retro y nostálgico de su discurso y sus formas de seducción. Culturizada en la erótica del deseo para el deseo del otro, la loca del frente en su locura de amor se despliega ansiosa, apasionada, histérica, seducida por la fantasía de ser deseada por el arquetipo masculino que traduce la figura del guerrillero. En ese pliegue de su deseo recurre a anacrónicas fantasías y tretas femeninas que le posibilitarán cumplir, aunque sea imaginariamente, su mejor sueño, tener una noche de amor única: "Prefirió no saber, no tener certeza real que esa sublime mamada había sido cierta. Y con esa dulce duda equilibrando su cuerpo de grulla tembleque, sin hacer el menor ruido, salió de la pieza y se fue a acostar" (107).

En el habla del amor es donde el tocado kitsch propio de la escritura de Lemebel cobra su mayor esplendor. "La loca" juega con la intensidad del posicionamiento femenino en la concesión de un derecho de legitimidad al doblez de una (homo)sexualidad marginalizada, pero a la vez estrictamente codificada en la tradición más conservadora del amor romántico latinoamericano: "Nada es ideal insistió para sentir el vidriado calor de la pena humedeciéndole la mirada, descorriendo apenas la acuarela azul de las flores marchitas que esperaban el rocío amargo y teatrero de su llanto", enuncia el narrador (37). En la producción de discurso amoroso se pone a prueba lo particular de una estrategia que escribe el derecho al amor como tensión de una subjetividad socialmente postergada. Frente a esa habla enajenada por su ruptura con el código de género, "la loca" se sitúa fuera del código amoroso, en cuanto al objeto de su deseo, pero permanece al interior del discurso heteronormativo por los signos, referencias y registros reconocibles en la tradición melodramática. Este desfase ejerce un desconcierto en el lector común que recurre a la risa o la mueca incrédula como forma posible de dar lugar a un signo ambiguo, que articula doblemente la despertenencia del objeto, en la pertinencia del discurso, una aceptación y una censura.

La inadecuación, el entredicho, la provocación al código dominante de los discursos amorosos, que exige una situación enunciativa marcada por la heterosexualidad, produce un descalce en la subjetividad del lector común y heterosexual de novelas que se supone codificado en los discursos dominantes de sexo-género. La lectura se disloca por la alteración que produce la inadecuación entre código y objeto de deseo. Como discurso fuera de la correspondencia entre emisor y receptor, el lenguaje se construye sinuoso, plagado de mimesis, de residuos y proposiciones propias de una modalidad del deseo que desvía el itinerario y la significación usual del discurso. El lector lo recepciona excéntrico, extravagante, como algo con lo que aún culturalmente no se sabe qué hacer; provoca una risa que deja al lector al descubierto. El relato abre a lo social un habla amorosa hasta ahora cerrada y encerrada en una intimidad inaccesible, solo posible en el clóset, el prostíbulo, la disco gay, o el callejeo furtivo de la prostitución travesti.

"La boca de encía despoblada", que Donoso asigna a Manuela, es una imposibilidad de habla en *El lugar sin límites*, certifica su marginalidad en el discurso. En *Tengo miedo torero,* la loca está designada por su boca de habla excesiva y loca, la que en una mezcla de pudor y desacato oculta y muestra ambiguamente la misma boca sin dientes, en su habla y su risa. De esta manera, la Loca del Frente viene a cumplir una función: instalar una voz reciente en la producción de sujeto que ingresa a lo público e institucional. La estrategia desplegada por Lemebel la sitúa en un punto de fuga que le posibilita ser: ser loca y ser múltiple ("loca patinadora", "loca hilandera", "loca sentimental", "loca enamorada") otorgándole la cualidad de producir lenguaje proliferante en sus operaciones retóricas. Este lenguaje se realiza en la copia de otras hablas que adorna con repeticiones y reiteraciones, en la profusión de sustantivaciones decoradas de adjetivos, citas de canciones y dichos populares que conjugan reminiscencias de la cinematografía clase B y reitera un gesto ya realizado por Lemebel en la escritura de sus crónicas.

El lenguaje que se propone como expresión de una sobre sentimentalización del mundo en el discurso estereotipado de lo popular y sus circunstancias, responde al deseo de masificación logrado por la novela rosa y el folletín, géneros a los que Lemebel rinde tributo. La subjetividad de "la loca" se construye en ese culto femenino:

> Entonces encendió un cigarro y subió al altillo para ver ese horizonte gris con los ojos de un desahuciado. Y sentado frente a esa perspectiva, dejó escapar motas de humo, preguntándose: ¿Cómo se mira algo que nunca más se va a ver? ¿Cómo se puede olvidar aquello que nunca se ha tenido? Tan simple como eso. Tan sencillo como querer ver a Carlos una vez más cruzando la calle sonriéndole desde allá abajo. La vida era tan simple y tan estúpida al mismo tiempo. (185)

En la teatralización de género que realiza la Loca del Frente, se parodia la feminidad dominante, o lo que se conoce como "el eterno femenino" regido por las prácticas de la relación amorosa heterosexual: la pasividad en la conquista amorosa, en la seducción; la entrega que responde tanto a las narrativas escritas, como fílmicas de dichos códigos. Lo femenino de "la loca" construye un aglutinamiento de lo sexual y lo amoroso en la incontinencia verbal en que la palabra funciona como flujo histérico de la entrega al deseo. Lo femenino traduce un pliegue que junta tradición y emancipación, (des)obedeciendo ambos mandatos en una producción de operaciones de incontinencia, como revés de la ley que ordena los controles que organizan los cuerpos de las mujeres.

El discurso amoroso con que el narrador representa a "la loca" escribe un deseo doble simultáneamente pasivo y activo, masculino y femenino, "ella lo único que quería era que él le faltara el famoso respeto, que se le tirara encima aplastándola con su tufo de macho en celo, que le arrancara la ropa a tirones, desnudándola, dejándola en cueros como una virgen vejada" (55).

Cargada de signos de disponibilidad, objetualizada y abierta, dispuesta subjetivamente a la entrega y el padecimiento amoroso, la Loca del Frente se produce como cuerpo en que persisten lo propio de un orden tradicional de género que exacerba los atributos convencionales de la feminidad pasiva, en el escenario de la conquista amorosa: "¡Ay! cómo lo amaba, cómo era capaz de provocarle ese escalofrío de amor, esa gota de escarcha corriendo por la espalda"; "era su chifladura de maricón enamorado" (54). La conjunción de un imaginario del cuerpo femenino glamoroso y desbordado, adornado con vuelos y (des)pliegue de gestos excesivos la producen nostálgica, retro y moderna, entregada y deseante. "La loca" se produce como reducto de una fantasía doblemente situada en el código de lo dominante de las prácticas de la seducción (sirve al deseo del hombre), pero simultáneamente exhibe un erotismo y una corporalidad activa y atrevida.

La construcción de feminidad abierta, se vuelve funcional al desarrollo argumental donde se juegan las cartas del utilitarismo de la mujer por parte del guerrillero, y que no está exento de formas comunes de machismo y convencionalidad. Al comienzo de la relación, Carlos la busca solo para sus fines políticos, para que ella le guarde las cajas con las armas que luego serán usadas en el atentado al dictador. Metáfora del lenguaje sexista popular la relación entre el guerrillero y "la loca" reproduce la subordinación femenina en las formas del machismo del revolucionario que hace ostensible el doble uso político-sexual que el guerrillero hace de ella, quien, en un acto de pura conveniencia, "le manda a guardar sus armas" (eufemismo de la penetración). La estrategia deseante de "la loca" buscará revertir la utilización, ganar para su deseo; desde ese momento su corporalidad y su discursividad amorosa se orientará a la actuación de un desparpajo construido en un discurso amoroso de autocomplacencia, en espera del amado, siempre al borde del abandono, en la desmesura romántica validada por la sobreliteralidad de la cita que recurre a registros de sentimentalidad exacerbada. Su habla recupera, paródicamente, el folletín y la novela rosa (recicladas actualmente en el auge de las teleseries), "amores perdidos, rastrojeados en la guaracha plañidera del maricón solo, el maricón hambriento de 'besos brujos', el maricón drogado por el tacto imaginario de una mano volantín" (38). Del mismo modo se realiza la producción de la corporalidad femenina a través de una moda ya pasada de moda (el glamour del organdí y la flor en el cabello) trae a escena signos que insisten en una representación de lo femenino en la que ya no se cree, ni menos responde a las estéticas de actualidad.

El distanciamiento de la norma produce su resistencia en el barroquismo proliferante de códigos y modos lúdicos que trae a escena juntura de desechos, de hablas obsoletas, de modalidades relacionales otras; excéntricas. La figuración de la Loca del Frente que Lemebel ha construido crea una identificación sexual doble, una acumulación de masculino y femenino en la distancia de la uniformidad de lo heteronormativo.⁵ "La loca" acumula y despliega el poder de lo múltiple por la ofensiva sexual, propiamente masculina, que se desarma por lo femenino de su habla y su teatralidad corporal, para validar una producción de lo doble que en la preeminencia de lo femenino juega contra el poder fálico. La Loca del Frente, en un doble travestismo de modales, vestimenta y habla, opera, como diría Néstor Perlongher, *un devenir minoritario*, una opción fronteriza en relación al poder masculino.⁶

"Cual abejorro zumbón"

Las marcas vagas del cuerpo y del lenguaje dejan ver la irrupción de un (des)orden aglutinante en la producción de identidades normadas en la exclusividad masculina o femenina: "la loca" profita de la alteridad (femenina) –la locura que no se permite a la mujer– sin dejar de ser lo Uno (masculino): "la loca" puede ser la duplicidad de género en un mismo cuerpo, desafiando, con sus estrategias de habla y sobrevivencia, la administración del deseo que se ejerce desde los discursos y la normativa sexual dominantes.

La Loca del Frente representa una multiplicidad de sujeto por el descaro con que se escenifica, por el desacato a la norma, por su modo agresivo de nombrar su deseo. Su lenguaje se abre a operaciones obscenas, excesivas en su retórica. Lo neobarroco latinoamericano es el soporte de una estética estridente en la suntuosidad mestiza de lo popular, de la recurrencia a la imitación y a la cita religiosa, a letras de canciones sentimentales, al habla de estrellas de cine, al uso de la recitación de fragmentos de poemas y de dichos populares que hablan el amor y las emociones, sin los mecanismos de autocontrol a que se somete lo femenino tradicional.⁷ El habla emerge poblada de

---

⁵ En *Arte andrógino*, Roberto Echavarren trabaja lúcidamente las figuras de "la loca" y el gay supermacho, como residuos nostálgicos de expresiones de lo masculino y femenino ya desaparecidos o en vías de desaparición. En ese sentido, estas figuras sobregenerizadas estarían demorando el proceso.

⁶ El devenir mujer en un cuerpo de hombre ha sido ya escrito en la narrativa latinoamericana por autores como José Donoso, en *El lugar sin límites* (1966), y Manuel Puig, en *El beso de la mujer araña* (1976).

⁷ A propósito de lo neobarroco en "La barroquización", que describe largas piruetas sobre una base clásica, Perlongher sostiene que, a diferencia del barroco del Siglo de Oro, el barroco contemporáneo carece de un suelo literario homogéneo en donde montar el

muletillas, sonidos, grititos histéricos y exclamaciones que se soportan con persistencia en una corporalidad sobreactuada por la producción de signos que remiten a la copia pobre del *glamour* hollywoodense y la sensualidad romantizada de formas obsoletas de la entrega amorosa.

Su habla, otra que el habla femenina y/o masculina se construye altisonante, ruidosa, ondulante, situada en una superficie que persistentemente se desplaza y traslada sin fijación ni asentamiento sedentario, su lengua no se detiene ni da lugar a la reflexión, ni a la profundización de las motivaciones del sujeto que escenifica, sino que leve y movediza, cambiante e incontinente, no se posa ni se ubica, tampoco pretende construir sentidos, ni trascendencia, sino que se expande y recoge en un flujo ágil y múltiple. Lemebel las nombra: "lengua marucha", "acento marifrunci", "lengua parlotera", "alarde maridiuca de esa voz", "aullido maricueca" y más.

Movediza, nómade, la Loca del Frente va y viene, su habla no se densifica en lo reflexivo o dramatizante; repite y reitera, cita e insiste, se fuga y retorna, pero no se muestra del todo. La imagen del revoloteo la señala ruidosa, situada aún en la superficie del lenguaje: "cual abejorro zumbón" (13), para simbolizar en ese ruido (in)significante pero imposible de desatender, la representación de lenguaje-ruido, de un habla reciente, profusa en su emergencia, cautivadora. Construcción de otra lengua indeterminada e inestable el habla de "la Loca" (des)oculta la metáfora, le permite posicionarse en puntos de fuga donde el sentido se produce, entre el movimiento del significante a significados que movilizan lo construido en la lógica gramatical para remover sentidos que surgen de las fusiones y confusiones de los distintos registros que pone en juego. "La loca" avanza en la vida pública, pero retiene su lugar en la nostalgia de un imposible femenino frente a cualquier forma de vigencia o institucionalidad.

---

entretejido de sus excavaciones. Producto de cierto despedazamiento del realismo, la eclosión de una variedad de escrituras "instrumentales", más o menos transparentes, dispersas en el desierto los ajuares de estilos cristalizados. El neobarroco –término popularizado por Severo Sarduy, pero que ya aparece alrededor de 1890 y que se vuelve furtivamente *neobarroso* en su descenso a los márgenes del Plata, como un marqués de sobregrondi, "homosexual activo y cocainómano", tropezando en el barro de su estuario– no funciona como una estructura unificada, como una escuela o disciplina estilística, sino que su juego actual parece dirigido a montar la parodia, la carnavalización, la derrisión, en un campo abierto de constelaciones, sobre (o a partir de) cualquier estilo.

Indicio de una irrupción en un dominio ajeno. "La loca" se hace cargo de una retórica que toma la forma de un estilo coherente con toda la producción de Lemebel. Confirma la propiedad de su escritura en el discurso de la transición chilena, ésta le posibilita credibilidad y audiencia en lo social y lo político.

IDENTIDAD A LA INTEMPERIE

La ambigüedad que constituye a "la loca" es, paradojalmente, lo que produce un modo de inserción social desarticulado de las normativas ciudadanas, en la propia ciudad, no fuera de ella. Lo que la rodea, su corporalidad, su lenguaje, su vivienda, está enmarcado en una política de lo inadecuado socialmente, de lo improcedente, un no lugar que la deja fuera de lugar. A la intemperie, "la loca" no actúa *en contra de*, sino que, por el contrario, está siempre en otra parte, *fuera de*: fuera de moda, fuera de tiempo, fuera de lugar, fuera de gusto, fuera de cualquier lógica de compromiso. Su casa es un exceso de *objetos encontrados*, mezclados para construir el escenario de una ficción existencial que en cualquier momento puede desmoronarse:

> Aquella casa primaveral del '86 era su tibieza. Tal vez lo único armado, el único espacio propio que tuvo en su vida La Loca del Frente. Por eso el afán de decorar sus muros como torta nupcial. Embetunando las cornisas con pájaros, abanicos, enredaderas de nomeolvides y esas mantillas de Manila que colgaban del piano invisible. Esos flecos encajes joropos de tul que envolvían los cajones usados como mobiliario. (12)

A ese estar fuera de las relaciones de producción capitalista, organizadas por el eje del trabajo y el rendimiento, responde la producción de un personaje de la picaresca urbana de fin de siglo. Habitante anónimo y sin lugar en la gran ciudad, desconectado de cualquier organización o movimiento reivindicativo, o de formas de organización sociales, sin pertenencia en ningún sector cohesionado por lógicas políticas, la Loca del Frente y sus amigas viven su propia y particular ciudadanía que organiza sus relaciones de convivencia. Su existencia está motivada por estrategias donde la sobrevivencia comparece subordinada al poder del deseo, extremando la radicalidad con que se entregan a su encuentro.

Sin individuación que la filie al orden de la genealogía familiar, desarrolla una práctica existencial fuera del orden de los signos que fijan las identidades sociales, es también marginal al orden de las clases por su informalidad y su falta de arraigo en el mundo del trabajo. Sin nombre propio ni domicilio registrado deambula, vaga; su inserción social está dada azarosamente por su extrañeza; innombrada, cuerpo sin nombre, solo circunstancialmente recibe apodos que fusionan géneros sexuales, vínculos ocasionales y deseo: novia, tío, vecino, costurera.

Interrogando la relación entre cuerpo, materialidad y discurso, en *Cuerpos que importan,* Judith Butler refiere que los cuerpos solo llegan a ser íntegros, o sea totalidades, por la imagen especular idealizante y totalizante sostenida a través del tiempo, por el nombre marcado en la gramática que garantiza la distinción sexualmente marcada. ¿Cómo puede sostener su integridad y totalidad un cuerpo que siendo él/ella, no puede sostener ese nombrar(se)? Citando a Lacan, Butler sostiene que los nombres emblematizados e instituidos por la ley paterna sustentan la integridad del cuerpo, lo que constituye el cuerpo integral sería la ley del parentesco, produciendo versiones de la integridad corporal. El nombre que marca el género y el parentesco construye el acto performativo por el que un sujeto se inviste y es investido pública y políticamente. No tener nombre, sino solo sobrenombre ("Loca del Frente") es estar conculcado por esa ley, es estar fuera de las formaciones que asignan en lo corporal la pertenencia (no solo) de sexo –y género– que esa ley marca, sino de toda pertenencia social.

Como personaje sin filiaciones de parentesco, desconocida en todo aquello que asigna pertenencia, sin identidad fijada, él/ella está ausente de todo posicionamiento legalizado, su postura se da en la falta a lo conveniente, a lo correcto que se espera de un ciudadano o ciudadana normativizado socialmente. La informalización de su vida construida por el azar posibilita su conexión con Carlos, joven guerrillero entregado a la causa política revolucionaria, "ese joven tan buen mozo que conoció en el almacén", dato dado en la escritura como verosímil de la lógica de relaciones que "la loca" establece con el afuera.

La marginalidad del orden del amor y del orden del trabajo, la disponibilidad al deseo de ser deseada, la inminente búsqueda del ejercicio de la sexualidad y la práctica del callejeo, harán posible la conjunción con otra marginalidad social propia del contexto social chileno en que se produce la novela: la clandestinidad del guerrillero. El encuentro de "la loca" y el guerrillero pone en escena dos formas de desajuste y resistencia al orden dominante que instaura el poder totalitario. Ambas identidades representan lo ingobernable en un régimen férreamente ordenado por el poder de la dictadura, y sus sistemas de control sobre los cuerpos e ideas. La política del deseo que une, en una misma erótica, lo político y lo sexual moviliza el impredecible acercamiento de clandestinidades como una forma más de resistencia al autoritarismo, como una estrategia más con que lo minoritario burla las formaciones de control del poder autoritario.

La loca suelta: una ciudadanía desplazada

En un registro diferente al del activismo político y sus luchas por los derechos de las minorías sexuales, las políticas de la escritura y de los lenguajes estéticos recurren a innovaciones experimentales que combinan y recombinan signos, exploran agramaticalidades léxicas y sintácticas que anticipan la producción de sujetos y de transformaciones en la cultura.

En la década del sesenta, la Manuela, en la novela *El lugar sin límites*, efectúa una intervención en la identidad de género por un agenciamiento de sujeto. No obstante, el personaje constituye la representación de un aislamiento, de una figura sin lugar en la vida social y pública; su vida privada, reducida al prostíbulo, la priva de lo público. Su existencia se recorta disminuida a funciones fuera de la visibilidad ciudadana. La Manuela no se deja ver sino como una compensación a las restricciones de la heterosexualidad impuesta por la estricta reglamentación que ordena las economías dominantes del deseo. Ni su cuerpo, ni su sexualidad, ni su experiencia amorosa tiene lugar en lo público. En cambio, La Loca del Frente, "loca suelta", vive una ciudadanía desplazada en lo múltiple de un territorio abierto, decide sus formas de convivencia con un vecindario y un barrio en el que despliega su habitar en lo público, tiene uno o varios oficios a través de los que se relaciona con los demás, gestiona una economía informal y desde una diferencia explícitamente enunciada puede enamorarse.

Usando un género retro (el melodrama sentimental), Lemebel saca a "la loca" del prostíbulo para llevarla a la calle para hacerla caminar (todavía) furtivamente por la ciudad devastada por el poder autoritario del dictador. Produce su representación de sujeto posicionada en el lenguaje lo que la sitúa imaginariamente en la cultura. Su figura altera el orden urbano y escenifica políticas de resistencia a los controles y mecanismos dominantes con que funciona la sociedad moderna. Sin embargo, la comparecencia pública de "la loca" como sujeto social se produce en la paradoja de un doblez femenino que representaría la afirmación de un polo conservador por la producción de un modelo de mujer en vías de disolución. Su diferencia se propone a través de prácticas de una corporalidad y un habla que fusionan complicidades políticas a través de lo contaminante del deseo y de la combinación de signos masculinos y femeninos.

En el contexto de la transición chilena, "la loca suelta" está públicamente representada por el propio autor, quien ha constituido su lugar de escritor en el despliegue de una corporalidad y una escritura excedida de las significaciones asignadas, lo que funciona como mimesis de sí mismo, produciendo identificaciones entre el mundo que narra y su propia experiencia social, identificación que explicita un signo de lealtad existencial consigo mismo, una forma de escritor comprometido política y culturalmente. Figura pública que se funde con su propia ficción.

Bibliografía

Butler, Judith. *Cuerpos que importan. Sobre los límites materiales y discursivos del "sexo"*. 1993. Traducido por Alcira Bixio. Buenos Aires: Paidos, 2002.

Donoso, José. *El lugar sin límites*. 1966. Ciudad de México: Alfaguara, 2005.

Echavarren, Roberto. *Arte andrógino. Estilo versus moda en un siglo corto*. Buenos Aires: Colihue, 1998.

Lemebel, Pedro. *Tengo miedo torero*. 2001. Santiago de Chile: Seix Barral, 2010.

Olea, Raquel. "'Como abejorro zumbón': formación de una lengua loca en Pedro Lemebel". *Variaciones: Ensayos sobre literatura y otras escrituras*. Santiago de Chile: Cuarto Propio, 2019. pp. 215-240.

Perlongher, Néstor. "La barroquización". *Prosa plebeya. Ensayos 1980-1992*. Buenos Aires: Colihue, 1997. pp. 113-117.

Sobre las autoras y los autores

CARMEN BERENGUER es poeta, cronista y artista visual. En plena dictadura chilena publicó los libros de poesía: *Bobby Sands desfallece en el muro* (1983), *Huellas de siglo* (1986) y *A media asta* (1988). En 1997 obtuvo la Beca Guggenheim, que le permitió desarrollar *Naciste pintada* (1999). De su producción ensayística se destacan *Escribir en los bordes* (1990) y *La mirada oculta* (1994). En 2006 publicó el poemario *mama Marx*, y dos años después *La casa de la poesía* (2008). Ese mismo año recibió el Premio Iberoamericano de Poesía Pablo Neruda, distinción que por primera vez fue otorgada a una mujer y a un artista chileno. En los últimos años, publicó *Maravillas pulgares* (2012), *Venid a verme ahora* (2012) y *Mi Lai* (2015), que también fue publicado en Estados Unidos (*My Lai*, 2017). Como artista visual, Berenguer desarrolló *performances* con Juan Dávila y las Yeguas del Apocalipsis. También se destaca su performance *Mi lucha*, la obra de teatro *Putas o empleadas* y el montaje multimedia *Delito y traición: Discurso de la mujer en la política y en el arte* que presentó en 2003 en el Congreso Nacional y que recorre la historia de las reivindicaciones femeninas en Chile. Ha sido galardonada con el Premio Literario Naji Naaman (2017) y Premio a la Trayectoria Poética Pablo Neruda (2017), entre otros. En 2018, la editorial Cuarto Propio publicó *Obra poética*, donde se recopilan textos de diversas épocas. La Editorial Universidad de Talca publicó *Crónicas en transición: los amigos pueden desaparecer* en 2019. Su obra poética ha sido traducida al inglés, sueco, francés, italiano y persa.

FERNANDO A. BLANCO recibió su doctorado de Ohio State University y es profesor asociado de español y estudios latinoamericanos en Bucknell University (Pensilvania, EE.UU.). Se especializa en cultura y literatura latinoamericanas con énfasis en los estudios de memoria y *queer*. Su trabajo estudia la representación de minorías, violencia y memoria en el Cono Sur y Centroamérica. Es autor de varias publicaciones, entre ellas: *Neoliberal Bonds. Undoing Memory in Chilean Art and Literature* (The Ohio State University Press, 2015); *Desmemoria y perversión: privatizar lo público, mediatizar lo íntimo, administrar lo privado* (Cuarto Propio, [2010] 2012). Su último libro editado es *La vida imitada. Narrativa, performance y visualidad en Pedro Lemebel* (Iberoamericana/Vervuert, 2020). Ha sido director de la sección de estudios del Cono Sur de la Latin American Studies Association (LASA).

FERNANDA CARVAJAL vive y trabaja entre Santiago de Chile y Buenos Aires. Es doctora en Ciencias Sociales y magister en Comunicación y Cultura. Actualmente es investigadora posdoctoral del Consejo Nacional de Investigaciones Científicas y Técnicas (CONICET, Argentina) y docente en la Universidad de Buenos Aires. Dedica su trabajo a los cruces entre arte, sexualidad y política en el Cono Sur a partir de los años setenta. Desde el año 2009, integra la Red Conceptualismos del Sur (RedCSur) y, dentro de este marco, formó parte del grupo curatorial de la exposición *Perder la forma humana. Una imagen sísmica de los años ochenta en América Latina* (2012-2014). Junto con Alejandro de la Fuente lleva adelante el "Archivo Yeguas del Apocalipsis", <www.yeguasdelapocalipsis.cl/>.

HÉCTOR DOMÍNGUEZ-RUVALCABA es profesor investigador en la Universidad de Texas en Austin, especializado en sexualidades, género y violencia en la literatura y la cultura latinoamericanas. Su obra académica comprende los libros: *La modernidad abyecta. Formación del discurso homosexual en Hispanoamérica* (Universidad Veracruzana, 2001), *De la sensualidad a la violencia de género. Modernidad y nación en las representaciones mexicanas de las masculinidades* (CIESAS, 2014); *Nación criminal: narrativas del crimen organizado y el estado mexicano* (Ariel, 2015) y *Latinoamérica queer. Cuerpo y política queer en América Latina* (Ariel, 2019), que se publicó originalmente en inglés en 2016 bajo el título *Translating the Queer: Body Politics and Transnational Conversations* (Zed Books). Es coautor del libro *Desmantelamiento de la ciudadanía, políticas de terror en la frontera norte* (2011). Entre las distinciones que ha recibido, se encuentran los premios: "President's Associates Teaching Excellence Award" (2013) y el premio "Humaniza" de Derechos Humanos por la Comisión de Derechos Humanos del Estado de México (2019).

EDUARDO ESPINA nació en Montevideo, Uruguay. Poeta y ensayista. En Uruguay ganó dos veces el Premio Nacional de Ensayo y en 1998 obtuvo el Premio Municipal de Poesía. Sus poemas han sido traducidos al inglés, francés, portugués, alemán, neerlandés, albanés, ruso, chino y croata. Está incluido en más de 40 antologías internacionales de poesía. Sobre su obra se han escrito tesis doctorales y extensos artículos académicos. En 1980 fue el primer escritor uruguayo invitado al prestigioso *International Writing Program* de la Universidad de Iowa. Es profesor en Texas A&M University, donde desde hace 36 años dicta la cátedra de "poesía latinoamericana de innovación", única en el mundo que se ha enseñado de manera interrumpida por tanto tiempo. En 2011 obtuvo la beca Guggenheim. Sus nuevos libros son: *Libro Albedrío, ensayos* (Rialta/México DF; Varasek/Madrid, 2021) y *Mañana la mente puede, poesía* (Amargord, Madrid, 2022).

RITA FERRER es periodista, ensayista, editora, docente. Autora de *Yo, Fotografía* (Ediciones de La Hetera, 2002) y *¿Quién es el autor de esto? Fotografía y Performance* (La Hetera/Ocholibros, 2010). Sus ensayos "Un año después. El Ché de los Gays en *Chile 100 miradas*" y "Residuos catastróficos (en un abrir y cerrar de ojos)" forman parte de las antologías realizadas por Sergio Mah y Gerardo Mosquera de las ediciones 2011 y 2012 de PHotoEspaña, uno de los festivales más importantes a nivel internacional para el mundo de la fotografía (Editorial La Fábrica). En 2012 realiza la edición general de *FotoNo/PhotoNo*, de Paz Errázuriz (Premio del Público), para la décimo segunda edición de PHotoEspaña. En 2017 es editora invitada del libro *Violencia política de género en Latinoamérica: representaciones* *críticas desde el arte y la fotografía*, publicado en inglés y español por Atlas Imaginarios Visuales.

TAMARA FIGUEROA DÍAZ es doctora en estudios ibéricos e iberoamericanos, profesora y responsable de la especialidad hispánica en la Université Paris-Est-Créteil (UPEC), en Francia. Investigadora en el área de literatura y cultura latinoamericanas, sus líneas de investigación giran en torno a la memoria, el exilio, la identidad y la alteridad, la diversidad sexual y de género. Ha publicado los libros: *La resistencia de la loca barroca de Pedro Lemebel. Anomia y militancia corpórea en América Latina* (2019), *Escritura, migración e identidad. Los viajes de la memoria* (editora, 2014), *La construction de l'extraterritorialité chez Roberto Bolaño* (2014). Ha escrito los artículos: "L'Hégémonie des États Unis en Amérique Latine ou la mise en place d'un néocolonialisme économique" (2018), "El estructuralismo genético como método de estudio en las obras de Roberto Bolaño" (2011), "Prise de recul d'écrivains chiliens exilés à Paris" (2009).

BERNARDITA LLANOS es profesora titular de español y género en Brooklyn College, CUNY. Se especializa en estudios de escritoras y cineastas del Cono Sur. Recibió su doctorado en Literaturas y Lingüística Hispánicas y Luso-brasileñas en la Universidad de Minnesota. Ha sido presidenta de la Asociación Internacional de Literatura Hispánica Femenina. Ha publicado diversos libros, entre ellos: *Passionate Subjects/Split Subjects in Twentieth Century Narrative in Chile: Brunet, Bombal and Eltit* y *(Re)descubrimiento y (Re)conquista de América en la Ilustración española*. Sus artículos sobre cultura y escritoras latinoamericana han aparecido en conocidas revistas especializadas. Ha sido coautora y editora de un número importante de libros, entre otros: *Poner el cuerpo: rescatar y visibilizar la violencia de género y la sexualidad en los archivos dictatoriales del Cono Sur* y *Fronteras de la memoria: cartografías de género en artes visuales, cine y literatura en las Américas y España*.

IGNACIO LÓPEZ-VICUÑA es profesor asociado de español en la Universidad de Vermont. Sus áreas de estudio incluyen la literatura y el cine latinoamericanos contemporáneos, las representaciones del espacio urbano y la teoría *queer*. Ha publicado artículos sobre escritores y cineastas del Cono Sur tales como Roberto Bolaño, Raúl Ruiz, Edgardo Cozarinsky y Néstor Perlongher. Sus trabajos han aparecido en las revistas *Studies in Hispanic Cinemas, Journal of Latin American Cultural Studies* y *Revista Hispánica Moderna*. Es coeditor, con Andreea Marinescu, del volumen *Raúl Ruiz's Cinema of Inquiry*, que forma parte de la colección "Contemporary Approaches to Film and Media Series" (Wayne State University Press 2017).

ARTURO MÁRQUEZ-GÓMEZ es profesor asistente en Sewanee, The University of the South, en Tennessee. Se formó como psicólogo en la Universidad de Chile y se doctoró en Estudios Hispánicos en Brown University. Su investigación inquiere sobre la producción literaria y audiovisual contemporánea del Cono Sur, en especial los cruces entre cine, literatura y otras audiovisualidades desde las perspectivas transnacionales de estudios *queer*. Ha publicado "A Cracked Gaze: Pablo Larraín's Cultural Context" y una entrevista con el actor Alfredo Castro, "When on Stage, I am not there, I am not that one", ambos en el libro *ReFocus: The Films of Pablo Larraín*, editado por Laura Hatry (2020). También, publicó el capítulo "Music Video Built the Cinema Star: Alex Anwandter's *Nunca vas a estar solo*" en *Chilean Cinema in the Twenty-First-Century World*, editado por Vania Barraza y Carl Fischer (2020).

LUCIANO MARTÍNEZ es profesor asociado en el Departamento de Español de Swarthmore College, donde fue director de dicho departamento y también de los programas interdisciplinarios de Estudios Latinoamericanos y Latinos, y el de Estudios de Género y Sexualidad. Ha recibido el Premio de la Academia Argentina de Letras y, entre otras becas, ha obtenido la "Andrew Mellon Predoctoral Fellowship", "Department of Education Title VI Grant – University of Florida", y la "Eugene M. Lang Faculty Fellowship" y la "Flack Faculty Fellowship" de su universidad. Sumado a artículos en español e inglés, publicó *Miguel Briante, genealogía de un olvido* (2001), participó del volumen *21st-Century Gay Culture* (2008) y es editor de *Los estudios lésbico-gays y queer latinoamericanos* (*Revista Iberoamericana*, núm. 225, 2008). Su investigación sobre didáctica de la literatura y Jorge Luis Borges será publicado próximamente en el libro *Approaches to Teaching The Work of Jorge Luis Borges* (MLA). Como editor, está preparando dos colecciones de ensayos: una sobre poesía *queer* latinoamericana y otra sobre escritoras latinoamericanas del siglo XXI. Su nuevo proyecto monográfico es un libro sobre revolución política y homosexualidad en Latinoamérica.

ALEJANDRO MODARELLI es escritor y periodista, colabora en el suplemento *SOY* del diario *Página/12*, y anteriormente, hasta 2001, en Sección Cultura del diario *La Nación*, de Buenos Aires. Coautor de *Fiestas baños y exilios, los gays porteños en la última dictadura* (Sudamericana, 2001), autor de *Rosa Prepucio: crónicas de sodomía, amor y bigudí* (Mansalva, 2011) y *La noche del mundo* (crónicas, Mansalva 2016). Participó de diversas compilaciones, entre ellas *Otras historias de amor: gays, lesbianas y travestis en el cine nacional* (2008); *Un cuerpo, mil sexos: intersexualidades* (2010), y *Memorias, identidades y experiencias trans (in)visibilidades entre Argentina y España* (2015). En 2019 se reeditó *Fiestas, baños y exilios*, a través del diario *Página/12*. En ese mismo año se publicaron *Antes del orgullo: recuperando la memoria gay* y *Cuentos, cuentas, cuentes* en los que también participa.

CLELIA MOURE es Doctora en Letras por la Universidad de La Plata, Magister y Profesora en Letras por la Universidad de Mar del Plata (UNMdP), Argentina, donde se desempeña como docente e investigadora en el área de Teoría Literaria. Es miembro del Centro de Letras Hispanoamericanas (UNMdP) y de la Red de Intercambio Académico en el área de Literatura Latinoamericana *Katatay*. En 2014 publicó su tesis de doctorado: *La voz de los cuerpos que callan*, un estudio sobre las crónicas de Pedro Lemebel. Es autora de – *Escrito a mano* (2010), premio Ensayo Luis de Tejeda 2009. En colaboración con Cristina Piña, publicó *Poéticas de lo incesante* (2005). Es compiladora del libro colectivo *Desbordes: políticas del lenguaje y la creación* (2019), y de numerosos capítulos en libros y artículos en revistas especializadas de su país y del exterior.

COLECTIVO MUSA fue fundado por Gonzalo San Martín e Isabel Cristina González, y su trabajo puede ser visualizado en www.facebook.com/musamosaicos y también en la cuenta @musa_mosaico en Instagram. **Gonzalo San Martín** es un artista chileno autodidacta dedicado al mosaico, al teatro y la construcción y manipulación de títeres. Ha participado en encuentros muralistas y ha realizado talleres de mosaico en Argentina, Colombia, Uruguay y Chile. **Isabel Cristina González** es una fotógrafa chilena de profesión, música y mosaiquista autodidacta con diez años de experiencia en el oficio. Ha participado como mosaiquista en variados e importantes proyectos de murales de mosaico en Chile.

RAQUEL OLEA es escritora, crítica literaria y cultural, y profesora titular en la Universidad de Santiago, Chile. Ha sido profesora visitante en las universidades de Riverside, Berkeley y Duke en Estados Unidos. En el 2000 obtuvo la Beca Guggenheim. Se especializa en literatura chilena y latinoamericana, y es una destacada figura del feminismo chileno. Su escritura enfatiza la problematización de las subjetividades y las formas de constitución de sujeto, en lo relativo a relaciones e imaginarios de sexo, género y poder. Entre sus publicaciones destacan: *Ampliación de la palabra, la mujer en la literatura* (1991); *Lengua víbora, producciones de lo femenino en la escritura de mujeres chilenas* (1997); *Julieta Kirkwood pensadora y activista del feminismo chileno* (2000); *Como traje de fiesta, loca razón en la poesía de Gabriela Mistral* (2009). Su último libro fue publicado por la editorial Cuarto Propio y se titula *Variaciones: Ensayos sobre literatura y otras escrituras* (2019).

CRISTIÁN OPAZO es profesor asociado en el Departamento de Literatura de la Pontificia Universidad Católica de Chile. Investiga sobre teatro latinoamericano. Es autor de *Pedagogías letales: ensayo sobre las dramaturgias chilenas del nuevo milenio* (Cuarto Propio, 2011) y editor de los volúmenes *Democracias incompletas: debates críticos en el Cono Sur* (Cuarto Propio, 2019 [con F. Blanco]) y *Humanidades al límite: posiciones globales en/contra la universidad global* (Cuarto Propio, 2021 [con M. R. OliveraWilliams]), entre otros. También, es editor de los números especiales "Cuerpos que no caben en la lengua", de

Cuadernos de Literatura 42 (2017), y "Cono Sur: didascalias para un segundo acto", de *Revista Iberoamericana* 275 (2021 [con J. Cedeño]). Su próximo libro, *Rímel y gel: el teatro las fiestas underground* será publicado en 2022.

JUAN POBLETE es profesor de literatura y estudios culturales en la Universidad de California, Santa Cruz. Autor de *Hacia una historia de la lectura y la pedagogía literaria en América Latina* (2019), *La escritura de Pedro Lemebel como proyecto cultural y político* (2019), y *Literatura chilena del siglo XIX* (2003); editor de *New Approaches to Latin American Studies: Culture and Power* (2017) y *Critical Latin American and Latino Studies* (2003). Como co-editor se destacan: *Piracy and Intellectual Property in Latin America* (2020); *Precarity and Belonging: Labor, Migration, and Non-citizenship* (2021); *Sports and Nationalism in Latin America* (2015); *Humor in Latin American Cinema* (2015); *Desdén al infortunio: Sujeto, comunicación y público en la narrativa de Pedro Lemebel* (2010) y *Redrawing The Nation: National Identities in Latin/o American Comics* (2009). Junto a Beatriz González-Stephan, editó *Andrés Bello y los estudios latinoamericanos* (2009) para la Serie Críticas del Instituto Internacional de Literatura Iberoamericana.

JUDITH SIERRA-RIVERA es profesora asociada de español y estudios latinos en Pennsylvania State University. Su investigación y enseñanza se enfocan en las políticas del cuerpo y la imaginación política del espacio en varios contextos latinoamericanos, caribeños y dentro de la comunidad latina en Estados Unidos. Su monografía, *Affective Intellectuals and the Space of Catastrophe in the Americas* (2018), desarrolla un estudio sobre cómo el lugar afectivo de enunciación intelectual, en momentos catastróficos, consigue amplificar el efecto de comunidades emocionales que emergen ante la crisis. Sus ensayos se han dedicado a analizar estéticas y éticas de la intersubjetividad; la literatura y el arte como contracorrientes de discursos nacionales; representaciones de guerra y memoria; y feminismos y performances de la masculinidad que subvierten el patriarcado. Actualmente, se dedica a escribir una segunda monografía sobre el anti-colonialismo en Puerto Rico a partir de una historia feminista que resignifica el heroísmo masculino.

Juan Pablo Sutherland es escritor, ensayista, doctor en literatura chilena e hispanoamericana por la Universidad de Chile. Ha publicado textos de ficción y ensayo desde el campo de las disidencias sexuales en la literatura chilena y latinoamericana. Es columnista del suplemento *SOY* del diario *Página/12* y *El desconcierto*. Ha sido invitado por las universidades de Harvard, Pittsburgh y Texas-Austin. Entre sus libros destacan: *A corazón abierto: Geografía literaria de la homosexualidad en Chile* (2002, antología), *Nación Marica, prácticas culturales y crítica activista* (2009, ensayos), *Cielo dandi, escrituras y poéticas de estilo* (2011, antología), y *Ficciones políticas del cuerpo* (2017, ensayos). En 2019, Alquimia Ediciones publicó su novela *Papelucho gay en dictadura*, un texto híbrido que se ubica en el límite de la autoficción y la escritura de memorias, y ya ha sido reeditado.

Macarena Urzúa Opazo es doctora en Literatura Hispanoamericana por la Universidad de Rutgers. Es profesora asociada e investigadora del Centro de Investigación y Documentación (CIDOC) de la Universidad Finis Terrae en Chile. Su trabajo se enfoca en la poesía latinoamericana del siglo veinte, cine y crónica chilenos, paisaje y formación de redes en vanguardias latinoamericanas. Es co-editora, con Irene Depetris Chauvin, de *Más allá de la naturaleza: Prácticas y configuraciones espaciales en la cultura latinoamericana contemporánea* (2019); co-autora con Marcela Labraña, Gastón Carrasco, Felipe Cussen y Manuela Salinas de *¿Quién le teme a la poesía?* (2019), y co-editora de *Concisa, original y vibrante: Lecturas sobre la revista Zig-Zag*, con Jacqueline Dusaillant (2020).

Serie 𝒜𝒞𝒫 (en homenaje a Antonio Cornejo Polar)

Fundado en 1938, el Instituto Internacional de Literatura Iberoamericana es una organización sin fines de lucro dedicada a la tarea de difundir internacionalmente la literatura, la cultura y la crítica literaria latinoamericanas a través de sus congresos, de la reconocida *Revista Iberoamericana* y de sus series editoriales. Esta serie está dedicada a la memoria del célebre crítico literario peruano Antonio Cornejo Polar, quien en dos ocasiones fuera presidente del Instituto. La serie ACP publica volúmenes colectivos sobre autoras y autores fundamentales de la literatura latinoamericana.

Títulos publicados

1. *Lo que teníamos que tener: raza y revolución en Nicolás Guillen*. Jerome Branche, ed.

2. *Ricardo Piglia: una poética sin límites*. Adriana Rodríguez Pérsico, ed.

3. *José María Arguedas: hacia una poética migrante*. Sergio R. Franco, ed.

4. *Clarice Lispector: Novos aportes críticos*. Cristina Ferreira-Pinto Bailey y Regina Zilberman, eds.

5. *Alejo Carpentier: acá y allá*. Luisa Campuzano, ed.

6. *Jorge Luis Borges: políticas de la literatura*. Juan Pablo Dabove, ed.

7. *Sergio Chejfec: trayectorias de una escritura*. Dianna C. Niebylski, ed.

8. *Alicia Kozameh: ética, estética y las acrobacias de la palabra escrita*. Erna Pfeiffer, ed.

9. *Gamaliel Churata: el escritor, el filósofo, el artista que no conocíamos*. Elizabeth Monasterios Pérez y Mauro Mamani Macedo, eds.

10. *Pedro Lemebel, belleza indómita*. Luciano Martínez, ed.

www.iilionline.org